AF525189

Casimir Bumiller

Der Bauernkrieg im Hegau 1524/25

Casimir Bumiller

Der Bauernkrieg im Hegau 1524/25

Rekonstruktion einer revolutionären Bewegung

GMEINER

INHALT

VORWORT 2024

Das vorliegende Buch basiert auf meiner Untersuchung »Der Bauernkrieg im Hegau – Rekonstruktion einer revolutionären Bewegung«, die 1998 im ersten Band der Ortschronik der Gemeinde Hilzingen im Hegau erschienen ist. Durch den etwas entlegenen Erscheinungsort ist dieser Spezialbeitrag zur Bauernkriegsgeschichte von der Fachwissenschaft wie von der regionalen Forschung längere Zeit nicht gebührend zur Kenntnis genommen worden. Insbesondere ist aus diesem Grund in dem von Elmar L. Kuhn herausgegebenem Band »Der Bauernkrieg in Oberschwaben« (2000) der Hegau als eigenständige Region nicht berücksichtigt. Dies ist seither von Fachkolleginnen und -kollegen vielfach beklagt worden, zumal der zwischenzeitlich verstorbene Nestor der deutschen Bauernkriegsforschung, Peter Blickle, in seiner »Bauernjörg«-Biographie von 2015 meine Arbeit als »grundlegend und wegweisend für eine regionale Studie …« (S. 485 Anm. 37) gewürdigt hatte. Nachdem auch aus dem Verbund der Bauernkriegsmuseen und der populären Bauernkriegsforschung der Wunsch nach einer Neuauflage meiner Studie an mich herangetragen wurde, habe ich den Text von 1998 einer Revision und Aktualisierung unterzogen. Zwischenzeitlich erschienene Spezialliteratur wurde rezipiert, neue Erkenntnisse, soweit sie die Region betreffen, eingearbeitet. Gliederung und Aufbau des Textes wie auch die Grunderkenntnisse meiner Studie zum Bauernkrieg im Hegau hielten einer kritischen Überprüfung stand und werden hier im Kern unverändert neu präsentiert. Ursprünglich bereits als eigenständiges Werk konzipiert, erscheint die Studie rechtzeitig zur 500-jährigen Wiederkehr des deutschen Bauernkriegs als selbständige Monographie. Ich verbinde damit die Hoffnung, dass der Hegau in der zu erwartenden Flut an Publikationen im Rahmen des Erinnerungsjahres 2025 seine verdiente und angemessene Beachtung findet.

Der Druck wäre ohne Unterstützung des Landkreises Konstanz und ohne namhafte Zuschüsse des Hegau Geschichtsvereins e. V. und des Museumsvereins Hilzingen e. V. nicht möglich gewesen. Mein besonderer Dank gilt Herrn Dr. Friedemann Scheck, Vorsitzenden des Hegau Geschichtsvereins, Prof. Rainer Luick und Wolfgang Panzer vom Kulturbüro 500 Jahre Hilzinger Aufstand für ihre tatkräftige Beförderung des Werkes. Ferner danke ich dem Gmeiner Verlag und Frau Anja Sandmann herzlich für die professionelle Betreuung des Buches. Besonders freue ich mich, dass meine langjährige Weggefährtin Petra Junker die Buchgestaltung übernommen hat. Ein besonderer Dank gilt schließlich Herrn Bürgermeister Holger Maier und der Gemeinde Hilzingen, die seit Jahrzehnten die Erinnerung an die Hilzinger Kirchweih wachhält.

Bollschweil/Hilzingen, im September 2024
Casimir Bumiller

VORBEMERKUNG

Mit der Versammlung von 800 bewaffneten Bauern auf der Hilzinger Kirchweih am 2. Oktober 1524 nahm der Bauernkrieg im Hegau seinen Anfang. Genau neun Monate später, am 2. Juli 1525, wurde diese Aufstandsbewegung mit einem letzten Gefecht bei Hilzingen endgültig niedergeschlagen. Mit den sogenannten Hilzinger Verträgen vom 5. und 25. Juli wurden die letzten aufständischen Gemeinden des Hegaus zur Botmäßigkeit gezwungen und abgestraft.

In der Zeit zwischen Oktober 1524 und Juli 1525 tritt kein Ortsname in den überlieferten Quellen so häufig in Erscheinung wie der Hilzingens. Hier versammelten sich Bauernhaufen in demonstrativer Absicht, hier verschanzten sie sich militärisch, hier tagten die Bauernausschüsse, von hier aus traten sie mit der Gegenpartei in Verhandlungen.

Hilzingen wurde im Winter und Frühjahr 1524/25 durch diese Ereignisse so sichtbar zum Symbol der bäuerlichen Empörung im Hegau, dass der Sieger über die Aufständischen, Feldhauptmann Mark Sittich von Ems, im Juli 1525 ausgerechnet hier seine Feldkanzlei aufschlug und die Unterworfenen hier bestrafte, um den Makel des Aufruhrs von diesem Ort zu tilgen und die Macht und die Herrschaft des Adels symbolträchtig wieder aufzurichten.

Dies alles rechtfertigt es hinlänglich, die Geschichte des Bauernkriegs im Hegau gerade aus der Perspektive dieses Ortes zu erzählen. Gleichzeitig muss diese Geschichte selbstverständlich eine Regionalgeschichte sein, die die übrigen Landstriche des Hegaus miteinbezieht und den Anteil anderer Orte sichtbar werden lässt. Erst dadurch kann der Bauernkrieg als herrschaftsübergreifende Erhebung gewürdigt werden. Auch wird zu zeigen sein, dass verschiedene Räume des Hegaus zu bestimmten Zeiten unterschiedlich stark beteiligt waren und dass die herausragende Rolle des Zentralortes Hilzingen in der Gesamtschau zu differenzieren ist.

Bemerkenswert erscheint mir, dass in vielen Dörfern des Hegaus die Erinnerung an den Bauernkrieg bis heute wach geblieben ist, obwohl der Aufruhr vor rund 500 Jahren doch so nachhaltig niedergeschlagen worden ist. Es scheint so, als ob die grundsätzliche Einsicht in die Berechtigung des Kampfes um soziale Gerechtigkeit bis heute nachwirkt, und dass dieses kurze und heftige, aber erfolglose Aufbäumen der Vorfahren noch immer Sympathie und Aufmerksamkeit erregt. Wie in der akademischen Forschung ist man sich auch in der Regionalgeschichtsschreibung darüber einig, dass der Bauernkrieg von 1524/25 zu den herausragenden Ereignissen der deutschen wie der regionalen Geschichte zählt, derer es sich gerade auch aus demokratietheoretischer Sicht zu erinnern lohnt.

Diesem allgemeinen Interesse war es bereits zu verdanken, dass die Gemeinde Hilzingen im Jahr 1993 in ihrem Museum im Schlosspark eine Abteilung »Bauernkrieg im Hegau 1524/25« eröffnete. Dieser Aufbereitung der Bauernkriegsereignisse mit musealen Mitteln, die eher zum Auge sprechen, folgt nun eine detaillierte historische Abhandlung, die zum Ziel hat, alle erreichbaren Quellen zum Hegauer Bauernkrieg zu sichten und erstmals in eine umfassende Gesamtdarstellung einfließen zu lassen. Dabei soll insbesondere sichtbar gemacht werden, dass der Bauernkrieg im Hegau, der bislang meist im Schlepptau der Schwarzwälder Empörung unter Hans Müller von Bulgenbach betrachtet wurde, eine durchaus eigenständige Bewegung war.

Trotz des Herausstreichens des Eigenen und Besonderen der Hegauer Erhebung, muss dennoch das Zusammenwirken der Hegauer mit den benachbarten Bewegungen im Schwarzwald, in Württemberg, am See und in Oberschwaben und damit seine Einbettung in eine allgemeine Empörung und seine Bedeutung im Gesamtzusammenhang des Deutschen Bauernkriegs aufgezeigt werden. Mit der detaillierten Darstellung des Hegauer Bauernkriegs wird im Übrigen eine Lücke in der regionalgeschichtlichen Bauernkriegsforschung geschlossen.

Aufständische Bauern schwören auf eine Fahne mit dem Kruzifix. Im Hintergrund sind die Strafen für den Aufruhr angedeutet.

Einleitung

DER DEUTSCHE BAUERNKRIEG – EIN FORSCHUNGSÜBERBLICK

Seit der deutsche Bauernkrieg von 1525 um die Mitte des 19. Jahrhunderts ins Blickfeld nationaler Geschichtsschreibung geraten ist, ist er immer wieder als außergewöhnliches historisches Ereignis gewürdigt worden. Der preußische Geschichtsschreiber Leopold von Ranke erkannte in ihm das »größte Naturereignis des deutschen Staates« (1839). Friedrich Engels, der Mitstreiter von Karl Marx, sprach vom »großartigsten Revolutionsversuch des deutschen Volkes« (1850). Und Wilhelm Zimmermann, der radikale Demokrat, sah in ihm einen »Kampf der Freiheit gegen unmenschliche Unterdrückung, des Lichts gegen die Finsternis« (1841).[1]

Trotz des hohen Rangs, der den Bauernkriegsgeschehnissen von 1525 auch in jüngerer Zeit zugebilligt wird, sind doch 180 Jahre nach dem Beginn der Spezialgeschichtsschreibung Ursachen, Charakter, Zielsetzungen und Wirkungen des Bauernkriegs in der Forschung nicht erschöpfend geklärt. Kaum jemand, der sich der Ereignisgeschichte des Bauernkriegs zuwendet, kann sich dem existentiellen, fundamentalen Charakter dieser Vorgänge entziehen, doch die Erklärung dieser gescheiterten Revolution, die Benennung klarer, einleuchtender Ursachen und die Bedeutung des Ereignisses im Gesamtzusammenhang der deutschen Reformationsgeschichte entzieht sich einfachen Zugängen und verlangt nach einem komplexen Erklärungsmodell, wie es in der grundlegenden Arbeit von Peter Blickle über »Die Revolution von 1525« angelegt ist.[2]

Blickles große Synthese der Bauernkriegsforschung, die mittlerweile in der 4. aktualisiserten Auflage (2012) vorliegt, steht bislang am Ende einer Forschungsgeschichte, die strittiger nicht hätte verlaufen können. Der Bauernkrieg hatte ja nicht von ungefähr ausgerechnet in den Jahren vor der Revolution von 1848 die Aufmerksamkeit der Zeitgenossen erregt. Es ging damals ebenfalls um eine politische Umgestaltung der politischen Verhältnisse mit nationaler Zielsetzung und unter Freisetzung demokratischer Kräfte. Die Demokraten und Republikaner des Vormärz konnten im Bauernkrieg durchaus einen Vorläufer ihrer eigenen Bestrebungen erkennen. Nachdem dann ihre Revolution wie die von 1525 niedergeschlagen war, mussten Deutungsansätze wie die von Friedrich Engels, der den Bauernkrieg aus dem Widerspruch von Klassengegensätzen zu erklären versucht hatte, oder auch die bekenntnishafte Empathie Wilhelm Zimmermanns in der Versenkung verschwinden. Jahrzehntelang sollte die Sichtweise von Ranke das Bild vom Bauernkrieg prägen, der ihn zu einem Nebenkriegsschauplatz der Reformationsgeschichte machte.

Die zweite Hälfte des 19. Jahrhunderts brachte keine umfassende Auseinandersetzung mehr mit dem Bauernkrieg. Die Forschung ging von den Gesamtdarstellungen weg zur Beschäftigung mit den regionalen und lokalen Bewegungen.

Die zweite Jahrhunderthälfte wurde im Übrigen zur Zeit der großen Materialsammlungen zum Bauernkrieg. Hier seien nur die Quellensammlungen von Heinrich Schreiber, Franz Ludwig Baumann, Wilhelm Vogt und Karl Hartfelder erwähnt, ohne die auch eine Darstellung des Bauernkriegs im Hegau nicht denkbar wäre.[3]

Erst auf der Grundlage dieses ausgedehnten Quellenmaterials wurde es wieder möglich, den Bauernkrieg als Ganzes in den Blick zu nehmen. Es ist forschungsgeschichtlich bemerkenswert, dass in den 30er- und 40er-Jahren des 20. Jahrhunderts zwei beeindruckende Werke entstanden, von denen das eine die »bürgerliche« Geschichtsauffassung in Westdeutschland, das andere die »marxistisch-leninistische« Sicht des Bauernkriegs in den sozialistischen Ländern auf Jahrzehnte hinaus prägen sollten. Die Rede ist von den Grundlagenwerken von Günther Franz »Der deutsche Bauernkrieg« (1. Auflage 1933) und von Moisej M. Smirin »Die Volksreformation des Thomas Münzer und der große Bauernkrieg« (1. Auflage russisch 1947).

Franz sah den Bauernkrieg durchaus als Teil der Reformationsgeschichte, arbeitete aber deutlicher den Anteil der bäuerlichen Standesgeschichte heraus. Er erkannte den Bauernkrieg als Teil und Höhepunkt einer langen Reihe bäuerlicher Aufstandsbewegungen in Europa. Im Ursachengeflecht stellte er den Anteil der religiös geprägten Ideologie heraus, die auf Gedanken von John Wiclif und Johannes Hus zurückgriff. Beide hatten die religiöse Heilserwartung mit der Forderung nach sozialer Gerechtigkeit verknüpft. Die Fortsetzung dieses Denkens erkannte Franz in der Rezeption des »göttlichen Rechts« durch die Bauern 1525. Gleichzeitig kulminierte nach Franz in der Erhebung von 1525 die Auseinandersetzung zwischen den bäuerlichen Gemeinden mit ihrer gerade erworbenen Teilautonomie und den sich festigenden Territorialstaaten. Wirtschaftlichen Faktoren räumte Franz wenig Gewicht ein, eine Mitwirkung des Bürgertums am Bauernkrieg sah er nur am Rande gegeben.

Eben diese beiden Faktoren erhielten in dem marxistischen Entwurf Smirins einen ganz anderen Stellenwert. Im Rückgriff auf Engels, dessen frühe Arbeit in der marxistischen Forschung zwischenzeitlich zu geradezu »kanonischer Gültigkeit« (Blickle) gelangt war, arbeitete Smirin einen vielschichtigeren Zusammenhang des Bauernkriegs mit der Reformation und mit dem Aufschwung des Bürgertums heraus. Im historisch-materialistischen Entwurf von der Geschichte als einer Geschichte der Klassenkämpfe bildet die Zeit um 1525 den Kulminationspunkt im Widerstreit zwischen überlebter feudaler Sozialordnung und den sich entfaltenden kapitalistischen Produktionsverhältnissen, der sich in einer revolutionären Bewegung aufzuheben suchte. Die Reformation deutet Smirin als antifeudale Bewegung gegen die römische Kirche, die stärker von bürgerlichen Kräften getragen wurde. Im Zusammenwirken der Reformation, die das ideologische Gedankengebäude entwickelte, mit der sozialen Revolte, die die Kraftreserven der Unterdrückten bereitstellte, wird so aus dem »Bauernkrieg« eine »Frühbürgerliche Revolution«, die den Feudalismus zu überwinden suchte, daran aber scheiterte.

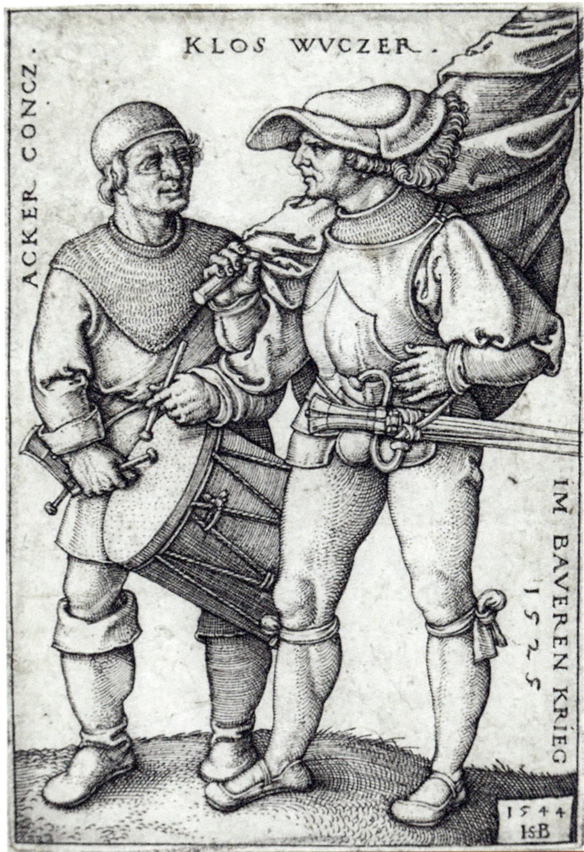

Acker Concz und Klos Wuczer im Bauernkrieg, Holzschnitt von Hans Sebald Beham von 1544.

Der marxistische Ansatz Smirins in der Bauernkriegsforschung wurde in der Deutschen Demokratischen Republik insbesondere von Max Steinmetz und Günter Vogler weiterentwickelt, ohne jedoch zu einer grundsätzlich neuen, über Smirin hinausgehenden Einschätzung zu gelangen.[4]

In der Bundesrepublik blieb der große Wurf von Günther Franz bis in die 70er-Jahre hinein unübertroffen und kann auch heute noch in der mittlerweile 12. Auflage (1984) als grundlegende Einführung herangezogen werden. Die umfassende Monographie von Adolf Waas,[5] die der Franz'schen Darstellung stark verpflichtet ist, hat keine neuen Erkenntnisse gebracht. Erst im Vorfeld des Gedenkjahres 1975 (450 Jahre Bauernkrieg) und in den folgenden Jahren setzte eine wahre Flut von Veröffentlichungen zum Bauernkrieg ein. Nicht Gesamtdarstellungen standen dabei im Vordergrund, sondern Aufsatzsammlungen mit Forschungsüberblicken, Beiträge zu einzelnen Themen, theoretische Auseinandersetzungen und regionale Studien.[6] Insbesondere Rainer Wohlfeil förderte in dieser Zeit die Auseinandersetzung und die Diskussion mit ostdeutschen Historikern, wodurch die aus der Zeit des Kalten Krieges stammenden Berührungsängste erheblich abgebaut wurden.[7]

Wesentliche Fortschritte in der Gesamteinschätzung des Bauernkriegs und seines Ursachengeflechtes sind aber dennoch zunächst nicht gemacht worden. Unter den Arbeiten von weiterführendem Charakter sollen allerdings die von Horst Buszello und von David W. Sabean hervorgehoben werden. Buszello[8] verdanken wir, prinzipiell Franzens Darstellung des Bauernkriegs als primär politische Bewegung bestätigend, differenzierende Einsichten in die politischen Zielsetzungen der aufständischen Bauern. Sabean[9] schließlich überprüfte in seiner Studie über Oberschwaben das Verdikt von Günther Franz, wonach die wirtschaftlichen Verhältnisse der Bauern im Vorfeld der Empörung einerseits schwer zu ergründen seien, andererseits aber auch keine wesentliche Rolle gespielt hätten. Er kommt dabei zur Erkenntnis, dass der Bauernkrieg ohne eine Berücksichtigung der sozioökonomischen Faktoren nicht zu verstehen sei. Er verhalf uns auch hierin zu einer differenzierteren Sicht. Die wirtschaftliche Lage der Bauern am Vorabend des Bauernkriegs war nicht auffällig schlecht. Aber der drastische Bevölkerungsanstieg um die Jahrhundertwende bewirkte in der bäuerlichen Gesellschaft einen beinahe unmerklichen ökonomischen Druck und in dessen Gefolge innerdörfliche Konflikte, die im Ursachengefüge der Erhebung durchaus ihre Rolle spielten.

Eine neue Stufe erreichte die Bauernkriegsforschung mit dem Buch des zuletzt in Bern lehrenden Historikers Peter Blickle »Die Revolution von 1525« (1975, 4. Auflage 2004). Blickle, der mit seinen eingehenden Arbeiten zum Nestor der deutschen Bauernkriegsforschung wurde, unterzog die Ursachen, Ziele und Folgen des Bauernkriegs auf der Grundlage einer immensen Quellenkenntnis einer erneuten empirischen Überprüfung und gelangte so zu einer Neubewertung und Synthese, in der der bis dahin herrschende Antagonismus zwischen »bürgerlicher« und »marxistischer« Forschung aufgehoben erschien. Seiner Einschätzung nach war die Ursache des Bauernkriegs eine »Krise des Feudalismus«, die eine wirtschaftliche, soziale, politische und religiös-rechtliche Dimension hatte.

Träger der Erhebung waren nicht die Bauern allein, sondern der »gemeine Mann«, also breitere Bevölkerungsschichten, darunter bürgerliche Milieus und in Mitteldeutschland auch Bergknappen. Charakter und Zielsetzung der Erhebung waren derart, dass man tatsächlich von einer Revolution im eigentlichen Sinn sprechen muss. Aus der Synthese »bürgerlicher« und »marxistischer« Forschungsansätze, die die Ereignisse von 1525 unter dem Stichwort »Bauernkrieg *oder* frühbürgerliche Revolution« diskutiert hatten, fand Blickle zu seiner den scheinbaren Antagonismus aufhebenden Formel von der »Revolution des Gemeinen Mannes«.

Eine folgenschwere Fehleinschätzung der älteren Forschung ist zwischenzeitlich überwunden. Günther Franz war in seiner Arbeit zu der pessimistischen Einschätzung gelangt, der Bauernstand sei nach der Niederschlagung der Revolution von 1525 für weitere 300 Jahre in der Versenkung und Unmündigkeit verschwunden. Dies kann in dieser Schärfe nicht mehr aufrechterhalten werden. Vielmehr wissen wir heute, dass trotz ihrer Niederlage wesentliche Forderungen und Anliegen der Bauern in Form einer »Verrechtlichung« von Konflikten zwischen Untertanen und ihren Herrschaften in die Rechtspraxis des Heiligen Römischen Reiches Eingang gefunden haben.

DER FORSCHUNGSSTAND
ZUM BAUERNKRIEG IM HEGAU

Befragen wir die einschlägigen Überblickswerke zum deutschen Bauernkrieg zu den Ereignissen im Hegau, so fällt auf, dass die Hegauer Bauern 1525 beinahe durchweg im Schlepptau der Schwarzwälder Haufen unter Hans Müller von Bulgenbach daherkommen. Bei Günther Franz erscheinen die Hegauer Ereignisse unter den Überschriften »Die Stühlinger Erhebung« und »Der zweite Aufstand im Schwarzwald«, alle Nachrichten zum Hegau füllen bei ihm kaum mehr als zwei Druckseiten.[10] Bei Horst Buszello ist der Hegau unter das Kapitel »Oberrheinlande« subsumiert, er ist jedoch der einzige Autor, der den Hegauern eine gewisse Eigenständigkeit belässt.[11] Blickle wiederum nennt die Hegauer grundsätzlich in einem Atemzug mit den Schwarzwäldern.[12] Und noch Klaus Herrmann, der 1991 auf »Spurensuche« nach Reminiszenzen des Bauernkriegs in Südwestdeutschland gegangen ist, widmet den Schwarzwäldern und Hegauern ein gemeinsames Kapitel.[13]

Der Fahnenträger auf der Brunnensäule des Zwinghofbrunnens in Hilzingen erinnert an den Bauernkrieg im Hegau.

Das Eigene der Hegauer Bauernbewegung von 1524/25 erschöpft sich regelmäßig in der knappen Behandlung von vier Stichworten: der Hilzinger Kirchweih, den Stockacher Rechtstagen, der Belagerung von Radolfzell und der Niederlage bei Hilzingen. Der Beitrag der Hegauer zum Bauernkrieg erscheint alles in allem in den Gesamtdarstellungen deutlich unterrepräsentiert. Hat es also eine eigenständige bäuerliche Bewegung im Hegau 1524/25 gar nicht gegeben? Und ist eine Arbeit mit dem Titel »Der Bauernkrieg im Hegau« insofern überhaupt gerechtfertigt? Die Antwort muss lauten: Es hat sehr wohl eine eigenständige, aus spezifischen Gründen entstandene und aus eigener Kraft schöpfende Bauernerhebung im Hegau gegeben. Die Begründung für diese These soll in dieser Monographie gegeben werden.

Es gibt sicherlich Gründe für die stiefmütterliche Behandlung des Hegaus in den Überblickswerken zum deutschen Bauernkrieg. Der eine ist die disparate Quellensituation. Es gibt in keinem Archiv Südwestdeutschlands oder Österreichs einen gesammelten Aktenbestand mit dem Titel »Bauernkrieg im Hegau«. Der Bearbeiter oder die Bearbeiterin des Themas muss sich die verstreuten Aktenstücke in Karlsruhe, Stuttgart, Überlingen, Innsbruck, Zürich, Schaffhausen, Bregenz und anderswo zusammensuchen und in Beziehung zueinander setzen. Zwar ist der allergrößte Teil der auf den Hegau bezüglichen Quellen seit weit mehr als hundert Jahren veröffentlicht und somit zugänglich, dennoch hatte sich bis 1998 kein Autor der Mühe unterzogen, das Material in seiner Fülle auszuwerten.

Es gibt einen weiteren Grund, weshalb der Hegau in der Geschichte des Bauernkriegs auffällig blass dasteht. Der Hegauer Bauernkrieg muss jedem Betrachter als eine merkwürdig anonyme, namenlose Bewegung erscheinen. In allen anderen Gegenden Südwestdeutschlands, im südlichen und mittleren Schwarzwald, im Tuttlinger Amt und im Brigachtal, im Breisgau und im Markgräflerland, in Überlingen, Oberschwaben und im Allgäu, in Württemberg und in Franken kennen wir führende Persönlichkeiten und Bauernkriegsteilnehmer in unendlichen Namenslisten. Im Hegau sind uns kaum vier Hände voll Bauernkriegsteilnehmer namentlich bekannt. Dabei sind auch im Hegau wie anderswo nach der Niederschlagung des Aufruhrs Brandschatzungsregister angelegt worden, die heute als »Teilnehmerlisten« zu lesen wären. In einem Schreiben des Innsbrucker Hofrats vom Oktober 1525 ist von diesen *Registern der Prandschatzung* im Hegau die Rede.[14] Ich habe diese Listen aber bis heute in keinem Archiv aufspüren können – wir müssen wohl davon ausgehen, dass sie verloren sind.

Die Führer- und Namenlosigkeit der Hegauer Bewegung war sicherlich mitverantwortlich für die stillschweigende Subsumierung der Hegauer unter den Schwarzwälder Haufen, zumal es dort in Hans Müller von Bulgenbach eine alles überragende Führergestalt gegeben hat. Die Namenlosigkeit erschwert aber auch die Ursachenforschung der Hegauer Erhebung. Da wir die Teilnehmer nicht benennen und identifizieren können, können wir sie auch nicht in anderen zeitnahen Quellen, in Urkunden, Urbaren, Gerichtsakten und Leibeigenenverzeichnissen aufspüren, um beispielsweise ihre soziale oder wirtschaftliche Position näher zu bestimmen.

Dies kennzeichnet also bereits hinlänglich die Schwierigkeiten, mit denen eine Geschichte des Bauernkriegs im Hegau konfrontiert ist. Ein weiteres Problem ist, dass es nur wenige, vor allem ältere Vorarbeiten zur Bauernkriegsgeschichte im westlichen Bodenseeraum gibt. Dabei setzte die Bauernkriegsforschung am See deutlich früher ein als in mancher anderen Region, sie blieb dann allerdings auf dem Stand des späten 19. Jahrhunderts stehen.

Die älteste Auseinandersetzung mit den Ereignissen von 1524/25 ist die sogenannte »Bodmaner Chronik« aus dem späten 18. Jahrhundert.[15] Der Herausgeber, Dieter Göpfert, hat – bei allem Verdienst, das er sich um die Publikation des Textes erworben hat – den Charakter dieser Handschrift offenbar verkannt und mit der Bezeichnung »Bodmaner Chronik« eine irreführende Fährte gelegt. Schon die Tatsache, dass dieser Text erst 1785 entstanden ist, verbietet es eigentlich, von einer Chronik des Bauernkriegs am Bodensee zu sprechen. Bei genauer Betrachtung fehlt dem Text tatsächlich alles, was eine Chronik kennzeichnet. Vielmehr handelt es sich um eine Abhandlung, um den ersten Versuch, die Bauernkriegsereignisse auf der Grundlage von Überlinger Quellen darzustellen, was ja schon die Überschrift unmissverständlich zu erkennen gibt: *Geschichte des Bauernkriegs in der Gegend von Überlingen ... Aus Archivalurkunden be-*

schrieben und erläutert. Die sogenannte »Bodmaner Chronik« markiert also den Beginn der Hegauer Bauernkriegs-Geschichtsschreibung aus Überlinger Sicht.

Die Reichsstadt Überlingen gehört nicht zum Hegau. Aber ihr Territorium, das sich im Westen bis Sernatingen (heute Ludwigshafen) ausdehnte, ragte in den Hegau hinein. Zudem spielte die Reichsstadt zunächst als Vermittlerin, dann als (Mit)Siegerin über die Hegauer Haufen eine wichtige Rolle in der Region. Insofern bildet das zu Überlingen überlieferte Quellenmaterial eine bedeutende Grundlage für unser Thema. Im Übrigen beruhte auf diesem Material die ganze ältere Forschung, die mit den Namen Kasimir Walchner (1825/1837), Nikolaus Riegel (1876), Lina Beger (1882) und Ludwig Muchow (1889) verbunden ist. Nehmen wir noch die Dissertation von Arnold Elben (1889) hinzu,[16] so ist die gesamte ältere Literatur erwähnt, die zugleich bis zum Ende des 20. Jahrhunderts nicht entscheidend erweitert wurde.

Ansonsten setzte im Hegau wie anderswo auch am Ende des 19. Jahrhunderts die ortsgeschichtliche Forschung ein, die sich der Bauernkriegsereignisse auf den betreffenden Dörfern annehmen musste. Insgesamt darf man jedoch sagen, dass der Ertrag dieser lokalen Forschung recht bescheiden geblieben ist. Das soll aber nicht heißen, dass in einzelnen Ortsgeschichten nicht gelegentlich wichtige Einzelheiten zu finden sind.[17] Zu den ausführlicheren Behandlungen des Themas im lokalgeschichtlichen Zusammenhang gehören die Beiträge von Jakob Barth in seiner Geschichte der Stadt Stockach, von Eberhard Dobler in seiner Darstellung der Herrschaft Hohenkrähen und von Herbert Berner in der Singener Stadtgeschichte.[18]

Unter dem Strich muss leider die Erkenntnis Raum greifen, dass die Geschichte des Bauernkriegs im Hegau noch nicht geschrieben ist. Es führt also kein Weg daran vorbei, das vollständige Quellenmaterial in mühsamer Kleinarbeit zusammenzutragen und aus den oft spröden Briefen erschrockener Adliger und aufgescheuchter österreichischer Beamter jene spannenden Vorgänge zu rekonstruieren, die den Hegau von Oktober 1524 bis Juli 1525 in Atem gehalten haben.

Globale Voraussetzungen
Die Welt um 1525

URSACHEN UND VORAUSSETZUNGEN: VON DER SCHWIERIGKEIT, DEN BAUERNKRIEG ZU VERSTEHEN

Es ist, wie 200 Jahre Bauernkriegsforschung gezeigt haben, überaus schwer, dieses revolutionäre Geschehen zu »erklären«, wenn man unter der Erklärung eines historischen Sachverhalts das Aufspüren seiner objektiven »Ursachen« verstehen will. Es gehört zwar mittlerweile zum akademischen Lehrkanon der Bauernkriegsgeschichte, das Geschehen der Jahre um 1525 in »Ursachen«, »Ziele« und »Folgen« zu gliedern – und Blickle hat dies in seinem Werk eindrücklich durchexerziert. Aber bei genauer Betrachtung dessen, was als »Ursachen« zusammengetragen wird, kommt man schnell zur Erkenntnis, dass fast keinem einzelnen Element im eigentlichen Sinn der Charakter einer Ursache zugesprochen werden kann. Weder die Erfindung des Buchdrucks noch die Verschlechterung der sozialen Lage noch die Reformation haben den Bauernkrieg verursacht – und dennoch wäre er ohne all diese und viele andere Voraussetzungen nicht möglich gewesen. Die Reformation hat den Bauernkrieg nicht ausgelöst, aber sie hat ihm seine ideologische Schärfe und einen Teil seines Verlaufs gegeben.

Mir scheinen im Zusammenhang der Bauernkriegsgeschichte Begriffe wie »Voraussetzungen«, »Hintergründe« und »Rahmenbedingungen« mehr herzugeben als der Begriff »Ursachen«. Wir lernen in einer »dichten Beschreibung« (Geertz)[19] der vielfältig miteinander verwobenen gesellschaftlichen, wirtschaftlichen und kulturellen Entwicklungen zwischen circa 1450 und 1525 den Bauernkrieg zu »verstehen«, auch ohne ihn ursächlich »erklären« zu können. Wir dringen so nämlich ein in ein Ursachenbündel oder ein »Bedingungsgefüge« (Bierbrauer), das zwar nicht zwingend, aber doch potentiell auf eine soziale Revolte hinausläuft. In diesem Gefüge von wechselweise miteinander verwobenen, interdependenten Entwicklungssträngen, in dem jeder auf jeden einwirkt, besitzt kein einzelner Faktor Ursachenqualität, erst das Zusammenwirken aller Faktoren gewinnt so etwas wie »erklärende« Kraft, die uns ein gewisses Verständnis für den Ausbruch des Bauernkrieges vermittelt.[20]

In dem Ursachenbündel besitzen die einzelnen Faktoren durchaus unterschiedliches Gewicht und einen verschiedenartigen Beteiligungsgrad am Entstehen des Bauernkriegs. Dies leuchtet unmittelbar ein, wenn wir Voraussetzungen wie das Bevölkerungswachstum, die frühmoderne Staatsbildung, die Entstehung des Frühkapitalismus, die dörfliche Gemeindebildung, die Reformationsereignisse und konkrete Beispiele für Abgabenerhöhungen nebeneinander halten. All diese Faktoren liegen auf verschiedenen Ebenen, bilden zum Teil nur globale Rahmenbedingungen, zum Teil aber recht direkte Voraussetzungen. Doch auch direkte Voraussetzungen hätten ohne die globalen Entwicklungen und diese wiederum ohne die konkreten lokalen Bedingungen nicht zum Bauernkrieg geführt.

Peter Bierbrauer verweist auf ein weiteres theoretisches Problem, nämlich die Frage der Verknüpfung von Kausalität und Intentionalität im Bauernkrieg.[21] Er spricht damit das Problem an, dass sich eine einfache kausale, also ursächliche Verknüpfung zwischen den objektiv gegebenen gesellschaftlichen Bedingungen und dem konkreten Handeln der Aufständischen schwer herstellen lässt. Zwischen den objektiven Tatsachen (also etwa einer nachweislichen Verschlechterung der sozialen Lage) und dem Handeln (also etwa einer bewaffneten Gegenwehr) liegt der subjektive Faktor menschlicher Wahrnehmung, die einer anderen Logik gehorcht als die objektiven Voraussetzungen. In der Erforschung dessen, was sich in den Köpfen der Menschen abgespielt hat, bevor sie sich 1524/25 erhoben haben, wie im bäuerlichen Bewusstsein aus der Wahrnehmung seiner konkreten Lebensverhältnisse ein Umschlag in revolutionäres Handeln erfolgte, betreten wir Neuland, da sich ein psychohistorischer Forschungsansatz in Deutschland erst in Ansätzen etabliert hat.[21a]

Im Sinne der hier angedeuteten Unterscheidung zwischen Ursache und Voraussetzung, zwischen Erklären und Verstehen, soll im Folgenden in das globale und das regionale Bedingungsgefüge eingeführt werden, das zum Verständnis des deutschen Bauernkriegs im Allgemeinen und des Bauernkriegs im Hegau im Besonderen beitragen kann.

DAS REICH UND HABSBURG AM BEGINN DER NEUZEIT

Das habsburgische Imperium

Man hat Kaiser Maximilian I. (reg. 1493–1519) den »letzten Ritter« genannt, mithin den letzten mittelalterlichen Kaiser des Heiligen Römischen Reiches Deutscher Nation. Maximilian gilt aber zugleich auch als »Vater der Landsknechte«, der damit am Beginn einer neuen, »modernen« Kriegführung stand. Diese beiden Zuschreibungen genügen bereits, um den Habsburger als einen Herrscher des Übergangs zu kennzeichnen, des Übergangs vom Mittelalter zur Neuzeit. Es waren nicht erst die modernen Historiker, die dieser Zeit um 1500 den Charakter einer Übergangsepoche zugeschrieben haben, bereits die zeitgenössischen Künstler und Humanisten, die Maximilian gerne um sich scharte, äußerten das Gefühl vom Anbruch einer neuen Zeit, die im Zeichen der Renaissance, des Rückgriffs auf die klassische Antike, neuen Ufern zustrebte.

Kaiser Maximilian I. starb am 12. Januar 1519. Da war die Reformation bereits im Gange und die sozialen Widersprüche virulent. Was war Maximilians Mitgift an die sich formierende Neuzeit? Wir werden seine politische Hinterlassenschaft auf drei zentralen Gebieten der Politik untersuchen: der habsburgischen Hausmachtpolitik, der Reichsaußenpolitik und der Innenpolitik.[22]

Die Habsburger zählten seit dem 13. Jahrhundert zu jenen Hochadelsdynastien des Reiches, die aufgrund ihrer Hausmachtbasis Zugang zum deutschen Königsthron und zur Kaiserkrone erlangten. Ihre Machtbasis bildete das Herzogtum Österreich, das zwar Teil des Reichs war, aber wie andere Territorialstaaten eine relativ souveräne Stellung innerhalb des Reichsverbands besaß. Mit Kaiser Friedrich III. (1440–1493) stand mehr als 40 Jahre ein Habsburger an der Spitze des Reichs. Es war keine Frage, dass ihm sein Sohn Maximilian nachfolgen würde. Maximilian wurde Ende des 15. Jahrhunderts sowohl deutscher König als auch Erzherzog von Österreich und war damit Landesherr über die vorderösterreichischen Besitzungen am Bodensee, am Oberrhein und im Elsass.

Der Habsburger Kaiser Maximilian I. (1493–1519) regierte das Reich an der Zeitenwende vom Mittelalter zur frühen Neuzeit und hinterließ seinem Nachfolger und Enkel schwierige Verhältnisse. Zeichnung von Albrecht Dürer aus dem Jahr 1519.

Österreich hatte es im Mittelalter immer verstanden, seine territoriale Machtbasis durch geschickte Heiratsverbindungen zu erweitern. Doch der Machtzuwachs, der dem Haus Habsburg um die Wende vom Mittelalter zur Neuzeit zufiel, erreichte völlig ungeahnte Dimensionen. Durch seine Ehe mit der Tochter Karls des Kühnen, Maria, fiel Maximilian 1477 das reiche Herzogtum Burgund zu, was allerdings zu einem folgenreichen Konflikt mit Frankreich führen sollte, das in Burgund ebenfalls Ansprüche zu verteidigen hatte. Maximilians Sohn Philipp der Schöne heiratete Johanna die Wahnsinnige von Spanien und sicherte dem Haus Habsburg somit das spanische Erbe. Im Jahr 1515 arrangierte Maximilian schließlich die Doppelhochzeit seiner Enkelkinder Ferdinand und Maria mit den ungarischen Königskindern Anna und Ludwig. Diese Eheverbindungen sollten dem Haus Habsburg nach dem unerwarteten Schlachtentod Ludwigs 1526 die Königreiche Böhmen und Ungarn zuführen.

Für die Reichsgeschichte sollte hingegen der zweite Enkel Maximilians und Bruder Ferdinands, Karl von Spanien, die wichtigere Gestalt werden. Denn er war es, der 1519 nach dem Tod des Großvaters als Karl V. zum Deutschen König gewählt wurde und dessen politisches Vermächtnis antrat. Schon die Umstände

Wahl Kaiser Karls V. (reg. 1519–1556) durch die geistlichen und weltlichen Kurfürsten. Holzschnitt von 1520.

seiner Wahl führten der Welt die künftige machtpolitische Konstellation seines Imperiums vor Augen. Der erst 19-jährige Karl von Spanien hatte sich nämlich gegen die mächtige Konkurrenz des Königs Franz I. von Frankreich (1494–1547, reg. seit 1515) durchzusetzen, der sich ebenfalls um den deutschen Königsthron bewarb. Nur durch ein unermessliches Darlehen der Augsburger Handelshäuser Fugger und Welser konnte sich der junge Habsburger mit großzügigen Geldzuwendungen an die deutschen Kurfürsten durchsetzen.

Als Karl V. den deutschen Königsthron bestieg, herrschte er über das Reich und über Spanien, über Burgund und die Niederlande, über Neapel, Sizilien und Mailand, ja selbst über die überseeischen spanischen Besitzungen im 1492 entdeckten Amerika. Auf diese territoriale und wirtschaftliche Machtgrundlage gründete der junge Monarch seinen Anspruch auf die Errichtung einer Universalherrschaft unter habsburgischem Banner. Diesem Anspruch auf ein habsburgisches Weltimperium stand jedoch nicht nur König Franz I. von Frankreich entgegen, sondern auch das Sonderinteresse der deutschen Territorialfürsten.

Der Machtkampf zwischen Frankreich und Habsburg

Zum außenpolitischen Erbe, das Maximilian I. seinem Enkel Karl V. hinterließ, zählte die machtpolitische Konfrontation des Reiches mit Frankreich um Burgund und um die Vorherrschaft im wirtschaftlich hochentwickelten Oberitalien. Die Kämpfe reichten in die frühe Zeit Maximilians zurück, als Karl VIII. von Frankreich erstmals in Italien einfiel mit der Absicht, seine Ansprüche auf Neapel militärisch durchzusetzen. Die Kämpfe um Italien wogten in den folgenden Jahrzehnten mit wechselndem Glück zwischen Frankreich und Habsburg hin und her. Im Jahr 1500 konnte Ludwig XII. von Frankreich das Herzogtum Mailand besetzen, während 1503 Neapel den spanischen Habsburgern zufiel. 1513, nach der Schlacht von Novara, musste Frankreich Mailand räumen, konnte es aber schon 1515 unter dem neuen König Franz I. in der Schlacht von Marignano erneut erobern.

König Franz I. von Frankreich (reg. 1515–1547), der Widersacher Kaiser Karls V. Porträt von Jean Clouet von 1527.

In dieser Konstellation standen sich der junge französische König und der junge spanische König Karl gegenüber, und ihre Rivalität sollte sich durch die Bewerbung beider um die deutsche Königskrone noch verschärfen. Mit der Wahl Karls zum Herrscher über das Heilige Römische Reich trat die Auseinandersetzung in ein neues Stadium. Der französisch-habsburgische Konflikt wurde zum bestimmenden Thema der Regierungszeit Karls V. (1519–1556). Fünf Kriege (1521–26, 1526–29, 1536–38, 1542–44, 1552–55) trieben beide Mächte schließlich in den Staatsbankrott. Das Scheitern von Karls imperialen Träumen führte 1556 zu seiner verbitterten Abdankung und zum Rückzug in das spanische Kloster San Yuste.

Im Zusammenhang mit dem Bauernkrieg im Hegau ist insbesondere der erste Krieg Karls V. mit Franz I. von Frankreich von Bedeutung. Denn die zwischen 1521 und 1526 in Norditalien ausgetragenen Kämpfe banden die militärischen Kräfte des Reiches. Als sich Ende des Jahres 1524 am Hochrhein die Bauern erhoben, formierten sich gerade in der Poebene die feindlichen Heere zu einer entscheidenden Konfrontation. Zu Hause aber fehlten das Geld und die Truppen, um den »Aufruhr« gewissermaßen im Keim zu ersticken. Es hat sicherlich auch zum Verlauf des Bauernkriegs beigetragen, dass die Aufständischen relativ viel Zeit erhielten, um sich zu organisieren, und dass die Herrschenden bis in den März 1525 brauchten, um den militärischen Gegenschlag vorzubereiten. Diese Tatsache gilt es später zu beachten.

Kaiser Karl V. (reg. 1519–1556), dessen Herrschaft die Welt umspannte, hielt sich überwiegend in Spanien auf und setzte seinen Bruder Ferdinand zum Statthalter des Heiligen Römischen Reiches ein. Porträt von Tizian in der Alten Pinakothek München.

Die gescheiterte Reichsreform

Zum innenpolitischen Erbe Maximilians zählte die gescheiterte Reichsreform. Zwar kann das Scheitern einer Modernisierung der Reichsverfassung nicht allein Kaiser Maximilian angelastet werden. Doch war dies für ihn besonders tragisch, da gerade an ihn als einen »guten«, als einen »Friedenskaiser« in dieser Hinsicht übergroße Erwartungen gestellt worden waren, die er unter den gegebenen Verhältnissen kaum erfüllen konnte. Im Übrigen bestand der Bedarf an einer Reichsreform nicht erst seit Maximilians Regierungsantritt, vielmehr reichten die Reformidee und entsprechende Bemühungen wenigstens in die Zeit des Basler Konzils (1431–1449) zurück.

In den Kreisen der Basler Konzilsteilnehmer kursierte 1439 eine Reformschrift, die berühmte »Reformatio Sigismundi«, genannt nach dem 1437 verstorbenen Kaiser, die bereits Vorstellungen enthielt, die später im Umfeld des Bauernkriegs wieder auftauchen sollten. Hier wurden etwa eine Friedensordnung und soziale Gerechtigkeit angemahnt, gleichzeitig die Unterdrückung des gemeinen Mannes durch den Adel angeprangert. Noch deutlicher als die »Reformatio Sigismundi« geißelte der sogenannte »Oberrheinische Revolutionär« um die Jahrhundertwende die Missstände der Zeit und übertrug alle Hoffnungen auf einen mächtigen Kaiser, der zum Erlöser von den Übeln der Zeit stilisiert wurde.

Solche diffusen Erwartungen an eine grundlegende Verbesserung der Welt konnte ein deutscher Kaiser ohnehin nicht erfüllen, blieb ihm ja bereits der Erfolg einer Reichsverfassungsreform versagt. Dies wäre aber eine Voraussetzung für weitergehende Verbesserungen gewesen. Ein deutscher König und Kaiser war zwar durchaus ein mächtiger Herrscher, aber seine Pläne und seine Handlungen wurden durch ebenso mächtige Fußangeln gehemmt: die Rede ist von den Reichsständen, den Territorialfürsten, Reichsstädten und Bischöfen, die ihre eigenen Interessen verfolgten, welche nicht mit den Interessen des Reiches übereinstimmen mussten. Die Kunst eines deutschen Kaisers bestand also darin, die Reichsstände immer wieder auf seine Politik einzuschwören. Und das war oft nur durch politische Zugeständnisse an die Fürsten möglich.

Auf dem Wormser Reichstag von 1495 nahm Maximilian I. eine Reichsreform in Angriff, die aber nur in Teilen umgesetzt werden konnte. Mit dem Ewigen Landfrieden, der das adlige Fehdewesen ächtete, wurde zwar ein Meilenstein auf dem Weg zum Gewaltmonopol des Staates erreicht. Ähnlich wurde mit der Errichtung des Reichskammergerichts ein bedeutender Schritt in Richtung einer modernen Rechtsprechung getan. Und durch die Einführung einer allgemeinen Reichssteuer, des Gemeinen Pfennigs, beschritt man ebenfalls Neuland. Allerdings zeigte bereits die Frage des Einzugs dieser Steuer das ganze Dilemma der Reichsverfassung. Der Kaiser war hier auf die Mitwirkung und das Wohlwollen der Territorialfürsten angewiesen, denn diese mussten ja auf ihren Dörfern und in ihren Landstädten den Gemeinen Pfennig erheben lassen.

Das verfassungsrechtliche und politische Dilemma des Heiligen Römischen Reichs Deutscher Nation bestand also im Austarieren der Machtverteilung zwischen Reichsoberhaupt und Territorialfürsten. Das Verfassungsorgan, in dem die Interessenkonflikte diskutiert und die Machtverteilung ausgehandelt werden sollte, war seit den Tagen Maximilians der »Reichstag«, zu dem alle Stände geladen waren. Seit dem Jahr 1500 sollte ein Reichsregiment von 20 Personen den Kaiser kontrollieren und in seiner Abwesenheit vertreten. Dieses Regiment als feste Institution des Reiches sollte sich aber nicht durchsetzen.

Maximilian I. hinterließ seinem Enkel Karl V. diese schwierige Balance zwischen Reichsoberhaupt und Reichsständen. Es ist Karl nicht immer gelungen, das Pendel zu seinen Gunsten ausschlagen zu lassen. Die unumschränkte Macht, die er in seinem Universalreich anstrebte und über die er in Spanien durchaus verfügte, blieb ihm im Reich versagt. Unter dem Strich sollten während seiner Regierungszeit die großen Territorialstaaten wie Bayern, Sachsen, die Pfalz oder Württemberg, aber auch das habsburgische Erzherzogtum Österreich den Machtkampf mit dem Reichsoberhaupt gewinnen.

Mit dem Stichwort Österreich kehren wir zurück an den Bodensee. Da das habsburgische Imperium zwischen den Brüdern Karl und Ferdinand aufgeteilt wurde und Ferdinand die östlichen Länder erhielt, war dieser zur Zeit des Bauernkriegs als österreichischer Erzherzog Landesherr über die sogenannten Vorlande, also auch über die Landgrafschaft Nellenburg, die weitgehend mit dem Hegau identisch war. Bald nach der Königswahl von 1519 hatte Habsburg übrigens noch einen weiteren bedeutenden Machtzuwachs erfahren. Herzog Ulrich von Württemberg hatte sich unmittelbar nach dem Tod Kaiser Maximilians einen Übergriff auf die Reichsstadt Reutlingen zuschulden kommen lassen und war daraufhin durch den Schwäbischen Bund, einen Zusammenschluss von Fürsten, Adel und Städten, aus seinem Herzogtum vertrieben worden. 1522 wurde Württemberg unter österreichische Verwaltung gestellt, so dass also zur Zeit des Bauernkriegs die Habsburger über weite Teile Südwestdeutschlands inklusive Württembergs verfügten.

Da Kaiser Karl V. den größten Teil seiner Regierungszeit Deutschland fern blieb, wurde sein Bruder Ferdinand 1521 zu seinem Statthalter im Reich ernannt. Ferdinand war also 1524/25 als Reichsstatthalter und als österreichischer Landesherr das politische Gegenüber der aufständischen Bauern. Er wurde zu einem ihrer erbittertsten Gegner.

WIRTSCHAFTLICHE UND SOZIALE HINTERGRÜNDE

Jakob Fugger (1459–1525), der mächtige Augsburger Handelsherr, ermöglichte mit seinem immensen Darlehen die Wahl Karls V. zum Kaiser. Porträt von Albrecht Dürer um 1518.

Geld regiert die Welt: Der Anbruch des Frühkapitalismus

Im Jahre 1523 schrieb Jakob Fugger einen berühmten Brief an Kaiser Karl V., worin es heißt: *Es ist auch wissentlich und ligt am tag, dass Ew[er] kay[serliche] M[aiestä]t die Römisch Cron ausser mein* [ohne mich] *nicht hette erlangen mögen, wie ich dann solches mit Ew. kay. Mt. Commissarien handschriften anzaigen kan. So hab ich auch hierin mein aigen nutz nit angesehen; dann wo Ich von dem hauss Oesterreich absteen und Frankreich fürdern hette wollen, wolt Ich gross guott und gelt, wie mir dan angeboten worden, erlangt haben. Was aber Ew. kay. Mt. und dem hauss Oesterreich nachtail daraus entstanden were, das haben Ew. kay. Mt. aus hohem Verstandt wol zu erwegen.*[23]

In der Tat hatte Jakob Fugger (1459–1525) – modern ausgedrückt: der Chef eines der größten Konzerne der damaligen Welt – sich in der Königswahl von 1519 auf die Seite des Habsburgers gestellt und diesem ein Darlehen in Höhe von 543 585 Gulden gewährt, womit dieser sich die Stimmen der Kurfürsten erkaufen konnte. Übrigens hatten die Welser, das andere wichtige Augsburger Handelshaus, noch einmal 143 333 Gulden draufgelegt.[24] Zwei der wichtigsten Handelsherren Europas hatten sich damit gewissermaßen einen Kaiser gekauft. Geld regierte erstmals für alle sichtbar die Welt.

Der vier Jahre nach der Wahl geschriebene Brief Jakob Fuggers entsprang der Sorge um die Rückzahlung seines Geldes. Seine Sorge war berechtigt: Fugger sollte die kaiserlichen Wahlkostendarlehen nie zurückerhalten. Es war aber auf der anderen Seite auch nicht so, dass er keinen Vorteil von seiner Parteinahme gehabt hätte. Der Kaiser hat seine Finanziers reichlich mit Handelsmonopolen bis in die Neue Welt ausgestattet, und es dürfte kaum in Gewinnzahlen zu beziffern sein, was die beiden Handelshäuser auf diese Weise doch von ihrer Parteinahme hatten. Sie dürften sich auch nicht von ungefähr für den Habsburger entschieden haben. Erstens standen beide Handelshäuser traditionell dem Haus Habsburg recht nahe, und zweitens hatte Karl als König von Spanien mit seinem weltumfassenden Reich einiges zu bieten, was einen »Weltkonzern« interessierte. Insofern erweist es sich als pure Floskel, wenn Jakob Fugger schreibt, er habe bei seiner Hinwendung zum Habsburger sein *aigen nutz nit angesehen.* Seine Entscheidung war durchaus, wie es einem Kaufmann anstand, berechnend.[25]

Die ungeheuren Summen, die hier Politik machten, stehen praktisch und symbolisch für ein Wirtschaftssystem, das im späten Mittelalter zunehmend die Gesellschaft zu durchdringen begann: den Frühkapitalismus. Der Begriff Frühkapitalismus zeigt an, dass kapitalisierte Geldmengen fortschreitend nicht nur die Wirtschaftsbeziehungen bestimmten, sondern auch gesellschaftliche und politische Verhältnisse prägten. Er drückt zugleich aus, dass sich diese Entwicklung noch in einem frühen Stadium befand, also noch nicht wie heute praktisch alle Lebensbereiche durchdrungen hatte. Die Gesellschaft war bei Anbruch der Neuzeit nach wie vor feudalistisch geprägt, nur drangen aus den anwachsenden städtischen Zentren, die der Nährboden des handeltreibenden Bürgertums waren, kapitalistische Wirtschaftsformen und Denkweisen immer weiter in die Gesellschaft vor.[26]

Die Städte waren demnach eine Wurzel frühkapitalistischer Wirtschaftsweisen, einen entscheidenden Impuls für die Explosion der Märkte am Ende des Mittelalters lieferte allerdings die Entdeckung Amerikas 1492. Riesige Gold- und Silbermengen überschwemmten seither, aus Südamerika kommend, Europa und könnten für die stetige Inflation des 16. Jahrhunderts mitverantwortlich geworden sein. Erstmals entstand so etwas wie eine »europäische Welt-Wirtschaft« (Wallerstein) oder gemäßigter ausgedrückt: ein »großräumiger Wirtschaftsaustausch« (Schulze), in dem alle Regionen Europas, Indiens und Südamerikas in vielfältiger Weise wirtschaftlich miteinander verbunden waren.

Die Zahl der Handelsschiffe, die zwischen dem spanischen Haupthafen Sevilla und Amerika verkehrten, stieg von 226 im Jahr 1510 auf 346 im Jahr 1525 und 549 im Jahr 1560.[27] Den Sund, die Meerenge zwischen Nord- und Ostsee, passierten 1497 795 Schiffe, genau hundert Jahre später aber schon 6673. Das Niederlassungsnetz der Handelshäuser Fugger und Welser erstreckte sich über ganz Europa – von Reval, Riga, Danzig, Krakau und Hermannstadt bis nach Neapel, Barcelona, Sevilla und Lissabon – und erreichte auch die Neue Welt.[28]

Neben der Ausweitung des Handels machte sich der Frühkapitalismus in der sogenannten Protoindustrialisierung bemerkbar. Hier ist zum Beispiel der Bergbau Mitteldeutschlands zu erwähnen, der beispielsweise einen Mann wie Hans Luther, den Vater des Reformators, reich gemacht hat. Die Bergknappen sollten einen bedeutenden Anteil am mitteldeutschen »Bauern«-Krieg haben. Ferner entwickelte sich eine Textilindustrie am Niederrhein, eine Glasindustrie in Thüringen und Hessen, Eisenindustrien im Sieger- und Sauerland, in der Eifel, in Nassau-Siegen, aber auch im südlichen Schwarzwald.

Die Landwirtschaft zwischen Feudalismus und Markt

Frühkapitalistische Wirtschaftsformen prägten nicht nur den Handel und die frühindustrielle Produktion, sondern erreichten auch den Agrarsektor. So wurden beispielsweise riesige Viehherden aus Polen und Ungarn nach Mitteleuropa getrieben, die hier einen wachsenden Fleischbedarf befriedigten. Es liegt auf der Hand, dass dabei der Gewinn nicht kleinen Viehzüchtern, sondern kapitalistisch denkenden Besitzern großer Viehherden zufloss.

Drei Bauern im Gespräch. Kupferstich von Albrecht Dürer um 1497.

Doch auch der einfache Bauer, der nach wie vor traditionelle Subsistenzwirtschaft betrieb, also für die Versorgung der eigenen Familie produzierte, kam stärker mit der Sogwirkung des Marktes und mit dem Geldfluss in Berührung. Dieser Sachverhalt ist noch ungenügend untersucht. Es ist bekannt, dass die Bauern am Vorabend des Bauernkrieges ihre Abgaben zum Teil in Geldform zu leisten hatten, dass sie also gezwungen waren, ihre Naturalprodukte in Geld zu verwandeln. Gleichzeitig wissen wir aber auch, dass den Bauern in Südwestdeutschland auch im 14. Jahrhundert schon von ihren Grundherren Geldrenten abverlangt wurden. Ohne eingehendere Untersuchungen lässt sich nicht sagen, inwiefern der Marktkontakt und der Umgang der Bauern mit Geld vom 14. bis zum 16. Jahrhundert quantitativ und qualitativ entscheidend zugenommen hat.

Trotz eines spürbaren Vordringens des Frühkapitalismus auf das flache Land bleibt festzuhalten: Der weit überwiegende Teil der Bevölkerung bestand um 1525 aus Bauern, und diese wirtschafteten – zumindest im Bodenseeraum – nach dem System der sogenannten südwestdeutschen Grundherrschaft im Wesentlichen für ihr eigenes Auskommen. Ihren Grundherren waren sie meist eine Geld- und Naturalrente schuldig. Für die Vermarktung landwirtschaftlicher Produkte in großem Maßstab behielten allenfalls wenige große Bauern etwas übrig. Die Marktkontakte einer durchschnittlichen Bauernfamilie bestanden hauptsächlich, wie dies bekannte Holzschnitte von Dürer und anderen Meistern zeigen, im Verkauf von Geflügel, Käse und Brot im nächstgelegenen Landstädtchen.

Sicherlich waren Dörfer, die in der Nähe von größeren Städten und Metropolen lagen, stärker auf die ausdifferenzierten Bedürfnisse dieser Zentren eingestellt. So ist bekannt, dass z. B. Wollmatingen und andere Orte in direkter Nachbarschaft von Konstanz einen ausgedehnten Hanfanbau betrieben, der die Tuchproduktion der Reichsstadt bediente. Und selbst im weiter entfernten Hilzingen gab es im 15. und 16. Jahrhundert einen Hanf- und Flachszehnten, der ebenfalls auf eine Sonderkultur größeren Maßstabs verweist und der ebenfalls in Beziehung zum städtischen Bedarf stand.[29] Weiter entfernt von den Städten wirtschafteten Bauernfamilien wie seit Generationen im Rahmen adliger oder klösterlicher Grundherrschaft für das eigene Überleben. Ihr Bezugssystem war nach wie vor die feudale Grundherrschaft, nicht so sehr der aufstrebende Kapitalismus.

Zur sozialen Lage des »gemeinen Mannes«

Eine »Ursache« des Bauernkriegs ist in der Forschung lange umstritten gewesen: die wirtschaftliche und soziale Lage der Bauern. Wie schon erwähnt, hatte Günter Franz wirtschaftlichen Gründen keinen entscheidenden Anteil am Bauernkrieg zugebilligt. Er hob stattdessen den Konflikt zwischen dem herrschaftlichen und dem genossenschaftlichen Prinzip hervor. Überdies war Franz der Ansicht, dass es den Bauern um die Wende vom Mittelalter zur frühen Neuzeit eher gut ging und dass die Führer im Bauernkrieg eher wohlhabende Bauern waren.[30] Adolf Waas, Friedrich Lütge und andere haben diese Einschätzung noch fortgeschrieben und den Bauernkrieg als einen Versuch der Bauern gedeutet, ihre relativ gute wirtschaftliche Stellung ihrem gewachsenen Erwartungshorizont entsprechend politisch umzumünzen.[31]

David W. Sabean hat mit seiner agrargeschichtlichen Arbeit über Oberschwaben die von Franz herrührende Auffassung widerlegt, die sozioökonomische Lage der Bauern lasse sich nicht klarer erfassen.[32] Er konnte überzeugend darlegen, dass agrarsoziologische Entwicklungen sehr wohl zu einer Verschlechterung der sozialen Lage beitrugen und hat in diesem Zusammenhang dem deutlich fassbaren Bevölkerungsanstieg eine wichtige Rolle zugemessen. In der Tat unterliegt es keinem Zweifel, dass die Bevölkerung im Reich (wie überall in Europa) nach dem katastrophalen Bevölkerungseinbruch der Jahre nach 1348/49 (Schwarzer Tod) seit etwa 1470 wieder merklich anstieg. Man schätzt, dass in Deutschland um das Jahr 1470 circa zehn Millionen Menschen lebten, zu Beginn des 16. Jahrhunderts etwa zwölf Millionen, und gegen 1560 mit rund 14 Millionen Menschen der Bevölkerungsstand von 1348 wieder erreicht war.[33]

Das bedeutet aber, dass am Vorabend des Bauernkrieges mehr Menschen auf unseren Dörfern lebten als in den Generationen davor, und das heißt, es mussten mehr Menschen von etwa gleichbleibenden Ernährungsgrundlagen satt werden. Die Familien wurden größer und die Dörfer wuchsen an, das führte zu innerfamiliären Spannungen und zu innerdörflichen Konflikten um die Nahrungsressourcen. In Oberschwaben, einem sogenannten Anerbengebiet, in dem die Höfe ungeteilt einem einzigen Sohn weitervererbt wurden, sahen sich immer mehr nachgeborene Söhne aus der familiären Wirtschaft herausgedrängt und waren genötigt, sich anderswo zu verdingen. Viele von ihnen sahen sich gezwungen, unter die Reisläufer zu gehen und als Landsknechte die Heere der kaiserlichen und sonstigen Armeen zu füllen.

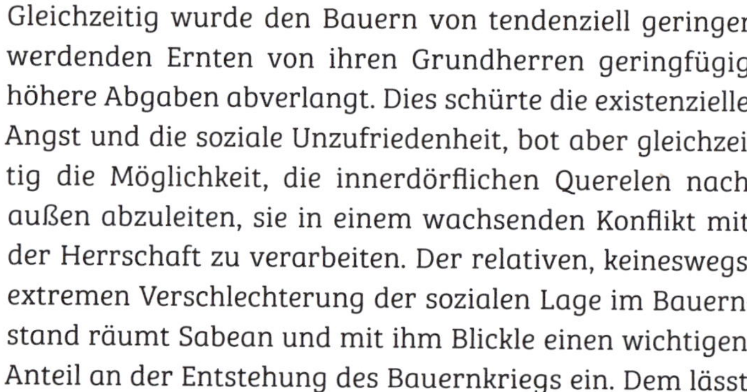

Bauernpaar auf dem Markt. Kupferstich von Albrecht Dürer von 1519.

In Realteilungsgebieten wie dem Hegau, wo die Wirtschaftseinheiten unter allen Söhnen aufgeteilt wurden, wurden die Höfe und die landwirtschaftlichen Nutzflächen der einzelnen Familien durch diese Praxis immer kleiner. Viele Familien gerieten zunehmend an den Rand des Existenzminimums oder sackten sogar ab in unterbäuerliche Existenzformen. Als Söldner oder Hintersassen, wie sie im Hegau genannt wurden, fehlte ihnen das Bürgerrecht der Vollbauern und somit das gemeindliche Mitspracherecht und die Teilhabe an den Gemeindegütern, der Allmende. Zwischen den Vollbauern und den Söldnern kam es immer häufiger zu Konflikten um die Ressourcen der Gemeinden, was den sozialen Frieden in den Dörfern gefährdete.[34]

Gleichzeitig wurde den Bauern von tendenziell geringer werdenden Ernten von ihren Grundherren geringfügig höhere Abgaben abverlangt. Dies schürte die existenzielle Angst und die soziale Unzufriedenheit, bot aber gleichzeitig die Möglichkeit, die innerdörflichen Querelen nach außen abzuleiten, sie in einem wachsenden Konflikt mit der Herrschaft zu verarbeiten. Der relativen, keineswegs extremen Verschlechterung der sozialen Lage im Bauernstand räumt Sabean und mit ihm Blickle einen wichtigen Anteil an der Entstehung des Bauernkriegs ein. Dem lässt sich sicherlich zustimmen, wenn man diese relative Verschlechterung der bäuerlichen Existenzformen nicht als eigentliche Ursache des Bauernkriegs auffasst, sondern als einen mitwirkenden Faktor innerhalb eines komplexeren Bedingungsgefüges.

In einigen Herrschaften Südwestdeutschlands wie beispielsweise in der Grafschaft Zollern kann man um die Wende vom Mittelalter zur frühen Neuzeit eine ähnliche Bevölkerungsentwicklung mit entsprechenden sozioökonomischen Auswirkungen beobachten, und dennoch gehört Hohenzollern zu den wenigen Regionen Südwestdeutschlands, wo die Bauern sich 1525 nicht erhoben haben.[35] Das deutet einmal mehr an, dass wir mit der Ableitung von Ursachen differenzierter umgehen müssen: Auch in Hohenzollern hätten die Bauern von den objektiven wirtschaftlichen Voraussetzungen her »Ursache« gehabt, gegen ihren Grafen aufzubegehren, aber sie haben es, aus welchen Gründen auch immer, nicht getan.

Ich denke, im Grundsatz sind die Erkenntnisse von Sabean und Blickle richtig, aber ich würde doch die ältere Einschätzung von Franz, Waas und Lütge nicht völlig zu den Akten legen. Tatsächlich lassen sich ja in einzelnen Regionen zwei Richtungen der sozioökonomischen Entwicklung im Bauernstand feststellen. Wir erkennen zum einen eine allgemeine Tendenz zur allmählichen Verschlechterung der bäuerlichen Existenzbedingungen. Gleichzeitig bildet sich auf allen Dörfern eine Schicht prosperierender Familien heraus, die gegen den Trend der Entwicklung, auch aufgrund zielgerichteter Heiratspolitik, ihren relativen familiären Wohlstand wahren und ihren Besitz noch steigern können. Mitglieder solcher Familien haben auf den Dörfern häufig einflussreiche Amtspositionen als Vögte oder Richter inne. Sie bilden das, was Karl S. Bader das »dörfliche Patriziat« genannt hat.[36] Dieser Begriff ist auch deshalb nicht unangebracht, weil sich solche Familien durchaus nach einem bürgerlichen Leitbild gebärdeten und, soweit sie während des Bauernkriegs am Aufruhr beteiligt waren, den »bürgerlichen« Anteil an der Revolution erhöhten.

Wir wissen, dass aus beiden Schichten der dörflichen Gesellschaft, der prosperierenden Oberschicht und einer vom Abstieg bedrohten Mittelschicht, Familienväter am Bauernkrieg beteiligt waren.[37] Und es ist aus der geschilderten Situation heraus wahrscheinlich, dass sie es aus unterschiedlichen Gründen getan haben. Die Angehörigen der dörflichen Mittelschichten können sich durchaus aus Not und ökonomischem Existenzdruck der Empörung angeschlossen haben, aus der Furcht, ins unterbäuerliche Abseits abzugleiten. In diesem Fall sind objektive Voraussetzungen wie die Verschlechterung der sozioökonomischen Lage von subjektiven Motiven wie Existenzangst nicht zu trennen. Bei den reicheren Bauern speiste sich die Empörung überdies aus dem Anspruch auf eine Statusverbesserung, auf eine Teilhabe am allgemeinen zivilisatorischen Fortschritt.

Die Antimonopolbewegung

Die allermeisten Bauern waren in feudalen Zusammenhängen gefangen und von differenzierten Marktbeziehungen kaum betroffen. Das schließt aber nicht aus, dass sie die Veränderung der Welt durch kapitalistische Überformungsprozesse wahrnahmen oder zumindest spürten. Schwer zu beantworten ist die Frage, wieviel die einfache ländliche Familie von der Antimonopolbewegung mitbekam, die sich damals mit der Frage der wirtschaftlichen Monopole, des Wuchers und des ungerechtfertigten Profitmachens beschäftigte und sich über die ganzen 20er-Jahre des 16. Jahrhunderts erstreckte.[38] Diese Fragen waren Gegenstand mehrerer Reichstage seit 1512. Im Jahre 1519 musste sich Karl V., der gerade durch die Darlehen der Fugger und Welser zum deutschen König gewählt worden war, in seiner Wahlkapitulation paradoxerweise verpflichten, gegen die Monopole der Handelshäuser vorzugehen. Auch Luther meldete sich in der Debatte mit zwei Schriften von 1519 *(Sermon von dem Wucher)* und 1524 *(Von Kaufhandlung und Wucher)* zu Wort. Er geißelte darin die neuen Formen des Profitmachens und endete mit dem Verdikt, dass es nicht göttlichem Willen entspreche, wenn ein Mann so reich werde, dass er Könige und Kaiser kaufen könne. Die lesenden Zeitgenossen wussten, auf wen der Seitenhieb zielte.

Blick in das Handelskontor eines Kaufmanns (Holzschnitt des Petrarca-Meisters) um 1519/1520

Die Tatsache, dass sich Luther, dessen Reformationsschriften inzwischen auch zu den einfachen Leuten vordrangen, in die Debatte einschaltete, könnte dazu beigetragen haben, dass die Monopolfrage einem breiteren Publikum bekannt wurde. Insofern ist dem frühkapitalistischen Wandlungsprozess der Gesellschaft am Übergang vom Mittelalter zur Neuzeit ein noch nicht näher zu bestimmender Anteil an der Krise, die zum Bauernkrieg führte, zuzusprechen.

Da der Staat immer mehr Geld brauchte für die Bewältigung seiner Aufgaben, wurde auch dem einfachen Bauern am unteren Ende der Ständepyramide mehr Geld abverlangt. Wir haben die Einführung der Reichssteuer des Gemeinen Pfennigs 1499 schon erwähnt. Damals wie heute bildeten militärische Ausgaben den größten Posten des Staatshaushalts. Die Kriege Kaiser Maximilians in Norditalien und später die seines Enkels Karl V. verschlangen Unsummen. Da aber die Steuern nicht ausreichten oder nicht immer rechtzeitig zur Verfügung standen, musste das Reich zunehmend auf die Darlehen reicher Bürger zurückgreifen, die dem Staat als Bankiers dienen konnten – schon diese Tatsache verhinderte übrigens ein energisches Einschreiten des Kaisers gegen die Monopolisten.

Der Bauernkrieg von 1524/25 war aus der Sicht des Staates ein unvorhergesehenes Ereignis, Mittel zu seiner militärischen Bekämpfung standen nicht zur Verfügung. Die Reichstruppen waren in Italien gebunden, die Niederwerfung des Aufruhrs wurde so vor allem eine Frage der Geldbeschaffung. Einmal mehr waren die reichen Augsburger Finanziers gefragt. Hatten die Fugger und Welser 1519 schon geholfen, einen König zu machen, so verwundert es nicht, dass sie ihm und seinem Bruder 1525 schließlich auch die Niederschlagung des Aufstandes finanzierten. Eine Zusammenstellung der Anleihen für die Bekämpfung der Bauern in den österreichischen Ländern 1525 und 1526 am Innsbrucker Hof ermittelte die Summe von 68 276 Gulden. 10 000 Gulden hatte allein der greise Jakob Fugger kurz vor seinem Tod noch zur Verfügung gestellt.[39]

Was die Bekämpfung des Bauernkriegs im Hegau angeht, so waren es diesmal die Welser, die Erzherzog Ferdinand die Summe von 5 000 Gulden zur Verfügung stellten. Es brauchte allerdings seine Zeit, bis das Handelshaus die Summe beisammen hatte. Noch Ende Januar 1525 musste Ferdinand seinen Amtleuten im Hegau berichten, dass die Anleihe auf sich warten lasse.[40] So hatte also auch die Geschwindigkeit, mit der Geld beschafft werden konnte, ihren Einfluss auf den Verlauf des Bauernkriegs.

WISSENSCHAFTLICHER FORTSCHRITT UND KULTURELLE BLÜTE

Grenzüberschreitungen

Die Zeit zwischen circa 1450 und 1530 war eine Übergangszeit, eine Epoche tiefgreifender wirtschaftlicher und gesellschaftlicher Umbrüche. Ein erhöhtes Wachstum in allen Bereichen und auf allen Ebenen gesellschaftlicher Entwicklung führte zu Kontinuitätsbrüchen, Entwicklungssprüngen und Innovationsschüben, die man mit Friedrich Engels als einen »Umschlag von Quantität in Qualität« beschreiben könnte. Der Prozess der Zivilisation schlug um in eine neue Beschaffenheit der psychischen Verfassung und mentalen Strukturen, der wirtschaftlichen und politischen Ordnungen, der wissenschaftlichen Interessen und Denkweisen, der menschlichen Beziehungen. Die mitteleuropäischen Gesellschaften erreichten, wenn man so will, einen neuen »Aggregatzustand«, den wir als den Beginn der Moderne bezeichnen.

Die hierfür empfänglichen Zeitgenossen nahmen dies damals bereits so wahr. Die humanistischen Gelehrten ließen im Rückgriff auf die Antike bewusst das »mittlere Zeitalter« hinter sich und brachen auf in eine neue Epoche: Die Renaissance. Der Humanismus, der sich um 1400 in Italien, genauer gesagt in Florenz, herausbildete und der den Menschen ins Zentrum seines Interesses stellte, sagte sich von den starren scholastischen Denkschemata des mittelalterlichen Lehr-

»Von der neu gefundenen Region, die wol ein Welt genent mag werden…« Zeitgenössisches Flugblatt über die Entdeckung Amerikas.

betriebs los und überschritt damit Grenzen, die dem menschlichen Denken durch theologische Dogmen gesetzt waren. Nach 1450 gelangte der Humanismus nach Deutschland, was sich unter anderem in einer Bildungsoffensive und der Gründung zahlreicher neuer Universitäten – Freiburg 1457, Basel 1460, Tübingen 1477 – niederschlug. Diese ganze Epoche des Umbruchs lässt sich im Grunde im Bild der Grenzüberschreitung fassen: Auf allen Gebieten der Kunst und der Wissenschaften machten sich die Protagonisten auf zu neuen Ufern und brachen radikal mit verinnerlichten Gewohnheiten und äußeren Schranken.

Die Entwicklung der mechanischen Künste und die Erfindung der Taschenuhr um die Mitte des 15. Jahrhunderts waren das technische Pendant zur gleichzeitigen Veränderung des Zeitbegriffs, der sich von seiner Naturgebundenheit unabhängig machte und zu einem rationalen Begriff der Kaufmannswelt wurde. In der Formel »Zeit ist Geld« fand der Zeitbegriff seine kapitalistische Umprägung. Die Zeit wurde dabei auch in ihrer chronologischen Fixierung überwunden. Moderne Finanztechniken wie die Wechselgeschäfte ermöglichten den Kaufleuten – und den Herrschern – Anleihen auf die Zukunft und begründeten so die bis heute wirkenden Mechanismen des modernen Kapitalismus.

Einen wichtigen Impuls für den Frühkapitalismus bedeutete die Erweiterung des europäischen Gesichtskreises durch die Entdeckung Amerikas. Auch dies lässt sich als eine Grenzüberschreitung begreifen. Ein trotziger Kapitän namens Columbus wagte es 1492 erstmals, sich von den Küsten Europas zu lösen und ins Ungewisse zu segeln. Das Gold und das Silber, das spanische Schiffe bald darauf aus Amerika brachten, eröffneten den europäischen Märkten – und dem politischen und kulturellen Gestaltungswillen der Herrschenden – scheinbar unbegrenzte Möglichkeiten.

In allen Wissensgebieten befreite sich menschliche Neugier von den begrenzenden Rahmenbedingungen kirchlicher Institutionen und theologischer Dogmen. Zunächst öffneten italienische und französische, später auch deutsche Ärzte den menschlichen Körper, um seine Funktionsweise in persönlicher Anschauung zu begreifen. Die befreite Neugier des Forschers, die in Besessenheit nach Erkenntnis umschlagen konnte, brachte in der Renaissance den Typus des

Magiers hervor, der bereit war, sich mit dem Teufel einzulassen, nur um einen Blick hinter die Dinge tun zu dürfen. Der in Staufen im Breisgau um 1540 angeblich vom Teufel geholte legendäre Faust ist nur die berühmteste dieser geheimnisumwitterten Gestalten.

Zwar im Einklang mit seinem Schöpfer, aber dennoch mit einem ketzereiverdächtigen Ergebnis fand in Thorn ein ermländischer Domherr namens Nikolaus Kopernick in den 20er-Jahren des 16. Jahrhunderts durch beharrliche Beobachtung der Himmelsbewegungen heraus, dass die Erde nicht im Zentrum des Universums stehen konnte. Diese Erkenntnis war so revolutionär, dass Kopernikus sich erst gegen Ende seines Lebens dazu durchrang, seine Ergebnisse in Druck gehen zu lassen (erschienen in seinem Todesjahr 1543).

Blick in eine Druckerwerkstatt auf einem Holzschnitt von 1520.

Eine der eklatantesten Grenzüberschreitungen dieser Übergangsepoche wagte ein bis dahin unbekannter Augustinermönch in Wittenberg, als er im Jahr 1517 die universale Autorität des Papstes bestritt und damit eine epochale Glaubensspaltung provozierte. Damit war die verbindende Klammer des Mittelalters, die Einheit der römisch-katholischen Universalkirche, in Frage gestellt.

Auf den ersten Blick scheint die hier aufgelistete Reihe von Grenzüberschreitungen unverbunden nebeneinander zu stehen. Auf einer tieferen Ebene trafen sich jedoch all diese Entdeckungen, Erfindungen, Wagnisse und Aufbrüche im Charakter des Revolutionären. In diesem Sinne waren sie vielfach miteinander verbunden oder doch prinzipiell bereit, miteinander Verbindungen einzugehen. Luthers Reformation hätte möglicherweise ohne die Verbindung mit dem Buchdruck nicht jene Wirkung erzielt, die sie zur namengebenden Bewegung eines ganzen Zeitalters werden ließ.

Die Erfindung des Buchdrucks mit beweglichen Lettern durch Gutenberg um 1450 bewirkte eine Revolution in der Buchproduktion und in der Nachrichtenübermittlung. Bei dieser radikalen technischen Neuerung müssen wir uns auch deshalb etwas länger aufhalten, weil der Buchdruck im Vorfeld und im Verlauf des deutschen Bauernkriegs eine bedeutende Rolle spielte und gelegentlich direkt auf den Fortgang der Ereignisse einwirkte.[41]

Man schätzt, dass in Europa bereits bis 1500 rund 30 000 Erzeugnisse des Buchdrucks auf den Markt kamen, davon etwa ein Drittel im Reichsgebiet. Im gesamten 16. Jahrhundert lassen sich in Deutschland mindestens 120 000 gedruckte Titel nachweisen. Zu den Zeiten größter verlegerischer Aktivitäten zählen die Jahre um 1520 – und das lässt sich eindeutig auf die Auseinandersetzung um die Reformation zurückführen. An der Buchproduktion dieser Jahre hatten die Schriften Luthers einschließlich der Bibelübersetzung und des kleinen Katechismus den größten Anteil. Von der Schrift *An den christlichen Adel deutscher Nation* wurden in fünf Tagen 4 000 Exemplare verkauft. Alle wichtigen Schriften Luthers erfuhren bis zu zwanzig Auflagen. Man kann damit zumindest andeutungsweise ermessen, wie stark seine Gedanken im Reichsgebiet kursierten und auch vom bäuerlichen Publikum aufgenommen wurden, selbst dann, wenn nur ein kleinerer Teil dieser Bevölkerungsschicht lesen konnte.

Auch von den aufständischen Bauern sollte der Buchdruck genutzt werden. Die berühmten *Zwölf Artikel* der oberschwäbischen Bauern kursierten im April und Mai 1525 in mehr als zwanzig Drucken in weiten Teilen Süddeutschlands.[42] Die Zwölf Artikel, die auf die Lehre des göttlichen Rechts verwiesen, belegen im Übrigen den direkten Einfluss der Reformation auf die soziale Bewegung, die sich im Bauernkrieg artikulierte, um eine gerechtere soziale Ordnung zu errichten. Damit deutet sich bereits an, dass auch der Bauernkrieg als ein Phänomen der Grenzüberschreitung in einer Zeit des Umbruchs aufgefasst werden kann.

Die Kunst der Renaissance

Eine Grenzüberschreitung eigener Art bedeutete die Fortentwicklung der Malerei und der bildenden Künste von der Spätgotik zur Renaissance. Zu Beginn des 16. Jahrhunderts strebte die spätgotische Bildhauerei im Hegau wie anderswo ihrem Höhe- und Wendepunkt entgegen. Ein bedeutendes Bauwerk dieser Epoche ist beispielsweise das 1520 vollendete Münster in Radolfzell. Ein spätgotischer Altar von Matthäus Gutrecht d. Ä. (+ 1505) aus der Peter-Paul-Kapelle der früheren Pfalz in Konstanz befindet sich heute im Badischen Landesmuseum Karlsruhe. Das Grabdenkmal des Grafen Sigmund von Lupfen (+ 28. Dezember 1524) von 1526 in Engen ist noch ganz dem Stil der Spätgotik verhaftet (Abb. S. 63). Zu den weiteren Meisterwerken der spätgotischen Skulptur am Bodensee zählt schließlich das Marientod-Relief in Riedheim bei Hilzingen.

In diesen ersten beiden Jahrzehnten des 16. Jahrhunderts wandte sich jedoch die ganze Generation der um 1470/90 geborenen Künstler der aus Italien kommenden neuen Malweise zu. Zwei Generationen später als ihre italienischen Kollegen überwanden die deutschen Künstler Ende des 15. Jahrhunderts die Flächigkeit ihrer Darstellung, als sie mit Hilfe mathematisch-geometrischer Erkenntnisse (Zentralperspektive) und mit verfeinerten Maltechniken die dritte Dimension der Tiefe auf ihre Tafeln zu bannen lernten.

Der Ständebaum des Petrarca-Meisters kann als Kritik der gesellschaftlichen Verhältnisse aufgefasst werden.

Zu den großen Meistern dieses Umbruchs zählten in erster Linie Albrecht Dürer (1471–1528) in Nürnberg, Jerg Breu (circa 1480–1537) in Augsburg, Hans Holbein d. J. (1497–1543) in Basel und Lucas Cranach d. Ä. (1472–1553) in Sachsen. Herausragende Vertreter dieser Generation wie Dürer, Cranach, Holbein, Albrecht Altdorfer (Regensburg circa 1480–1538) und Hans Burgkmair (Augsburg 1473–1531) wirkten auch im Umfeld von Kaiser Maximilian, der sich gern mit bedeutenden Humanisten und Künstlern umgab und der sie für die Produktion seines Nachruhms *(Gedechtnus)* in Beschlag nahm.[43]

Zu den bedeutenden Malern des neuen Stils in Südwestdeutschland um 1520 zählten, neben Holbein in Basel, Hans Baldung Grien (circa 1480–1545) in Straßburg und Freiburg, Mathias Grünewald (circa 1475–circa 1530) mit seinem berühmten Isenheimer Altar im Elsass und Nikolaus Manuel Deutsch (circa 1484–1530) in Bern. In Oberschwaben und am Bodensee malten nach dem neuen Geschmack Bartholome Zeitblom (circa 1455–circa 1520) und Martin Schaffner (circa 1479–1547) in Ulm, Wolf Huber (circa 1490–1553) in Feldkirch und Bernhard Strigel (1460–1528) in Memmingen, der es zum Hofmaler Maximilians I. brachte und dessen Salemer Altar von 1507/08 mittlerweile wieder nach Salem zurückgekehrt ist. In Konstanz wirkte um diese Zeit Christoph Bocksdorfer (circa 1490–1553), dem mit dem Flügelaltar im Konstanzer Münster von 1524 der Durchbruch zur Renaissance gelang.[44]

Zu den Neuerungen der Malerei zählten nicht nur die neu gewonnene Tiefe der Bilder, eine größere Plastizität und Naturnähe, neue, an der Antike orientierte Architekturelemente und Ornamente – die Renaissancemalerei zeichnet sich auch dadurch aus, dass sie neben den traditionellen religiösen Sujets profane Darstellungsbereiche wie die Landschaftsmalerei entdeckte. Die Entwicklung der Porträtkunst gehört zu den herausragenden Merkmalen der Renaissancemalerei. Alle großen Meister haben sich in dieser Kunst geübt. Ihnen allen verdanken wir eine umfangreiche Galerie mit realitätsnahen Porträts und Selbstporträts der wichtigsten zeitgenössischen Protagonisten. Gerade an ihnen lässt sich ablesen, mit welchem Interesse sich der Renaissancemensch erstmals in dieser Weise als Individuum mit unverwechselbaren Zügen wahrgenommen hat.

Erstmals geben sich die Künstler auch durch identifizierbare Monogramme als Autoren ihrer Werke zu erkennen, werden also in ihrem Werk Persönlichkeit und Individualität der Meister fassbar. Dennoch sind bis heute nicht alle großen Maler dieser Zeit identifiziert. So ist der »Meister der Zurzacher Messe«, der 1515/16 den Festsaal des Klosters St. Georg in Stein am Rhein ausmalte, anonym geblieben, und auch der Künstler, der dem Haus »Zum Weißen Adler« in Stein um 1520 seine Renaissancefassade gab, ist unbekannt. Gerade um das Jahr 1520 begann im nahen Städtchen Meßkirch eine Künstlerkarriere, die ebenfalls bis heute ihr Geheimnis nicht preisgegeben hat und die in der Kunstgeschichte unter dem Behelfsnamen »Meister von Meßkirch« firmiert. Hauptauftraggeber dieses farbgewaltigen schwäbischen Meisters waren übrigens die Grafen von Zimmern, die Ortsherren in Hilzingen waren.

Alle hier genannten Künstler haben übrigens in ihrem Werk eine realitätsnahe Bebilderung zum gesellschaftlichen Hintergrund der Bauernkriegszeit geliefert. Keine Darstellung des Bauernkriegs kommt ohne diese Illustrationen aus. Aus dem Bedürfnis nach Genauigkeit und Naturnähe entwickelten viele Künstler einen derben Realismus in der Darstellung sozialer Verhältnisse. Ein begnadetes Talent dieses Realismus verbirgt sich hinter dem sogenannten Petrarca-Meister, dem wir eindrucksvolle Holzschnitt-Serien zu allen Lebensbereichen des frühen 16. Jahrhunderts verdanken. Nicht zuletzt mit seinen »sozialkritischen« Arbeiten wie dem »Ständebaum« (Abb. S. 37) macht er uns zu Zeugen der sozialen Spannungen in der Zeit um 1520. Gleichzeitig verraten seine Werke eine gewisse Sympathie für die bäuerliche Sache.

Hatte die künstlerische Offenheit für gesellschaftliche Entwicklungen manchen Meister wie Albrecht Dürer nach 1517 zu Anhängern der Reformation gemacht, so haben sich angesichts der Erhebungen von 1525 einzelne Künstler wie Tilmann Riemenschneider (circa 1460–1531) in Würzburg oder Jörg Ratgeb (circa 1480–1526) in Stuttgart der Sache der Bauern verschrieben und sich den aufständischen Bauernhaufen angeschlossen. Riemenschneider wurde wegen seiner Sympathien gefoltert, Ratgeb hat sein Engagement nach dem Zusammenbruch der Bewegung mit dem Leben bezahlt. Zwei weitere Sympathisanten der Revolution von 1525 waren die beiden »gottlosen Maler«, die Brüder Hans Sebald Beham (1500–1550) und Barthel Beham (1502–1540) aus Nürnberg.[45] Auch ihnen verdanken wir eine Serie berühmter Holzschnitte, die das bäuerliche Leben und den Bauernkrieg zum Thema haben (Abb. S. 13).

Als Meister des Holzschnitts stehen sie in einer Reihe mit ihrem Lehrer Albrecht Dürer, der den Holzschnitt um 1500 zu einem der originellsten Beiträge der deutschen Bildkunst zur Renaissancezeit entwickelt hat. Der Holzschnitt war im Übrigen die dem Buchdruck adäquate Kunstform, die zur spezifischen Illustrationsform der Reformationszeit werden musste. Es ist von Interesse, dass ausgerechnet Dürer in seinem berühmten Lehrbuch *Underweysung der Messung mit dem Zirckel und Richtscheyt in Linien, Ebnen und gantzen Corporen* (1525) ein Trauerdenkmal für den verlorenen Bauernkrieg entworfen und sich somit ebenfalls als Sympathisant der bäuerlichen Bewegung zu erkennen gegeben hat.[46]

RELIGIÖSE ERNEUERUNG: DIE ROLLE DER REFORMATION

Herrenkirche und Volksreligiosität

Es unterliegt keinem Zweifel, dass die Zeit um 1500 ein tiefreligiöses Zeitalter war. Auch wenn die Renaissancemaler neue profane Themen erschlossen, so bildete doch die religiös motivierte Malerei – Altarbilder, Fresken in Kirchen und Kreuzgängen – nach wie vor ihr Hauptbetätigungsfeld. Die neu erlangte Fähigkeit, inneren Stimmungen und psychologischen Befindlichkeiten, Schmerz, Hoffnung und Verlangen in individuellen Zügen malerisch Ausdruck zu verleihen, machen die religiösen Bildwerke der Renaissance zu einem geradezu überwältigenden Zeugnis gesteigerter Frömmigkeit und Heilserwartung.

Religiöse Bedürfnisse konnten nur im Rahmen der mittelalterlich geprägten römisch-katholischen Kirche und ihrer Institutionen befriedigt werden. Zwischen den religiösen Bedürfnissen der Menschen und dem institutionellen Apparat der Kirche klaffte jedoch ein immer spürbarer empfundener Widerspruch.

Die Menschen erfuhren die Kirche zunehmend als Institution, die auf ihre Ängste und Erwartungen, spirituelle Not und Heilssehnsucht nicht mehr angemessen reagierte. Die Kirche bildete eine Hierarchie, deren Spitze sich in den Jahrzehnten um 1500 unter den Renaissance-Päpsten mit ihrem immer aufwendigeren, weltlichen Genüssen zugewandten Hofleben von der Basis entfernt hatte. Von den offenkundigen Missständen am Heiligen Stuhl mochten die Menschen nördlich der Alpen nur vom Hörensagen wissen. Eine neue gewaltige

Kirche als spiritueller Mittelpunkt der Christenheit wurde dort gebaut, das wussten sie von ihren Ortspfarrern und von umherziehenden Predigern, die zur Finanzierung des Petersdoms Ablässe verkauften.

Näher lag den Menschen am Bodensee der Bischofssitz Konstanz. Die meisten Hegauer dürften die Stadt und ihr Münster durch Marktbesuche oder von kirchlichen Anlässen her gekannt haben. Im Übrigen stellte der Bischof für den Hegau eine feste Größe nicht nur im religiösen, sondern im alltäglichen Leben dar. Ihm gehörte hier ein ganzer Landstrich, die Höri, an zahlreichen Orten bezog er neben den Zehnten Einkünfte aus der Grundherrschaft. In Bohlingen besaß er ein Schloss – gelegentlich konnte man den Bischof mit seinem Gefolge durch den Hegau fahren sehen.

Damit ist aber schon ein zentrales Problem angesprochen, das zur Entfremdung von Volk und Kirche mit beigetragen hat. Zwar lebte Bischof Hugo von Hohenlandenberg nicht gar so pompös wie die Päpste, doch sowohl das Konstanzer Hochstift als auch die großen Abteien wie Reichenau oder Petershausen als auch Ritterorden wie die Deutschen Herren auf der Mainau traten den Bauern als Grundherren gegenüber, denen diese Abgaben zu entrichten hatten. Zwei Drittel aller weltlichen Güter im Reich, so sagt man, gehörten geistlichen Einrichtungen. Die Kirche also, die in der Seelsorge die Ängste und Nöte der Menschen zu lindern versprach, trat ihnen gleichzeitig im Gewand des Grundherrn gegenüber und trug in dieser Rolle nicht unwesentlich zur Bedrückung ihrer »Schäflein« bei.

Die Menschen konnten diesen Widerspruch eine Zeitlang dadurch neutralisieren, dass sie die oberen Instanzen der kirchlichen Hierarchie von den Seelsorgern ihrer Pfarreien trennten. Nur war auch hier nicht zu übersehen, dass die Weltpriester meistens in einer doppelten Abhängigkeit standen: Zum einen waren sie in die kirchliche Hierarchie eingebunden, zum anderen verdankten sie ihre Pfarrstellen oft einem weltlichen Herrn, einem Adligen, der das Patronatsrecht über die jeweilige Dorfkirche besaß. Die Dorfpriester, die am Ende des Mittelalters überdies oft schlecht ausgebildet waren, konnten so von den Bauern nicht immer als ihre »guten Hirten« erfahren werden.

Hinzu kam, dass in der Zeit um 1500 kapitalistische Praktiken auch in der Seelsorge Platz griffen. Um den Petersdom finanzieren zu können, hatte Papst Alexander VI. (1492–1503) im Jahr 1500 einen allgemeinen Ablass der Sünden verkünden lassen, der um Geld zu erkaufen war. Der Medici-Papst Leo X. (1513–1521) erneuerte den Ablass. *Wenn das Geld im Kasten klingt, die Seele aus dem Fegfeuer springt* – so oder ähnlich lauteten die Parolen, mit denen Ablasshändler wie der berühmte Johannes Tetzel durch die Lande zogen und mit billigen, theologisch fragwürdigen Versprechungen die Schatullen der römischen Kirche füllten. Verwalter der in Deutschland gesammelten Ablassgelder war sinnigerweise das Bankhaus Fugger. Die religiöse Hohlheit dieser Seelsorgepraxis dämmerte vielen einfachen Menschen, auch wenn sie dies nicht in gelehrte Worte zu fassen wussten.

Der Holzschnitt von Hans Holbein d. J. aus dem Jahr 1529 geißelt den Ablasshandel als klug organisiertes Geschäft der Kirche. Der Kirchenfürst im Zentrum des Bildes ist der Medici-Papst Leo X. (1513–1521), der Widersacher Luthers.

Gemeindereformation

Den Widerspruch zwischen ihren religiösen Heilserwartungen und den zweifelhaften Angeboten der Kirche versuchten die Menschen dadurch zu lösen, dass sie die Angelegenheiten der Gemeindeseelsorge in ihre eigene Hand nahmen. Unser Wissen um diese Entwicklung ist immer noch lückenhaft, aber die Belege für eine vermehrte Kontrolle der Dorfseelsorge durch einzelne Gemeinden seit dem frühen 15. Jahrhundert lassen keinen anderen Schluss zu, als dass die Dorfbevölkerung immer mehr danach trachtete, die »Obrigkeitskirche« zu einer »Gemeindekirche« zu machen, also modern ausgedrückt: zu demokratisieren.

Die Forschung hat insbesondere für verschiedene Territorien Südwestdeutschlands und der Schweiz eine Fülle von Beispielen zutage gefördert, die zeigen, wie dörfliche Gemeinden auf dem Weg der Kirchen- und Pfründenstiftung die Seelsorge zu ihrer eigenen Sache machten.[47] Sie finanzierten aus eigener Kraft Kirchen und Kapellen und dotierten Pfarr- und Kaplaneistellen. Da dies nun ihre eigenen Gemeindekirchen waren, beanspruchten sie bei der Kirchenleitung auch das Nominations- bzw. Präsentationsrecht, also die Möglichkeit, den Pfarrer selbst zu benennen bzw. einzusetzen. Dies lief im Grunde darauf hinaus, dass solche Orte ihren Pfarrer selbst wählen konnten.

Ein frühes und eindrucksvolles Beispiel für einen solchen Vorgang ist die Gemeinde Immenstaad am Bodensee.[48] Dort errichtete die Gemeinde im Jahr 1410 eine Kirche aus eigenen Mitteln und dotierte eine Kaplaneipfründe, die im Laufe des Jahrhunderts zur eigenständigen Pfarrei erhoben wurde. In einem 20-jährigen Rechtsstreit vor geistlichen und weltlichen Gerichten setzte sie ihr Präsentationsrecht durch und bestimmte de facto seit 1417 selbst, wer im Dorf Pfarrer werden sollte. Am Beispiel Immenstaads ließ sich besonders gut herausarbeiten, wie das Verfügungsrecht über die Ortskirche zu einem Feld gemeindlicher Autonomie wurde.

Im Bauernkrieg bildete die Forderung nach freier Pfarrerwahl ein Anliegen ersten Ranges. Im Art. 1 der *Zwölf Artikel* heißt es, *ain gantze gemain sol ain Pfarrer selbs Erwoͤlen und kyesen.*[49] Durch die neuere Forschung ist inzwischen deutlich geworden, dass das Streben nach diesem Recht sicherlich hundert Jahre früher einsetzte. Der Erfolg dieser Bestrebungen hing unmittelbar davon ab, wie stark eine dörfliche Gemeinde in Bezug auf ihre Ortsherren war, wie gut es ihr gelang, ihre kommunalen und religiösen Interessen gegenüber den herrschaftlichen Machtstrukturen durchzusetzen. Wichtig ist für unseren Zusammenhang, dass an der Wende vom Mittelalter zur frühen Neuzeit die religiösen Erneuerungsbedürfnisse der Bevölkerung eine enge Beziehung zur Autonomiebewegung der spätmittelalterlichen Dorfgemeinde eingingen. Christianisierung (im Sinne selbstverantwortlicher religiöser Betätigung) und Kommunalisierung (im Sinne eines demokratischen Gegengewichts zur feudalen Bevormundung) bereiteten in enger Verzahnung miteinander das Feld, auf dem zunächst die Reformation von 1517 und in ihrem Gefolge die Revolution von 1525 gedeihen konnten.

Die Menschen im Südwesten Deutschland waren am Beginn der Neuzeit also vielfach vorbereitet auf eine artikulierte Kritik an der Kirche und ihrer Seelsorgepraxis. Als Martin Luther seit 1517 seine Thesen öffentlich verkündete, nahmen sie viele Menschen in Stadt und Land begeistert auf und machten sie zu ihrer eigenen Sache. Peter Blickle hat für diese reformatorische Bewegung an der Basis der Bevölkerung den Begriff »Gemeindereformation« bzw. »bäuerliche Reformation« geprägt.[50] Auf dem Weg dieser von Laien betriebenen Gemeindereformation haben Luthers Thesen unmittelbaren Einfluss auf die Rechtfertigungsideologie des Bauernkriegs erlangt.

Reformation und Bauernkrieg

Dabei hat Martin Luther (1483–1546) die soziale Revolte nie gewollt und nie absichtlich gefördert.[51] Dass sich die Bauern auf den Reformator beriefen, ist nachträglich als Missverständnis zu begreifen – ein Missverständnis, das aber schon unter den Zeitgenossen bestand: *Het Luther nye kein buch geschriben, teutschland wer wol zu frid beliben.*[52] Persönlich ist dem Reformator der Bauernkrieg nicht anzulasten; dass seine Lehre insgesamt und einzelne Passagen seiner Schriften auf die Bauern eine ungeheure Anziehungskraft ausüben mussten, ist allerdings ebensowenig zu bestreiten. Luther hat nie einen Zweifel daran gelassen, dass er an die zwei Reiche glaubte, das Reich Gottes und die weltliche Herrschaft. An der Berechtigung weltlicher Obrigkeit und die Pflicht, dieser zu gehorchen, hat er ebenso wie Zwingli nicht gerüttelt.[53] Aufruhr hat er immer verdammt: *niemant kan seyn eygen Richter seyn*, heißt es in seiner *Treuen Vermahnung zu allen Christen, sich zu hüten vor Aufruhr und Empörung* (1522). Das hinderte ihn allerdings nicht daran, den Hochmut und die Pracht der Herren, die er als Sünde ansah, ebenso scharf anzuprangern. *Erstlich mügen wir niemand auff erden dancken solchs unradts und auffruhrs, denn euch Fürsten und herrn, sonderlich euch, blinden Bischoffen und tollen Pfaffen und München, die yhr noch heuttigs tages verstockt, nicht auff höret zu toben und wüten widder das heilige Euangelion, ob yhr gleich wisset, das es recht ist und auch nicht widderlegen kündet, Dazu im welltlichen regiment nicht mehr thut, denn das yhr schindet und schatzt, ewern hohmut zu furen, bis der arme gemeine man nicht kann noch mag lenger ertragen.*[54] Die Bauern haben derlei Sätze als Fanal für ihre eigenen Anliegen begriffen und Luther – z. B. in der *Memminger Bundesordnung* – als Zeugen für die Berechtigung ihrer Forderungen angerufen.

Martin Luther, dessen Lehre von den aufständischen Bauern missverstanden wurde, rief im Mai 1525 mit drastischen Worten zur Niederschlagung der Aufstände auf. Holzschnitt von Lucas Cranach von 1520.

In Erwiderung hierauf verfasste Luther im April 1525 die *Ermahnung zum Frieden auf die 12 Artikel der Bauernschaft in Schwaben*, wo er die Bauern bereits deutlich abmahnte, zugleich aber auch den Herren ins Gewissen redete. Als die Auseinandersetzung in revolutionärem Terror eskalierte, verfasste er Mitte Mai 1525 seine Kampfschrift *Wider die räubischen und mördischen Rotten der andern Bauern*, der als Freibrief für den Adel ausgelegt werden konnte, an den Bauern ein Blutbad anzurichten. Luther wurde aufgrund dieser Schrift angelastet, er, der die Bauern erst zu ihrem Aufstand ermuntert habe, sei ihnen mit dieser Schrift in den Rücken gefallen. Diese Deutung lässt sich jedoch nicht aufrechterhalten, wenn man weiß, dass Luther nie zum Aufruhr ermutigt hat und dass er sich noch im April 1525 beschwichtigend nach beiden Seiten äußerte. Im Grunde hielt er die aufständischen Bauern für Verführte – verführt durch falsche Propheten wie Thomas Müntzer.

In der Tat fanden die Bauern in dem Prediger Thomas Müntzer (1489–1525) weit eher einen Verfechter ihrer Sache. Müntzer wendete die reformatorischen Ideen Luthers mit seinen schwärmerischen Visionen ins Sozialrevolutionäre und stellte sich so in eine Reihe mit Vorläufern der Reformation wie John Wiclif († 1384) und Johannes Hus († 1415).[55] Müntzer spielte insbesondere in Mitteldeutschland eine Rolle, wo er sich zuletzt an die Spitze der thüringischen Haufen stellte und nach dem bitteren Ende in Frankenhausen im Mai 1525 hingerichtet wurde. Für Süddeutschland ist Müntzer insofern von Bedeutung gewesen, als er nach seiner Ausweisung aus Allstedt/Thüringen von Ende Oktober bis Mitte Dezember 1524 in Griessen bei Waldshut lebte. Er meinte hier im Prediger Dr. Balthasar Hubmaier (circa 1485–1528),[56] der an der Spitze der Waldshuter Reformation stand, einen Bruder im Geiste und in der bereits schwelenden bäuerlichen Empörung ein Experimentierfeld für seine revolutionären Strategien zu finden.

Thomas Müntzer selbst bezeugte im Geständnis kurz vor seiner Hinrichtung Ende Mai 1525, er habe während seiner Klettgauer Zeit auch im Hegau gewirkt. Die fragliche Stelle lautet: *Im Clegkaw und Hegaw bey Basell habe er etliche artigkel, wye man herschen soll aus dem evangelio angeben, daraus furder andere artigkel gemacht.*[57] Diese Quellenstelle hat eine wissenschaftliche Debatte über eine mögliche Mitwirkung Müntzers an der Formulierung des berühmten »Artikelbriefs« der Schwarzwälder Bauern ausgelöst. Für unseren Zusammenhang ist lediglich von Interesse, dass Müntzer selbst seine Anwesenheit und eine wie immer geartete agitatorische Tätigkeit im Hegau bezeugt. Ein großer Erfolg wird Müntzer in Süddeutschland allgemein nicht zugebilligt. Ein unabhängiger Beleg für seine Anwesenheit im Hegau konnte bisher auch nicht beigebracht werden.[58] Wir benötigen einen solchen Beleg aber auch nicht, um demonstrieren zu können, dass reformatorische und sozialrevolutionäre Ideen bereits vor dem Bauernkrieg und ohne Müntzers Vermittlung den Hegau erreicht hatten. Dies soll unten ausführlicher dargestellt werden.

AUFRUHR IN DEN KÖPFEN: ENDZEITSTIMMUNG

Endzeiterwartung und Erlösungssehnsucht

Die Zeit zwischen circa 1450 und 1525 lässt sich in einer Fülle von Entwicklungslinien objektiv als eine Phase des Übergangs darstellen, in der die mittelalterliche, feudalistisch strukturierte Welt in die kapitalistisch überlagerte frühmoderne Gesellschaft überführt wurde. Von großem Interesse ist, dass diese Epoche schon von den Zeitgenossen als eine Phase des Wandels erfahren wurde. Nicht nur die humanistisch Gebildeten fassten die Aufbruchstimmung in Worte, in weiten Kreisen der Bevölkerung herrschte gegen Ende des 15. Jahrhunderts Endzeitstimmung. Die Menschen waren hochgradig sensibilisiert für alles, was auf eine Zeitenwende, auf das Zurneigegehen eines Zeitalters, ja das Ende aller Zeit hinzuweisen schien. Neben die eher »rationale«, freudig-erregte Begeisterung der Humanisten trat eine eher düstere, »irrationale« Endzeiterwartung.

In seinem beeindruckenden Werk »Die große Wende« (1947) ist Will-Erich Peuckert den Zeugnissen dieser Stimmungslage im spätmittelalterlichen Deutschland nachgegangen und hat dabei den inneren Zusammenhang von politischen Reformschriften wie der »Reformatio Sigismundi«, astronomisch-astrologischen Prognostiken und bäuerlichen Sagen mit Weissagungscharakter offengelegt.[59] Eine der zentralen Wurzeln all dieser Schriften bildete die Drei-Zeitenlehre des kalabresischen Abtes Joachim von Fiore (1139–1202).

Joachim gelangte in seiner Ausdeutung des Alten und Neuen Testaments, insbesondere der Offenbarung Johannis, zu einer eigenwilligen Interpretation des Geschichtsablaufs in drei Zeitaltern. Auf ein Zeitalter Gottvaters oder des Alten Testaments folgte das des Sohnes oder des Evangeliums. Das dritte Zeitalter aber werde das des Heiligen Geistes sein, das Joachim als mystischen Zustand eines irdischen Paradieses beschrieb. Joachim berechnete den Anbruch dieses Zeitalters etwa auf die Mitte des 13. Jahrhunderts. Es werde da ein neuer Fürst die Herrschaft antreten, der die Menschen weg von der Liebe zu irdischen Gütern hin zu geistiger Freiheit führen werde. Kurz vor Anbruch des paradiesischen Zeitalters werde jedoch ein weltlicher König als Antichrist in einem furchtbaren Schreckensregiment die verderbte Kirche züchtigen und stürzen.[60]

Joachims Vorhersage ist bekanntlich nicht eingetreten, aber Elemente seiner Lehre finden sich wieder in den politischen Reformtraktaten wie der »Reformatio Sigismundi« (1439) oder dem »Buch der Hundert Kapitel« des sogenannten »Oberrheinischen Revolutionärs« (1510), dessen Identität noch nicht befriedigend geklärt ist, daneben aber auch in der sehr verbreiteten Weissagungs-Literatur, die in Johann Lichtenbergers *Pronosticatio (Weissagung)* von 1488 ihren Hauptvertreter gefunden hat.[61] Die astrologisch-prophetischen Schriften wie auch die Reformtraktate bilden ein Gemisch aus düsterer Vorhersage von Katastrophen und Untergang einerseits und diffuser Hoffnung auf Errettung andererseits. Bei beiden Gattungen ist die Hoffnung auf einen »guten Kaiser« projiziert, der meistens »Friedrich« heißt und der kommen wird, um die Menschen von allem irdischen Übel zu befreien. War schon im 13. Jahrhundert die Weissagung Joachims auf den Stauferkaiser Friedrich II. bezogen worden, so findet sich ein Reflex auf diese Prophezeiung unverkennbar auch in der Kyffhäuser-Sage und somit in der bäuerlichen Vorstellungswelt. Der gute Kaiser Friedrich als Erretter spielt sowohl in der Kyffhäuser-Sage als auch bei Lichtenberger und beim Oberrheinischen Revolutionär eine Rolle.

Die genannten Schriften bilden ein merkwürdiges Gemisch aus astrologischer Katastrophen-Weissagung, apokalyptischer Prophetie und politischer Utopie.

Sie spiegeln eine offensichtlich verbreitete Mentalität wider, deren Endzeitstimmung zwischen Untergangsfurcht und Erlösungssehnsucht oszillierte. Im Vorfeld des Bauernkriegs ist diese Tradition chiliastischer Vorstellungen, die sich auf den in der Offenbarung Johannis genannten Anbruch eines Tausendjährigen Reiches bezogen, in mehrfacher Hinsicht zum Tragen gekommen. Im radikalsten religiösen und politischen Theoretiker des Bauernkriegs, Thomas Müntzer, entwickelte sich die Lehre Joachims von Fiore zu einem »militanten und blutrünstigen Chiliasmus« (Cohn) fort. Müntzer verband die Idee einer sozialen Revolution mit der Erwartung eines paradiesischen Zustands, und die von ihm Bekehrten, die Erwählten, die bereits ganz vom »lebendigen Christus« erfüllt waren, sollten vor dem Anbruch des Tausendjährigen Reiches die Rolle eines Strafgerichts übernehmen. So wurde Müntzer im Bauernkrieg zum Ideologen der totalitären Utopie und des revolutionären Terrors.[62]

Aber auch bei den süddeutschen Bauern, die die radikale Wende Müntzers nicht mitvollzogen und gewissermaßen »auf dem Boden« blieben, ist ein Reflex auf die Vorstellung vom »guten Kaiser Friedrich« zu spüren. Der Kaiser blieb die einzige Autorität, die die Aufständischen anzuerkennen bereit waren.

Weltuntergang und Bauernkrieg

Auch die rein astrologische Wurzel der Endzeiterwartung hatte ihren Einfluss auf den Bauernkrieg. Die *Pronosticatio* Johannes Lichtenbergers (+ 1503) fußte auf einer Weissagung, die aus der Planetenkonjunktion von Jupiter und Saturn im Zeichen des Skorpions am 23. November 1484 das Auftreten eines religiösen Führers vorhersagte, der eine Umwälzung der kirchlichen Verhältnisse hervorrufen würde. Die protestantische Propaganda hat aufgrund dieser Vorhersage später eine Zeitlang hingenommen, dass Luthers tatsächliches Geburtsjahr 1483 um ein Jahr »verschoben« wurde, damit diese Vorhersage eines Kirchenerneuerers auf den Reformator bezogen werden konnte. Luther selbst hat übrigens, obwohl er ein Verächter der Astrologie war, 1527 Lichtenbergers *Weissagung*, mit einem Vorwort versehen, erneut herausgegeben und für seine Zwecke benutzt.[63]

Die hohen Auflagen der astrologischen Traktate und die Tatsache, dass selbst ein Gegner der Astrologie wie Luther dieses Medium nutzte, belegen, in welchem Maße sowohl die Gelehrten wie auch die breite Bevölkerung von astrologischen Vorhersagen zu beeinflussen waren. Dahinter verbarg sich ein tiefer, eigentlich unchristlicher Sternenglaube. In ihm erschienen die Planeten personifiziert und mit seit der Antike überlieferten Eigenschaften ausgestattet, die günstige oder ungünstige Wirkungen auf die irdischen Verhältnisse haben konnten. Insbesondere lässt sich eine verbreitete Saturnfürchtigkeit im frühen 16. Jahrhundert nachweisen, derer sich auch Gelehrte wie Melanchthon nicht entziehen konnten. Saturn, der römische Saatengott (und alte griechische Zeitgott Chronos), der, mit Sichel und Karst ausgestattet, seine mühselige Feldarbeit verrichtet und der im Tierkreiszeichen den Dezember und den Januar beherrscht, steht unter anderem für die Endzeit, für Aufruhr und Chaos. Planetenkonstellationen, in denen Saturn eine beherrschende Rolle spielte, verhießen nichts Gutes.

Practica vber die grossen vnd ma-
nigfeltigen Coniunction der Planeten/die im̄
jar M. D. XXiiij. erscheinen/vñ vnge-
zweiffelt vil wunderparlicher
ding geperen werden.

Auß Rö. Kay. May. Gnaden vnd Freihaiten/hüt sich menigklich/diese meine Practica in zwayen jaren nach zütrucken bey verlierung. 4. Marck lötigs Golts.

Titel der »Practica« des Leonhard Reyman, der aus der Planetenkonstellation für das Jahr 1524 eine Sintflut und eine Erhebung der Bauern voraussagte.

Seit der Zeit um 1500 stellten immer wieder Mathematiker und Astronomen in ihren Berechnungen fest, dass sich im Jahr 1524 eine ungewöhnliche Häufung von Planetenkonjunktionen ereignen würde. Fast alle Planeten würden sich im wässerigen Zeichen der Fische treffen. Daraus leitete schon 1499 der Tübinger Mathematiker Johannes Stöffler (1452–1531) eine allgemeine Sintflut für den Februar 1524 ab, und viele Gelehrte sind ihm später darin gefolgt. Je näher das Jahr rückte, desto mehr häuften sich Schriften, die den bevorstehenden Weltuntergang diskutierten und bestehende Ängste schürten. Einzelne Autoren wie der Wiener Astrologe Georg Tannstätter (1515) und der Arzt Johann Copp (1522) sagten sogar einen Bauernkrieg voraus: *Ist auch zu besorgen ein bundtschuch der gemeyn wider die herrschafft und vornehmlich wider die bischoff und alle pfaffen, welchen ire zinsleut nimmer zinsen werden sonder rechenschaft von inen begeren.*[64]

Mehrere zeitgenössische Schriften, wie die *Practica* des Leonhard Reymann (1515) sind mit Holzschnitten versehen, welche die verheerende Wasserkatastrophe aus der Planetenmassierung im Sternbild der Fische veranschaulichen sollen. Unten im Bild ist die Konfrontation des mit der Sense bewehrten Saturn und seiner (bäuerlichen) Planetenkinder mit den Vertretern der Obrigkeit (König, Papst und Bischöfe) plastisch dargestellt.

So wurde das große Wassergießen, die Sintflut, zu einem Sinnbild für die Bedrohung der Welt, für die Ängste, das Unbehagen und den inneren Aufruhr der Menschen an einer Zeitenwende. Wir haben hierfür in dem Maler Albrecht Dürer einen berühmten Zeugen, der in der Nacht vom 7. auf den 8. Juni 1525 von folgendem Traum hochschreckte: ... *in der nacht im schlaf hab ich dis gesicht* [Traumgesicht] *gesehen, wie fill grosser wassern von himmel fielen. Und das erst traf das erdreich ungefer 4 meil von mir mit einer solchen grausamkeit mit einem über großen rauschen und zersprützen und ertrencket das gantz lant..., das ich also erschrack, do ich erwacht, das mir all mein leichnam* [Körper] *zitret und lang nicht recht zu mir selb kam.*[65]

Dies war ein Traum, doch wie sah es mit der geweissagten Sintflut in der Wirklichkeit aus?

Die »Sintflut« von 1524

Am 6. Januar 1524 kam zwar eine *groß wasserguße durch alle land der maußen, das es an ethlichen ortten gantze dorffer und flecken hinweg floß,*[66] wie die Villinger Chronik vermeldet, doch die vorhergesagte Sintflut im Februar blieb aus. Eine gewisse Erregung hielt dennoch das ganze Frühjahr hindurch an. Ausgerechnet im Bodenseegebiet schien sich dann doch ein Teil der Weissagung zu bewahrheiten. Am 6. Juli ging ein verheerendes Unwetter nieder und zerschlug im Raum von Waldshut über Schaffhausen, den Hegau und Überlingen bis nach Leutkirch im Allgäu alle Frucht auf den Feldern. Allein in Schaffhausen habe der Hagel an den Hausdächern und in den Reben einen Schaden von 20 000 Gulden verursacht, berichtet der österreichische Kammersekretär Veit Sutor aus Konstanz nach Innsbruck.[67]

Der Chronik des Schaffhauser Patriziers Hans Stockar verdanken wir eine anschauliche Bestätigung dieser Nachricht. *Auf Mittwoch, den 6. Juli um drei Uhr nachmittags erhob sich ein großes grausames Unwetter am Himmel mit großen, starken Windböhen und einem großen, schrecklichen Hagelwetter, das währte annähernd vier Stunden, und es fielen Hagelkörner, so groß wie Hühnereier und größer ... und erschlug der Hagel das Korn und den Wein und die Häuser und Fenster zu Fetzen in den Grund.* Nicht genug damit: zum 8., 14. und 20. Juli berichtet Stockar von weiteren heftigen Regenfällen.

Am 14. Juli war es wiederum *ain gros, grusamlich wetter mit donderen und blitzgen und hagelstian wie die haselnuss, und was davon kam von dem ersten grosen hagel, das nam es gar ainweg.* Vom ersten großen Hagel hatte man die Häuser noch nicht decken können, weil nirgends so schnell Schindeln und Ziegel zu bekommen waren, so dass man beim zweiten großen Regen *forcht, es wett uns in der statt erdrenken.* Stockar schließt mit den Worten: *Und was ain jemerding, und kain ich nit als schriben, wie es die drig hagel gangen ist und in der wasergüsin; ich miant, mir müstend untergangen sin.*[68] Stockar, der beim alten Glauben blieb, führte die schweren Unwetter vom Juli 1524 auf die Schuldhaftigkeit der Menschen zurück, die damit von Gott bestraft worden seien, und gibt so einen kleinen Einblick in die Mentalität seiner Zeit.

Welche Wirkung das Eintreffen solcher Weissagungen auf die Zeitgenossen hatte, können wir modernen Menschen uns nur ganz unzureichend vorstellen. Der ganze Komplex apokalyptischer Endzeiterwartung und astrologischer Sintflut- und Bauernkriegs-Prophetie, der in vielen Darstellungen als Kuriosum am Rande erwähnt wird, ist in seiner Mitwirkung an der Vorgeschichte des Bauernkriegs keineswegs angemessen erforscht. Dabei liefern diese Traktate eine einmalige Quelle für die Befindlichkeit und die Mentalität des »gemeinen Mannes«. Sie bilden im Übrigen eine Brücke von den objektiven politischen und wirtschaftlichen Voraussetzungen des Bauernkrieges zur subjektiven Deutung und Verarbeitung dieser Verhältnisse in den Köpfen der Menschen. Und sie weisen von da einen Weg zu ihren Handlungsmotiven.

Die allmähliche, schleichende Existenzverschlechterung vieler Bauernfamilien um 1500 führte zu einer Verzweiflung an den sozialen Verhältnissen, die sich aber im weitesten Sinn in religiösen Empfindungen äußerte. Neben der Sehnsucht nach praktischer diesseitiger Religionserneuerung gab es eine chiliastisch-schwärmerische Endzeiterwartung. Das tatsächliche Auftreten eines religiösen Neuerers, eines Reformators, der überdies darauf aufmerksam machte, dass sich die Unterdrückung des »armen Mannes« mit dem Evangelium nicht vertrug, gab den diffusen Erwartungen konkrete Nahrung und förderte darüber hinaus ein latent vorhandenes, auf dem erfolgreichen Kommunalisierungsprozess der Dorfgemeinden beruhendes Selbstbewusstsein der Bauern.

Als sich den Bauern im Evangelium, im göttlichen Recht, eine Rechtfertigung für ihr Aufbegehren anbot, schienen die psychischen Hindernisse, die sie bisher in der Untertänigkeit hielten, überwindbar. Sie konnten sich angesichts der Gleichheit vor Gott ihres Gefühls der Erniedrigung, das die Untertänigkeit mit sich brachte, bewusst werden, und dieses stieg, umgewandelt in Ärger, Hass und Wut aus den Tiefen des Unbewussten empor. Ein Haupthandlungsmotiv der Aufständischen im Bauernkrieg war die Empörung – eine Empörung letztendlich über die ihnen versagte Teilhabe an den Grenzüberschreitungen ihrer Zeit. Es gilt, für den weiteren Fortgang der Ereignisse die doppelte Bedeutung des Wortes »Empörung«, seine psychologische und seine politische Dimension, im Auge zu behalten.

Es herrschte im Hegau im Sommer 1524 nicht nur Verzweiflung über eine vernichtete Ernte, es herrschte eine eigentümliche Erregung angesichts heraufdrängender Veränderung. Es herrschte Aufruhr in den Köpfen und Wut im Bauch, bevor es zur politischen Erhebung kam.

Regionale Voraussetzungen
Der Hegau um 1525

ÖSTERREICH UND DIE LANDGRAFSCHAFT NELLENBURG

Die Landgrafschaft Nellenburg

Der Name Hegau ist heute eine reine Landschaftsbezeichnung, und er war dies auch schon zur Zeit des Bauernkriegs. Wenn in den Quellen um 1525 vom *Hegow* die Rede ist, so meinte dies in erster Linie einen geographischen Raum. Die Herrschaften in dieser Landschaft hatten zwar eine gemeinsame Geschichte und bildeten insofern einen kulturellen Raum mit einer landsmannschaftlichen Identität, aber nur bedingt eine politische Einheit.

Zwar war der Hegau in der Karolingerzeit ähnlich den Nachbarregionen Klettgau, Thurgau, Linzgau oder Baar eine Gaugrafschaft mit einer umfassenden politischen und administrativen Struktur gewesen, aber schon im hohen Mittelalter waren diese Grafschaften als politische Einheiten zerbrochen. Innerhalb der Gaue setzten sich überall regionale Hochadelsgeschlechter durch, die dem jeweiligen Raum neue, an Hausmachtinteressen orientierte Herrschaftsstrukturen aufzwangen. Die Gaunamen verloren ihre politische Dimension und wurden überlagert von neuen Bezeichnungen, die sich von den Namen der politisch mächtigsten Familien im Raum ableiteten.[69]

Die politische Ordnungsmacht im Hegau seit dem 11. Jahrhundert waren die Grafen von Nellenburg. Nicht als Amtsinhaber königlicher Grafenrechte, sondern in Verfolgung ihrer Hausmachtinteressen hatten sich die Nellenburger in diese herausragende Position gebracht. Die 1056 erstmals erwähnte Nellenburg bei Stockach gab dem Hochadelsgeschlecht seinen Namen, und der Familienname breitete sich über den alten Hegau aus, ohne dass die spätere »Landgrafschaft Nellenburg« den geographischen Raum jemals ganz ausfüllte.

Um 1100 starben die alten Grafen von Nellenburg im Mannesstamm aus, und schon um 1170 traf ihre Nachfolger das gleiche Schicksal. Jedesmal aber ging der Herrschafts- und Familienname Nellenburg auf neue Dynastien über, die die alten beerbten. Das zeigt, welche identitätsstiftende Wirkung ihm innewohnte. Tatsächlich blieb die politische Herrschaftsbezeichnung Nellenburg am Hegau haften, auch nachdem das Grafenhaus in seiner dritten (veringischen) Linie 1422 endgültig ausgestorben war. Die Herrschaftsbezeichnung überlebte noch, als die Landgrafschaft Nellenberg 1465 an das Haus Habsburg überging.

Einen Kern der Landgrafschaft Nellenburg bildete das alte Landgericht im Hegau, das bis zum Jahr 1400 überwiegend in Eigeltingen tagte, von da an aber in Stockach *an der offenen Landstraße.*[70] Das Landgericht bildete als reichsunmittelbares, dem König direkt unterstelltes Organ einen letzten Rest der alten Hegaugrafschaft. Als das Landgericht um 1275 an die Grafen von (Veringen-) Nellenburg verliehen wurde, war der Grund gelegt für eine allmähliche Verschmelzung der Reste der Hegaugrafschaft mit der allodialen, also auf Hausbesitz gegründeten Grafschaft Nellenburg. Wegen dieser Verschmelzung konnte das (königliche) Landgericht um das Jahr 1400 von seinem traditionellen Tagungsort Eigeltingen in die nellenburgische Hauptstadt Stockach gezogen werden.

Die Verfügungsgewalt über das Landgericht war für die Grafen von Nellenburg von zentraler Bedeutung, weil sie damit die Hochgerichtsbarkeit im gesamten Hegau innehatten. Obwohl also die Nellenburger nur einen Teil des Hegaus als allodiales Eigengut besaßen, erstreckte sich ihre Gerichtsbarkeit über den gesamten Raum. Diese Rechtsverhältnisse gelangten 1465 an Erzherzog Sigismund von Österreich.

Die Habsburger als Landesherren

Das Jahr 1465 wurde somit zu einem Epochenjahr in der Hegaugeschichte. Die Einverleibung der Landgrafschaft Nellenburg zählte zu den unablässigen Versuchen Habsburgs, eine territoriale Brücke von den österreichischen Landen Tirol und Vorarlberg zu seinen Besitzungen am Oberrhein, im Elsass und am oberen Neckar zu schlagen. Dennoch sollte es Habsburg nie gelingen, ein flächendeckendes Territorium in Südwestdeutschland zu gewinnen – zu viele kleine Adelsherrschaften und kirchliche Besitzungen standen hier den österreichischen Ambitionen im Wege.

Zudem war Österreich im Spätmittelalter nicht das einzige Fürstentum, das sich in Südwestdeutschland ausbreitete. Das Erzherzogtum trat hier in direkte Konkurrenz zu Württemberg, das aufgrund seiner wachsenden Bedeutung 1495 zum Herzogtum erhoben wurde. Seit 1377 hatte Württemberg in Tuttlingen sein Banner aufgerichtet, und zwischen 1359 und 1481 gehörte ihm auch die Herrschaft Mägdeberg im Hegau. Um diese Herrschaft war es 1480 im Zuge einer eskalierenden Adelsfehde beinahe zu einem Landkrieg zwischen Österreich und Württemberg gekommen. Die Herrschaft Mägdeberg mit dem Dorf Mühlhausen gelangte in diesem Zusammenhang an Österreich.[71]

Damit war zwar die sich anbahnende Konfrontation zwischen den beiden mächtigen Territorialstaaten vorläufig von der Tagesordnung, nicht aber aus der Welt. Später – und im Zusammenhang mit dem Bauernkrieg von großer Bedeutung – sollte sich Württemberg erneut im Hegau, dieses Mal am Hohentwiel, engagieren.[72]

Trotzdem war Österreich seit dem Jahr 1465 die bestimmende politische Macht im Hegau. Das Gebiet, in dem die Habsburger nun ihre landesherrlichen Rechte ausüben konnten, wird im Kaufbrief von 1465[73] folgendermaßen beschrieben: Die Grenze verlief vom »Hockenden Stein« bei Aach-Linz ins Tobelbachtal, von da über Hödingen bis zur Mühle bei Goldbach, reichte also ganz nah an die Reichsstadt Überlingen, ging von da über den See nach Allmannsdorf und bis Konstanz an die Rheinbrücke, weiter rheinabwärts bis Schaffhausen an die steinerne Brücke und hinauf auf den Randen bis an die Tengener Mühle, von dort über die Aitrach nach Emmingen und über Worndorf, Unterkrumbach und Sentenhart zurück zum »Hockenden Stein«.

In diesem Gebiet übten die Erzherzöge von Österreich die Grafenrechte aus, das heißt, sie verfügten über die hohe Gerichtsbarkeit und sprachen damit Recht über Leib und Leben, sie hatten die landgerichtliche Hoheit und waren zuständig für Rechtsfälle in den Bereichen Landfriedensbruch, schwere Körperverletzung und Auseinandersetzungen um bäuerliches Eigengut. Sie besaßen das Geleit- und Forstrecht wie auch die Jagdhoheit.

Um die Auslegung der landgräflichen Rechte im Hegau kam es aber schon Ende des 15. Jahrhunderts zu Irrtümern und Streitigkeiten, so dass sich König Maximilian I. als Landgraf in Nellenburg gezwungen sah, sich am Rande des Lindauer Reichstages von 1497 mit der Ritterschaft im Hegau und dem Deutschen Orden wegen der Kommende Mainau und der Herrschaft Blumenfeld vertraglich zu einigen. Was dabei zu Papier gebracht wurde, war der sogenannte Hegauer Vertrag vom 26. Juni 1497, der zu einer Art herrschaftlichem Grundvertrag in der Region wurde. In dem Vertrag ging es in 36 Artikeln um die Zuständigkeit hoher und niederer Gerichte und somit um die Abgrenzung der Befugnisse zwischen Landesherr und Adel. Im Kern wurde hier die Zuständigkeit des Landgerichts bei Mord, Totschlag und Malefizhändeln festgeschrieben. Eine Bestimmung des Hegauer Vertrags sollte im Bauernkrieg 1525 eine gewisse Rolle spielen.

Mit Blick auf den Bauernkrieg im Hegau ist schließlich auch die Verwaltungsstruktur anzusprechen, mit der die Landgrafschaft Nellenburg in die vorderösterreichischen Lande eingebunden war. Zugleich eröffnen wir damit das Tableau der handelnden Personen, die uns im Folgenden immer wieder begegnen werden. An der Spitze der Verwaltung der Landgrafschaft stand der Landvogt mit Sitz in Stockach. Zur Zeit des Bauernkriegs war dies Ritter Hans Jakob von Landau (circa 1480–1557), ein energischer Mann, der jedoch seine Tatkraft gelegentlich eher auf private Angelegenheiten wendete als auf die Belange des Hauses Österreich. Obwohl er zeitweise recht rührig erscheint, hat Landau während der Bauernkriegsereignisse nicht immer zur Zufriedenheit seines Landesherrn, Erzherzog Ferdinand, agiert.[74] Als Oberster Beamter in Nellenburg saß er zugleich dem Stockacher Landgericht als Landrichter vor. Ihm werden wir dort in dieser Funktion beispielsweise im Januar 1525 begegnen.

Dem Landvogt stand als sein Stellvertreter der Amtmann Peter Öfner zur Seite, der auch die Funktion des Steuereinnehmers wahrnahm. Er trat gerade seine

Stelle an, als es im Hegau zu brodeln begann. Sein Bestallungsschreiben vom 14. Juni 1524 hat folgenden Wortlaut:

Er soll auch unsere Leute und Untertanen bei ihren Freiheiten, alten Gebräuchen und guten Gewohnheiten bleiben lassen und sie darum, ohne unseren besonderen Befehl, in keiner Weise bedrängen oder belasten. Auch soll er unsere Zinsen, Renten, Nutzen und Gülten, seien es Pfennigzinsen, Steuergeld, Zollgeld, Achtgeld, Strafgelder, Bußen, Steuern nach einem Todesfall, Wein, Getreide, Fisch, auch Fastnachthennen, Zinshühner und andere uns zustehende Nutzungen, nichts, was uns in unserem Amt Stockach und der Herrschaft Tengen zusteht, ausgenommen, fleißig einziehen...[75] Dieser Dienstbrief des Stockacher Steuereinziehers vermittelt zugleich einen ersten Eindruck, welch vielfältige feudale Abgaben auf den Untertanen lasteten.

Die Korrespondenz der Stockacher Kanzlei nach Innsbruck an das Hofratskollegium führte der Landschreiber Hans Kurz, der gelegentlich auch in die Verhandlungen mit den Bauern eingeschaltet wurde.[76] In außerordentlichen Geschäften war seit 1523 der Kammersekretär Veit Sutor nach Konstanz entsandt, der dort so etwas wie diplomatische Aufgaben wahrnahm, die durchaus in Richtung »Geheimdiensttätigkeit« gehen konnten. Aus seinen Konstanzer Berichten an den Innsbrucker Hofrat haben wir oben bereits zitiert.

DIE KIRCHE IM HEGAU

Die Kirche als Feudalherrin

Die landesherrlichen und gerichtsherrlichen Rechte bedeuten nicht, dass Österreich flächendeckend über allen Grund und Boden im Hegau verfügt hätte. Österreichisches Eigen waren nur die Ämter und Herrschaften Radolfzell, Stockach, Aach, Tengen und Mägdeberg. Die übrigen Herrschaften waren im Besitz des ritterschaftlichen Adels oder der Kirche. Zu beachten ist im Übrigen, dass es auch innerhalb des beschriebenen österreichischen Hochgerichtsbezirks sogenannte exemte Bereiche gab, wo die österreichische Gerichtsbarkeit nicht hinreichte. Dies betraf in erster Linie geistliche Besitzungen wie die Klosterherrschaft Petershausen und die zum Hochstift Konstanz gehörende Höri. Die Reichweite und Intensität der österreichischen Landesherrschaft war also begrenzt, der Adel und die Kirche führten im Hegau in gewisser Hinsicht ihr eigenes Leben.

Unter den geistlichen Herrschaften im Hegau ist in erster Linie der Besitz des Bistums Konstanz zu erwähnen. Dieses bildete zwar das größte Bistum im Deutschen Reich, dennoch war der Konstanzer Bischof, in unserem Fall Hugo von Hohenlandenberg (1460–1532, Bischof seit 1496), ein vergleichsweise kleiner

Feudalherr. Das wenige, was ihm an bischöflichem Eigengut zustand, befand sich weitgehend im Hegau. Hierzu zählte in erster Linie die Halbinsel Höri mit den Ämtern Gaienhofen und Bohlingen. In diesen Herrschaften hatte der Bischof erst 1492 bzw. 1497 den Blutbann, also die hohe Gerichtsbarkeit als österreichisches Lehen erworben.

Bildnis des Konstanzer Bischofs Hugo von Hohenlandenberg (1496–1532). Staatliche Kunsthalle Karlsruhe, Hans Springinklee 1502 zugeschrieben.

Auch außerhalb dieses zusammenhängenden Gebiets besaß das Bistum einzelne, um sogenannte Kelhöfe gruppierte Grundherrschaften, so beispielsweise in Steißlingen, wo der Bischof zugleich Zehntherr und Patronatsherr war, also den Pfarrer einsetzen durfte. War die Pfarrei Bohlingen bereits im Hochmittelalter dem Hochstift Konstanz inkorporiert worden, so zog dieses im Jahr 1347 auch die Pfarrei Steißlingen an sich. Um seine Einkünfte weiter zu vermehren, bemühte sich Bischof Hugo jahrelang um die Inkorporation der Abtei Reichenau, die ebenfalls erheblichen Besitz auf dem Bodanrück hatte. Die Einverleibung der Reichenau kam allerdings erst nach seinem Tod im Jahr 1540 zustande. Auch das Stift Öhningen gelangte erst nach dem Bauernkrieg 1534 an das Bistum.[77]

Am Beispiel der Abteien Reichenau und Stein am Rhein lässt sich zeigen, wie auch die Klöster im späten Mittelalter ihre Einkünfte im Land erhöhten und zugleich ihren Einfluss auf die Dorfgemeinden erweiterten. Die Reichenau besaß nicht nur ein zusammenhängendes Territorium am Nordufer des Untersees, sondern verstreuten Grundbesitz im ganzen Hegau, so zum Beispiel in Eigeltingen und in Singen. Da das Kloster im 14. Jahrhundert wie alle Grundherrschaften von der allgemeinen Agrarkrise erfasst wurde, griff es zur Sanierung seiner zerrütteten Finanzen zu dem problematischen Mittel der Inkorporation von Pfarrkirchen. Das heißt, es zog die Einkünfte von Pfarreien, die seinem Patronat unterstanden, direkt an sich und händigte den Pfarrern vor Ort nur noch einen Bruchteil dessen aus, was die Pfarrpfründe abwarf. Dieses Schicksal widerfuhr im Jahr 1347 der Pfarrei Wollmatingen und 1359 der Pfarrei Singen.[78]

Eine vergleichbare Politik betrieb das Kloster St. Georg in Stein am Rhein. St. Georg besaß in Hilzingen und anderen Orten Grundherrschaften und das Patronatsrecht. Aus ähnlichen Motiven wie die Reichenau verleibte sich Kloster Stein im Jahr 1351 die Pfarreien Hilzingen und Ramsen ein.[79] Durch diese Praxis erlangten die Klöster und das Hochstift Konstanz einen mehrfachen Einfluss auf die Dörfer, auch dort, wo sie sonst nicht Ortsherren waren. Sie erhielten Einkünfte aus der Grundherrschaft, die sie in den zentralen Kelhöfen sammelten. Die Bauern auf ihren Höfen waren zudem meist ihre Leibeigenen, die ihnen die Fastnachtshenne und den Todfall schuldeten. Ferner kassierten die Klöster und das Hochstift den Zehnten, und sie bestimmten den Pfarrer in den jeweiligen Kirchspielen.

Dieser letzte Punkt ist in unserem Zusammenhang vielleicht von großer, bisher kaum beachteter Bedeutung. Da die Priester auf den wichtigsten Pfarreien des Hegaus – überall auf der Höri, auf dem Bodanrück, ferner in zentralen Orten wie Eigeltingen, Steißlingen, Singen, Ramsen und Hilzingen – ausschließlich von der Kirche abhängig waren und in den inkorporierten Pfarreien zudem kurz gehalten wurden, könnte dies eine mögliche Erklärung dafür sein, weshalb wir im Hegau anlässlich des Bauernkriegs so wenig von lutherischen Pfarrern hören: Die Ortspriester standen offensichtlich zu stark unter der Kuratel ihrer Patronatsherren.

Um das Bild von der Durchdringung des Hegaus durch geistliche Herrschaften abzurunden, sei am Ende noch auf den Deutschen Orden verwiesen, der in diesem Raum ebenfalls einen starken Einfluss besaß. Seit der Entstehung der Ordenskommende Mainau 1272 hatten sich die Deutschherren zunächst im nördlichen Teil des Bodanrücks mit Allmannsdorf, Litzelstetten, Dingelsdorf, Dettingen und Wallhausen ausgebreitet. Einen erheblichen Zuwachs erhielt die Mainau dann im Jahr 1488 mit dem Erwerb der Herrschaft Blumenfeld mit Watterdingen, Leipferdingen und Epfenhofen von den Herren von Klingenberg. Eine zweite Deutschordensherrschaft entstand am östlichen Rand der Landgrafschaft Nellenburg, als Wolfgang von Klingenberg, der sowohl Komtur auf der Mainau als auch Chef der Ballei Elsass-Burgund war, im Jahr 1506 die Herrschaft Hohenfels für die Kommende Altshausen erwarb.[80] Die Kommenden, denen ein Komtur vorstand, bildeten beim Deutschen Orden die unteren Verwaltungseinheiten, territorial waren sie in sogenannten Balleien zusammengefasst.

Damit sind die wichtigsten geistlichen Institutionen aufgelistet, die innerhalb der österreichischen Landgrafschaft Nellenburg eigene Grundherrschaften oder sogar – wie das Hochstift Konstanz – exemte, nicht der Landgrafschaft unterstehende Territorien errichten konnten. Alles in allem dürfte somit sicherlich ein Viertel der Gesamtfläche des Hegaus in der Hand der Kirche und geistlicher Einrichtungen gewesen sein. Da die Kirche ihre Herrschaften nicht anders verwaltete und ausbeutete als weltliche Herren, bestand für die bäuerlichen Untertanen im Grunde kein Unterschied, ob sie unter dem Krummstab oder dem adligen Wappenschild lebten und wirtschafteten. Einen nicht zu vernachlässigenden Machtfaktor der Kirche bildete allerdings die über die Patronatsrechte und die Inkorporation von Pfarreien ausgeübte geistliche und geistige Kontrolle der Priester wie der Untertanen. Der Durchdringungsgrad dieses Kontrollmechanismus war im Hegau möglicherweise höher als in anderen Regionen.

Reformatorische Ideen im westlichen Bodenseeraum

Im westlichen Bodenseeraum konnte die Reformation in den drei Spielarten Luthers, des Zürcher Predigers Ulrich Zwingli und der täuferischen Richtung Hubmaiers in Waldshut Fuß fassen. Der Anteil Müntzers an der letzteren muss offenbleiben. Einen Ausgangspunkt für die Glaubenserneuerung am See bildete sicherlich die Zwinglianische Reformation in Zürich und seinem bis Stein am Rhein reichenden Territorium.[81] Reformatorische Gedanken wirkten hier sowohl in den Städten als auch auf dem flachen Land und strahlten von hier auf den Hegau aus. In der Schaffhauser Barfüßerkirche legte Sebastian Hofmeister seit 1522 das Wort Gottes in der Art Zwinglis aus. Und in der eidgenössischen Umgebung Schaffhausens fand er bald seine Nachahmer.[82] Es ist belegt, dass diese eine gewisse Anziehungskraft auch auf die Landbevölkerung nördlich des Rheins ausübten. Männer und Frauen aus dem Hegau zogen nach Stein am Rhein, wo Erasmus Schmid wirkte, und nach Stammheim oder Ermatingen, um die ersten evangelischen Prediger zu hören. Der Pfarrer von Ermatingen im Thurgau predige ebenso wie der Zwingli, heißt es im Oktober 1524. Ein Priester in Diessenhofen am Rhein habe von der Kanzel verkündet, die Altäre seien nur noch Wechselbänke, womit er auf den Ablasshandel anspielte.[83]

Die Vertreibung des radikalen reformatorischen Predigers Johannes Oechsli aus Burg bei Stein am Rhein, der der täuferischen Richtung zuneigte, führte im Juli 1524 mit dem Sturm auf die Ittinger Kartause zur größten sozialen Revolte in der Zürcher Landschaft, bei der die Abschaffung der Zehnten eine zentrale Rolle spielte.[84] Die Ausbreitung der Reformation am Hochrhein konnte durch die katholischen Gegenkräfte nicht mehr aufgehalten werden. Die Gemeinde Thayngen bei Schaffhausen wurde im Dezember und Januar 1524/25 durch Pfarrer Adam Bärtz reformiert, der täuferische Prediger Johann Brötli bekehrte das ebenfalls schaffhausische Hallau im Februar 1525 innerhalb kurzer Zeit.[85]

Aber auch außerhalb der Eidgenossenschaft hatten reformatorische Gedanken schon länger Fuß gefasst. Bereits 1523 hatte der diplomatische Vertreter Österreichs in Konstanz, Kammersekretär Veit Sutor, nach Innsbruck berichtet, es gebe *drey Predicanten Zu Costenntz, so ketzerisch Le[h]ren außspraiten.* Im Juli 1524 wusste er zu vermelden, einer dieser Prädikanten habe von der Kanzel herab verkündet, *die Fürsten seien inzwischen größere Tyrannen als es die* [römischen] *Kaiser Nero, Decius und Diokletian waren. Die Ritter und Edelleute seien Wüteriche und Bluthunde, sie fangen die armen Leute wider alles Recht, werfen sie in die Gefängnistürme und legen sie in den Block, es sei keine Gottesfurcht, kein Glaube und weder Gerechtigkeit noch Vernunft in ihnen.*[86]

Bei den drei Konstanzer Predigern handelte es sich um Jakob Windner, Pfarrer an St. Johann, den Helfer Bartholomäus Metzler und Johannes Wanner, der die Münsterkanzel innehatte. Windner hatte schon 1516 gegen den Ablass gewettert, seit 1519 bekannte er sich offen zu Luther. Es heißt, er habe *großen zulouf vom gemainen volck* gehabt.[87] 1521 formierte sich in Konstanz eine evangelische Bewegung, die in der Bürgerschaft und im Rat Unterstützung fand. Der eigentliche Reformator von Konstanz, der frühere Alpirsbacher Mönch Ambrosius Blarer, schloss sich diesem Zirkel 1523 an, hielt sich aber noch im Hintergrund. Erst von 1525 an wurde er neben Dr. Johannes Zwick zum Organisator der Konstanzer Reformation, die bis 1531 vorübergehend verankert werden konnte.

Es scheint so, als sei die reformatorische Bewegung offensichtlich vom südlichen Rand her in den Hegau vorgedrungen: von Zürich, Waldshut, Konstanz und Schaffhausen, wo jeweils seit den frühen 20er-Jahren eine reformatorische Richtung Fuß gefasst hatte, dann aber seit 1524 auch von den kleineren Städten und Dörfern des eidgenössischen Thurgaus. Zwar gab es auch in Reichsstädten nördlich des Bodensees, in Memmingen, Lindau und Biberach seit 1519 eine reformatorische Bewegung, doch die von dort ausgehenden Impulse erreichten den Hegau nicht, weil die nähergelegenen Reichsstädte Buchau, Buchhorn (Friedrichshafen), Pfullendorf und Überlingen eine strikte Politik zugunsten des alten Glaubens verfolgten. Insbesondere in Überlingen wurde seit 1522 jeder Ansatz einer reformatorischen Bewegung im Keim erstickt.[88] Diese Reichsstadt sollte neben Österreich zur eigentlichen Bewahrerin des katholischen Glaubens am Bodensee werden. Einen Einbruch der Reformation in nördlicher Nachbarschaft des Hegaus gab es einzig im Städtchen Meßkirch, wo eine Mehrheit der Bürgerschaft, ähnlich Waldshut, kurzfristig eine schwärmerisch-asketische Richtung einschlug. Im benachbarten Sauldorf sollte im Jahr 1525 sogar ein Bauer als evangelischer Prediger auftreten.[89]

In den Städten des Hegaus selbst, in Stockach, Aach, Engen, Tengen, Blumenfeld und Radolfzell und auf den Dörfern gibt es bisher keine Anzeichen dafür, dass der Klerus sich 1524/25 der Reformation geöffnet hätte. Lediglich in Sernatingen (Ludwigshafen) wirkte der unglückliche Kaplan Johannes Hüglin, der nach dem Bauernkrieg 1527 in Meersburg als Ketzer verbrannt werden sollte, obwohl seine theologische Stellung in seinem Prozess nicht hinreichend geklärt werden konnte.[90] Während des Ketzereiprozesses gab Hüglin an, er habe im Jahr 1524 Luthers Schrift von der Babylonischen Gefangenschaft der Kirche von seinem Kollegen in Bodman erhalten, was immerhin andeutet, dass Luthers Schriften auch im Hegau in einigen Pfarrstuben kursierten. Ansonsten herrscht, was die Haltung des hegauischen Klerus zu Reformation und Bauernkrieg angeht, erheblicher Aufklärungsbedarf.

Es gibt indes Anzeichen dafür, dass sich vielleicht nicht der Klerus, wohl aber ein Teil der Landbevölkerung 1524 ähnlich wie im Zürcher und Schaffhauser

Gebiet schon der Reformation geöffnet hatte. Der schon zitierte Brief des österreichischen Kammersekretärs Veit Sutor vom 14. Juli 1524 nach Innsbruck berichtet zunächst von dem verheerenden Hagelschaden vom 6. Juli 1524 und fährt dann fort: *Unter dem gemeinen Volk herrscht eine große Widerwärtigkeit… Die einen sagen, der Hagelschaden verdanke sich dem unchristlichen Wesen der Lutherischen Sekte, während jene, die dieser Sekte anhängen, meinen, das Unwetter sei eine Strafe, die Gott über jene verhängt habe, die der Sekte nicht anhängen.*[91] Die Bevölkerung scheint demnach am westlichen Bodensee bereits in Lutherische und Altgläubige gespalten gewesen zu sein.

Konkrete Spuren evangelischen Denkens und Argumentierens in der Landbevölkerung des Hegaus sind allerdings äußerst rar. Ein Beispiel aus Weiterdingen lässt immerhin erahnen, wie grobschlächtig sich solches äußerte. Dort hatte Jakob von Stoffeln wohl im Herbst 1524 einen gewissen Lienhart Beltzer wegen *unchristlicher Worte* eingesperrt. Dieser habe gesagt, *wie er gern wissen woͤlt, wan ain mentsch sturb, Wo syn Seel hynnkom. Wan man ouch aim* [einem] *maͤntschen das Sacrament der Hailigen ölung anstrych, waͤr es aͤben ain ding, als wan man aim, mit urloub antzuzaigen, kuͤkaut* [Kuhkot, Kuhdreck] *oder karren salb anstrich…*[92]

DER ADEL IM HEGAU

Der Adel in der Krise des Spätmittelalters

Vor dem Aufzug der Habsburger in der Landgrafschaft Nellenburg bildete der Hegau eine klassische Adelslandschaft. Zwischen dem 11. und frühen 13. Jahrhundert war in diesem Raum ein dichtes Netz von Burgen entstanden, die alle zu namengebenden Wohnsitzen ritterlicher Familien und zu Mittelpunkten adliger Herrschaften wurden. In unserem Zusammenhang spielt es keine Rolle, ob diese Herrschaftsträger Ableger altfreien Hochadels waren wie die Herren von Bodman oder aufgestiegener Dienstadel wie die Herren von Klingenberg. Im Spätmittelalter hatten sich beide gesellschaftliche Gruppen zur Schicht des sogenannten niederen Adels verbunden, der unterhalb des zur Landesherrschaft strebenden Hochadels seine regional begrenzten Existenzformen suchte.

Im Zusammenhang des Bauernkriegs werden immer wieder folgende Geschlechter eine Rolle spielen: Die Herren von Bodman, die um Bodman, aber auch um Friedingen eine stabile Herrschaft aufgebaut hatten und denen pfandweise das Städtchen Aach gehörte, ferner die Herren von Homburg, denen wir uns gleich näher widmen werden, die Grafen von Lupfen, denen im Hegau die Herrschaft Hewen mit der Stadt Engen gehörte, die Herren von Klingenberg, deren Geschichte eng mit dem Hohentwiel, aber auch mit Hilzingen verknüpft ist, die Herren von Friedingen mit der Herrschaft Hohenkrähen, die Herren von Fulach

WÜRTTEMBERG
FÜRSTENBERG
EIDGENOSSEN
Donaueschingen
Tuttlingen
Bräunlingen
Hüfingen
Geisingen
Donau
Hattingen
Fürstenberg
Riedböhringen
Leipferdingen
Engen
Blumberg
Riedöschingen
Watterdingen
Aach
Hewen
Kommingen
Tengen
Welschingen
Ehingen
Blumenfeld
Mägdeberg
Mühlhausen
Schlatt
Uttenhofen
Beuren
Stoffeln
Weiterdingen
Büsslingen
Krähen
Wiechs
Binningen
Duchtlingen
Staufen
Schlatt
Riedheim
Hohentwiel
Stühlingen
Schleitheim
HILZINGEN
Singen
Thayngen
Ebringen
Bietingen
Rosenegg
Gottmadingen
Randegg
Worblingen
Buch
Hallau
Schaffhausen
Büsingen
Ramsen
Gailingen
Neunkirch
Diessenhofen
Rhein
Stein a. Rh.
Rhein

Herrschaftliche Verhältnisse im Hegau 1524/25

Österreichisch (Landgrafschaft Nellenburg)
Österreich besaß in den meisten übrigen Herrschaften die hohe Gerichtsbarkeit

Ritterschaftliche Orte (meist unter österreichischer Oberhoheit)

Deutscher Orden

Hohentwiel württembergisch

Kloster Reichenau

Bischof von Konstanz

Herrschaft Hewen (Lupfen)

Reichsstadt Überlingen

ıgen
łorf
e
Raithaslach
Mahlspüren
Kalkofen
Liggersdorf
Hohenfels
Stockach
Nenzingen
gen
wies
Espasingen
Sermatingen
ingen
Homburg
Bodman
Sipplingen
Stahringen
ittingen
Liggeringen
Überlingen
ıgen
Möggingen
Radolfzell
Markelfingen
Dettingen
oos
Iznang
Allensbach
Dingelsdorf
olzen
Mainau
Horn
Reichenau
Wollmatingen
Gaienhofen
Allmansdorf
menhofen
gen
Steckborn
Ermatingen
Konstanz
BODENSEE
HAFT

mit Duchtlingen, die Herren von Stoffeln und Reischach mit den Herrschaften Hohenstoffeln, Binningen und Weiterdingen. Schließlich hatten auch einige auswärtige Familien im Hegau Besitz, so die Herren von Schellenberg zu Hüfingen und die Herren von Zimmern zu Meßkirch, die sich zur Zeit des Bauernkriegs mit Hans Heinrich von Klingenberg die Herrschaft Staufen mit Hilzingen teilten.

Im Hegau hatte der landsässige Adel eine relativ machtvolle, unabhängige Stellung erlangen können, weil das mit den Grafenrechten in der Landgrafschaft belehnte Adelshaus, die Grafen von Nellenburg(-Veringen), im Verlauf des 14. Jahrhunderts seine politische Macht nicht auszubauen verstand, vielmehr gesellschaftlich abstieg und 1422 schließlich ausstarb. Auch die schwachen Herren (und seit 1422) Grafen von Tengen, die ihre Nachfolge antraten, starben bald aus. Das heißt, diejenigen Adelshäuser, die sich möglicherweise zu landesherrlicher Stellung im Hegau hätten aufschwingen können, vermochten diese Rolle nicht auszufüllen.

Aus diesem Grunde war der Abstand zwischen dem landsässigen Adel und den Grafen von Nellenburg in Bezug auf politischen Rang und gesellschaftliche Stellung recht gering. Schon Mitte des 14. Jahrhunderts war Graf Heinrich von Nellenburg neben zahlreichen weiteren Adligen gezwungen gewesen, sich in eine Dienstbeziehung zu Habsburg zu begeben, was etwas prononciert als »Unterwerfungserklärung« des Hegauadels gedeutet wurde.[93] Richtig ist allerdings, dass hier bereits die Nellenburger im Hegauadel allenfalls noch »primi inter pares« waren. Es gab zu Beginn des 15. Jahrhunderts einzelne Adlige wie Caspar von Klingenberg oder Hans I. von Lupfen, die im Königsdienst ebensolch bedeutsame Stellungen erlangten wie Graf Eberhard von Nellenburg.

Allerdings zeigt die lange Reihe der Dienstverpflichtungen gegenüber Österreich, dass sich die Adligen nicht mehr aus einer Einbindung in übergeordnete politische Strukturen heraushalten konnten, und dass sie überdies auf die daraus rührenden Dienstgelder angewiesen waren. Die Geldwertverschlechterung und eine schwelende Agrarkrise seit dem frühen 14. Jahrhundert führten, verstärkt durch die Pest von 1348/50, zu einem Rückgang der feudalen Einkünfte und zu einem Verfall der Getreidepreise. Diese Entwicklung musste den Adel, der noch weitgehend von Naturaleinkünften lebte, zwangsläufig massiv bedrohen. Gleichzeitig stiegen die Löhne, was sich beispielsweise bei Baukosten bemerkbar machte, und der Aufwand für adlige Lebenshaltung einschließlich Rüstung und Waffen.[94]

Zu dieser Beeinträchtigung der wirtschaftlichen Grundlagen kam ein Bedeutungsverlust des Rittertums auf der militärischen Bühne. Seit der Schlacht von Crécy 1346 und fortgesetzt in den Schlachten von Reutlingen 1377, Sempach 1386, Näfels 1388, Nikopolis 1396 bis zu den Appenzeller Kriegen 1405 ff. hatten sich Ritterheere immer wieder empfindliche Niederlagen eingehandelt.[95] Es war abzusehen, dass mit Bogen und Langspießen ausgestattete Fußtruppen auf lange Sicht das schwergepanzerte und schwerbewegliche Ritterheer von den Schlachtfeldern verdrängen würde. Und tatsächlich sollten ja seit der Zeit Kaiser Maximilians I. um 1500 die Landsknechtsarmeen das Bild der Militärgeschichte bestimmen. Darin fand zwar der adlige Reiterführer immer noch seine Funktion als Offizier, das ritterliche Standesethos war dennoch beträchtlich angeschlagen.

Der Adel litt also im Spätmittelalter wirtschaftlich unter einer anhaltenden Agrarkrise, sein Selbstbewusstsein war angeschlagen durch den drohenden militärischen Bedeutungsverlust. Im sozialen Wandel dieser Zeit tat er sich schwer, seine gesellschaftliche Stellung zwischen Hochadel, Bürgertum und Bauernschaft zu verteidigen.

Das Grabdenkmal des Grafen Sigmund von Lupfen von 1525 in der Stadtpfarrkirche von Engen gilt als ein Meisterwerk der spätgotischen Sepulkralkunst. Graf Sigmunds strenges Regiment in der Landgrafschaft Stühlingen gilt als ein auslösendes Moment des Bauernkriegs.

Der Hochadel – so die Erzherzöge von Österreich und die Herzöge von Württemberg – war während des 15. Jahrhunderts auf dem Weg zu einer umfassenden Landesherrschaft in geschlossenen Territorien. Obwohl grundsätzlich eines Standes mit dem landsässigen Adel, hob ihr gesellschaftlicher Rang die Landesherren weit über den niederen Adel hinaus. Ihre politischen Interessen standen im Gegensatz zu den adligen Überlebensstrategien. Entsprechend fühlte sich der niedere Adel dem Hochadel zwar gesellschaftlich zugewandt, gleichzeitig jedoch durch dessen Territorialpolitik bedroht. Tatsächlich gingen immer mehr heruntergewirtschaftete Adelsherrschaften in den großen Territorien auf, und die vom Abstieg bedrohten Adligen mussten sich mit Beamtenpositionen in der Territorialverwaltung begnügen. Das brachte sie politisch wie wirtschaftlich in Abhängigkeit von den Landesherren.

Die Dienstverträge, die etwa Österreich für die Adligen am Bodensee bereitstellte, waren angesichts sinkender Einkommen tatsächlich ein verlockendes Angebot, und so kann es kaum verwundern, dass wir während des ganzen 14. und 15. Jahrhunderts eine lange Reihe Hegauer Adliger in österreichischen Diensten finden, darunter neben den Grafen von Nellenburg immer wieder Angehörige der Häuser von Bodman, Klingenberg, Lupfen und Randegg.[96] Im Jahr 1460 standen Vertreter aller wichtigen Adelsfamilien im Hegau in österreichischen Diensten, so dass von diesen personellen Bindungen her der Erwerb der Landgrafschaft Nellenburg durch Österreich gewissermaßen vorgezeichnet war.[97]

Und dennoch bedeutete der Aufzug der Habsburger als neue Landesherren in der Landgrafschaft Nellenburg 1465 eine qualitative Veränderung der Beziehungen. Die Zugehörigkeit zu einer mächtigen Landesherrschaft war der hegauische Adel nicht gewohnt, und er setzte alles daran, seine Eigenständigkeit gegenüber Österreich zu behaupten. Der Hegauer Vertrag vom Juni 1497, in dem die gerichtsherrlichen Kompetenzen zwischen Österreich und dem hegauischen Adel festgelegt wurden, kann in diesem Sinne gedeutet werden.[98]

Der hegauische Adel hat sich während der habsburgischen Zeit nie zum landsässigen Adel Österreichs herabdrücken lassen. Er blieb den Habsburgern zwar freundlich verbunden, bewahrte sich aber grundsätzlich eine Offenheit nach allen Richtungen. Einzelne Adlige, gerade Angehörige des Hauses Klingenberg, haben sich seit etwa 1450 immer wieder in die Dienste Württembergs, des Kontrahenten Österreichs, begeben.[99] Eine wesentliche Grundlage für die Wahrung seiner Unabhängigkeit hatte der Adel des westlichen Bodenseeraums bereits zu Beginn des 15. Jahrhunderts geschaffen. Angesichts des Appenzeller Kriegs hatten sich die Adligen 1408 zu einer Standesorganisation, der Gesellschaft zum St. Georgenschild, zusammengeschlossen. Diese Organisation konnte zwar die krisenhaften gesellschaftlichen Entwicklungen nicht verhindern, aber in ihrem Zusammenschluss fand die hegauische Ritterschaft das politische Mittel für ihre Selbstbehauptung und ihr Selbstwertgefühl.[100]

Daneben gab es andere, trotzige Formen der Selbstbehauptung, die sich in den Begriffen des Fehdewesens und Raubrittertums fassen lassen. Hinter Adelsfehden und räuberischen Anschlägen verbergen sich bei genauerer Betrachtung oft zweifelhafte Versuche der Einkommensverbesserung in einer Zeit, als die wirtschaftliche Lage des Adels immer angespannter wurde. Die Raubritterstreiche und das Fehdewesen im Hegau hatten ihre hohe Zeit um die Mitte des 15. Jahrhunderts. Eine adlige Gesellschaft unter Führung Graf Heinrichs von Lupfen plante systematisch Raubüberfälle auf Handelstransporte. Den Höhepunkt bildete ein spektakulärer Überfall auf Ulmer Handelsschiffe am Kattenhorn 1441. Dies zog einen folgenschweren Vergeltungszug der Schwäbischen Reichsstädte in den Hegau nach sich, bei dem die Schlösser und Dörfer der

Raubgesellen in Flammen aufgingen, darunter die Schrotzburg auf dem Schienerberg, der Randegger Turm in Hilzingen und das Schloss Staufen.[101]

Derlei Anschläge eröffneten dem Adel zwar gewisse Formen der Bereicherung: von der direkten Beschlagnahme fremden Guts bis zu Brandschatzungen und zu Lösegeldforderungen, wenn reiche Gefangene gemacht wurden. Das Risiko solcher Unternehmungen lag jedoch darin, dass die Beteiligten durch Racheakte und Vergeltungszüge empfindlich geschädigt werden konnten. Solches »Raubrittertum« war in einer halblegalen Grauzone angesiedelt. Die Beteiligten fanden immer eine halbwegs plausible Begründung für ihre Überfälle, und die angesagte Fehde war ein durchaus legitimes Mittel zur Durchsetzung von Rechtsansprüchen. Die Adligen, die sich zu Raubritterstreichen hinreißen ließen, lassen sich nicht einfach als heruntergekommene »gesetzlose Gesellen« abtun. In aller Regel handelte es sich um durchaus angesehene Persönlichkeiten wie die Grafen Heinrich und Hans von Lupfen. Das Raubrittertum kann in einer Zeit drohenden Autonomieverlustes als ein Versuch der Autonomiebewahrung betrachtet werden.

Die Zunahme der Raubüberfälle um die Mitte des 15. Jahrhunderts ist ein untrügliches Zeichen dafür, dass die soziale Lage des Hegauadels am Ende des Mittelalters wirklich schwierig geworden war. Sie ist auch ein Indiz dafür, dass die feudale Grundherrschaft die adligen Familien nicht mehr ernährte. Dies macht unter anderem verständlich, weshalb die Herren den wirtschaftlichen Druck, der auf ihnen selbst lastete, durch kleine Abgabenerhöhungen an ihre Untertanen weiterzugeben versuchten.

Nicht zu unterschätzen ist auch die Tatsache, dass der Adel durch seine Fehdelust einen Teil seines Herrschaftsanspruchs selbst untergrub, nämlich den Anspruch, den Landfrieden zu schützen und seine Untertanen vor Schaden zu bewahren. Im 15. Jahrhundert wurde der im Niedergang begriffene Adel selbst zu einer Gefahr für den Landfrieden. Es war insofern ein großer Fortschritt, als es Kaiser Friedrich III. im Jahr 1488 gelang, die Rittergesellschaft mit St. Georgenschild in sein friedenssicherndes System des Schwäbischen Bundes einzubinden. Der Schwäbische Bund war ein Zusammenschluss von Fürsten, Städten und Adel zur Sicherung des Friedens in Südwestdeutschland. Er sollte folgerichtig im Bauernkrieg zum Träger der Niederschlagung des Aufruhrs werden.

Bauern leisten einem Herren Geld- und Naturalabgaben. Holzschnitt aus dem späten 15. Jahrhundert.

Probleme der Herrschaftssicherung: Die Herren von Homburg und von Klingenberg

Im Spannungsfeld zwischen hochadliger Landesherrschaft und selbstbewusster gewordenen Dorfgemeinden mussten die Adelsfamilien im Hegau ihr politisches Überleben organisieren. Am Beispiel der Herren von Homburg und von Klingenberg seien die Möglichkeiten und Grenzen adliger Herrschaftssicherung am Vorabend des Bauernkriegs exemplarisch dargestellt.

Die Herren von Homburg mit ihrer Stammburg bei Stahringen waren ein weitverzweigtes Ministerialengeschlecht der Bischöfe von Konstanz und verdankten dieser Dienstbeziehung ihre Herrschaftsrechte an zahlreichen Orten des Hegaus. Sie standen aber im 14. Jahrhundert im Zuge des Ausbaus ihrer Herrschaft gelegentlich gegen das Konstanzer Hochstift, so etwa in der Auseinandersetzung um die Pfandherrschaft Markdorf, die die Homburger zwischen 1355 und 1414 besaßen. Aufschlussreich ist eine Äußerung der Markdorfer Bürger nach der Rücklösung des Pfandes durch Konstanz, wonach die Homburger *sy hart übel hielten.* Spätestens Anfang des 14. Jahrhunderts waren die Homburger auch Ortsherren in Hilzingen. Einer Herrschaftsteilung dreier Brüder von Homburg im Jahr 1340 verdankt die Herrschaft Staufen mit Hilzingen übrigens ihre unheilvolle Dreiteilung, von der noch die Rede sein wird. Als sie sich aus Hilzingen 1429 wieder zurückzogen, konzentrierte sich die Herrschaft der Homburger auf die Schlösser Homburg und Langenstein mit den Orten Stahringen, Möggingen, Steißlingen, Orsingen und Hausen an der Aach.

Hauptvertreter des Hauses zur Zeit des Bauernkrieges war Wolf Dietrich von Homburg (circa 1490–1553). Er vereinigte in seiner Hand nach und nach einen Großteil der Herrschaft und scheint insofern über eine relativ gesunde grundherrschaftliche Basis verfügt zu haben. Da Wolf Dietrich von Homburg zudem in österreichischen Diensten Obervogt des Amtes Tuttlingen war, hatte er vermutlich ein recht gutes Auskommen. In seiner Position als Grundherr und als österreichischer Beamter stand er 1524/25 im Zentrum des Geschehens, seine Briefe und Berichte zählen zu den wertvollsten Quellen für den Bauernkrieg im Hegau. Trotz dieser machtvollen Stellung des Hauses zu Beginn des 16. Jahrhunderts sollten die Herren von Homburg bereits 1566 im Mannesstamm aussterben und damit als politischer Herrschaftsfaktor aus dem Hegau verschwinden.[102]

Beinahe zur selben Zeit starben auch die Herren von Klingenberg aus, wenn sich auch der Untergang dieses Adelsgeschlechtes deutlicher ankündigte als bei den Homburgern. Als ein im Gefolge der Habsburger im 13. Jahrhundert aufgestiegenes thurgauisches Ministerialengeschlecht setzten sich die Klingenberger mit dem Erwerb des Hohentwiel 1300 im Hegau fest. Sie zählten hier neben den Bodman und Homburg, mit denen sie auch verschwägert waren, zu den herausragenden Familien. Ihr Grundbesitz verteilte sich auf verschiedene Orte des Hegaus, so auf Singen, Rielasingen, Worblingen, Arlen, Bohlingen, Überlingen am Ried und auf der Höri, schließlich um Möhringen an der Donau und um Tengen und Blumenfeld, ohne dass es sich überall um geschlossene Herrschaften gehandelt hätte. Seine Glanzzeit erreichte das Geschlecht unter Caspar von Klingenberg († 1439), der sich 1419 und 1433 in den Besitz der Herrschaft Hohenklingen mit Stein am Rhein bringen konnte.

Hegauische Ritter auf den Konstanzer Konzil von 1415. Holzschnitt aus der Druckausgabe von Richentals Chronik, Augsburg 1536. An ihren Wappen erkennt man Herren von Klingenberg, Schellenberg und Bodman.

Die machtvolle Stellung Caspars von Klingenberg hatte verschiedene Grundlagen: Einmal war er verheiratet mit Margaretha Malterer aus Freiburg, der Tochter eines der reichsten Männer Südwestdeutschlands, zweitens vereinigte er den Familienbesitz nach dem Schlachtentod seines Bruders Hans 1405 in einer Hand und schließlich befand er sich als Rat König Sigismunds in einer exponierten gesellschaftlichen Stellung, die sein Einkommen nicht unwesentlich verbesserte.

Unmittelbar nach seinem Tod 1439 ging es mit der Herrschaft der Klingenberger bergab. Das lag zunächst daran, dass der gewaltige Besitz mehrfach geteilt werden musste – schon um 1460 standen fünf Vettern um das Erbe an –, hatte aber seinen tieferen Grund darin, dass König Sigismunds Protektion unter Caspars Nachkommen entfiel. Im Übrigen wurden Dienstgelder aus österreichischen Diensten mehrfach nicht ausbezahlt. Schon 1441/42 standen Hans und Albrecht von Klingenberg im Ruf, an dem Raubüberfall am Kattenhorn beteiligt gewesen zu sein und mussten sich die Zerstörung von Stadt und Herrschaft Blumenfeld durch die Reichsstädte gefallen lassen. Auch die verlorene Fehde der Klingenberger gegen die Grafen von Werdenberg und die Ritterschaft 1464 schwächte ihr Vermögen. Schon 1457 mussten die Klingenberger die Herrschaft Hohenklingen mit Stein am Rhein abstoßen und 1462 folgte der Verkauf von Blumenfeld. Die Verkaufsverhandlungen offenbarten, dass die Schulden der Familie bereits auf rund 30 000 Gulden – damals eine ungeheure Summe – angewachsen waren.

Um das Jahr 1500 teilten sich fünf männliche Klingenberger den geschmälerten Familienbesitz. Das Verhältnis zwischen den Vettern war überdies angespannt bis feindselig. Ein Hohentwieler Burgfrieden von 1475 musste einen letzten Rest an gemeinsamer Familiendisziplin vertraglich sicherstellen.

Nach 1511 spitzte sich die Entfremdung der beiden klingenbergischen Linien in der Auseinandersetzung zwischen den Vettern Albrecht von Klingenberg (circa 1450–1525) und Hans Heinrich von Klingenberg (circa 1475–1540) zu. Albrecht war als österreichischer Rat fast dauernd abwesend in Innsbruck, Hans Heinrich stand dagegen als württembergischer Rat gewissermaßen im gegnerischen Lager. Er setzte alles daran, um seinen Vetter vom Hohentwiel zu verdrängen. Ihn sollte am Ende dasselbe Schicksal ereilen. Als er 1511 seinem Dienstherrn, Herzog Ulrich von Württemberg, das Öffnungsrecht auf dem Hohentwiel einräumte, leitete er, ohne dies zu ahnen, seinen persönlichen Ruin ein. Herzog Ulrich zog nach seiner Vertreibung aus Württemberg 1519 auf den Hohentwiel und verdrängte seinerseits seinen unglücklichen Diener von der Burg.

Hans Heinrich von Klingenberg zählt zu den tragischen Adelsgestalten des späten Mittelalters. Er hat im Versuch, alles zu retten, fast alles verloren und nach 1520 nur noch ein klägliches adliges Dasein geführt. Zwar besaß er seit 1518 das Dorf Singen, zwar überließ ihm sein resignierender Vetter Albrecht 1521 sein Drittel an der Herrschaft Staufen mit Hilzingen, zwar besaß er verstreute Güter und Leibeigene in Worblingen, Rielasingen, Arlen und Ramsen. Aber der Hohentwiel war ihm entrissen, das dafür 1521 versprochene Geld und seine württembergischen Dienstgelder sollte er nie vollständig erhalten. Wegen seiner württembergischen Anbindung galt er auf österreichischer Seite als unsicherer Kantonist. Sein politisches Hasardieren, das den Hohentwiel in die Hand Herzog Ulrichs spielte, sollte im Übrigen einen erheblichen Einfluss auf die Ereignisgeschichte des Bauernkriegs nehmen. Hans Heinrich von Klingenberg ist bei der Niederschlagung des Bauernkriegs nicht in Erscheinung getreten, er beobachtete das Geschehen aus der Distanz seiner Schaffhauser Stadtwohnung.[103]

Adlige Dominanz

Bei aller Krisenhaftigkeit adliger Existenz, trotz aller spürbaren Niedergangstendenzen ist doch nicht zu übersehen, dass die Lebenswelt im Hegau um 1525 noch immer deutlich vom Adel geprägt war. Alle gehobenen Verwaltungspositionen der Landgrafschaft Nellenburg befanden sich in der Hand von Adligen. Den Landvogt Hans Jakob von Landau haben wir bereits kennengelernt. Zum

Burgvogt auf der österreichischen Feste Mägdeberg war Hans Walther von Laubenberg († August 1525) bestellt, Burgvogt auf Hohenkrähen war von Juni 1523 bis November 1524 (bzw. März 1525) Christoph Reichlin von Meldegg (circa 1480–1554), von da an Hans von Ems, ein Verwandter des späteren Siegers über die Hegauer Bauern, Mark Sittich von Ems.[104] Der Großteil der hegauischen Adligen bezog am Vorabend des Bauernkriegs irgendein österreichisches Dienstgeld.[105]

Auch wenn wir vermutet haben, dass die Kirche und geistliche Institutionen wenigstens ein Viertel des Hegaus in der Hand hatten, so ist auch dieser Befund nur richtig zu bewerten, wenn wir in Erinnerung rufen, dass natürlich an der Spitze der Kirche und der Klöster Männer adliger Herkunft standen, und dass auch die geistlichen Verwaltungen in der Hand adliger Beamter lagen. Im 15. Jahrhundert gab es Konstanzer Bischöfe aus den Häusern Hewen und Randegg, auch das Domkapitel rekrutierte sich weitgehend aus Hegauer Ritterfamilien.[106] Zur Zeit des Bauernkriegs war Hugo von Hohenlandenberg, der einem thurgauischen Geschlecht entstammte, Konstanzer Bischof, Vogt auf der Höri war Moritz von Breitenlandenberg, bischöflicher Hofmeister war Hans von Friedingen, der uns im Bauernkrieg öfters begegnen wird. Abt auf der Reichenau war Markus von Knöringen († 1540 oder 1542), und dem Kloster St. Georg in Stein am Rhein stand von 1499 bis 1525 David von Winkelsheim vor.

Dass der Deutsche Orden adlig geprägt war, liegt in seinem Wesen als Ritterorden begründet. Die Komture der Mainau waren im Mittelalter fast durchweg hegauische Adlige gewesen. In dieser Position finden wir Ende des 15. Jahrhunderts Georg von Homburg (1483), danach Wolfgang von Klingenberg (1477–1517) und schließlich um 1525 Sebastian von Stetten aus einem fränkischen Geschlecht.[107] Aber auch weiter entfernten Ordenskommenden standen Angehörige aus hegauischen Adelsfamilien vor. So war etwa Rudolf von Friedingen († 1537) um 1525 Landkomtur in Altshausen und Ludwig von Reischach Komtur in Beuggen.[108]

Mit dem Hinweis auf die adlige Dominanz in der Kirche und in der Landesverwaltung sollen nicht die unterschiedlichen Interessenlagen zwischen der Ritterschaft, der Kirche und dem Landesherrn verwischt werden. Natürlich bestanden zwischen dem Bischof, den Klöstern, Österreich und einzelnen Adelsfamilien heftige Interessengegensätze, die im Extremfall bis zu bewaffneten Auseinandersetzungen führen konnten, aber das darf nicht darüber hinwegtäuschen, dass ihrer Begegnung und ihrem Umgang im öffentlichen Leben eine gemeinsame adlige Kultur und eine identitätsstiftende Mentalität zugrundelag. Und auf dieser Basis fanden Kirche, Landesherr und Ritterschaft in der gemeinsamen Herausforderung durch den aufmüpfigen Bauernstand 1524 schnell zusammen.

DORF UND GEMEINDE IM HEGAU

Die Bevölkerung um 1525

Haben wir bisher die Herrschaftsträger im Hegau ermittelt und die herrschaftlichen Verhältnisse um das Jahr 1525 gewissermaßen »von oben« beschrieben, so erscheint es immer dringender, die Auswirkungen dieser Verhältnisse auf die Untertanen in den einzelnen Dörfern zu beschreiben. Zur Bestimmung der sozialen und wirtschaftlichen Lage auf den Hegaudörfern erscheint es jedoch geboten, zunächst einmal eine Vorstellung von der Größenordnung dieser Dörfer um 1525 und von der Bevölkerungsgröße im Hegau insgesamt zu gewinnen. Da zu dieser Frage aber alle notwendigen Vorarbeiten fehlen und brauchbare demographische Quellengrundlagen erst für die Zeit nach dem Bauernkrieg vorhanden sind, können wir uns der Frage der Bevölkerungsgröße und Bevölkerungsentwicklung nur in ganz groben Schätzungen nähern.[109]

Es unterliegt keinem Zweifel, dass der Bodenseeraum wie ganz Südwestdeutschland zu Beginn des 16. Jahrhunderts einem starken und für die Zeitgenossen spürbaren Bevölkerungswachstum unterlag. Das ist zeitgenössischen Chroniken und sogar einzelnen Artikeln der Bauern von 1525 unzweideutig zu entnehmen.[110] Ein gewisses Indiz für eine Überbevölkerung stellen die Werbungen von Reisläufern und Landsknechten im gesamten Bodenseegebiet dar. Dieser Raum bildete deshalb ein solch günstiges Rekrutierungsfeld, weil es hier in besonderem Maß überzählige Bauernsöhne gab, die für ihr Überleben auf andere Einnahmequellen angewiesen waren. Hier stießen die Werbeoffiziere auf ein großes Potential an jungen, aber auch an erfahreneren Männern, die in Kriegsdiensten ihr Glück suchten.[111]

Die Reisläuferei erfasste den Hegau während der gesamten ersten Hälfte des 16. Jahrhunderts, sie war aber – mit einer besonderen Brisanz – gerade im Vorfeld des Bauernkriegs im Schwang. Das Jahr 1524 lief, wie schon gesagt, auf eine große Auseinandersetzung zwischen dem Kaiser und Frankreich in Norditalien zu, und beide Kriegsparteien hatten einen enormen Bedarf an Landsknechten. Im Hegau warben nicht nur kaiserliche Hauptleute, sondern auch (deutsche) Offiziere, die ihr Geld vom französischen König erhielten. Gerade diese pikante Situation spitzte die Lage Vorderösterreichs am Vorabend des Bauernkriegs krisenhaft zu. Neben den Umtrieben Herzog Ulrichs von Württemberg, der Abwehr der »Lutherei« und der sich ankündigenden Bauernrevolte bilden die Maßnahmen gegen französische Werbungen das vierte große Thema im Schriftverkehr zwischen der Landgrafschaft Nellenburg und der Innsbrucker Zentrale.[112]

Schon im Juli 1524 müssen hegauische Bürger und Bauernsöhne in Scharen via Schweiz den Franzosen zugelaufen sein, von denen nur selten einzelne aufgegriffen werden konnten. Aus Öhningen auf der Höri scheint damals eine ganze Gruppe ausgerückt zu sein. Ebenfalls im Juli wurden fünf Reisläufer auf dem

Weg zu den Franzosen ergriffen, einer von ihnen *hatte zu Fridingen frantzösisch gelt empfangen.*[113] Bemerkenswert erscheint, dass sogar Geistliche für die Franzosen geworben haben. So lagen im August zwei namentlich nicht genannte Priester wegen dieses Vergehens in Konstanz im Gefängnis. Nach dem Bauernkrieg 1527 stellten sich Adlige wie Volker von Knöringen, ein Vetter des Abtes von Reichenau, in französische Dienste und führten hegauische Landsknechte mit sich fort.[114]

In unserem Zusammenhang ist von Interesse, dass der 1528 genannte französische Hauptmann Stoffel Rainer aus Aach und sein Fähnrich, ein gewisser Heggelbacher, im Bauernkrieg zu den Rädelsführern gehört haben sollen. In dieser Nachricht deutet sich ein möglicher Zusammenhang zwischen einer Sympathie für Frankreich und für die bäuerliche Sache an. Gleichzeitig sind hier erstmals zwei Bauernkriegsteilnehmer namentlich erwähnt.[115]

Zwei Reisläufer in voller Montur. Der Holzschnitt von Urs Graf von 1524 zeigt die zwiespältige Existenz der Landsknechte zwischen Verlockung und Tod.

Wenn wir also die Reisläuferei im Hegau wie anderswo als Anzeichen für ein Bevölkerungswachstum im Hegau um 1525 werten dürfen, so bleibt doch die Frage, wieviele Menschen im Jahr des Bauernkriegs in der Landgrafschaft Nellenburg gelebt haben mögen. Da es keine einschlägige, das ganze Gebiet umfassende Quelle hierzu gibt, bleibt nur der Weg, uns einzelnen Orten anzunähern und von den so gewonnenen Zahlen auf das Gesamtgebiet zu schließen.

Der Hegau bildet siedlungsgeographisch ein ausgesprochenes Mischgebiet. Da gab (und gibt) es außerordentlich große zentrale Orte wie Eigeltingen, Steißlingen, Singen und Hilzingen, denen am anderen Ende der Skala eine Vielzahl kleinster Weiler und Einzelgehöfte gegenüberstanden. Dazwischen lagen jedoch die zahlreichen durchschnittlichen Ortschaften wie Mühlhausen, Bohlingen oder Orsingen.

Immer wieder sind wir gezwungen, von späteren Bevölkerungszahlen auf die Situation um 1525 zu schließen. So beherbergte etwa Steißlingen im Jahr 1625 mehr als 1200 Einwohner.[116] Man wird davon ausgehen können, dass der Ort hundert Jahre früher zumindest halb soviele Einwohner hatte, also mit etwa 600 Bewohnern wohl zu den größten Dörfern im Hegau zählte. In Singen lässt sich aufgrund der Musterungsregister von 1615 eine Einwohnerzahl von rund 500 ermitteln. Ebensoviele scheint es aber schon um die Mitte des 16. Jahrhunderts gegeben zu haben.[117] Für die Zeit um 1525 wäre demnach auf eine Bevölkerungsgröße von mehr als 400 zu schließen.

Um einen weiteren großen Ort, Hilzingen, zu betrachten, ist auf eine Reihe von Urbaren und Leibeigenenverzeichnissen aus den Jahren 1561/63, 1610, 1612 und 1616 zu verweisen, die allerdings jeweils nur die zwei Drittel des schellenbergischen Teils betreffen.[118] Die zu 1561 und 1610 aufgeführten Familienvorstände jeweils mit einem Faktor 5 multipliziert, hätte der schellenbergische Bevölkerungsanteil 1561 rund 270, 1610 rund 345 Personen umfasst. Jeweils die Hälfte hinzugerechnet, um das dritte Drittel zu erhalten, kämen wir für das Jahr 1561 auf circa 405, für 1610 auf circa 520 Einwohner. Um 1525 dürfte Hilzingen schätzungsweise annähernd 400 Bewohner beherbergt haben.

Einen letzten Ort können wir noch näher untersuchen: Mühlhausen in der Herrschaft Mägdeberg. Hierzu besitzen wir nämlich eine zeitgenössische Quelle, die Mühlhausener Beschwerdeschrift vom 22. November 1524. Darin ist von 17 Herdstätten die Rede, die zum Schloss Mägdeberg gehören, also österreichisch sind, und von 23 Herdstätten, die anderen Herren, hauptsächlich denen von Friedingen, zugehören. Mühlhausen beherbergte also 40 Herdstätten und somit wohl ziemlich genau 200 Einwohner.[119]

Im Grunde könnte dieses Annäherungsverfahren so von Ort zu Ort fortgesetzt werden. Da jedoch in keinem Fall völlig exakte Zahlen erreicht werden können, erscheint es sinnvoller, sich für den gesamten Raum des Hegau mit einer Grobschätzung zu begnügen. Der Hegau in den oben beschriebenen Grenzen umfasste circa 90 Orte (ohne die zahlreichen Einzelgehöfte). Zu den wenigen großen Dörfern mit mehr als 300 Einwohnern zählten Steißlingen, Eigeltingen (1618: 425 Einwohner), Singen, Hilzingen, Ehingen (1562: circa 350), Bodman, Wollmatingen und vielleicht noch Sernatingen. Dem standen aber zahlreiche Orte von unter 100 Einwohnern gegenüber, so etwa Mahlspüren im Hegau, Heudorf im Hegau, Honstetten (1562: 52 Einwohner), Kalkofen, Wiechs bei Steißlingen, wahrscheinlich auch Hausen an der Aach, Schlatt unter Krähen und Volkertshausen (1618: 139 Einwohner).

Durchschnittliche Dörfer dürften allenfalls 200 Einwohner gezählt haben.[120] Hierzu gehörten Mühlhausen, Watterdingen, Weiterdingen, Worblingen, Arlen, Bohlingen, Überlingen am Ried, Wahlwies (1620: 192 Einwohner) oder Liggersdorf. Auf dieser Grundlage lässt sich für die Zeit um 1525 eine Gesamtbevölkerung im Hegau von rund 18 000 Menschen ermitteln.[121] Diese Zahl gilt es im Kopf zu behalten, wenn wir später auf die Zahl der Beteiligten am Bauernkrieg zu sprechen kommen.

Herrschaftsverhältnisse: Die Beispiele Mühlhausen, Hilzingen und Steißlingen

Die verschiedenen Ausprägungen örtlicher Herrschaftsverhältnisse lassen sich wiederum am besten an Einzelbeispielen darstellen.

Zum Beispiel Mühlhausen. Das Dorf war zweigeteilt. Eine Hälfte stand den Herren von Friedingen zu, die bis 1512 auf dem Hohenkrähen residierten. Die andere, zu Mägdeberg gehörende Hälfte war bis 1480 württembergisch gewesen und seither österreichisch. 17 Herdstätten beherbergten, wie gehört, im Jahr 1524 die österreichische Untertanenschaft, 23 Herdstätten unterstanden anderen Herren, überwiegend den Friedingern. Aufgrund der österreichischen Gerichtsherrschaft in Mägdeberg gaben die österreichischen Untertanen jährlich 30 Malter (circa 54 Zentner) Dinkel und 10 Malter (circa 16 Zentner) Hafer, zusätzlich von jedem Pflug eine Steuer von 11 Schilling Pfennig. Überdies wurden von ihnen jetzt Frondienste verlangt, die sie unter Württemberg nicht gekannt hatten. Da die nichtösterreichischen Dorfbewohner von diesen gerichtsherrlichen Belastungen befreit waren, entstand erheblicher Unmut: Die Betroffenen *vermainen Man solle solche stúr glich ußtriben yedem nach sinem vermúgen Vnd Inhaben*, sie verlangten also eine gerechte gleiche Besteuerung.

Weiter hatten die Mühlhauser unter Württemberg das Recht gehabt, ihre Sauen in einen bestimmten Wald zu treiben, wo sie die Eicheln fressen durften. Dasselbe Recht mussten sie jetzt teuer erkaufen. Desweiteren bestanden die 17 österreichischen Haushaltsvorstände darauf, dass man sie, wie es *In der Landtgraffschafft Nellenburg der bruch ist, das yeder oder yede frow oder man sich verhiren* [verheiraten] *wie In fuoglich ist.* Das spielt darauf an, dass die Leibherren auf die Eheschließungen ihrer Leibeigenen Einfluss nahmen, um zu verhindern, dass ein österreichischer Leibeigener eine fremde Frau heirate, weil sonst die Kinder wie die Mutter einer anderen Herrschaft zufielen.[122]

Kannte Mühlhausen eine herrschaftliche Zweiteilung, so war die Herrschaft Staufen mit Hilzingen sogar dreigeteilt. Im Jahr 1340 unter drei Brüdern von Homburg geteilt, wurden die Drittel später an verschiedene Adelsfamilien weitervererbt oder verkauft. Zur Zeit des Bauernkriegs hatte Hilzingen drei Ortsherren: Gottfried Werner von Zimmern (seit 1512, die Familie besaß den Ort seit 1454), Hans von Schellenberg zu Hüfingen (seit 1520) und den schon bekannten Hans Heinrich von Klingenberg (seit 1521). Sie alle residierten allerdings nicht auf der ebenfalls dreigeteilten Burg Staufen. Die drei Teilherrschaften bestanden jeweils aus einer Grundherrschaft und einer leibeigenen Untertanenschaft. Die drei Untertanengruppen wählten offensichtlich jeweils ihren eigenen Vogt. Ob diese dann turnusmäßig dem dörflichen Niedergericht vorsaßen oder ob es andere Regelungen gab, ist nicht geklärt.

Neben den drei Ortsherren gab es jedoch noch andere Grundherren, so etwa das Kloster St. Georg in Stein am Rhein, das hier ebenfalls Bauerngüter zu Lehen vergab und das, wie wir wissen, auch die Pfarrei besaß und den Pfarrer einsetzte. Während in Mühlhausen nicht bekannt ist, wieviele Tage die Bauern Frondienste leisten mussten, wissen wir von Hans Heinrich von Klingenberg, dass seine Hilzinger Untertanen sechs Tage zu leisten hatten, dasselbe galt für seine Untertanen in Singen und Ramsen.

Gemessen an Hilzingen stellen sich die Herrschaftsverhältnisse in Steißlingen relativ einfach dar. Ortsherren mit niedergerichtlichen Befugnissen waren hier vom 12. bis 16. Jahrhundert die Herren von Homburg. Bei genauer Betrachtung zeigt sich jedoch auch hier eine Zweiteilung, denn der Bischof bzw. das Domkapitel Konstanz war hier seit dem hohen Mittelalter Hauptgrundherr mit einem bedeutenden Kelhof. Das Domkapitel besaß auch den Großzehnten, also den Zehnten von Heu und Getreide, und das Patronatsrecht. 1515 legten die Konstanzer Domherren und die Ortsherren Wolf und Adam von Homburg ihre Rechte in dem Dorf fest. Wolf Dietrich von Homburg, der vorletzte Herr dieses Geschlechts, wurde im Bauernkriegs zu einem der schärfsten Widersacher der aufständischen Bauern. Auf der anderen Seite sollte gerade Steißlingen in Heinrich Maler einen der konturenreichsten Hegauer Bauernführer hervorbringen.[123]

In dieser Frontstellung des Steißlinger Ortsherrn Wolf Dietrich von Homburg und des Bauernführers Heinrich Maler findet sich exemplarisch ein grundlegendes spätmittelalterliches Gegensatzpaar personifiziert: das Prinzip feudaler Herrschaftsordnung von oben und das Prinzip genossenschaftlich-gemeindlicher Selbstorganisation an der Basis der Gesellschaft. Über die mittelalterliche Gemeindebildung und gemeindliche Autonomiebestrebungen im Hegau ist bisher nicht geforscht worden. Die Gemeindebildung gehört aber zu den wesentlichen Voraussetzungen des Bauernkriegs.

Zur Gemeindebildung im Hegau

Grundlegende Arbeiten über die Entstehung der Dorfgemeinde verdanken wir Karl S. Bader, Heide Wunder und Peter Blickle.[124] Das Verdienst dieser Forschungsrichtung ist es, herausgearbeitet zu haben, wie jenseits des feudalen Herrschaftsprinzips auf den Dörfern genossenschaftliche Organisationsformen gepflegt wurden, die mit zur Herausbildung der politischen Dorfgemeinde führten. Die Dorfgemeinde hat jedoch verschiedene Wurzeln. Sie entstand, vom Dorf her betrachtet, aus der Notwendigkeit gemeinschaftlicher Arbeitsorganisation, sie eroberte sich aber zusätzlich Spielräume, als der Adel im Hochmittelalter die Eigenbewirtschaftung seiner Herrengüter (sogenannte Villikationsverfassung) aufgab. So erwarben die selbstorganisierten Bauernschaften gegenüber der Herrschaft eine größere Selbständigkeit. Auf dieser Basis wurde die Gemeinde als Organ der Bauernschaft eines Dorfes zum Ansprechpartner der Ortsherren in Organisationsfragen, konnte sich aber im Laufe des späteren Mittelalters als Widerpart der Herrschaft zu einer politischen Körperschaft ausformen.

Die Wurzeln der Gemeindebildung als einem komplexen Prozess bäuerlicher Selbstorganisation reichen auch im Hegau sicherlich ins 13. Jahrhundert zurück. Spätestens zu Beginn des 15. Jahrhunderts lässt sich in fast allen Orten des Hegaus eine funktionierende Dorfgemeinde als Gegenüber der jeweiligen Ortsherren fassen. Am Beispiel des reichenauischen Dorfes Wollmatingen – wo aber immer auch der Deutsche Orden präsent war – zeigt die gute Quellenüberlieferung, dass die Gemeindebildung im späten 13. Jahrhundert ihren Ausgang nahm und im 14. Jahrhundert abgeschlossen war.[125] Eine »Kirchspielgemeinde« *(universitas subditorum parochialis ecclesiae)* findet sich 1266 übrigens auch in Eigeltingen.

Frühe Bezeichnungen für eine gemeindliche Korporation *(geburschaft, gemeine gebursami)* sind belegt für Riedheim bei Hilzingen (1310), Raithaslach (1322), Bodman (1389), Singen (1403), Anselfingen, Welschingen und Ehingen (1405), Ebringen und Markelfingen (1432), Mühlhausen und Schlatt unter Krähen (1461) und für Duchtlingen (1487). Ansonsten ist der jüngere Begriff der *Gemeinde* an fast allen Orten des Raumes seit der Mitte des 15. Jahrhunderts fassbar, so in Sernatingen (1437), Ehingen 1454, Friedingen (1466), Binningen (1468), Bohlingen (1469), Büßlingen und Welschingen (1472), Arlen (1478), Überlingen am Ried (1481), Worblingen (1483), Liggersdorf (1486), Bietingen (1493), Litzelstetten (1500), Watterdingen (1503), Randegg (1509), Steißlingen (1515) und Honstetten (1523).[126] In den meisten Orten des Hegaus dürfen wir am Vorabend des Bauernkriegs eine funktionierende Dorfgemeinde voraussetzen.

Relativ spät übrigens, im Jahr 1468, wird erstmals die Gemeinde Hilzingen erwähnt. Aber schon bei der Teilung der Herrschaft Staufen von 1340 mussten die drei Brüder von Homburg ihren Untertanen Mitwirkungsrechte zugestehen, die die spätere Gemeindebildung begünstigten. Das verweist zum einen auf die Prozesshaftigkeit der Gemeindebildung. Gleichzeitig wird hieran noch einmal deutlich, dass die Entstehung der Dorfgemeinde einen herrschaftlichen und einen genossenschaftlichen Ansatz besaß: Die Ortsherren brauchten einen Ansprechpartner im Dorf, auf dessen lokale Rechtskompetenz sie vertrauen konnten, umgekehrt erlangte die Dorfgenossenschaft so gewisse Mitspracherechte, die die Autonomie der Selbstverwaltung stärkten.[127]

Nicht der einzelne Bauer stand dem jeweiligen Ortsherrn gegenüber, sondern die Untertanen in ihrer Gesamtheit als Gemeinde. Die Gemeinde war die Versammlung der männlichen Vollbauern über 14 Jahre. Kleinbauern (Hintersassen, Seldner) hatten keinen Zugang. An der Spitze der Gemeinde stand der Vogt (gebräuchlich im westlichen Hegau, so in Singen und Hilzingen) oder Ammann (im östlichen Hegau, z. B. in Wollmatingen und Litzelstetten). Diese Ortsvorsteher bildeten allerdings ein doppelgesichtiges Organ der alten Dorfverfassung. Manchmal unter Mitwirkung der Gemeinde, manchmal ohne ihren Vorschlag wurde der Vogt vom Ortsherrn eingesetzt. Er war sowohl herrschaftlicher Beamter auf dem Dorf als auch oberster Repräsentant der Gemeinde gegenüber der Herrschaft. Das konnte einen Vogt gerade in Krisenzeiten in Loyalitätskonflikte bringen. Der Vogt saß in Vertretung des Ortsherrn dem Dorfgericht vor, das je nach Größe des Ortes bis zu zwölf Richter umfasste. Eine eigentliche Gemeindevertretung, die ganz ohne Mitwirkung des Ortsherrn zustande kam, bildeten die Vierer oder Dreier (so genannt nach der Größe des Gremiums), die wir im ganzen Hegau antreffen.

Kommunales Selbstbewusstsein

In welchen Bereichen und in welchem Umfang konnte sich die Gemeinde von herrschaftlicher Überformung und Bevormundung befreien? Es scheint so, dass gerade in Orten mit mehreren Herren, besonders wenn diese nicht dauernd ansässig waren, Dorfgemeinden die Chance hatten, relativ große Autonomie zu erlangen. Dies kann exemplarisch an dem Bodenseedorf Immenstaad gezeigt werden.[128] Dort konnte die Kommune die wichtigen Wirtschaftsbetriebe in eigene Regie bringen und besaß auch eine eigene Kirche mit dem Präsentationsrecht. Sie begab sich recht selbstbewusst in die Auseinandersetzung mit einem niederadligen Ortsherrn und besaß als Ausdruck dieses Selbstbewusstseins spätestens 1473 ein gemeindeeigenes Rathaus.

Für Hegaugemeinden existieren entsprechende Untersuchungen nicht. Ob es hier ähnliche Beispiele erfolgreicher Gemeindeentwicklung gegeben hat, muss vorläufig offen bleiben. Immerhin lässt sich auch für einige Hegaugemeinden schon im Mittelalter ein Rathaus nachweisen. So findet sich in Wollmatingen bereits 1464 ein Gemeindehaus, und auch Bohlingen hat schon vor 1525 ein Rathaus besessen, was einen gewissen Autonomieanspruch dieser Gemeinde belegt.[129] Doch eine fortgeschrittene Gemeindeautonomie im Sinne Immenstaads ist in Hegaugemeinden bislang nicht nachzuweisen.

Gerade eine Ausweitung der Gemeindebefugnisse auf die kirchlichen Verhältnisse und die Pfarreien ist im Hegau schwer zu ermitteln. Der direkte Zugriff der Klöster und des Bistums auf eine große Zahl von Pfarreien auf dem Wege der Inkorporation hat den Kommunen eine Ausdehnung ihrer Befugnisse in diese Richtung sicherlich erschwert. Es lassen sich nur wenige selbständige Stiftungen von Kirchen, Kapellen oder Pfründen durch Gemeinden nachweisen. Die Kaplaneistiftung auf den Marienaltar in der Pfarrkirche Singen von 1402/03 geht im Wesentlichen auf adlige Herren zurück, die immerhin mitbeteiligte Gemeinde Singen tritt ganz am Ende der Stiftungsurkunde erst auf.[130] Einen

Schritt weiter ging die Stiftung einer Frühmesspfründe in Hilzingen im Jahr 1470. Hier waren es tatsächlich die *demütigen Untertanen der ganzen Gemeinde des Ortes Hilzingen* allein, die aus eigenen Mitteln die Kaplaneipfründe für einen Frühmesser in ihrer Pfarrkirche errichteten. Doch das Patronatsrecht, also die Einsetzung des Kaplans, blieb Abt Jodokus in Stein am Rhein vorbehalten.[131]

Ähnlich hatte bereits 1437 die Gemeinde Sernatingen eine Frühmesse gestiftet, das Präsentationsrecht für den dort wirkenden Kaplan besaß aber der Rat der Stadt Überlingen.[132] Offensichtlich bot sich den Filialorten eher als den Pfarrorten die Möglichkeit, Einfluss auf Kaplaneibesetzungen zu erlangen, nämlich dann, wenn sie sich von den alten Pfarrorten selbständig zu machen verstanden. Im Hegau sind mir nur zwei Gemeinden, Nenzingen und Überlingen am Ried, bekannt, die seit 1481 auf selbst gestifteten Kaplaneien zwar nicht das Patronat, aber doch das Präsentationsrecht besaßen.[133] So konnten die Pfarreiverhältnisse oder gar die Pfarrerwahl im Hegau nicht zu einem Feld gemeindlicher Autonomie werden. Aber es gibt doch vereinzelt Beispiele, dass die Gemeinden wenigstens in bescheidenem Umfang Einfluss nahmen auf die Pfarreiverhältnisse. Für die Gemeinde Litzelstetten ist belegt, dass dort im Jahre 1500 Ammann und Gemeinde darüber wachten, dass die nachgelassene Bibliothek ihres verstorbenen Seelsorgers bei der Pfarrei verblieb.[134] Dies ist zugleich ein Hinweis auf die Pfarrstuben als Orte der Bildung und Wissensvermittlung. Es gibt im Hegau noch andere Spuren bäuerlichen Selbstbewusstseins, und zwar ihre Teilhabe an der örtlichen Gerichtsbarkeit. Wenn selbst das Stockacher Landgericht im späten Mittelalter noch überwiegend mit Bürgern und Bauern besetzt war,[135] so liegt es auf der Hand, dass die dörflichen Niedergerichte ausschließlich mit den rechtskundigen Bauern der Gemeinde besetzt waren. In diesen Gerichten wurden alltägliche dörfliche Konflikte, unblutige Raufhändel, kleine Frevel, Ehrabschneidungen, aber auch Erbschaftsangelegenheiten verhandelt. Dabei ist es dann doch erstaunlich, welche sonstigen Rechtsfälle gelegentlich auf den Tisch einfacher Dorfgerichte kamen.

In zwei Verfahren von 1501 und 1536 hatte das Singener Gericht, das nach einer älteren Urkunde von 1445 *an der gewonlichen richt stat under der Linden* tagte, beispielsweise lehensrechtliche Streitfälle zu entscheiden.[136] Das heißt, Bauern konnten aufgrund ihrer lokalen Rechtskompetenz über lehensrechtliche Angelegenheiten ihrer Grundherren befinden. Verfahrensrechtlich interessante Urteile zu Erbschaftsangelegenheiten sind auch vom Hilzinger Dorfgericht aus den Jahren 1500 und 1506 erhalten.[137]

Dieser ganze Komplex der dörflichen Niedergerichte im Hegau ist ebenfalls noch nicht systematisch untersucht. Aber schon die Betrachtung weniger Beispiele vermittelt den Eindruck von einem gesellschaftlichen Umfeld, das für die dörflichen Richter von hohem Sozialprestige war und das erheblich zur Stärkung des bäuerlichen Ehrgefühls beitrug. Zwar blieb das Gericht nur einer relativ kleinen Gruppe angesehener, alteingesessener, ehrbarer Männer zugänglich, die zudem meist den reicheren Dorffamilien entstammten, doch dürfen wir nicht zu geringachten, wie wichtig es für die gesamte Landbevölkerung war, den Großteil der Rechtsgeschäfte im eigenen Dorf von den eigenen Dorf- und Standesgenossen verhandelt zu wissen. Bei fortschreitender Rezeption des römischen Rechts, das das Rechtswesen stärker in die Hand gelehrter Juristen legte und immer mehr Verfahren an die Verwaltungszentren zog, hatten die Bauern durchaus etwas zu verlieren.

Zum Verhältnis von Ortsherren und Untertanen

Die dörfliche Gerichtsbarkeit bildete einen der Berührungspunkte zwischen Untertanen und Ortsherren. Auch dort, wo die Ortsherren wie in Hilzingen nicht dauernd anwesend waren, mussten sie von Zeit zu Zeit als Gerichtsherren präsent sein. Die Ortsherren hielten alljährlich Jahrgericht und nahmen den Untertaneneid ab, sie überwachten Arbeitsabläufe und verhandelten mit den Leibeigenen über Frondienste in der Erntezeit. Sie rekrutierten überdies aus den Dörfern ihre Dienerschaft und vergaben Aufträge an die dörflichen Handwerker.

In einem Stockacher Landgerichtsurteil vom 21. Oktober 1521 im Rechtsstreit Klingenberg contra Heilsperg kommen beiläufig einige Details aus der alltäglichen Begegnung von Untertanen und Ortsherrn zur Sprache. Dort heißt es etwa, Bertlin Pfister, ein uralter Mann in Hilzingen, habe seinen Dienst bei den Herren von Klingenberg zwei Jahre vor dem Schweizerkrieg (also 1497) quittiert, habe aber davor 30 Jahre bei der Adelsfamilie (auf dem Hohentwiel) gedient. Hans Lang, der Obermetzger in Hilzingen, ebenfalls über 70 Jahre alt, sagt aus, er habe um 1500 gelegentlich den Herren von Klingenberg auf dem Hohentwiel ihr Vieh geschlachtet.[138]

Auch von anderen Hilzinger Ortsherren, den Herren von Zimmern, sind solche Berührungen mit den Untertanen belegt. So habe Gottfried Wernher von Zimmern (circa 1485–1554) gewöhnlich *sein alten ambtman* [Vogt] *zu Hilzingen, den Hannsen Metzger, an sein tafel zu Mösskirch* [Meßkirch] gesetzt und ihm eine ganze Henne aufgetischt. Wenn dieser dann der Frau Appolonia einen Schlegel davon vorlegen sollte, habe er sich oft so ungeschickt angestellt, dass das für sie ausgewählte Hühnerbein unter dem Tisch landete. Das belegt, dass Dorfvögte und Handwerker gelegentlich Zugang zur feudalen Sphäre der Adelssitze erhielten. Umgekehrt mischten sich adlige Herren wie Johann Wernher von Zimmern, der Vater Gottfried Wernhers, gern unters Volk und förderten die Feste und Vergnügungen der Untertanen. So heißt es in der Zimmerischen Chronik, *das gemainlich bei drei tausendt personnen an aim danz* [Tanz] *weren an Hilzinger kirchweihe.*[139]

Solche Einblicke in die alltäglichen Begegnungsmöglichkeiten zwischen den adligen Ortsherrn und den Untertanen machen deutlich, dass es zwischen dem Adel und den Bauern durchaus einen vertrauten Umgang gab. Man kannte sich, war sich nah und wirtschaftete in gewisser Weise miteinander. Diese Nähe der Bauern zu ihren adligen Ortsherrn dürfte für viele Bauern im Bauernkrieg ein psychologisches Hindernis gewesen sein, sich offen gegen ihre Herren zu erheben. Es wäre sicherlich von Interesse, zu ergründen, ob es Unterschiede gab zwischen ritterschaftlichen Orten, in denen eine größere Vertrautheit zwischen Herrschaft und Untertanen bestand, und den österreichischen Orten, wo sich das Herrschaftsverhältnis anonymer gestaltete.

Graf Gottfried Werner von Zimmern war um 1525 Ortsherr über ein Drittel des Dorfes Hilzingen. Württembergische Landesbibliothek Stuttgart, Federzeichnung aus dem Codex Donaueschingen 193a.

Trotz dieser engen Beziehungen konnte es geschehen, dass sich Gemeinden in Krisensituationen von ihrer Herrschaft absetzten oder sich sogar gegen sie wandten und somit eine dezidiert politische Funktion wahrnahmen. Von der Gemeinde Hilzingen wissen wir beispielsweise, dass sie sich im Städtekrieg von 1454 gegenüber dem Städtebund neutral erklärte.[140] Diese eigenmächtige politische Handlung nach außen beruhte offensichtlich auf der bitteren Erfahrung von 1441, als Hilzingen von den Reichsstädten gebrandschatzt worden war, weil die damaligen Ortsherren Hans von Rechberg und Hans von Randegg sich als Raubritter betätigt hatten. Diese präventive Maßnahme diente dem Schutz der Gemeinde, weil das politische Verhalten der Ortsherren zu einer Bedrohung für die Untertanen zu werden drohte.

Ansonsten war die politische Funktion der Gemeinde immer dann gefragt, wenn sie sich von der Herrschaft ungebührlich belastet fühlte und sich darüber beschwerte. Ein solches Dokument ist die nun schon mehrfach zitierte Mühlhauser Beschwerdeschrift vom 22. November 1524. Dieser Beschwerde ging eine Beratung der Gemeinde voraus, sie ist dem entsprechend unterzeichnet von der *gantze[n] gemaind des dorff mülhußen Im Hegew.*[141]

Mit dieser explizit politischen Äußerung einer Hegaugemeinde befinden wir uns schon im unmittelbaren Vorfeld des Bauernkriegs. Zum Verständnis dieser selbstverständlichen politischen Äußerung eines Dorfes im Bauernkrieg ist es unerlässlich zu wissen, dass die Dörfer im Hegau nun schon seit Generationen eine Gemeindetradition besaßen, dass sie gewohnt waren, sich in Gemeindeversammlungen zu beraten und, wo nötig, ihre politische Funktion gegenüber der Herrschaft geltend zu machen.

EIDGENÖSSISCHES VORBILD UND DIE VORBOTEN DES BAUERNKRIEGS

Kommunalismus und Eidgenossenschaft

Wir haben gesagt, dass sich in der dörflichen Gemeindebildung und der feudalen Adelsherrschaft zwei unterschiedliche, ja gegensätzliche politische Ordnungsprinzipien gegenüberstanden. Der Feudalismus beruhte auf einer prinzipiellen Ungleichheit der am Wirtschaftsprozess Beteiligten, in der es ein Oben und ein Unten gab. In dieser pyramidenförmigen Ordnung waren »die da oben« frei und verfügten über Herrschaftsrechte, mittels derer sie »die da unten«, ihre unfreien Untertanen, politisch bevormundeten und wirtschaftlich ausbeuteten. Das spielte sich zwar im Rahmen eines Herrschaftsvertrages ab, der die Willkür der Herrschenden einschränkte und den Untertanen eine gewisse Rechtssicherheit garantierte. Dennoch waren in diesem Modell (und in der Wirklichkeit) die Mitwirkungs- und Selbstbestimmungsrechte der Untertanen, also derer, die das Überleben der Gesamtgesellschaft zu bewerkstelligen hatten, erheblich beschnitten.

Demgegenüber basierte die Idee des Kommunalismus, die sich in der Gemeindebewegung ausdrückte, auf dem genossenschaftlichen Zusammenschluss der Mitglieder einer Dorf- oder Stadtgemeinde, in der idealiter jeder die gleichen Mitwirkungsrechte besaß. In gemeinsamen Beratungs-, Abstimmungs- und Entscheidungsvorgängen sollten sowohl Arbeits- und Produktionsabläufe organisiert als auch eine politische Willensbildung betrieben werden. In diesem Modell mit seinen »demokratischen« bzw. republikanischen Tendenzen besaß die Selbstorganisation und Selbstbestimmung der Menschen einen hohen Stellenwert. Diese waren insofern auch keine »Untertanen« mehr, sondern tendenziell freie »Bürger«.

Im Spätmittelalter herrschte im ländlich-agrarischen Raum, wie es der Hegau war, eine Wirklichkeit, in der das feudale Prinzip mit dem kommunalen Prinzip einen spannungsreichen Kompromiss suchte. Durch den beschriebenen Gemeindebildungsprozess auf unseren Dörfern, der im Rahmen der feudalen Krise Raum griff, wurde den Bauern ihr unfreier Untertanenstatus und die

Unvereinbarkeit beider Prinzipien schmerzhaft bewusst. Die bäuerlichen Kommunen entwickelten eine gewisse Sprengkraft innerhalb des krisengeschüttelten feudalen Systems.

Nun waren die bäuerlichen Gemeinden, wie sie sich im Laufe des späten Mittelalters auf allen Dörfern entwickelten, ein relativ spätes Gewächs der kommunalen Bewegung. Bekanntlich waren die Städte des hohen Mittelalters, hinter deren Mauern sich seit dem 12. Jahrhundert Schwurverbände freier Bürger entwickelten, die Wiege des Kommunalismus. Insbesondere in den Reichsstädten wie Ulm, Rottweil, Straßburg, Basel, Konstanz, Überlingen, Pfullendorf, Buchhorn oder Ravensburg entstand eine politische Verfassung, in der der alte Adel als Herrschaftsträger nicht mehr vorkam und in der die Bürger aus ihrer Mitte ihre eigene demokratische Vertretung und eine durch Wahlen auf jeweils kurze Zeit legitimierte Obrigkeit wählten. Im Grunde haben die Dorfgemeinden ihre Selbstverwaltungsorgane nach dem Vorbild der Städte entwickelt, auch wenn sie diese nur im Rahmen und im Kompromiss mit den feudalen Herrschaftsstrukturen ausbilden konnten.

Am meisten Sprengkraft entfaltete das kommunale Prinzip im Bereich der Eidgenossenschaft, die sich seit dem späten 13. Jahrhundert von der Alpenregion der Mittleren Schweiz ausbildete. Hier hatten sich die Bauern durch den Zusammenschluss zu Schwurverbänden von der habsburgischen Vorherrschaft befreit. In den folgenden zwei Jahrhunderten demonstrierten sie insbesondere durch ihre militärische Schlagkraft, dass es möglich war, innerhalb des deutschen Reichsgebiets republikanische Strukturen aufzubauen und das feudale Prinzip von innen heraus auszuhöhlen.

Insofern musste die Ausbreitung der Eidgenossenschaft, die erst später mit dem Namen der zentralen Gemeinde Schwyz (Schweiz) identifiziert wurde, im gesamten westlichen Alpengebiet für den Adel, die österreichischen Landesherren und für das Reich bedrohlich werden. Die politische Auseinandersetzung mit der Schweizer Frage innerhalb des Reiches stand spätestens seit Mitte des 15. Jahrhunderts an, als die Eidgenossenschaft eine territoriale Ausdehnung von der Größenordnung eines mittleren Fürstentums angenommen hatte. Zur Eidgenossenschaft zählten mittlerweile auch Stadtstaaten wie Bern, Fribourg, Solothurn, Luzern und Zürich (Stichjahr 1478). Im Grunde ging es aus der Sicht des Reiches, das ja ständestaatlich organisiert war, um die Frage, ob es bereit war, sich durch ein republikanisches Staatsgebilde mit deutlich antifeudaler Stoßrichtung aushöhlen zu lassen.

Umgekehrt fühlten sich die Eidgenossen durchaus zum Reich gehörig. Sie akzeptierten den Kaiser als Staatsoberhaupt, ganz so wie dies die Reichsstädte auch taten. Die Schweiz wollte sich zunächst keineswegs vom Reich lösen, sondern lediglich immer mehr Nachbarn zum Anschluss an die Eidgenossenschaft gewinnen und so ihr republikanisches Prinzip allmählich auf das Reich ausdehnen. Im Grunde ging es dem Kommunalismus eidgenössischer Prägung wie später der Reformation Luthers. Die Schweizer Eidgenossen wollten das Reich nicht spalten, sondern durch das republikanische Prinzip von innen reformieren, ebenso wie Luther die Kirche nicht spalten, sondern durch die Reformation erneuern wollte. Dass es in beiden Fällen anders gekommen ist, steht auf einem anderen Blatt.

Der Hegauer Bundschuh von 1460

Im Zusammenhang mit dem Bauernkrieg im Hegau sind die Ausbreitung der Eidgenossenschaft und der Vorbildcharakter, der vom Schweizer Modell ausging, von nicht geringer Bedeutung. Tatsächlich übte die Eidgenossenschaft auf ihre Nachbarschaft eine gewisse Anziehungskraft aus. Zahlreiche Städte und Landschaften schreckten zwar vor einem direkten Anschluss zurück, wandten sich aber der Eidgenossenschaft politisch zu und schlossen mit ihr Verträge ab. Zu den »zugewandten Orten« zählte seit 1454 die Reichsstadt Schaffhausen, seit 1463 auch Rottweil. Selbst die weiter entfernte Reichsstadt Mühlhausen im Elsass gehörte seit 1515 zur Eidgenossenschaft, und auch Straßburg liebäugelte einige Zeit mit einem Anschluss. Auch bedeutende Reichsstädte wie Nürnberg empfanden für die Eidgenossenschaft Sympathie, kannten sie doch ein bürgerliches Selbstbewusstsein, das dem der eidgenössischen Mentalität nicht ganz fremd war.[142]

Nicht nur die Bürger der freien Reichsstädte empfanden Sympathie mit den Schweizern. Auch die südwestdeutschen Bauern, die sich in einem Gemeindebildungsprozess aus eigener Wurzel befanden, schauten zu den Eidgenossen auf, die noch einen Schritt weiter gegangen waren, den Adel abgeschüttelt hatten und ihre eigenen Herren geworden waren. Die Eidgenossen waren aus diesem Grund auch immer bereit, bäuerliche Freiheitsbewegungen wie den Aufstand der Appenzeller Bauern 1405–08 oder jenen der Abtei Kempten 1491 zu unterstützen. Von der Ausbreitung der Schweizer Eidgenossenschaft führt ein direkter Weg zu den Vorboten des Bauernkriegs im Hegau.

Im Jahr 1460 eroberten die Eidgenossen die habsburgischen Besitzungen im Thurgau und dehnten somit ihren Herrschaftsbereich unmittelbar bis an den Bodensee aus. War Schaffhausen bereits seit sechs Jahren ein zugewandter Ort und auch Stein am Rhein seit 1459 mit Zürich und Schaffhausen verbündet, so eroberten die Schweizer im Verlauf des Krieges am 28. Oktober 1460 die ebenfalls am Rhein liegende Stadt Diessenhofen. Die Schweiz reichte damit unmittelbar an den Hegau heran. Und im Hegau nahm man die Vorgänge aufmerksam zur Kenntnis. Das ergibt sich aus den Quellen, die zum sogenannten Hegauer Bundschuh von 1460 erhalten sind.[143]

Der Bundschuh, die typische Fußbekleidung der deutschen Bauern im Spätmittelalter, wurde im Verlauf des 15. Jahrhunderts zu einem Symbol für bäuerliche Selbstorganisation zur Abwehr fremder Übergriffe. Erst allmählich engte sich der Begriff ein auf die Bedeutung »bäuerlicher Widerstand«, »bäuerliche Revolte«. Vom 15. Oktober 1460, also gerade aus der Zeit der Belagerung von Diessenhofen, stammt ein Hilfegesuch von 18 in Radolfzell versammelten Adligen an den Bischof von Augsburg, Peter von Schaumburg. In dem Schreiben heißt es, *etlich unser pawrn* hätten *ein fenlein auf* gesteckt, auf das Pflug und Bundschuh gemalt seien. Die Aufständischen fänden *mercklichen beystant, hilff und rat* von der Stadt Schaffhausen und *ander Eytgenossen*. Die Rädelsführer operierten von Schaffhausen aus und versuchten von dort aus, 13 Dörfer des Hegaus aufzuwiegeln. Die Forderungen der Bauern lauteten: Erstens, sie wollten künftig nur noch den gewöhnlichen Dienst, aber keine über das Herkommen hinaus gehenden Frondienste leisten; zweitens, die Herren sollten keinen Untertanenen bestrafen und in den Turm legen, es sei denn *mit recht*, also ohne Willkür; und drittens, hinterbliebene Verwandte sollten das Erbe eines Verstorbenen ohne die obligatorische Todfallabgabe antreten dürfen.

Rolf Köhn konnte nachweisen, dass der Hegauer Bundschuh, genauer betrachtet, nicht den gesamten Hegau betraf, sondern offensichtlich ein Aufstand der Untertanen der Herrschaft Hewen war. Diese bestand aus der Stadt Engen und 13 Dörfern und war seit 1405 an die Grafen von Lupfen verpfändet, die hier ein recht hartes Regiment führten. Bereits 20 Jahre zuvor, in den Jahren 1440 und 1445 war es zu heftigen Auseinandersetzungen zwischen Hans II. von Lupfen und Bürgern der Stadt Engen gekommen, weil der Graf die Stadt mit außergewöhnlichen Steuern *geschatzt* hatte. Die Herren von Hewen, frühere Inhaber der Herrschaft, versuchten jahrzehntelang vergeblich, diese von den Grafen von Lupfen wieder auszulösen. Erst 1477 verzichtete Peter III. von Hewen auf die Herrschaft. Die Untertanen jedoch hätten die Rückkehr unter das Haus Hewen gern gesehen. Man kann ihren »Bundschuh« von 1460 möglicherweise als Unterstützung der Hewenschen Rückkaufbemühungen »von unten« betrachten.[144]

Dies macht deutlich, dass es dieser bäuerlichen Revolte nicht um den Sturz der Herrschaft ging, sondern um die Rückkehr zu einer gerechteren Herrschaft, wie auch ihre Forderungen nur auf die Abwehr von Willkür zielten, nicht auf die Ablehnung feudaler Strukturen insgesamt. Andererseits ist es auffällig, wie sich die Anführer der Revolte die Ereignisse um die Eroberung des Thurgaus zunutze machten. Sie begaben sich in Schaffhausen gewissermaßen in den Schoß der Eidgenossenschaft, um von dort aus ihre Aktion zu leiten. Damit verbanden sich ihre maßvollen und keineswegs antifeudalen Forderungen doch mit einer deutlich weitergehenden Drohung: Sie erwogen die Möglichkeit, mit Unterstützung der *Sweytzer... das land in friden [zu] setzen*. Hegauer Bauern drohten im Oktober 1460 erstmals, mit Eidgenossen zusammenzuwirken, um gegen ein adliges

Willkürsystem vorzugehen und den Frieden, den der Adel gefährdete, selbst zu gewährleisten. Und der Adel im Hegau hat diesen Wink mit der Eidgenossenschaft verstanden: Sollten sie keine Hilfe erhalten und deshalb besiegt werden, schrieben die verschreckten Ritter dem Bischof von Augsburg, so sei dies *allem adell und erberkait, auch der gantzen cristenhait zu mercklich beswerdt...*

Doch die Eidgenossen haben damals bekanntlich am Rhein Halt gemacht, der Adel behielt seine Macht im Hegau, und die Grafen von Lupfen blieben weiterhin und bis über den Bauernkrieg hinaus Herren in der Herrschaft Hewen. Sie wahrten ihren Ruf, mit äußerst harter Hand zu herrschen. Es ist so gesehen übrigens kaum Zufall, dass der Bauernkrieg 1524 von der Landgrafschaft Stühlingen seinen Ausgang nahm, die ebenfalls dem Haus Lupfen gehörte.

Das zwiespältige Verhältnis der Hegauer zur Schweiz

Kann man also spätestens um 1460 im Hegau eine Sympathie für die Eidgenossenschaft ausmachen, so ist doch damit die vielschichtige und widersprüchliche Begegnung der Bauern nördlich des Rheins mit den Schweizern nicht hinreichend beschrieben. In der Tat lässt sich eine Bewunderung der schwäbischen und alemannischen Bauern für ihre Schweizer Standesgenossen beobachten, die als wehrhafte Bauernkrieger den Adel mehr als einmal das Fürchten gelehrt hatten.[145] Und doch war diese Bewunderung zunehmend gepaart mit Neid- und Hassgefühlen, die auf das Auseinanderleben mit den politisch so erfolgreichen Nachbarn folgten. Hatten ursprünglich das Elsass, Schwaben und der Alpenraum südlich des Bodensees eine politische und kulturelle Einheit gebildet, die ihren strukturellen Zusammenhang im Herzogtum Schwaben, ihre kirchliche Einheit im Bistum Konstanz gefunden hatte, so kam es zu einer fortschreitenden Spaltung des Raumes, seit sich die Alpenregion in ihrem eidgenössischen Experiment befand.

Eine wichtige Station auf dem Weg des Auseinanderlebens bildete gerade der eidgenössische Feldzug von 1460, der erstmals den Rhein zu einer politischen und kulturellen Grenze zwischen Schwaben und der Schweiz machte.[146] Zum nächsten Meilenstein auf dem Weg der Entfremdung wurde dann der Schwaben- oder Schweizerkrieg von 1499. Zu den Voraussetzungen dieses eigenartigen Krieges gehörten die Gründung des Schwäbischen Bundes 1488 und der Wormser Reichstag von 1495. Der Schwäbische Bund wurde noch von Kaiser Friedrich III. (1440–1493) ins Leben gerufen. Er war ein Bündnis der wichtigsten Fürsten und Städte Schwabens sowie des unter dem Georgenschild versammelten Adels und hatte nicht zuletzt die Abwehr der eidgenössischen Bedrohung zur Aufgabe. Unter Kaiser Maximilian (1493–1519) wurde der Bund überdies zu einem Instrument der Lenkung habsburgischer Interessen in Südwestdeutschland.[147] Durch den Vormarsch der Eidgenossen waren hier insbesondere habsburgische Interessen bedroht.

Auf dem Reichstag von Worms 1495 wurden unter anderem zwei wichtige Reformprojekte verabschiedet: die Verkündung eines allgemeinen Landfriedens und die Einrichtung eines zentralen Reichskammergerichts. Die Eidgenossen, die formell dem Reich ja noch angehörten, wurden aufgefordert, sich dem Landfrieden anzuschließen und das Reichskammergericht als oberstes Gericht anzuerkennen. Da sie beides ablehnten, war ein Konflikt zwischen der Zentralgewalt des Reiches und der abtrünnigen Alpenrepublik unumgänglich. Erst 1499 kam es zum offenen Krieg, aber die Animositäten zwischen Schwaben und Schweizern reichten weiter zurück. Gerade im Vorfeld des Schweizerkrieges offenbarte sich die Zwiespältigkeit der Beziehungen zwischen den Hegauern und den Schweizer Nachbarn.

Kriesgsszene aus dem Schweizerkrieg 1499. Zeichnung von Jörg Breu, mit den Hegaubergen im Hintergrund.

Fiel bürgerlichen Beobachtern des Krieges im Jahr 1499 auf, dass viele Hegauer mit den Schweizern sympathisierten, manche von ihnen sich dem »Feind« sogar als Führer auf den fremden Wegen und Stegen anboten, so drückte sich bei anderen die offene Abneigung gegen die Eidgenossen in üblen Schmähworten aus, unter denen das Schimpfwort vom Kuhschweizer zum stehenden Begriff wurde. Wie empfindlich und verletzbar die Schweizer durch derlei Schmähungen waren, zeigte sich schon zehn Jahre vor dem Krieg. Im Jahr 1489 war den Eidgenossen zu Ohren gekommen, dass in Hilzingen *der wirt daselbs an sin nüw hus einen Swytzer mit einer kuo und schantlichen rimen gemalt* habe. Der schändliche Reim lautete: *Owe miner eren – ich mag mich des schwitzers nit erweren.* Das fasste die Tagsatzung der Eidgenossen als Ehrverletzung auf und erwog damals bereits einen Kriegszug in den Hegau.

Doch die Rache erfolgte erst zehn Jahre später im Schwabenkrieg. Zwischen dem 19. und 28. Februar 1499 zogen zwei Trupps von Schweizern sengend und brennend durch den Hegau. Dabei wurden die Schlösser Randegg, Friedingen, Rosenegg, Staufen und Homburg geplündert oder verbrannt. Überdies gingen die Dörfer Ramsen, Rielasingen, Gottmadingen, Hilzingen, Singen, Friedingen und Steißlingen in Flammen auf. Der Adel sah tatenlos in seinem Lager bei Engen zu, wie die Eidgenossen ihr Werk vollbrachten, wie denn überhaupt dieser Krieg durch eine eigenartige Passivität der Verteidiger in die Geschichte eingegangen ist.[148]

Ein Ergebnis des Krieges war, dass die Schweizer Eidgenossenschaft seit 1501, um neue Mitglieder wie Basel und Schaffhausen gestärkt, de facto aus dem Reichsverband ausschied und somit die Grenze zwischen dem Hegau und dem eidgenössischen Territorium noch deutlicher als politische Grenze erschien. Es liegt im Übrigen auf der Hand, dass sich die Schweizer durch ihre Brandaktionen im Hegau keine Freunde gemacht haben und der Krieg die Gegensätze und den Zwiespalt in der Mentalität der Nachbarregionen verschärft hat. Gleichzeitig dürfte aber auch die Achtung vor dem Adel, der der Verwüstung des Landes tatenlos zusah, bei den Hegaubauern erheblich gesunken sein. Trotz der schmerzlichen Begegnung von Schweizern und Hegauern im Schwabenkrieg ist ein Rest eidgenössischer Sympathien unter den Bauern im Hegau wachgeblieben oder später neu erwacht, wie im Zusammenhang des Bauernkrieges gezeigt werden kann. Zumindest das Modell der Eidgenossenschaft musste im Bauernkrieg erneut Interesse wecken.

Vorboten des Bauernkriegs

Der Hegauer Bundschuh von 1460 ist übrigens nur eine von mehr als 40 Revolten, die im Deutschen Reich für das späte Mittelalter überliefert sind.[149] Das heißt, es brannte im 15. Jahrhundert bereits an allen Ecken und Enden, das Wetterleuchten war weithin sichtbar. Aber die meisten dieser Erhebungen waren lokal begrenzt, und sie erschöpften sich weitgehend in einem Kampf um altes Recht und Herkommen. Über diesen begrenzten Horizont hinaus gingen nur zwei Bewegungen, die hier noch betrachtet werden müssen: der Aufstand des »Armen Konrad« in Württemberg 1514 und die oberrheinische Bundschuhbewegung von 1493 bis 1517.

Der Aufstand der württembergischen Untertanen im Jahr 1514 unter dem Namen des »Armen Konrad« ist unter den Vorboten des Bauernkriegs deshalb von großer Bedeutung, weil hier die Bauern und Bürger eines ganzen Territoriums gegen eine verfehlte Steuerpolitik ihres Landesherrn, Herzog Ulrich von Württemberg, revoltierten. Nicht nur die überregionale Organisation gab dieser Bewegung eine neue Dimension. Durch die Vermittlung kaiserlicher Kommissare war diesem Aufstand trotz seiner grausamen Niederschlagung ein unerwarteter Erfolg beschieden: Im Tübinger Vertrag vom 8. Juli 1514 wurden den Untertanen gewisse Grundrechte wie die Freizügigkeit garantiert und die Mitwirkung der württembergischen Stände an der Landespolitik geregelt. Auf der anderen Seite ist der Tübinger Vertrag, in der die reiche Ehrbarkeit gegen die breite Masse der Bauern ausgespielt wurde, zu Unrecht zur »Magna Charta der Württemberger« hochstilisiert worden.[150]

Von grundlegenderer Bedeutung für den Hegau wurde schließlich die Bundschuhbewegung am Oberrhein, einmal weil hier ein revolutionäres Potential über Jahrzehnte hinweg mobilisiert werden konnte, dann aber auch, weil in dieser Bewegung ein weiterreichendes politisches Programm im Sinne der schon erwähnten und immer noch kursierenden Reformschrift »Reformatio Sigismundi« propagiert wurde. Hier wurde auch erstmals das Schlagwort von der »göttlichen Gerechtigkeit« zur revolutionären Parole. Nach einem Auftakt des Bundschuhs im Raum Schlettstadt im Elsass 1493 wurde die Bewegung von 1502 bis 1517 im Grunde durch eine Führergestalt zusammengehalten, durch den Speyerer Untertanen Jos Fritz aus Untergrombach bei Bruchsal. Fritz war ein Meister der Agitation mit ausgeprägten militärischen Fähigkeiten, die daran denken lassen, dass er seine Erfahrungen im Schweizer Heer erworben haben könnte.[151]

Getragen von einem großen bäuerlichen Selbstbewusstsein, einem ausgeprägten »Pfaffenhass« und einer politischen Vision, wurde er zu einer Art Berufsrevolutionär, der in seinem ansonsten recht dürftig überlieferten Lebensweg drei Aufstände anzettelte, die jedoch alle verraten wurden und scheiterten. Nach seinem ersten Bundschuh im Bistum Speyer von 1502 konnte Jos Fritz den Häschern entkommen. Jahre später tauchte er in dem Dorf Lehen bei Freiburg auf, wo er im Jahr 1513 die örtlichen Beschwernisse nützte, um einen neuen Bundschuh zu organisieren, der sogar auf die Stadt Freiburg übergriff. Auch diese Bewegung scheiterte durch Verrat, bevor die gut vorbereitete Verschwörung losschlagen konnte. Wieder war Fritz auf der Flucht, diesmal nach Schaffhausen, was vielleicht auf gute Kontakte zur Eidgenossenschaft verweist.

Fahnenträger mit der Bundschuhfahne. Holzschnitt von Urs Graf aus dem »Narrenschiff vom Bundschuh« 1514.

Nach seiner mehrfachen Vertreibung zum Heimatlosen geworden, sammelte er für eine erneute Bundschuhbewegung Anhänger unter den Fahrenden und ausgedienten Soldaten. Er selbst kleidete sich nach Art der Landsknechte und wurde bald in Villingen, bald in Zurzach gesehen. Er agitierte im Elsass und in der Markgrafschaft Baden. Er wartete die Erntezeit ab, als überall im Land die Kirchweihen gefeiert wurden. Im September 1517 hielt er die Zeit für einen Aufstand reif. Doch die Behörden in Straßburg, Freiburg und in der Markgrafschaft wussten bereits über die Pläne Bescheid. Auch dieser Bundschuh war also verraten worden. Jos Fritz aber konnte ein drittes Mal entfliehen. So bruchstückhaft sein Leben überliefert ist, so nebulös erscheint sein Ende. Fritz, der mit Else Schmid aus dem Hegaudorf Nenzingen verheiratet war, hat sich vielleicht in die Schweiz abgesetzt.

Seine reale Person verliert sich nach 1517 aus der Geschichte, die Bundschuh-Idee und sein Mythos lebten aber fort und bildeten für die Bauern am Hochrhein ein Faszinosum, für den Adel aber ein Schreckbild. Im Thurgau sollen, Gerüchten zufolge, im Jahr 1522 Anhänger des vertriebenen Herzogs Ulrich von Württemberg einen Bundschuh aufgeworfen haben, auf dessen weißer Damastfahne eine Sonne und ein goldener Bundschuh gemalt waren. Die österreichische Regierung reagierte erschreckt und beauftragte den Nellenburger Landvogt Hans Jakob von Landau mit Kundschaften. Landau konnte jedoch auch durch eifriges Spionieren nichts Näheres in Erfahrung bringen und zweifelte die Bundschuh-Nachricht an.[152]

Als es im südlichen Schwarzwald im Juli 1524 zur ersten Erhebung des Bauernkrieges kam, soll noch ein letztes Mal der alte Jos Fritz aufgetreten sein. *Under solichen Bawern ist auch Fritz von Grunbach uff dem stiefft Spyer* [gemeint ist Jos Fritz von Untergrombach im Stift Speyer] *mit einem alten grawen barth gewesen, der sich alwegen hat horen lassen, er konne oder moge nit sterben, der buntschuh habe dan zuvor sein furgangkh erlangt.* Einzelne Autoren haben Fritzens Gegenwart sogar für die Hilzinger Kirchweih vom 2. Oktober 1524 reklamiert.[153] Im Grunde genommen bildete ja die Anwesenheit des alten Jos Fritz bei den ersten Erhebungen des deutschen Bauernkriegs in Stühlingen und in Hilzingen einen konsequenten Schlusspunkt dieser revolutionären Lebensgeschichte. Und dennoch ist diese Nachricht wohl nicht mehr als eine sympathische Legende.

Fahnenträger, angeblich Jos Fritz, Holzschnitt von Albrecht Dürer.

Das Drama des Bauernkriegs im Hegau

Die Hilzinger Kirchweih vom 2. Oktober 1524

So war also die Lage im Hegau: Auf eine Reihe von sieben mageren Jahren zwischen 1513 und 1519, die in Hungersnot und Pest gipfelten, folgten keineswegs sieben fette Jahre. Vielmehr waren schon für 1524, wenn sich Saturn, Merkur und Mars im Zeichen der Fische treffen würden, sintflutartige Regenfälle vorausgesagt. Die verheerenden Unwetter und Hagelschäden vom Januar und vom Juli 1524 schienen den astrologischen Prophezeiungen recht zu geben. Und auch jene, die in der gefährlichen Konstellation der Gestirne bereits Anzeichen für einen Bundschuh erkannt haben wollten, lagen richtig: Am 30. Mai verweigerten erstmals die Untertanen des Klosters St. Blasien die Abgaben, am 23. Juni erhoben sich die Bauern in der Landgrafschaft Stühlingen, weil die Gräfin von Lupfen mitten in der Ernte verlangte, sie sollten für sie Schneckenhäuschen sammeln, und am 18. Juli stürmten die Bauern im Thurgau die Ittinger Kartause unmittelbar nach der Verhaftung des evangelischen Predigers Hans Oechsli in Stein am Rhein.

Die mehrfach überlieferte, in ihrem Wahrheitsgehalt jedoch vielbezweifelte Geschichte von den Schneckenhäuschen der Gräfin von Lupfen lehrt, auf eine sinnfällige Symbolik reduziert, welch scheinbar nichtige Anlässe zum Ausbruch aufgestauten Unmutes führen konnten, wie wenig damals fehlte, um die Bauern in den offenen Widerstand gegen ihre Herren zu treiben.[1] Der Sturm auf die Ittinger Kartause zeigt, wie sehr der bäuerliche Widerstand bereits mit der religiösen Frage verknüpft war. Tatsächlich breitete sich die evangelische Lehre in unterschiedlichen Spielarten im Dreieck zwischen Waldshut, Zürich und Konstanz aus der Sicht Österreichs beunruhigend rasch aus, und die Maßnahmen gegen die *lutherische Sekte* bildeten den Hauptgegenstand des Schriftverkehrs zwischen Innsbruck und den österreichischen Vorlanden.

Hatte sich schon der Nürnberger Reichstag vom Januar 1524 mit der lutherischen Frage befasst, so reiste Erzherzog Ferdinand im Mai persönlich nach Vorderösterreich, um auf dem Breisgauer Landtag die Stände in seinem Herrschaftsbereich auf einen scharfen Widerstand gegen die beginnende Reformation einzuschwören.[2] Hatte Ferdinand auf Zürich keinen und auf Konstanz wenig Einfluss, so konzentrierte sich seine ganze Aufmerksamkeit auf die vorderösterreichische Stadt Waldshut, die unter Balthasar Hubmaier bereits auf dem Weg zum Evangelium war. Mit Waldshut, das seinerseits Rückendeckung aus Zürich erhielt, verbündeten sich die aufständischen Stühlinger Bauern, so dass sich hier eine fruchtbare, aus Sicht der Obrigkeit aber ganz unheilige Allianz aus religiöser Erneuerungsbewegung und bäuerlicher Resistenz anbahnte.

Bedrohlich wurde die an sich harmlose Aufstandsbewegung für Ferdinand dadurch, dass er keinerlei Möglichkeiten hatte, sie militärisch rasch niederzuwerfen. Bekanntlich rüstete sich ein Reichsheer in Italien für die Auseinandersetzung mit König Franz I. von Frankreich, und im Osten des Reiches war der österreichische Erzherzog durch die Abwehr der Türken gebunden. So musste er sich damit zufriedengeben, dass sein Statthalter in den Vorlanden, Graf Rudolf von Sulz, am 10. September 1524 unter Vermittlung der Stadt Schaffhausen einen Vertrag mit den Stühlinger Bauern zustande brachte, der die Situation in der Landgrafschaft Stühlingen zunächst einmal befriedete.[3]

Es unterliegt keinem Zweifel, dass die Bauern im Hegau diese Ereignisse in der Nachbarschaft und die hektischen Aktivitäten der Regierung mehr oder weniger hautnah miterlebten, zumal sich schon am 4. Juli 60 Grafen, Herren und Edelleute in Ehingen im Hegau versammelten, um sich in der Waldshuter und Stühlinger Frage zu beraten und Graf Sigmund von Lupfen Beistand zu gewähren.[4] Nach der katastrophalen Serie von Unwettern zwischen dem 6. und 20. Juli dürfte die Stimmung auch unter den Bauern im Hegau überaus empfänglich für Aufruhr gewesen sein. Zwar gibt es schon zum 27. Juni und zum 11. Juli erstmals Hinweise auf eine Empörung im Hegau, doch diese Nachrichten sind eher zweifelhaft, da die Berichterstatter Stühlingen in den Hegau verlegten.[5] Gemeint sind hier also wohl die Stühlinger Unruhen.

Spätestens im September hatte aber ein Ausschuss adliger Herren und österreichischer Kommissare, die in Engen versammelt waren, Kunde von konspirativen Umtrieben im hegauischen Landvolk. Am 23. September 1524 heißt es in einem nach Innsbruck gesandten Bericht der Adelsversammlung, *daß die Bauern allenthalben hieumb im Hegew auch ein heimliche Conspiration und Verständnüß mit einander haben, daß sie sich auch understen wollen, in die Ungehorsam zu treten und ihren Herrn kein Zins noch Dienstberkeit mer zu thun; und sich solchs auf den andern Tag Octobris* [gemeint ist Sonntag, 2. Oktober] *in einem Dorf, genannt Hülzingen, so zunächst unter Twiel liegt, auf denselben Tag daselbst Kirchtag seyn wirdet, da sie dann alle dahin kommen, vergleichen und deßhalben ein Bundnuß machen sollen …* Die Herren sahen die Konspirationen der Bauern in einem engen Zusammenhang mit den Machenschaften des Herzogs Ulrich von Württemberg, der damals zeitweilig auf dem Hohentwiel saß. Dieser Frage soll später ausführlich nachgegangen werden; es dürfte jedoch klar sein, dass der geplante Aufruhr nicht nur dem Werben des unruhigen Herzogs entsprang, sondern seine eigenen Wurzeln hatte. Im zitierten Schreiben vom 23. September 1524 verwenden die Adligen übrigens erstmals den Begriff *Baurnkrieg* in Bezug auf die bäuerlichen Unruhen und wurden somit selbst zum Namengeber der bevorstehenden historischen Ereignisse.[6]

Auf Samstag, den 24. September, wurde der Hegauer Adel nach Aach berufen, um Abwehrmaßnahmen zu beraten. Anderntags am Sonntag sollte von allen

Kanzeln herab verboten werden, *mit Harnasch, Wer* [Wehr=Waffe] *noch einicher Versammlung auf die Kirchtag und sonderlichen gen Hülzingen [zu] ziehen.* Es fanden also sicherlich schon seit Tagen oder Wochen Beratungen und Werbungen unter den Bauern von Dorf zu Dorf statt, so dass die beabsichtigte Versammlung vom 2. Oktober in Hilzingen ein offenes Geheimnis war. Die Herren hatten allen Grund, die Kirchweih in Hilzingen, damals vermutlich eines der größten Volksfeste im Hegau, zu fürchten. Hier pflegten ja nach Auskunft der Zimmerischen Chronik jährlich um die 3 000 Menschen zum Tanz zusammen zu kommen. Dass solch harmlose und vom Adel gewöhnlich sogar geförderte Vergnügungen gefährlich ausufern konnten, hatte die Hilzinger Kirchweih zwei Jahre zuvor im Oktober 1522 gezeigt. Damals war es zu einer Massenschlägerei zwischen Einheimischen, Schweizern und Soldaten vom Hohentwiel gekommen, die mit einem Totschlag an einem Twieler endete und zu einem diplomatischen Konflikt zwischen Österreich und Württemberg führte.[7]

Dass die Herren gleichwohl nicht an einen Erfolg ihrer Ermahnungen glaubten, zeigt sich darin, dass sie gleichzeitig versuchten, eine kleine Streitmacht zusammenzustellen, um den Bauern militärisch Paroli bieten zu können. Schon seit Anfang September hatten der Landvogt der Landgrafschaft Nellenburg und der Proviantmeister Peter Öfner präventiv Rüstungen betrieben, die damals noch auf ein Eingreifen in Stühlingen gerichtet waren. Ende des Monats ließen die Konspirationen im Hegau diese Rüstungen nur noch dringlicher geboten erscheinen. Landvogt Hans Jakob von Landau konnte mit erzherzoglicher Zustimmung theoretisch über ca. 1 500 Mann zu Fuß und zu Pferd verfügen. Davon sollten 300 Mann aus Württemberg kommen, das unter österreichischer Herrschaft stand, 400 aus der Landvogtei Schwaben, 200 aus der Herrschaft Hohenberg am oberen Neckar, 150 aus der Landgrafschaft Nellenburg und 50 Fußknechte aus Radolfzell.[8]

Diese Zahlen erschienen ihm jedoch zu gering, so dass er am Freitag, dem 30. September, persönlich in Begleitung Christoph Reichlins von Meldegg, dem Vogt von Hohenkrähen, in der Reichsstadt Überlingen um militärische Unterstützung bat. Das Überlinger Kontingent von 400 Fußknechten sollte möglichst schon am folgenden Tag bei Sernatingen eintreffen. Am Sonntag früh, dem 2. Oktober, wollte er selbst sich mit 1 200 Mann bei Orsingen und Langenstein mit den Überlingern vereinen. Tatsächlich stand die Überlinger Truppe am 2. Oktober früh in Orsingen bereit, wer jedoch nicht erschien, war der Landvogt. Stattdessen empfing sie ein *einäugiger Pfaff* und der Amtmann Peter Öfner mit dem Befehl Landaus, wieder umzukehren, da er selbst statt der 1 200 nur 300 Mann beisammenhabe. Die Reichsstadt Überlingen zeigte sich über diesen Vorfall nachhaltig verärgert.[9]

Es ist nicht leicht zu klären, was sich in den frühen Morgenstunden des 2. Oktober 1524, dem Tag der Hilzinger Kirchweih, tatsächlich abgespielt hat. War Hans

Jakob von Landau zu dem von ihm selbst bestimmten Treffpunkt bei Orsingen nicht erschienen, weil er seine Truppe nicht vollständig aufgestellt bekam, oder gab es andere Gründe für sein Ausbleiben? Hatte er vielleicht im frühen Morgengrauen, als überall im Land die Sturmglocken läuteten, mit seiner kleinen Armee versucht, die zusammenströmenden Bauern aufzuhalten und war dabei in Schwierigkeiten geraten? Eine noch weiter gehende Deutung wäre die, dass der Landvogt Hilzingen präventiv besetzen wollte, um die Zusammenkunft der Bauern zu verhindern, und dass erst dies das Läuten der Sturmglocken ausgelöst habe.[10]

Szenen einer zeitgenössischen Kirchweih. Holzschnitt von Hans Sebald Beham.

In der Tat lassen die nicht ganz eindeutigen Berichte, die zu dem Geschehen vorliegen, den Schluss zu, es habe zwischen den Bauern und Hans Jakob von Landau einen Wettlauf um die Besetzung des Hilzinger Festplatzes stattgefunden. In Hilzingen wollte man offensichtlich nicht hinnehmen, dass die Soldtruppe Landaus den Platz besetzte. Die Hilzinger hätten deshalb den Sturm angeschlagen, während einzelne Bauern auf dem Hohentwiel um Schutz bzw. sogar um Beistand nachgesucht hätten.[11] Auch Hug Wernher von Ehingen, der Vogt von Balingen, der am 3. Oktober die Hilzinger Ereignisse nach Stuttgart berichtete, weiß von einem Schwur der Bauern und von ihrer Kontaktaufnahme mit Herzog Ulrich, der ihnen Schutz angeboten habe: *Die Bauern sind in der Nacht zum letzten Sonntag im Hegau zusammen gelaufen und haben sich in Hilzingen zusammen geschworen ... Wir erhalten zur Stunde die Nachricht, dass die Bauern auf den Hohentwiel* [um Beistand] *geschickt haben und sie lassen sich vernehmen, sie hätten von dort positiven Bescheid.*[12]

Herzog Ulrich persönlich sollte später in einem Schreiben an die Hegauritterschaft diese Version bestätigen. Ulrich antwortete der Ritterschaft auf deren Protestbrief am 12. Oktober folgendermaßen: ... *dass unsere Feinde, der Adel, der uns teilweise nach Ehre, Leib und Gut trachtet, ihr Lager in Hilzingen und Singen aufschlagen wollten, was aber die Bauern nicht zugelassen, sondern*

Sturm geschlagen haben. Daraufhin haben sie etliche von ihnen zu unseren Leuten auf den Hohentwiel geschickt, diesen davon berichtet und gebeten, nachdem sie sich immer gutwillig und nachbarlich gegen uns und die unseren gezeigt hätten, ob man ihnen im Notfall vergönnen wollte, sich zum Schutz [vor dem Adel] *an den Berg zu legen. Nachdem uns* [dem Herzog] *von unseren Amtleuten bestätigt wurde, wie gar freundlich und nachbarlich sich die bei Hilzingen liegenden Bauern gegen den Hohentwiel erzeigen, so haben wir unseren Leuten befohlen, den Bauern im Notfall zu bewilligen, sich an den Berg zu verlagern, um sie zu schützen und zu schirmen.*[13]

Aus diesen Informationsfetzen lässt sich möglicherweise noch für die frühen Morgenstunden des 2. Oktober eine erste bewaffnete Konfrontation der unter Sturmgeläut massenhaft zusammenlaufenden Bauern mit der Truppe Landaus herausfiltern. Dies könnte das Schutzersuchen der Bauern auf dem Hohentwiel erklären, und das mochte auch der Grund sein, weshalb Landau seine Verabredung mit den Überlingern bei Orsingen nicht einhalten konnte. Die Tatsache, dass die Bauern den Platz besetzten und somit zunächst einmal die Oberhand behielten, mag Landau bewogen haben, die Überlinger wieder heimzuschicken, da er seine kleine Streitmacht selbst mit deren Unterstützung als zu schwach empfand.

Was immer an diesem frühen Herbstmorgen im Einzelnen geschehen ist, folgender Ereignisablauf lässt sich wahrscheinlich machen: Eine Versammlung der Hegaubauern in politischer Absicht war von langer Hand geplant und durch konspirative Treffen über Herrschaftsgrenzen hinweg vorbereitet. Die Ermahnungen des Adels und der Geistlichen vom vergangenen Sonntag hatten wenig gefruchtet, die von den Bauern beobachteten Rüstungen des Adels dürften ihren Zorn eher noch geschürt haben. So wurde die Hilzinger Kirchweih vom 2. Oktober 1524 zum Fanal des Bauernkriegs im Hegau. In aller Herrgottsfrühe, jedenfalls noch in der Dunkelheit, läuteten, von Hilzingen ausgehend, im ganzen Umland die Sturmglocken, und bis zum frühen Morgen strömten *ab iren dörfern Hiltzingen zu ... ze roß und fuß*[14] nach übereinstimmender Überlieferung mehrerer Quellen ungefähr 800 Bauern, die bereit waren, sich politisch zu formieren.

Was sich im Einzelnen auf dieser politischen Kirchweih abgespielt hat, ist schwer zu ermitteln, da wir keinerlei Bericht von Seiten der Beteiligten besitzen. Vermutlich wurde nicht Protokoll geführt, und selbst wenn Notizen gemacht worden sein sollten, so sind diese nicht auf uns gekommen. Wir beschreiben hier das grundlegende Dilemma, das aller Bauernkriegs-Geschichtsschreibung anhaftet: Da aus der Kanzlei der Bauern, die selbstverständlich existiert hat, nur ganz dürftiges Material überliefert ist, und da die Aufständischen von 1524/25 schließlich zu den Verlierern der Geschichte zählen sollten, lässt sich diese Geschichte nur in eingeschränktem Maß aus ihrer Sicht beschreiben. Wir sind gezwungen, die Ereignisse zu rekonstruieren aus den Berichten des Adels und der Regierung, die nur das enthalten, was sie selbst erlebten oder was ihnen von Spitzeln und mehr oder weniger beteiligten Augenzeugen zugetragen wurde.

Einen Bericht über die Hilzinger Kirchweih verdanken wir beispielsweise Graf Wolf von Montfort, den dieser am 13. Oktober 1524 auf der eidgenössischen Tagsatzung in Frauenfeld vortrug. Aber auch aus ihm geht nur soviel hervor, dass sich die Bauern zu einem Bund zusammengeschworen hätten, dass Herzog Ulrich vom Hohentwiel herab acht Reiter zu den Bauern geschickt habe und dass vom Hohentwiel drei Signalschüsse abgefeuert worden seien.[15] Kein geringerer als Erzherzog Ferdinand selbst fasste, was er an Informationen zu den Vorgängen im Hegau besaß, in einem Anschreiben an seinen Statthalter in Stuttgart vom 14. Oktober folgendermaßen zusammen:

... als vor kurzem in einem Dorf, Hilzingen genannt, Kirchweih gewesen, und wir aus vielfach bei uns angelangten Kundschaften Sorge gehabt, es möchte dort zu einer Zusammenkunft zahlreicher Bauern kommen, haben deshalb die Grafen und Herren vom Adel ihren Untertanen allerorten bei ihrer Ehre und ihrem Eid befohlen, auf keine Kirchweih zu ziehen. Trotz solchen Befehls sind in der Nacht zum Sonntag der Kirchweih durch das Schlagen der Sturmglocken

bis zu achthundert Bauern in Hilzingen zusammengekommen und stärken sich dort noch täglich. Erzherzog Ferdinand wusste auch, *dass Herzog Ulrich und die seinen ohne Unterlass darauf hinarbeiten, solche Bauern und anderen ihnen zulaufenden Pöbel zum Anschluss an den Hohentwiel zu bewegen. So sind jüngst ungefähr acht Pferde vom Hohentwiel zu den Bauern, die in Hilzingen zusammen liegen, hinabgeritten und haben mit ihnen konspiriert in der Hoffnung, mit deren Hilfe einen Bundschuh* [eine Verschwörung] *aufzuwerfen, um unsere nächstgelegenen Städte und Flecken anzugreifen und zu schädigen und in der Folge vielleicht ins Fürstentum Württemberg einzudringen.*[16]

Auch aus der erzherzoglichen Zusammenfassung der Ereignisse ist vordergründig hauptsächlich die Sorge herauszulesen, dass sich die Bauern dem Herzog Ulrich anschließen könnten. Was die Bauern in Hilzingen gehandelt und gesprochen haben, interessierte die Regierung nicht und entzog sich wahrscheinlich auch ihrer genauen Kenntnis. Uns würde aber gerade interessieren, wie die Bauern ihren Widerstand intern organisiert haben. Immerhin erfahren wir aus den Akten, dass sie sich zu einem Bündnis verschworen, sie sich also die Form einer Eidgenossenschaft gegeben haben. Dazu passt auch die Formulierung, dass sie geschworen hätten, *gut Schweizer zu sein und nicht voneinander zu weichen.*[17] Welche (demokratischen) Organe sie ins Leben riefen, ist unmittelbar nicht überliefert. Wenn aber wenige Tage später Landvogt Hans Jakob von Landau von einem *Ausschuß* der Bauern spricht,[18] so liegt auf der Hand, dass es in Hilzingen zu Wahlen gekommen ist, bei denen nach dem Abgeordnetenprinzip ein Gremium geschaffen wurde, das im Namen der Aufständischen sprechen und handeln sollte.

Ob es am 2. Oktober 1524 bereits zur Wahl von Hauptleuten kam, die in der Lage waren, militärische Operationen durchzuführen, ist nicht überliefert. Dies ist jedoch wahrscheinlich, da es in den folgenden Tagen zu ersten militärischen Machtdemonstrationen kam. Namen führender Persönlichkeiten sind in dieser frühen Phase nicht bekannt. Dass hier bereits Hans Murer von Mühlhausen zum Anführer der Bauern gewählt worden sei, lässt sich mit den mir bekannten Quellen nicht bestätigen.[19]

An dieser Stelle sind einige Bemerkungen zu der Zahl der Aufständischen in Höhe von circa 800 Mann angebracht.[20] Mit dieser Zahl ist nämlich die Frage verbunden, aus welchen Herrschaften im Hegau die Aufständischen kamen, ob sich hier etwa Delegierte aus dem ganzen Hegau eingefunden hatten. Wenn wir einmal unterstellen, die 800 Aufrührer seien weitgehend als Familienväter anzusehen, so repräsentierten sie höchstens 800 Familien bzw. rund 4 000 Menschen. Das entspräche nach unseren obigen Ausführungen einer Einwohnerzahl von etwa 15 bis 20 Orten. Schon dies ist ein erster Fingerzeig, dass in Hilzingen am 2. Oktober 1524 kaum das ganze Land vertreten war. Es ist zwar nicht ausgeschlossen, dass die 800 Aufständischen nach dem Delegiertenprinzip aus allen Orten zusammengekommen sein könnten. Dagegen spricht allerdings, dass bestimmte Orte wie das nahegelegene Mühlhausen keineswegs von ihrer Herrschaft abgefallen waren und erst in den folgenden Tagen zum Anschluss gezwungen werden mussten. Es war Eberhard Dobler, der erstmals die Vermutung äußerte, dass auf der Hilzinger Kirchweih nicht die ganze Region vertreten war, sondern lediglich die Untertanen einzelner Herrschaften des westlichen Hegaus.[21] Dieser Verdacht wird sich im weiteren Verlauf der Geschichte noch erhärten.

Machtdemonstration und Befriedungsmaßnahmen

Gemäß ihrem Eid scheint der überwiegende Teil der 800 Aufständischen in Hilzingen beisammen geblieben zu sein. Der durch die bäuerliche Erhebung auf beiden Seiten entstandenen Spannung wurde im Laufe der folgenden Woche durch zwei Bewegungen zu begegnen versucht: auf Seiten der Bauern durch eine (militärische) Machtdemonstration, die ihren Anliegen Nachdruck verleihen sollte, auf Seiten der Herren durch Befriedungsmaßnahmen, die in einem Verhandlungsangebot gipfelten.

Die Chronologie der folgenden Woche ist durch die im Wesentlichen auf Überlinger Quellen beruhende Überlieferung nicht sicher zu ermitteln.[22] Insbesondere ist nicht ganz klar, wann genau die in Hilzingen liegenden Bauern von hier aus aufgebrochen sind, um unentschiedene Gemeinden der Umgebung zum Anschluss an ihren Haufen zu bewegen. Vermutlich geschah dies am Mittwoch, den 5., oder am Donnerstag, den 6. Oktober. Der Haufen bewegte sich zunächst ins Nachbardorf Weiterdingen, wo er erneut sein Lager aufschlug, und zwang von dort aus eine weitere Nachbargemeinde, Mühlhausen, zum Anschluss.

Für einen Aufbruch der Hegauer Bauern von Hilzingen am 6. Oktober spricht die Tatsache, dass am Abend desselben Tages auch die Stühlinger Bauern, vom Hegauer Aufstand beflügelt, wieder unruhig wurden, und unter ihrem Anführer Hans Müller zu einem Demonstrationsmarsch nach Norden Richtung Löffingen, Neustadt, Furtwangen und Bräunlingen aufbrachen.[23] Vielleicht sollte sich der Hegauer Haufen ebenfalls dorthin bewegen. Eine Absprache und ein Zusammenwirken der Hegauer und der Stühlinger in dieser Phase ist zwar bislang nicht positiv belegt, aber dennoch wahrscheinlich. Gegenüber dem machtvollen Zug der Stühlinger, der am 11. Oktober 1524 in Donaueschingen endete, nimmt sich jedoch die kleine Verlagerung der Hegauer von Hilzingen nach Weiterdingen eher bescheiden aus.

Diese zögerliche Haltung der Hegauer lässt sich vielleicht damit erklären, dass es unter den Aufständischen bereits in dieser Anfangsphase zu Diskussionen um unterschiedliche Handlungsstrategien kam. Es gibt Indizien dafür, dass sich die Hegauer Bewegung von Anfang an in einen »radikalen« und in einen »gemäßigten« Flügel spaltete. Die einen waren bereit, ihrer resistenten Haltung durch martialische Auftritte und militärische Drohgebärden mehr Nachdruck zu verleihen, die anderen drängten von Anfang an zur Kontaktaufnahme mit den Herren und zu Verhandlungslösungen. Der Fortgang der Geschichte wird zeigen, dass diese Spaltung der Bewegung für den Hegauer Bauernkrieg kennzeichnend war.

Aus einem Brief des Landvogts Hans Jakob von Landau an die Reichsstadt Überlingen vom 5. Oktober erfahren wir, dass damals bereits zwei von den in Hilzingen versammelten Bauern zu ihm gekommen seien und ihn gebeten hätten, in Verhandlungen zwischen der Herrschaft Österreich und den Bauern als Vermittler zu fungieren. Landau, der wegen seines Misserfolgs vom 2. Oktober eine härtere Gangart angeschlagen hatte und erneut Rüstungen betrieb, um die Aufständischen niederzuwerfen, war durch dieses Angebot vorübergehend schwankend geworden. Tatsächlich lud er auf den folgenden Tag, den 6. Oktober, den bäuerlichen Ausschuss nach Stockach ein, wo verhandelt werden sollte. Gleichzeitig schrieb er nach Überlingen mit der Bitte, die Stadt möge doch für diese Gespräche Vermittler benennen.[24]

Ob es zu diesem Treffen in Stockach kam, ist nicht überliefert, es ist aber wegen der folgenden Ereignisse eher unwahrscheinlich. Landau konnte sich nämlich in seiner harten Haltung bestätigt fühlen, als der Bauernhaufen trotz des Verhandlungsangebots am 6. Oktober nach Mühlhausen und Weiterdingen vorrückte. Er bestand nun nach wie vor auf der geplanten Rüstung und bat, wie schon am 4., so nochmals am 6. Oktober die Reichsstadt Überlingen um Zusendung von 400 bis 500 Knechten.

Überlingen kam dieser Bitte zwar nach und stand tatsächlich schon am Freitag, den 7. Oktober mit seinem Kontingent in Sernatingen bereit. Doch wegen der schlechten Erfahrungen, die die Stadt wenige Tage zuvor mit Landau gemacht hatte, behielt sie diesmal das Heft der Handlung in der Hand. Zwar hielt sich auch Überlingen mit dem Ausrücken seiner Truppe eine militärische Option offen, doch strebten die Vertreter der Reichsstadt eindeutig eine Verhandlungslösung an, zumal ja bekannt war, dass es bei den Bauern eine Partei gab, die diesen Weg ebenfalls bevorzugte. Überlingen übernahm damit eine entscheidende Rolle in dieser ersten Phase des Bauernkriegs im Hegau.

Die führenden Köpfe der Überlinger Diplomatie waren die Räte Caspar Dornsperger (+ 1541) und Caspar Menlishofer (+ 1535) und der Bürgermeister Hans Freiburger (+ 1542). Freiburger war verheiratet mit Katharina Reichlin von Meldegg und somit ein Schwager Christoph Reichlins (+ 1554), des Vogtes von Hohenkrähen, der im Übrigen das Überlinger Bürgerrecht besaß. Freiburger, der wie das gesamte Überlinger Patriziat stark aristokratisch geprägt war (und 1530 auf dem Augsburger Reichstag zum Ritter geschlagen werden sollte), zeigte unter den führenden Köpfen, die an der Niederschlagung des Bauernkriegs beteiligt waren, eine entschiedene, aber dennoch verständnisvolle, keineswegs erbarmungslose Haltung im Umgang mit den aufständischen Bauern. Freiburger war maßgeblich dafür verantwortlich, dass es im hegauischen Bauernkrieg zwischen Oktober 1524 und Januar 1525 zu einer Waffenruhe kommen sollte.[25]

Der Grund hierzu wurde an eben diesem 7. Oktober 1524 gelegt, als Freiburger an der Spitze der Überlinger Truppe in Sernatingen eintraf. Die Überlinger drängten sofort darauf, nicht, wie Landvogt Hans Jakob von Landau wollte, der mit 1100 Mann ebenda eintraf, militärisch zu intervenieren, sondern eine Gesandtschaft zu Verhandlungen ins bäuerliche Lager zu schicken. Noch am Abend des 7. Oktober ritt diese Gesandtschaft von Orsingen Richtung Weiterdingen los. Die Abordnung bestand aus dem Bürgermeister Hans Freiburger, den Überlinger Räten Dornsperger und Menlishofer, ferner aus Hans von Friedingen, dem Hofmeister des Bischofs von Konstanz, und Hug Wernher von Ehingen, dem österreichischen Obervogt in Balingen. Die fünf Unterhändler ritten zunächst nach Engen. Von dort aus schickten sie mitten in der Nacht den Schultheißen und den Bürgermeister mit der Bitte um Geleit ins Lager der Bauern. Diese mussten aber, in Weiterdingen angekommen, feststellen, dass die Bauern inzwischen eine Stunde nach Mitternacht den Platz geräumt und sich nach Riedheim westlich von Hilzingen zurückgezogen hatten. Dort angekommen, erhielten sie schließlich von den Bauern eine Geleitszusage für die angekündigte Gesandtschaft.

Am Samstag, den 8. Oktober, trafen die fünf Unterhändler, begleitet von 15 Reitern Wolf Dietrichs von Homburg, im Lager von Riedheim ein. Sie fanden hier *ungevarlich 500 knecht an der zall*, darunter kaum mehr als hundert erfahrene Kriegsleute vor. Das Lager war aber von etwa hundert Mann stark bewacht. Die Bauern sagten, *der huffen hett ain klain rat* [von 20 Mann] *ußgeschossen*, mit der Gesandtschaft zu verhandeln. Die Verhandlung mit diesem kleinen Rat oder Ausschuss lehnten Freiburger und seine Begleiter ab mit der Begründung, sie hätten Befehl, nur mit dem ganzen Haufen zu verhandeln. Auf diese Bedingung ließen sich die Bauern nach dreimaliger Ablehnung schließlich ein.[26] Was die Unterhändler dazu bewog, lieber mit dem 500 Mann starken Bauernhaufen zu verhandeln als mit dem 20-köpfigen Rat, bleibt unklar. Möglicherweise hatten sie den Eindruck, der Ausschuss bestehe aus den hartgesotteneren, radikalen Köpfen, während die Mehrheit der Aufständischen vielleicht doch zu einer gütlichen Lösung zu bewegen sein könnte.

Es fällt übrigens auf, dass Bürgermeister Freiburger bei dieser Begegnung keine einzelnen Führerpersönlichkeiten der Bauern namentlich erwähnt. Die Bauern erscheinen als eine anonyme Masse von 500 Personen. Unter diesen gab es wohl Leute mit Führungsqualitäten, eben jene, die vom ganzen Haufen in den Ausschuss gewählt waren. Aber unter diesen scheint es zu diesem Zeitpunkt noch keine herausragende Führergestalt gegeben zu haben, die man auf Seiten der Herren als solche hätte hervorheben müssen.

So kam es an diesem Samstag im Herbst noch zu Verhandlungen zwischen den Hegauer Bauern und den Unterhändlern der Obrigkeit. Was dabei herauskam und am folgenden Montag, dem 10. Oktober 1524 festgehalten wurde, war der sogenannte Riedheimer Anlass.

Der Riedheimer Anlass vom 10. Oktober 1524

Nach Freiburgers Schreiben begannen die Verhandlungen zwischen den Bauern und den Unterhändlern mit einer Darstellung der bäuerlichen Beschwerden. Dies weckt die Erwartung, endlich etwas detailliertere Gründe für den Aufruhr zu erfahren, als sie in der zeitgenössischen Chronik Johannes Kesslers überliefert sind, wo es lapidar heißt, die Hegauer, *die von iren halsherren so gantz undertruckt und beschwert ligend ..., habend mitt dem rechten mitt iren herren wellen krießen* [Kirschen] *essen.*[27] Leider überliefert Bürgermeister Freiburger diese Verhandlungsphase in seinem Bericht sehr summarisch und kaum über Kessler hinausgehend: Der Bauern Klage sei es gewesen, dass *die hern mit diensten sy beschwärren.*[28] Daraus ist nur soviel zu entnehmen, dass die bäuerlichen Frondienstleistungen für ihre Ortsherren unter den Beschwerden der Bauern offenbar den ersten Rang einnahmen.

Bisher war Freiburgers Bericht an den Überlinger Rat die einzige spärliche Quelle für die bäuerlichen Beschwerden dieser Zeit. Nun ist aus einem Hegauer Adelsarchiv eine weitere bruchstückhafte Überlieferung aus diesem Zusammenhang ans Licht gekommen, die Freiburgers Resümee zumindest grob bestätigt. In dem Bruchstück, das überschrieben ist *Item der pauren Im Hogow klag, die Sy gefürt handt gegen ir oberkaitt etc.*, ist davon die Rede, dass adlige Familien offenbar gerne einen Generationswechsel in der Herrschaft nutzten, um den Bauern höhere Auflagen zu machen, obwohl die alten Herren doch *alweg zů gesagt, unß by alttem bruch und herkümen beliben (zu) lassen.* Nähere Hinweise auf eine bestimmte Herrschaft fehlen zwar; da die Beschwerdeschrift im Reischach'schen Familienarchiv überliefert ist, bezieht sich die Klage mutmaßlich auf eine ihrer Herrschaften.

In dem Papier wird ferner auch auf die jüngste Vergangenheit im Vorfeld der Hilzinger Kirchweih Bezug genommen. Die Bauern bestätigen darin, dass sie am Samstag vor der Hilzinger Kirchweih ein Mandat erhalten hätten, das ihnen verbot, sich zusammenzurotten und auf die Kirchweih zu ziehen. Auch sollten sie keine Gemeinde zusammenläuten *by verlierung libß und lebens.* Es sei ihnen aber am Tag der Hilzinger Kirchweih eine Warnung zugekommen, dass sie überfallen werden sollten. Da hätten sie eine Gemeinde versammelt und sich

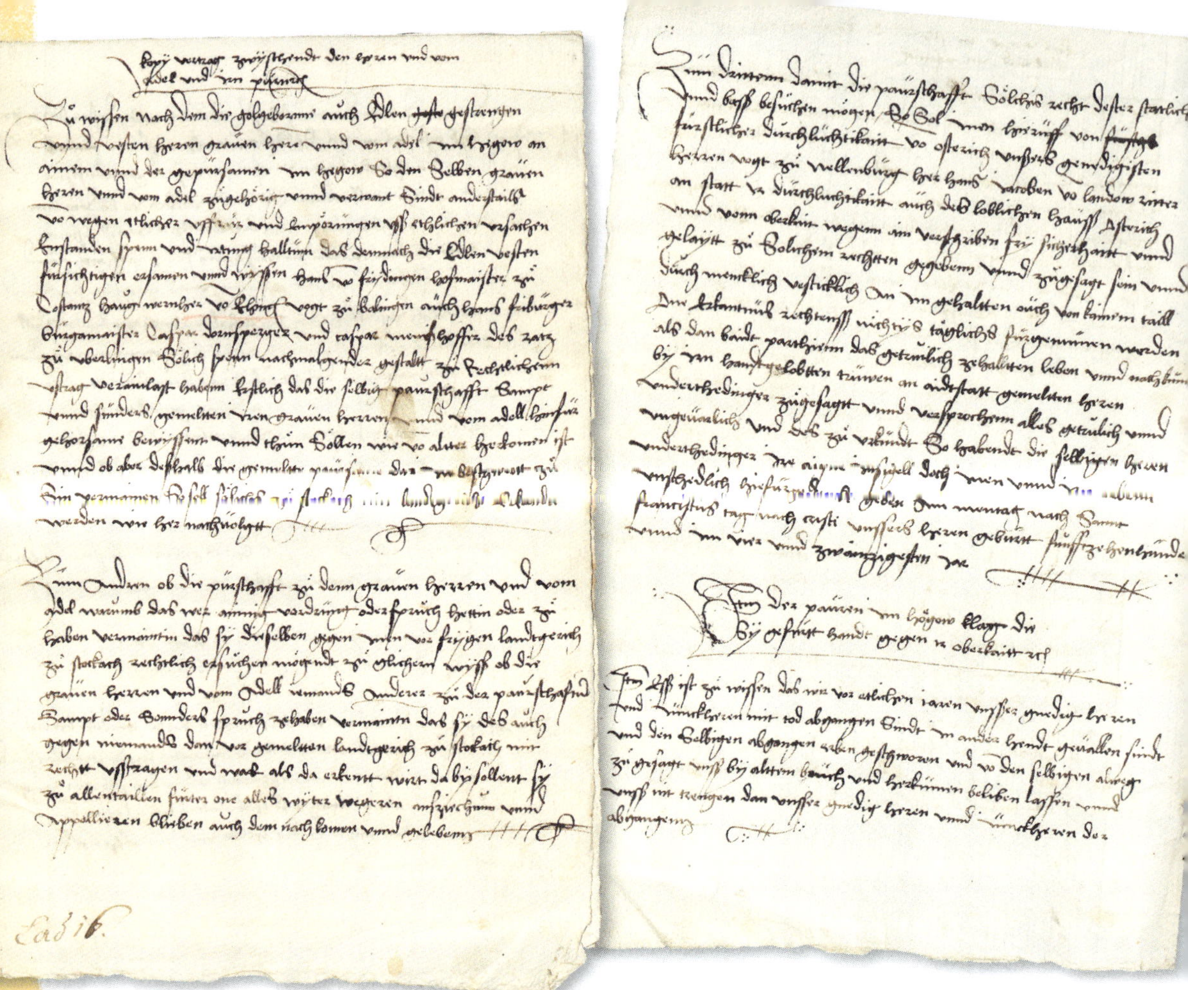

Titelblatt des Riedheimer Vertrags vom 10. Oktober 1524, zeitgenössische Kopie. Stadtarchiv Singen, Best. 131 Freiherrlich Reischach'sches Archiv zu Schlatt unter Krähen, A 60.

beraten. In dieser Anspielung auf einen Überfall bestätigt sich möglicherweise die oben geäußerte Vermutung, dass Hans Jakob von Landau am Morgen des 2. Oktober den Zustrom der Bauern nach Hilzingen durch seine Reiter verhindern wollte. Zuletzt liefert diese Quelle noch einen Reflex auf die Wetterschäden vom Sommer, denn die Bauern klagen darin, es *wer unß ubelgangen und verdorben Dürch ungewitter layder und habent süst nit vil korn noch win, höw noch strow.*[29]

Auch dieses Schriftstück trägt also, trotz einiger interessanter Marginalien, nicht viel zum Verständnis der bäuerlichen Lage im Hegau Anfang Oktober 1524 bei. Immerhin wird deutlich, dass die Bauern sich von ihren Herrschaften im Sinne des alten Herkommens ungerecht behandelt sahen, und vor den ortsherrlichen Niedergerichten keine Möglichkeit hatten, zu ihrem Recht zu kommen. Deshalb schlugen die Unterhändler vor, die Klagen der Bauern vor dem Landgericht in Stockach klären zu lassen. Bis dahin sollten die Bauern ihren Herren allen Gehorsam und alle Dienste leisten, die sie schuldig waren.

In der Nacht von Samstag auf Sonntag berieten die Bauern diesen Vermittlungsvorschlag. Bürgermeister Freiburger gibt jedenfalls in seinem am Sonntag abgefassten Brief der Hoffnung Ausdruck, dass mit diesem Anlass (Vertrag, Vereinbarung) die *(kriegerische) handlung tod und ab und becrapn* [begraben] sein könnte, sofern die Bauern *den annemend* und *hinacht* [vergangene Nacht] *nit anders rättig worden sind.*[30] Die Bauern waren aber nicht anders »rätig« geworden und hatten sich in ihrer nächtlichen Gemeinde offensichtlich mehrheitlich für die vorgeschlagene rechtliche Lösung entschieden, und so konnte am Montag, dem 10. Oktober 1524, der Riedheimer Anlass zu Papier gebracht werden.

Als Lina Beger 1882 den Brief Freiburgers veröffentlichte, war dieser »bis jetzt das einzige bekannte Dokument hierüber«.[31] Inzwischen ist jedoch der Wortlaut des Riedheimer Vertrags in zwei Abschriften aufgetaucht. Die eine Version hat Dieter Göpfert veröffentlicht,[32] die andere befindet sich im Freiherrlich Reischach'schen Archiv in Schlatt unter Krähen.[33] Beide Überlieferungen stimmen im Wortlaut weitgehend überein. Hier folgt der Wortlaut der Schlatter Quelle in moderner Übertragung:

Kopie des Vertrags zwischen den Herren und dem Adel und ihren Bauern. Zu wissen: Nachdem die wohlgeborenen, auch edlen, strengen und festen Herren, Grafen und Adligen im Hegau auf der einen mit den Bauernschaften im Hegau, die denselben Grafen, Herren und Adligen zugehörig und [als Leibeigene] *verwandt sind, auf der anderen Seite wegen etlicher Aufruhr und Empörung aus verschiedenen Ursachen in Streit und Irrung geraten sind, dass deswegen die edlen, festen, fürsichtigen, ehrsamen und weisen Hans von Friedingen, Hofmeister zu Konstanz, Haug Werner von Ehingen, Vogt zu Balingen, auch Hans Freiburger, Bürgermeister, Caspar Dornsberger und Caspar Menlishofer, des Rats zu Überlingen, solchen Streit folgender Gestalt zu einem rechtlichen Austrag veranlasst haben.*

Erstens dass die genannte Bauernschaft samt und sonders ihren Grafen, Herren und Adligen weiterhin Gehorsam beweisen solle, wie von Alters hergekommen ist. Falls aber die genannte Bauernschaft meint, zu Unrecht belastet zu sein, so sollen solche Beschwerden zu Stockach auf dem Landgericht wie folgt rechtlich geklärt werden.

Zweitens: Falls die Bauernschaft an die Grafen, Herren und Adligen, in welcher Sache auch immer, Forderungen oder Ansprüche hätte oder zu haben vermeine, möge sie dieselben vor dem freien Landgericht zu Stockach zu rechtlicher Klärung vorbringen. In gleicher Weise, falls die Grafen, Herren und Adli-

gen gegenüber der Bauernschaft Anspruch zu haben vermeinen, dass sie diese nur vor dem Landgericht zu Stockach nach geltendem Recht austragen lassen, und was dort für Recht erkannt wird, dabei sollen ferner beide Parteien ohne weitere Appellation bleiben und dem nachkommen und leben.

Zum dritten: Damit die Bauernschaft solches Recht ungehindert (auf)suchen möge, so soll ihr hierzu von Seiten fürstlicher Durchlaucht von Österreich, unseres gnädigen Herrn Vogt zu Nellenburg, Herrn Hans Jakob von Landau, Ritter, in Vertretung ihrer Durchlaucht, auch des löblichen Hauses Österreich und von Obrigkeit wegen ein Sicherheits- und Geleitsschreiben zu solchem Rechtstag gegeben und zugesagt werden. Bis zum Urteil soll jedermann an dieser Vereinbarung festhalten, wie es beide Parteien bei ihren Handgelübden und Treueiden den genannten Vermittlern zugesagt und versprochen haben. Zu Urkund dessen haben dieselben Herren Vermittler ihre eigenen Siegel, doch ihnen und ihren Erben ohne Nachteil, auf dieses Dokument gedrückt. Gegeben am Montag nach Sankt Franciscus Tag im fünfzehnhundert und vierundzwanzigsten Jahr nach der Geburt Christi unseres Herrn [10. Oktober 1524].

Mit der Besiegelung dieses Anlasses oder Vertrags in Riedheim war diese erste Phase des Bauernkriegs im Hegau zunächst beendet. Es ist davon auszugehen, dass die Bauern noch an diesem Tag das Lager bei Riedheim räumten und nach Hause zogen. Und auch die immer noch bei Orsingen oder Sernatingen stationierten überlingischen Soldaten kehrten schon am Montagabend gemeinsam mit ihrem Bürgermeister und den beiden Ratsherren in die Reichsstadt zurück.

Das Überlinger Kontingent räumte übrigens sehr zum Leidwesen des Landvogtes das Feld. Hans Jakob von Landau hätte nämlich immer noch am liebsten, übrigens im Einvernehmen mit Erzherzog Ferdinand, den Aufruhr militärisch niedergeschlagen. Nachdem nun mit den Hegauern ein Waffenstillstand beschlossen war, konnte er zwar nicht mehr gut gegen diese mit Waffengewalt vorgehen. Aber die immer noch bei Donaueschingen liegenden Stühlinger und Schwarzwälder Bauern hätte er gern gemeinsam mit den Überlingern geschlagen. Die Heimkehr der Überlinger hatte ihm einen Strich durch diese Rechnung gemacht.[34]

Die Ablehnung eines militärischen Vorgehens gegen die Stühlinger Bauern durch Überlingen hatte übrigens einen sehr konkreten Hintergrund, der noch erwähnt werden muss. Es war nämlich parallel zu den Verhandlungen mit den Hegauer Bauern in Riedheim zu einer Fühlungnahme mit den Schwarzwälder Bauern gekommen. Der Bürgermeister Hans Freiburger berichtet in seinem Brief vom Sonntag, den 9. Oktober, dass noch während die Vermittler mit den Hegauern verhandelten, also am vorangegangenen Samstag, zwei Bauern aus dem Schwarzwälder Haufen ins Riedheimer Lager gekommen seien, um mit den Vermittlern ebenfalls einen Waffenstillstand auszuhandeln. Diese Tatsache scheint zu belegen, dass es zwischen dem Hegauer und dem Stühlinger Haufen gewisse Formen der Kommunikation gab. Die Stühlinger bei Donaueschingen hätten kaum wissen können, dass sich im Riedheimer Lager eine Vermittlungsdelegation befand, wenn ihnen die Hegauer nicht entsprechende Nachrichten übermittelt hätten.

Auch mit den Schwarzwäldern wurde verabredet, dass sie ihren Konflikt mit Graf Sigmund von Lupfen zu einem späteren Zeitpunkt in Radolfzell unter Vermittlung von sogenannten Tädingsleuten gütlich beilegen sollten. Darin bestand übrigens der Unterschied zum Fall der Hegauer: Während diese ans Stockacher Landgericht zu einem rechtlichen Austrag ihrer Beschwerden verwiesen wurden, strebte man in Bezug auf die Stühlinger eine gütliche Einigung in Radolfzell an. Trotz dieses Unterschieds wird aber deutlich, dass sich in der Geschichte der hegauischen und schwarzwäldischen Bauernhaufen eine gewisse Parallelität einstellte, die später tatsächlich zu einem engeren Zusammenwirken führen sollte.

Die in Riedheim vorverhandelte Vereinbarung mit den Schwarzwälder Bauern wurde erst am Mittwoch, dem 12. Oktober, in Ewattingen vollends ausgehandelt und unterzeichnet. Wiederum waren aus Überlingen der Bürgermeister Hans Freiburger und aus Konstanz Hofmeister Hans von Friedingen angereist, um den Vertrag zu siegeln.[35]

Erst später wurden die Verhandlungen mit den Stühlingern auf den 6. Januar 1525 nach Radolfzell und der Rechtstag von Stockach, also der Gerichtstermin für die Hegauer auf den 27. Dezember 1524 festgesetzt, also in die weite Ferne von zweieinhalb Monaten gerückt. War für viele Bauern ohnehin nicht recht ersichtlich, was für sie vor dem Landgericht in Stockach herauskommen konnte, so war auch dieser späte Termin kaum geeignet, ihren aufgestauten Unmut zu besänftigen. Es wurde im Übrigen schnell klar, dass weder die Herren noch die Bauern mit den Vereinbarungen vom Oktober 1524 zufrieden waren. Aber es herrschte für die folgenden zweieinhalb Monate zumindest äußerlich Waffenruhe.

ZWEITER AKT: ZWISCHEN VERHANDLUNG UND KONSPIRATION

Die Bauern: Beschwerden und heimliche Konspiration

Die äußere Waffenruhe bedeutete keineswegs, dass sich der innere Aufruhr bei den Bauern gelegt hätte. Wohl mochte sich eine Mehrheit der Anfang Oktober in Riedheim versammelten Aufständischen für eine Verhandlungslösung entschieden haben. Bald darauf scheinen jedoch Zweifel aufgekommen zu sein, was ein erst für nach Weihnachten anberaumter Rechtstag für die Lösung ihrer Probleme bringen könnte. Denn die Zeit der feudalen Abgabeleistungen stand unmittelbar bevor – Martini, der 11. November, war ein wichtiger Abgabetermin. Und in Punkt 1 des Riedheimer Vertrags hatten sich die Hegauer zum Gehorsam verpflichtet, was immer dies heißen mochte ...

Ein nicht unerheblicher Teil der Hegauer Bauern scheint ohnehin nichts von einer gerichtlichen Lösung gehalten zu haben. Die oben geäußerte Ansicht, dass sich die hegauische Bewegung von Anfang an in eine gemäßigte, zu Verhandlungen neigende und in eine radikale, auf Konfrontation ausgerichtete Fraktion gespalten habe, lässt sich für die Zeit vor Weihnachten noch untermauern.

Von einer Vorbereitung der Bauern auf den bevorstehenden Rechtstag in Stockach ist tatsächlich wenig zu spüren – was nicht heißen soll, dass sich die Anhänger des gemäßigten Flügels nicht fortlaufend darüber beraten haben mögen. Quellen sind dafür allerdings kaum erhalten. Man könnte ja erwarten, dass die Bauern der verschiedenen Orte und Herrschaften die Zeit genutzt hätten, um ihre Beschwerden in schriftlicher Form festzuhalten, denn das wäre für diejenigen, die sich etwas vom Rechtstag versprachen, eine sinnvolle Beschäftigung gewesen. Tatsächlich ist aber nur eine einzige Beschwerdeschrift aus dieser Zeit erhalten, nämlich die der Gemeinde Mühlhausen vom 22. November 1524.[36]

In ihr finden sich Klagen über erhöhte Frondienste, über ungleiche Steuerforderungen und eine Ungleichbehandlung der Leibeigenen verschiedener Herrschaftszugehörigkeit. *Dwil wir nun also geweltigclich von obgemelten unsern alten bruchen und gerechtigkeiten on und wider recht hertigclichen gedrungen und entsetzt sind,* so folgert die Beschwerdeschrift, *so wellen wir dinst und tagwan* [Frondienste], *was sich uff den yetzigen Sandt Martins tag nechst verschinen verloffen hautt, thun und volnfüren, und aber nit füro noch lenger anderst dann was Recht württ.* Das heißt, die Gemeinde Mühlhausen war jetzt noch bereit, die ungerechtfertigten Forderungen der Herrschaft zu erfüllen, künftig aber nur noch das, was auf einem Rechtstag festgelegt würde (so muss man wohl das *was Recht württ* verstehen). Um dieses Recht zu ermitteln, forderten die Mühlhauser einen gütlichen Rechtstag, bei dem der Bürgermeister von

Radolfzell, Hans Kollin, und der Schultheiß von Engen, Hans Vogler, vermitteln sollten. Die Mühlhauser Beschwerdeschrift folgt dem traditionellen Muster einer Forderung nach dem »alten Recht«, denn sie wollten zu einer früheren, ihnen günstigen Regelung zurückkehren. Ob es zu dem geforderten Rechtstag gekommen ist, ist nicht überliefert.

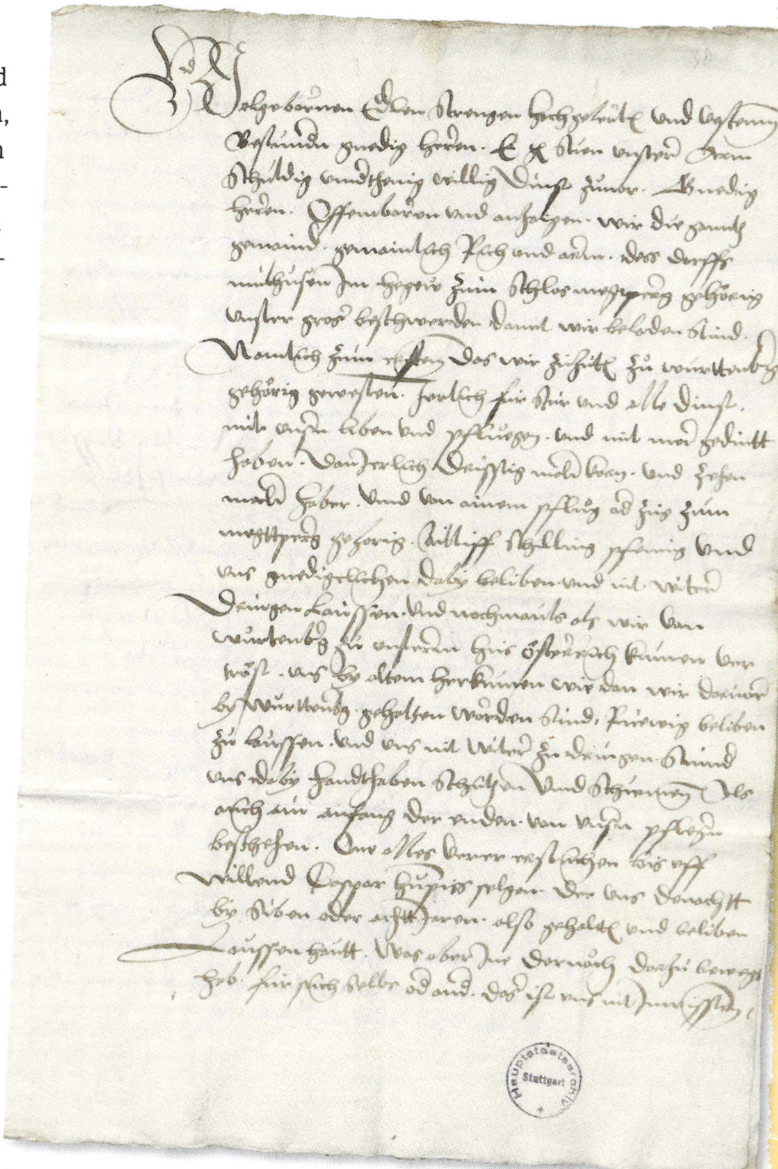

War die Gemeinde Mühlhausen mit ihrer gemäßigten Haltung noch bereit, die an Martini fälligen Leistungen zu erbringen, so hören wir an anderen Orten von Fron- und Abgabenverweigerungen. *So bald die pauren, und sonder die im Hegew,* [von Riedheim] *anhaimbisch* [heim] *kommen, wolten die herrn ire frondienst haben, wie von alters ... Daß wolten die pauren nit thuen und vermainten, sie wolten damit stil sützen, bis daß sie mit recht überwunden würden ...*[37] Es regte sich also schon bald nach Riedheim erneut Widerstand unter den Bauern, und dieser rührte unter anderem aus einer unterschiedlichen Auslegung des Riedheimer Anlasses. Nach ihrer Auffassung sollten die feudalen Leistungen bis nach dem Rechtstag zurückgehalten werden. Auf das ungleiche Verständnis des Riedheimer Vertrages spielt auch Hug Wernher von Ehingen in einem Brief vom 6. November an, dem wir überdies die Nachricht verdanken, dass die »Eidgenossenschaft« unter den Bauern weiter fortbestand: *Es sind auch die Puren im Hegew Irn Hern und Jungkern noch nit gehorsam, wollend auch den vertrag,*

Beschwerdebrief der Gemeinde Mühlhausen vom 22. November 1524. Landesarchiv Baden-Württemberg, Hauptstaatsarchiv Stuttgart H 54 Bü 16.

zwischend Inen gemacht, nit glich versteen, sy haben auch ainander Irer gethanen ayden, so sy zusamen geschworn, noch ainander nit erlassen ...[38]

Von neuer Unruhe berichtet auch Eitelhans von Fulach, dem ein Teil des Dorfes Duchtlingen bei Hilzingen gehörte. Er klagte, dass seine Untertanen und alle, die in dem Zirkel sitzen, auf einer Kirchweih zu Duchtlingen zusammenkommen wollten (diese Kirchweih fiel vermutlich auf Sonntag, 23. Oktober).[39]

Im Dezember, also je näher der Stockacher Rechtstag rückte, wurde die Stimmung im Hegau immer aufrührerischer.[40] In den Stoffelnschen Herrschaften regte sich Widerstand. Am 12. Dezember verweigerten in Weiterdingen die Untertanen Jakobs von Stoffeln Fronfuhren, um die dieser fast schon flehentlich bat. Seine Bauern in Schlatt am Randen wollten kein Vogtrecht geben, die in Bietingen drohten, kein Fastnachtshuhn zu liefern.[41] Von den Untertanen der Herrschaft Tengen, besonders aus Kirchstetten und Wiechs, ist überliefert, dass sie sich schon vor Weihnachten zu den aufrührerischen Bauern im Schwarzwald begeben hätten, um sich mit diesen zu verständigen.[42] Diese Nachricht dürfte in die erste Hälfte des Dezember gehören, denn in diesen Tagen erhielt das österreichische Regiment in Stuttgart Kundschaft, dass nicht nur die Bauern im Klettgau und in Stühlingen sich wieder erhoben hätten, sondern auch die im Hegau erneut in Hilzingen zusammengelaufen seien. Von diesen *purn Im Hegöw, So hievor gegen Irn Hern und Öbern veranlaßt worden*, nämlich in Riedheim, heißt es, *dass sie Ir bottschafften In alle anstössende land (und) dörffer geschickt, Rauts begert und daneben die uffrůr heimlich practiziert* hätten.[43] Am 12. Dezember berichtet Wolf Dietrich von Homburg, Vogt zu Tuttlingen, er habe sicheren Bericht, dass Herzog Ulrich von Württemberg in eigener Person bei den Bauern in Hilzingen gewesen sei, um sie für seine Unternehmungen zu gewinnen. Von Hilzingen sei er in gleicher Absicht zu den Bauern im Klettgau geritten.[44] Das Treffen mit Herzog Ulrich muss vor dem 9. Dezember stattgefunden haben, denn an diesem Tag beriet sich ein Ausschuss der Hegauer Bauern und lehnte sowohl einen Anschluss an Herzog Ulrich wie auch an die Schwarzwaldbauern ab.[45]

Es wird also deutlich, dass sich Anfang Dezember der gesamte Raum vom Klettgau über den Südschwarzwald und Stühlingen bis in den Hegau hinein wieder im Aufruhr befand. Wieder hatten sich die Hegauer in dem zentralen Ort Hilzingen versammelt, wieder hatten sie einen Ausschuss bzw. Rat gewählt, aber immer noch fehlen uns Namen von führenden Persönlichkeiten. Dieser Flächenbrand des Aufruhrs war auch diesmal wieder von den Stühlingern unter Hans Müller von Bulgenbach ausgegangen. Diese waren am Andreastag (30. November) erneut zu einem Zug in die Baar und ins Brigachtal aufgebrochen, um die seit Mitte November ebenfalls im Aufstand befindlichen Untertanen der Herrschaften Fürstenberg, Schellenberg und Villingen zu unterstützen. Am 9. Dezember lehnten es die Hegauer, wie gesagt, ab, sich dieser Unternehmung anzuschließen. Sie entgingen so dem Schicksal ihrer Standesgenossen, die am 14. Dezember bei Wolterdingen im ersten größeren Gefecht des deutschen Bauernkriegs unterliegen sollten.

Dass die Hegauer nur zwei Monate nach ihrer ersten Erhebung wieder offen rebellierten, hat zwar sicherlich mit dem Anstoß durch die benachbarten Stühlinger und durch Herzog Ulrichs Umtriebe zu tun, beruhte aber doch in erster Linie auf ihren eigenen unbefriedigenden Verhältnissen und der seit Mitte Oktober nicht abgerissenen Erregung. Zwar werden erneut die Parallelität und ein innerer Zusammenhang der Stühlinger und der Hegauer Ereignisse sichtbar, und dennoch beweist die Ablehnung eines Zusammenwirkens mit Herzog Ulrich und mit den Schwarzwäldern vom 9. Dezember die Eigenständigkeit der Hegauer Bewegung. Sicherlich hat es Hegauer Bauern gegeben, die bereit gewesen wären, auf der Wolterdinger Walstatt ihren Kopf hinzuhalten. Doch der offenkundig starke Anteil gemäßigter Kräfte im Hegauer Haufen hat immer wieder zu vorsichtigen, zurückhaltenden und besonnenen Entscheidungen geführt, die das revolutionäre Potential der radikalen Fraktion häufig neutralisierten. Das scheint sich als ein Charakteristikum des hegauischen Bauernkrieges herauszukristallisieren.

Schwer zu beantworten ist die Frage, ob und inwiefern die Bauern gegen Geist und Buchstaben der Riedheimer Vereinbarung verstoßen haben. Günter Franzens Urteil: »Die Stühlinger und Hegauer hielten an den Oktoberverträgen fest«[46] kann jedenfalls wegen der Berichte über Abgabenverweigerung und der erneuten Rebellion im Dezember in dieser Absolutheit nicht aufrechterhalten werden. Im Grunde hängt die Antwort heute wie damals von der Auslegung der Riedheimer Bestimmungen ab, und dies musste Gegenstand des Stockacher Treffens werden. Wie allerdings unter den Anfang Dezember herrschenden Umständen der auf den 27. Dezember anberaumte Stockacher Rechtstag zu einem Erfolg führen sollte, war völlig offen. Man erhält den Eindruck, dieser Termin sei von den Herren nur gesetzt worden, um Zeit zu gewinnen.

Die Herren: Rüstung, Entrüstung und Nachdenklichkeit

Indessen hatten nicht nur die Bauern den Riedheimer Vertrag unterlaufen, sondern nicht minder auch die Herren. Und es ist nicht unwahrscheinlich, dass die Bauern sich in ihren »heimlichen Praktiken« umso eher bestärkt fühlten, als jeder, der sehen konnte, die ebenso »heimlichen« Rüstungen des Adels wahrnehmen musste. Hinter der äußeren Aufrüstung der Herren verbargen sich nicht nur politische, sondern auch psychologische Motive.

Kann man aus heutiger Sicht geteilter Meinung darüber sein, ob die aufrührerische Stimmung im Herbst 1524 bereits revolutionären Charakter hatte, also bei den Bauern so etwas wie ein Gedanke an Umsturz und Veränderung der gesellschaftlichen Verhältnisse aufblitzte, so scheint auf der Gegenseite, beim Adel, gerade diese Befürchtung vorgeherrscht zu haben. Das Aufflackern der Rebellion in Stühlingen, im Hegau und Klettgau, die lutherische Bewegung, die an der Legitimation feudaler Herrschaft rüttelte, die Abgabenverweigerungen, die direkt den Lebensunterhalt der Adelsfamilien betrafen, rührten im Adel an latent vorhandene Existenzängste und führten ihm den drohenden Machtverlust vor Augen. Die Herren, deren Herrschaftslegitimation in Frage gestellt wurde, empfanden den Aufruhr subjektiv durchaus als revolutionär.

Die Nachhaltigkeit der bäuerlichen Resistenz, mit der die Herren am Bodensee und am Hochrhein im Herbst 1524 konfrontiert wurden, besaß eine neue, unbekannte Qualität. Diese Widerständigkeit, die sich nicht beschwichtigen und befrieden ließ, förderte die Entfremdung zwischen Herren und Untertanen. Es gab zwar Berührungspunkte zwischen Ortsherren und Untertanen: man kannte sich, die Herrschaften nutzten die Handwerker auf den Dörfern für ihre Bedürfnisse, sie verkehrten mit den Dorfhonoratioren und ließen sich bei den Dorffesten sehen. Doch wenn die Adligen von ihren Burgen in die Dörfer zu ihren Bauern herabstiegen, hatte dies immer auch etwas »Herablassendes«.[47] Der Adel hatte sich im Laufe des Spätmittelalters über den Bauernstand erhoben, jetzt wunderte er sich über dessen »Empörung«.

Im Herbst 1524 bahnte sich bei den Bauern, die sich als Gegenstand feudaler Herrschaft wahrnahmen, – modern ausgedrückt – ein emanzipatorischer Prozess an. Allein schon die Möglichkeit ihrer Befreiung aus Untertänigkeit und Leibeigenschaft setzte in den Menschen ein enormes Selbstbewusstsein frei und machte die Bauern, zumindest für einige Monate, zu gestaltenden Subjekten der Geschichte. In diesem Sinne fügt sich der deutsche Bauernkrieg in den Horizont der oben beschriebenen Grenzüberschreitungen, die das Mittelalter überwanden.

Für den Adel bedeutete diese Grenzverletzung, ökonomisch betrachtet, eine Bedrohung seiner Existenzgrundlagen, politisch gesehen, einen Angriff auf die angeblich gottgewollte soziale Ordnung, psychologisch gewertet aber eine unerhörte Kränkung aristokratischer Ehre. In einer Instruktion an seine Kommissare vom 15. Dezember drang Erzherzog Ferdinand entsprechend auf die Wiederherstellung von *Ehre, Obrigkeit, Herrschaft und Gerechtigkeit.*[48] Die Inhaber der Herrschaft Hohenstoffeln, Jakob von Stoffeln und Pilgrim von Reischach, wurden in einem Schreiben vom Februar 1525 nicht müde, die zu befürchtende Umkehrung der Verhältnisse durch die Bauern anzuprangern: *Aber ihr Begehren zeigt der Bauern Hoffahrt, dass sie selbst gerne Herren wären.* Und an anderer Stelle: *Das wir durch der Bauern Forderungen ... von unserer gebührlichen Haushaltung verdrängt würden, wodurch wir Knechte und sie Herren wären.*[49] Unter der hartnäckigen Weigerung der Bauern, die ihnen zugedachte Untertanenrolle gehorsam zu erfüllen, schlug die bestehende

Arroganz einzelner Herren gegenüber den Untertanen um in Hass und erbarmungslose Aggression.

Erzherzog Ferdinand von Österreich, war als Statthalter seines Bruders, des Kaisers, und als Landesherr der Landgrafschaft Nellenburg der Hauptgegner der aufständischen Bauern im Hegau.

Zum Träger einer Politik der gnadenlosen militärischen Niederschlagung des Aufruhrs wurde die österreichische Regierung. Personifiziert war diese Politik im Landvogt von Nellenburg, Hans Jakob von Landau, und im Hintergrund in Erzherzog Ferdinand persönlich. Hans Jakob von Landau koordinierte seit September 1524 die Rüstungen in Vorderösterreich, aber wie schon seine Intervention anlässlich der Hilzinger Kirchweih am 2. Oktober erfolglos war, so machte er auch in den folgenden Wochen keine glückliche Figur. Wenn Landau auch recht erfolglos agierte, so kann man ihm doch einen großen persönlichen Einsatz für seinen österreichischen Dienstherrn nicht völlig absprechen. An allen Schauplätzen der Ereignisse zwischen Ende September und Ende Januar war er persönlich anwesend. Zugleich organisierte er den erhöhten Aufwand seiner Kanzlei, die natürlich mit allen übrigen Stellen der österreichischen Verwaltung – mit dem Erzherzog und dem Hofrat in Innsbruck, mit dem österreichischen Regiment in Stuttgart, mit seinen Kollegen Hug Werner von Ehingen in Balingen und Wolf Dietrich von Homburg in Tuttlingen usw. – in schriftlichem Kontakt stand. Heute würde man sagen, die damalige Krise ließ die Drähte zwischen den Verwaltungsstellen heiß laufen. Damals wurden wegen der erhöhten Botendienste Pferde zuschanden geritten. Immer wieder finden sich auf den Briefen der österreichischen Beamten Anweisungen für den reitenden Boten wie *Cito! Cito! Cito!* oder *Citissime!* – Schnell! Schnell! Schnell![50]

Landau hätte es am liebsten gar nicht zu dieser Hektik kommen lassen. Er selbst wäre erst gar nicht mit den Hegauer Bauern in Verhandlungen getreten, sondern hätte sie mit Hilfe der Überlinger Truppen direkt niedergeworfen. Nachdem er sich aber gegen Überlingen nicht durchsetzen konnte und der Waffenstillstand ausgehandelt war, versuchte er wenigstens, die Schwarzwälder Bauern militärisch zu schlagen. Erzherzog Ferdinand hatte hierfür um den 12. Oktober die Parole ausgegeben, *den stühlingischen Bauern und ihren Anhängern gar keine Gnade zu beweisen, sondern mit Brand, Nahm* [Raub], *Totschlag und Einziehung ihrer Güter gegen sie zu handeln.*[51]

Es war indes nicht nur die besonnene Politik Überlingens, die Landau und dem Erzherzog einen Strich durch die Rechnung machte, die Rüstungsbemühungen gingen trotz der martialischen Parolen des Erzherzogs nur schleppend voran.[52] So verhinderte also die hohe Politik selbst den militärischen Erfolg, den sie vom Nellenburgischen Landvogt erwartete. Dennoch lastete Ferdinand die erfolglose Politik seinem Landvogt an und entzog ihm zu allem Unglück Ende Oktober auch noch die Funktion eines Feldhauptmanns. Die militärische Verantwortung in den österreichischen Vorlanden erhielt damals ausgerechnet Landaus Erzfeind, Georg Truchsess von Waldburg, der später als »Bauernjörg« in die Geschichte eingehen sollte.

Der 22-jährige Erzherzog Ferdinand, der als Statthalter seines Bruders, des Kaisers, natürlich in den Kategorien einer Gesamtstrategie des Reiches und seines Hauses Habsburg denken musste, sah sich in diesen Wochen mit einer schwierigen politischen Lage konfrontiert, die seine Handlungsspielräume erheblich einschränkte. Im Osten des Reiches war er Anfang September erstmals mit der Türkengefahr in Berührung gekommen,[53] in Norditalien spitzte sich die Kriegslage der kaiserlichen Armee zu, als König Franz I. von Frankreich siegreich dorthin vorstieß und am 26. Oktober Mailand eroberte.[54] Und nun erwuchs ihm auch noch aus dem gefährlichen Gemisch der bäuerlichen Empörungen am Hochrhein, der lutherischen Sache in Waldshut, Herzog Ulrichs Umtrieben und den französischen Werbungen gewissermaßen eine dritte Front inmitten seines eigenen Hoheitsgebiets. Einer seiner eigenwilligen, aber oft realitätsfremden Einfälle, findet sich in einer Anweisung an Hans Jakob von Landau vom 19. Oktober: Dieser solle die Hauptleute, Fähnriche und Rädelsführer des Stühlinger und Hegauer Haufens um guten Sold in kaiserliche Dienste nehmen und nach Italien schicken.[55] So glaubte Ferdinand, das kaiserliche Heer stärken zu können und zugleich die aufrührerischen Bauern ihrer militärischen Schlagkraft zu berauben.

Mitte November eskalierte der Konflikt, als sich die Untertanen der Grafen von Fürstenberg und der Herren von Schellenberg auf der Baar, die Villinger Bauern im Brigachtal und wenig später auch die Untertanen des Amtes Tuttlingen erhoben. Als sich Anfang Dezember die Stühlinger Bauern mit den Aufständischen auf der Baar vereinigten, kam es erstmals zu einer ernsthaften, wenn auch wiederum schleppend anlaufenden Gegenwehr der Herrschaften unter der Führung Rudolfs von Ehingen. Einer der betroffenen Adligen, Hans von Schellenberg, der übrigens nicht nur Ortsherr einzelner Dörfer auf der Baar war, sondern auch eines Drittels von Hilzingen, gab in einem Brief wohl vom 8. Dezember 1524 aus Aach im Hegau an seinen Bruder in Hüfingen die Parole aus: *Ich rate, wollen die Bauern keinen Frieden geben, dass wir draufhauen, mit Todschlag, Raub und Brand, so wissen wir, dass wir im Krieg sind. Also still halten ist nicht gut, es hat keine Not; man fange mit meinen Dörfern an.* Schellenberg wusste aber auch: *... der Krieg fängt im Geldsäckel an.*[56]

Trotz finanzieller Schwierigkeiten brachte Rudolf von Ehingen, einer der Regenten in Stuttgart, in den folgenden Tagen ein kleines Kontingent zusammen, mit dem er am 14. Dezember die Bauern, die sich nach Wolterdingen zurückgezogen hatten, entschlossen angriff und schlagen konnte.[57] So war es also kurz vor Weihnachten 1524 zum ersten größeren Gefecht, zum ersten Blutvergießen des deutschen Bauernkriegs gekommen. Der Adel war hier in bewährter Weise dem Ungehorsam seiner Untertanen begegnet – und dennoch sollte sich die Flamme des Aufruhrs, die schon zu mächtig aufloderte, durch diese militärische Niederlage nicht mehr löschen lassen.

Nicht alle Adligen und Herrschaftsträger teilten diese harte Haltung des Draufhauens. Bei Einzelnen löste der Bauernkrieg durchaus Nachdenklichkeit aus und führte zu einem Prozess der Selbsterkenntnis und Mentalitätsänderung. Rührte schon die gemäßigte Haltung der Überlinger Ratsherren gegenüber den Bauern daraus, dass sie durchaus wahrnahmen, wie der Bauernstand durch die Herren bedrückt wurde,[58] so findet sich ein weiteres beredtes Zeugnis für eine einsetzende Nachdenklichkeit in einem Brief, der im Reischach'schen Familienarchiv erhalten ist. Der Brief stammt aus der Feder Ludwigs von Reischach, des Komturs der Deutschordenskommende Beuggen (bei Rheinfelden) und ist datiert auf den 28. November 1524. Sein Bruder Pilgrim von Reischach zu Stoffeln d. J. (circa 1490–1568) hatte ihm offensichtlich über die Verhältnisse im Hegau und in seiner Herrschaft Stoffeln (mit Weiterdingen) geklagt.

Der Komtur antwortet, dass auch seine Bauern ihm die Abgaben verweigerten, erklärt dann aber, dass der Bauernkrieg ... *nichts anderes ist als ein von Gott angerichtetes Strafgericht. Wir haben dazu geholfen, alles Land zu verderben, darüber hinaus haben viele Pfandherren und andere zu diesen Zeiten elend mit ihren Untertanen gelebt, wie Du weißt. So haben auch etliche vom Adel, wie wir oft gesehen, ihre Bauern lange Zeit in den Krieg geführt. [...] Schau nur mal an, wieviele Witwen und Waisen wir gemacht haben, und es ist noch kein Ende. Wie könnte uns Gott alle unsere Büberei verzeihen. Zeige mir ein Laster, das wir vom Adel nicht zweifach an uns haben.* Am Ende hält der Komtur seinem Bruder den zweifelhaften Trost bereit: *Darum, Lieber Bruder, sei fröhlich und ihr alle* [gemeint ist die Familie], *und wie es Gott gefällt, so lasst es uns auch gefallen ...*[59]

Eine adlige Selbstkritik dieser Art steht im Bodenseeraum, so weit ich sehe, recht vereinzelt da. Einige Passagen des Briefes muten allerdings recht »evangelisch« an wie etwa die vorgeschlagene Gottergebenheit. Tatsächlich ist es so, dass der Komtur von Beuggen, Ludwig von Reischach (1484–1564), wenig später zum Protestantismus übergetreten ist. Er wurde deshalb 1526 vom Deutschen Orden aus Beuggen vertrieben und siedelte nach Basel über, wo er heiratete, 1529 das Bürgerrecht erwarb und 1564 in hohem Alter verstarb. Der Vater, der ältere Pilgrim von Reischach († 1533), hatte den Sohn wegen seiner Heirat enterbt. In einem langen Rechtsstreit konnte Ludwig aber gewisse Ansprüche an die Familie und den Deutschen Orden durchsetzen.[60]

Biographisch von Interesse ist der Brief unter anderem deshalb, weil der Komtur selbst bei seinen Untertanen im Ruf stand, ein äußerst strenger Herr zu sein. Er bestand rigide auf Frondienstleistungen und belegte seine aufständischen Bauern 1525 mit harten Gefängnisstrafen. Umso erstaunlicher erscheint es, dass er bereits zu Beginn des Bauernkriegs (November 1524) so viel Verständnis für die Empörung aufbrachte. Die Adelsschelte, die er im zitierten Brief äußert, bezieht seine eigene Person und sein eigenes strenges Handeln mit ein: Ludwig von Reischach weiß, wovon er spricht, wenn er die Bauernbedrückung durch den Adel geißelt – er selbst ist ein solcher Bedrücker. Der Brief ist ein Zeugnis der Selbsterkenntnis und Reue eines Adligen, dessen Strenge allerdings Teil seiner herrschaftlichen Funktion war und der diesen Konflikt durch seine Hinwendung zum evangelischen Glauben und den Austritt aus dem Deutschen Orden zu lösen versuchte. Er zeigt einen Adligen im Prozess der Konversion und belegt nochmals den engen Zusammenhang von religiöser und sozialer Erneuerung.

Es bleibt noch zu erwähnen, dass auch ein weiterer Angehöriger dieses weit verzweigten hegauischen Geschlechtes auf Seiten der Reformation stand. Eberhard von Reischach aus der Linie Neuhewen hatte sich früh in württembergische Dienste begeben und war nach der Vertreibung Herzog Ulrichs einer seiner treuesten Diener. Mit ihm zog er sich auf den Hohentwiel zurück, und mit ihm vollzog er die Hinwendung zum evangelischen Glauben. Er heiratete 1525 als Zürcher Bürger die frühere Äbtissin des Zürcher Fraumünsters, Katharina von Zimmern, eine Schwester des Hilzinger Ortsherrn Gottfried Wernher von Zimmern. Seine Konversion zur Sache des Evangeliums nahm er so ernst, dass er 1531 in der Schlacht von Kappel sein Leben im Kampf gegen die katholischen Kantone riskierte und an der Seite Zwinglis fiel.[61] Eberhard von Reischach spielte als gebürtiger Hegauer eine Rolle bei der Kontaktaufnahme Ulrichs von Württemberg mit den aufständischen Bauern.

Die Stockacher Rechtstage vom Dezember und Januar

Die Niederlage ihrer Standesgenossen vom Schwarzwald und von der Baar am 14. Dezember scheint die Erwartungen der Hegauer Bauern, die sich ja ebenfalls Anfang Dezember wieder zusammengerottet hatten, gedämpft zu haben. Ihre Aufmerksamkeit musste sich nun notwendigerweise auf den Rechtstag vom 27. Dezember richten. Während von Vorbereitungen der Bauern auf den Rechtstag aus den Quellen nichts zu ermitteln ist, sind die Aktivitäten der Herrschaft umso deutlicher zu fassen.[62]

Vom 9. Dezember stammen die Instruktionen Erzherzog Ferdinands für seine Kommissäre, die nach Stockach entsandt wurden, vom 10. Dezember seine

Ernennungsschreiben. Die österreichischen Kommissäre waren Georg Truchsess Freiherr von Waldburg, Schweickart Freiherr von Gundelfingen, Christoph Fuchs von Fuchsberg, Hauptmann zu Kufstein, und der Kammerprokurator Dr. Jakob Frankfurter. Zusätzlich wurden Vertreter der österreichischen Regierungen in Ensisheim (Elsass) und Stuttgart nach Stockach befohlen, unter ihnen Rudolf von Ehingen (1463–1538), einer der einflussreichsten österreichischen Beamten in Württemberg und Sieger über die Baarbauern vom 14. Dezember, und dessen Vetter Hug Wernher von Ehingen (1470–1546), Vogt von Balingen, den wir schon unter den Vermittlern des Riedheimer Vertrages fanden.[63] Absicht der Regierung war es, wie aus der Instruktion hervorgeht, die Hegauer Bauern von einem rechtlichen Austrag des Konflikts abzubringen und mit ihnen ähnlich wie mit den Stühlingern gütlich vor einem Schiedsgericht zu verhandeln.

Seit dem 21. Dezember trafen die Kommissäre in dem kleinen Landstädtchen Stockach ein. Aber nicht nur mit hochkarätigem Personal war man für die bevorstehenden Verhandlungen gerüstet, der Erzherzog hatte auch nicht vergessen, 400 bis 500 Reiter, teilweise unter dem Befehl Ritter Gangolfs von Geroldseck, nach Stockach zu befehlen, die den Verhandlungen Nachdruck verleihen sollten und für den Fall eines Scheiterns direkt für ein militärisches Eingreifen zur Verfügung standen. Da die Umgebung Stockachs für diese Truppe zu klein oder ungeeignet erschien, wurde die Reiterei nach Radolfzell verlegt.

Dieselben taktischen und strategischen Linien im Vorfeld der Verhandlungen gaben auch die Kommissäre zu erkennen, als sie am 26. Dezember, also am Vortag des ersten Treffens, ein umfangreiches Schreiben an den Hauptmann des Schwäbischen Bundes, Wilhelm Guss, nach Stuttgart richteten. Sie zweifelten in dem Schreiben zwar nicht daran, den bäuerlichen Ungehorsam *mit Güte* abzustellen, doch für den Fall eines Misserfolgs wollten sie vorsorgen, dass *Zu abstellung solher aufrůr mit der that* geschritten werden könne. Für diesen Fall forderten sie Hauptmann Guss auf, sich mit der sogenannten *eilenden Hilfe*, einer Art schnellen Eingreiftruppe bereitzuhalten.[64] Man war sich also auf herrschaftlicher Seite sicher, dass die mehr als 400 im Land liegenden Reiter zur Niederschlagung eines allgemeinen Aufruhrs im Zweifel nicht ausreichen würden.

Es ist zu vermuten, dass diese militärische »Untermalung« der Verhandlungen den Unmut der Bauern nicht gerade gedämpft hat. Offensichtlich hat die Anwesenheit von Truppen zwischen Stockach und Radolfzell erneutes Zusammenrotten von Bauern provoziert. Um den Jahreswechsel jedenfalls scheinen die Bauern sich an verschiedenen Orten gesammelt zu haben, aber sie lagen *nit allewegen bei ainander, sunder an mer als ainem ort und gegennt* [Gegend] *zertrennt.* Für den Fall eines Scheiterns der Verhandlungen wies Erzherzog Ferdinand seine Befehlshaber in der ihm eigenen Art an, sie sollten die verdächtigen Orte besetzen, die Untertanen fangen und nach den Rädelsführern befragen, diese dann erstechen, *erwürgen und sonst in ander weg sy ernstlich strafen und kein erbarmung über sie haben.*[65]

Diese Instruktion bezog sich ausschließlich auf österreichische Untertanen. Das bedeutet aber, sie enthält den ersten sicheren Hinweis darauf, dass sich zu Jahresbeginn 1525[66] erstmals auch in den österreichischen Orten Widerstand regte. Welcher Art dieser Widerstand war, entnehmen wir einem Schreiben der österreichischen Räte an den schwäbischen Bundestag in Ulm vom 6. Januar. Darin heißt es, die Untertanen im Amt Stockach weigerten sich, Fische zwischen den herrschaftlichen Weihern und dem Bodensee hin und her zu transportieren und Holz für die Wachtfeuer auf der Nellenburg zu liefern. Die Bauern aus Nenzingen weigerten sich überdies, Getreidesäcke mit den Zehnten ins Amtshaus nach Stockach zu fahren.[67]

Stockach und die Nellenburg auf der Landkarte von Tibian von 1603.

Nicht nur die österreichischen Ämter klagten über bäuerlichen Widerstand, auch in den ritterschaftlichen Orten fielen die Bauern von ihren Herren ab. Das beweist ein Zettel, der am 5. Januar 1525 laut Rückaufschrift dem Adligen Sixt von Husen zuging. Darin heißt es: *Item demnach sich etlich von den gemainen puren gegen iren obern unnd rechten hern unzimlicher weyß abwerffen, deßhalb etlich grawen* [Grafen], *hern unnd edel ainen tag angesetzt, Namblich uff mittwoch nach Sannt Pauls bekerung* [25. Januar] *nachts zu Ehingen an der herberg ...*[68] Ob diese Beratung in dem den Grafen von Lupfen gehörigen Dorf Ehingen nach den sich bald überschlagenden Ereignissen überhaupt stattgefunden hat, ist zu bezweifeln.

In dieser Situation verbreiteten Widerstands, gegenseitigen Misstrauens und wechselweisen Belauerns konnten die Verhandlungen in Stockach unter keinem günstigen Stern stehen. Am Dienstag, dem 27. Dezember, trafen die Gesandten der Bauern in Stockach mit den genannten Kommissären der österreichischen Regierung zusammen. Offensichtlich traten Georg Truchsess von Waldburg, Schweickart von Gundelfingen, Christoph Fuchs von Fuchsberg und Dr. Frankfurter hier noch nicht als Richter auf, sondern als ein Verhandlungsgremium, das die Bauern zu gütlichen Verhandlungen zu bewegen versuchte. Darauf wollten sich die Bauernvertreter aber nicht einlassen, weil sie offenbar hierzu kein Mandat besaßen. Dennoch scheint an diesem Tag bereits erörtert worden zu sein, wie es sich mit der Frage der Dienstbarkeiten verhielt, ob also die Bauern nach dem Vertrag von Riedheim verpflichtet gewesen wären, in der Zwischenzeit Frondienste zu leisten oder nicht.

Da man sich in der Auslegung der entsprechenden Vertragsbestimmung nicht einig wurde, wandten sich die Kommissäre an die Vermittler des Riedheimer Anlasses, Freiburger, Menlishofer, Dornsperger, von Friedingen und von Ehingen, mit der Bitte um Vermittlung. Hierfür wurde der 3. Januar ausgeschrieben, ein Termin, von dem unklar ist, ob er zustande gekommen ist. Falls er stattfand, so hat er jedenfalls wiederum zu keinem Ergebnis geführt, denn nun wurden die Überlinger Vermittler von den Kommissären um eine schriftliche *Declaration* mit einer Auslegung des Riedheimer Anlasses gebeten, eine Aufforderung, die die Vermittler ablehnten, wohl weil sie sich nicht auf die Seite einer Partei schlagen wollten. Nachdem somit der Versuch gütlicher Verhandlungen gescheitert war, wurde endgültig ein Rechtstag auf Montag, den 16. Januar 1525, anberaumt.

In der Zwischenzeit fanden jeweils am 6. Januar, dem Dreikönigstag, gütliche Verhandlungen mit den Villinger und Tuttlinger Bauern zu Stockach und mit den Stühlinger Bauern zu Radolfzell statt (aufgrund des Ewattinger Vertrags vom 12. Oktober). Obwohl man hier jeweils zu einem vorläufigen Einvernehmen fand, war beiden Verhandlungen am Ende nicht viel Erfolg beschieden, da die Ergebnisse auf *Hintersichbringen* beschlossen wurden – die Unterhändler mussten die vorgesehenen Vertragspunkte mit den übergeordneten Behörden bzw. mit den Bauerngemeinden beraten. Überschattet wurden die Radolfzeller Gespräche überdies durch den am 28. Dezember 1524 erfolgten Tod des Grafen Sigmund von Lupfen, den sein Bruder Georg vertrat. Was der Tod des Hauptwidersachers der Stühlinger Bauern, dessen strenges Regiment zu den auslösenden Momenten des Bauernkriegs zählte, für Folgen haben würde, war natürlich in den ersten Tagen des Jahres 1525 nicht abzuschätzen.

Nun rückte also für die Hegauer der entscheidende Tag des 16. Januar ins Zentrum des Interesses. Jetzt sollte es tatsächlich zu einer gerichtlichen Entscheidung ihres Streits mit den Herren vor dem Stockacher Landgericht kommen. Doch wie war dieses Gericht zusammengesetzt! Da fanden sich der Landvogt Hans Jakob von Landau als Vorsitzender, ein Mann, der den Oktoberaufstand am liebsten mit Gewalt niedergeschlagen hätte, als Richter Georg Truchsess von Waldburg, der für den militärischen Aufmarsch vor den Toren der Stadt verantwortlich war, ferner der Vogt von Mägdeberg, Hans Walther von Laubenberg, Christoph Fuchs von Fuchsberg, Kammerprokurator Dr. Jakob Frankfurter und ein Dr. Johann Henninger aus Tübingen. Weiter gehörten dem Gericht der Bürgermeister von Radolfzell und sechs bürgerliche Richter aus Stockach an. Protokollant war der Amtmann Peter Öfner.[69]

Die Partei des Adels war vertreten durch Graf Georg von Lupfen (zu Engen), Pilgrim von Reischach d. Ä. zu Stoffeln, Appollonia von Hirnheim, die Witwe Pankraz' von Stoffeln, ihren Sohn Jakob von Stoffeln, Hans von Schellenberg zu Hüfingen (und Herrn zu Hilzingen) und Eitelhans von Fulach (zu Duchtlingen) als Vertreter der Kinder des verstorbenen Benedikt Ernst von Friedingen. Während die Besetzung des Gerichts und die Adelspartei durch namentliche Erwähnung bestens dokumentiert ist, werden hier wie schon am 27. Dezember die Gesandten der Bauern in den Quellen mit Stillschweigen übergangen.[70] Wäre das Urteil dieser Verhandlung im Original überliefert, so könnten wir mit einiger Wahrscheinlichkeit erwarten, dort die Namen der Bauernvertreter zu finden, doch in den Briefen der Adligen, die für uns die Hauptquellen sind,[71] und sogar im Protokoll Peter Öfners werden diese hartnäckig verschwiegen, ja, wir kennen nicht einmal die Zahl der in Stockach vertretenen Bauern. Im Grunde müssten sie der Zahl der sechs Adelsvertreter entsprochen haben. Es ist aber, als ob die »Sieger der Geschichte« hier jedes Zeugnis bäuerlicher Selbstäußerung bewusst oder unbewusst getilgt hätten.

Wie immer diese Bauern geheißen haben mögen und woher sie auch stammen mochten, die Besetzung des Gerichts konnte ihnen kaum gefallen, denn sie entsprach nach allem, was wir wissen, nicht den Gewohnheiten und rechtlichen Bestimmungen in der Landgrafschaft Nellenburg, wie sie im Hegauer Vertrag von 1497 aufgezeichnet waren. Zwar mochte noch angehen, dass das Gericht mit einem hohen Anteil Adliger besetzt war gemäß § 7 des Hegauer Vertrags, da es um Herrschaftsangelegenheiten ging, aber die Besetzung mit Landfremden (Waldburg, Gundelfingen, Fuchs von Fuchsberg, Dr. Frankfurter) verstieß eindeutig gegen das Herkommen.[72] Im Übrigen muss man zumindest einzelne Richter wegen ihrer gegen die Bauern gerichteten militärischen Funktionen (Landau, Waldburg, Laubenberg) als parteiisch und befangen einstufen.

Brachten die Bauern zwar ihr Befremden gegenüber dieser Situation zum Ausdruck, so konnten sie sich doch anscheinend nicht durchsetzen, denn es wurde in dieser Besetzung unter Berufung auf den Hegauer Vertrag (!) verhandelt.[73] Hier hatten sich die Bauernvertreter, wie man so schön sagt, über den Tisch ziehen lassen. Die Adelspartei wählte schließlich den Kammerprokurator Dr. Frankfurter, die Bauern Dr. Henninger als *Fürsprecher*. Der Adel trat nun als Kläger auf und verlangte von den Bauern die Rückkehr zum Gehorsam, der den Adligen *Lennger dann mentschen gedechtnus* zustehe.[74] In der Hauptsache ging es ausschließlich um die Klärung der Frage, ob die Bauern sich im Riedheimer Anlass verpflichtet hatten, die Frondienste und Abgaben zu leisten oder nicht. Um dies zu prüfen, verlangten die Kläger eine Erläuterung des § 1 im Riedheimer Vertrag (vgl. oben S. 103) durch die damaligen Vermittler, die drei Überlinger Ratsherren, Hans von Friedingen und Hug Wernher von Ehingen. Offensichtlich haben sich die Bauern gegen eine solche *Declaration* heftig gewehrt – sie wollten dies erst mit der versammelten Bauernschaft besprechen. Doch nachdem die Adelspartei diese *Declaration beharrlich begert*, entschied das Gericht auf Vorladung der Riedheimer Vermittler.

Die Zeitangaben, die gelegentlich in diesen Vorgängen auftauchen, vermitteln einen kleinen Eindruck von der Hast und Aufgeregtheit, die damals herrschte. Der Überlinger Ratsherr Caspar Dornsperger, der sich offensichtlich als Prozessbeobachter in Stockach aufhielt, berichtet in einem Brief an Bürgermeister Freiburger, dass er am 17. Januar mitten in der Nacht um 4 Uhr diese Aufforderung des Gerichts erhalten habe mit der Bitte an die Vermittler, sich bis 7 Uhr zu bedenken. Tatsächlich sind die fünf Vermittler des Oktobervertrags, zum Teil von Überlingen und Konstanz herbeigeholt, noch im Laufe des 17. Januar vor dem Stockacher Gericht aufgetreten, um ihre *Declaration* in schriftlicher Form abzugeben. Der Tenor ihrer Erläuterung ging, diplomatisch geschickt formuliert, dahin, es sei *Ir maynung nie gewesen, ... die graffen unndt vom adel Irs Innhabens unnd possession der diennsten, Vällen, Zins, Gülten oder annderm, von alter gehapt, durch den abgeredten anlas* [von Riedheim] *Zu entsetzen.*[75]

Damit hatten die bürgerlichen Vermittler sich aber vorsichtig auf die Seite der Adelspartei geschlagen. Lina Beger und Arnold Elben mussten vor über hundert Jahren noch davon ausgehen, dass der Riedheimer Vertragstext verloren sei, und haben sich deshalb mit einem Urteil zurückgehalten. Nun lässt sich die *Declaration* der Vermittler am tatsächlich erhaltenen Text überprüfen, der besagt, dass die Bauern den Herren weiterhin Gehorsam beweisen sollen, wie von Alters hergekommen (vgl. oben S. 103). Diese Bestimmung kann man durchaus so auslegen, dass der Adel von den Bauern seine Gefälle wie gewöhnlich weiter erhalten solle, also auch im Herbst 1524. Der entscheidende Bestandteil der Bestimmung ist jedoch die Formel *wie von altter herkommen ist.* Wenn man wie die Bauern der Ansicht war, die Herren hätten, etwa bei Generationswechseln in der Herrschaft, das Maß an Frondiensten oder die Höhe von Abgaben verändert (nämlich erhöht), so hatte ja der Adel altes Herkommen und Recht gebrochen. Dem bäuerlichen Rechtsbruch, ihrer Frondienstverweigerung, ginge somit ein Rechtsbruch des Adels voraus, der den Widerstand legitimierte. Man konnte dann, wie dies eine Mehrheit der Bauern auffasste, der Ansicht sein, bis zu erneuter Rechtsetzung von den (unrechtmäßigen) Abgaben befreit zu sein.

Mit einer Rechtsdebatte dieser Art scheint man sich in Stockach mehr als einen Tag herumgeschlagen zu haben. Die Erklärung des Vermittlungsausschusses scheint dann jedoch den Ausschlag gegeben zu haben. Auf ihrer Grundlage fällte das Gericht am Mittwoch, den 18. Januar, folgendes *einhelliges Urteil: Dass die Bauern ihren Grafen und adligen Herren weiterhin allen Gehorsam beweisen, geben und thun sollen, wie von altersher mit Erstattung und Verrichtung nicht geleisteter Dienstbarkeiten, auch Bezahlung verfallener Zinsen, Todfallabgeben und anderem. Falls aber die Bauernschaft weitere Beschwerden gegen ihre Herren hätte, sollen sie darüber am 16. Tag Februar vor diesem Landgericht Recht suchen ...*[76] Ihre weitergehenden Beschwerden sollten die Bauern in zweifacher Form einreichen, für die Verhandlung dieser Punkte wurde ihnen ein Rechtstag vier Wochen später, am 16. Februar, in Aussicht gestellt. Am Ende des Protokolls heißt es: *Disen abschid haben baidtail angenomen unnd sind damit Zu Stockach abgeschiden*, das heißt die Vertreter der Bauernschaft hatten das Urteil in dieser Form akzeptiert.

Bei genauer Betrachtung wurden auf dem Stockacher Rechtstag vom 16. bis 18. Januar 1525 lediglich die Bestimmungen des Riedheimer Vertrages vom 10. Oktober 1524 überprüft und teilweise bis in die Formulierungen hinein im Urteil bestätigt. Eine Klärung der Formel »wie von alter her« – bedeutete dies Frondienste im Umfang der Zeit vor dem 2. Oktober 1524 oder vor der Erhöhung durch den Adel? – blieb aus. Die eigentlichen Beschwerden der Bauern, der Bruch alten Herkommens durch die Herren, standen nicht zur Debatte und wurden nicht geprüft. Und eine rechtliche Auseinandersetzung über diese Beschwerden war erneut in weite Ferne gerückt, an weitere rechtliche Klärung war kaum zu denken.

Als die Gesandten der hegauischen Bauernschaft mit diesem für sie beschämenden Urteil noch am 18. oder 19. Januar (in Hilzingen ?) vor die versammelte Bauernschaft traten, mussten sie sich vor dem Unmut ihrer Standesgenossen durch Flucht nach Konstanz in Sicherheit bringen, wo sie den mittlerweile dort befindlichen österreichischen Kommissären ihre Not klagten.[77] Die Bedrohung der bäuerlichen Gesandten durch ihre eigenen Leute war ein untrügliches Zeichen dafür, dass der radikale Flügel der hegauischen Bauernschaft inzwischen die Oberhand gewonnen hatte. Die Zeit der Verhandlungen war damit vorläufig vorbei.

Bevor wir uns aber der neuerlichen Revolte zuwenden, soll noch einmal die Frage aufgeworfen werden, welche Herrschaften im Hegau eigentlich in diesem

Stockacher Urteil inbegriffen waren. Betraf dieses Urteil überhaupt den gesamten Hegau? Mit großer Wahrscheinlichkeit nicht. Eberhard Dobler hat erstmals diese Frage aufgeworfen und vermutlich richtig beantwortet. Er schließt von den in Stockach auf der Adelsseite versammelten Herren auf die betroffenen Herrschaften und kommt zu dem Ergebnis, dass von diesem Rechtsstreit wohl nur der westliche Hegau betroffen war. Und das bedeutet im Nachhinein beurteilt, dass auch die Hilzinger Kirchweih am 2. Oktober 1524 nur von den Untertanen der umliegenden Herrschaften besucht wurde, für die Hilzingen tatsächlich einen Mittelpunkt darstellte. Mit hoher Wahrscheinlichkeit betraf der Oktoberaufstand im Hegau nur die Herrschaft Hewen mit Engen (Graf Georg von Lupfen), die Herrschaft Stoffeln mit Binningen, Bietingen und Weiterdingen (Herren von Stoffeln und Reischach), den schellenbergischen Teil zu Hilzingen, möglicherweise die ebenfalls schellenbergische Herrschaft Heilsberg mit Gottmadingen und die Untertanen des verstorbenen Benedikt Ernst von Friedingen, die sich auf die Orte Duchtlingen, Beuren, Hausen an der Aach und Mühlhausen verteilten.[78]

Ein weiteres Indiz für diese regionale Beschränkung des Oktoberaufstands und des Stockacher Rechtstags ist die Tatsache, dass ausgerechnet die Untertanen der Herrschaft Hohenstoffeln im Anschluss an den Stockacher Rechtstag Beschwerdeschriften im Sinne des Stockacher Urteils verfassten und diese beim Landgericht einreichten. Die Gemeinden Weiterdingen, Binningen und Bietingen hatten also trotz der angespannten Lage im Land noch die Hoffnung, auf dem Rechtsweg voranzukommen. Anfang Februar lagen dem Landgericht Stockach die Beschwerdeschriften der Gemeinde Bietingen mit 15 Artikeln und der Gemeinden Weiterdingen und Binningen mit 20 Artikeln vor. Am 12. Februar sandte Richter Christoph Fuchs von Fuchsberg den beklagten Herren Pilgrim d.Ä. von Reischach zu Stoffeln und Jakob von Stoffeln zu Hohenstoffeln eine *lange Schrift* zu – vermutlich ebendiese Beschwerdeartikel –, zu denen diese ausführlich Stellung nahmen.

Die Beschwerdeartikel selbst sind nicht mehr erhalten, die Beschwerdepunkte lassen sich jedoch aus der Entgegnung der beiden Adligen ungefähr rekonstruieren.[79] Der Fund dieser Quelle ist insofern von überragender Bedeutung, als im Hegau bisher nur die Mühlhausener Gravamina vom November 1524 bekannt waren. Der Tenor der herrschaftlichen Entgegnung ist durchgängig der, dass von Stoffeln und von Reischach eine Änderung der Rechtsgrundlagen, wie dies die Bauern behaupteten, leugneten und ihrerseits darauf bestanden, dass die derzeit geltenden Abgaben *nitt von Nuwem Entsprungen*, sondern *alter bruch* seien und *So lang Jar, das kain mensch den anfang verdencken mag*, bestünden.[80] Dass es über diese Beschwerden von Weiterdingen, Binningen und Bietingen vor dem Stockacher Landgericht zur Verhandlung gekommen wäre, ist bei der sich abzeichnenden Entwicklung unwahrscheinlich, jedenfalls hat sich davon keine Spur erhalten.

Erst seit der Jahreswende 1524/1525 gibt es, wie gesagt, Hinweise darauf, dass auch die österreichischen Untertanen des Amtes Stockach unruhig wurden, dass also die Empörung allmählich auf den östlichen Hegau übersprang. Dieses Ausgreifen der Bewegung stärkte jene Kräfte in der Bauernschaft, die sich von Verhandlungen ohnehin nichts versprochen hatten und die im Stockacher Urteil vom 18. Januar nur eine Bestätigung ihrer Haltung sahen.

Bereits am 12. Januar musste Wolf Dietrich von Homburg nach Stuttgart berichten, dass sich die Bauern im Hegau aufrührerisch zeigten und dass sich auch die benachbarten Klettgauer wieder in einer Größenordnung von 500 Mann sammelten.[81] Um den 18. Januar lehnten auch die Villinger und Tuttlinger Bauern, mit denen am Dreikönigstag in Stockach verhandelt worden war, die Vereinbarungen ab.[82] Am 22. Januar scheiterten in Konstanz schließlich die Verhandlungen in der Waldshuter Religionsangelegenheit, so dass nun zunehmend alle Krisenherde, statt befriedet zu werden, neu Feuer fingen.

Es herrschte in den letzten Januartagen 1525 offener Aufruhr in der Landgrafschaft Nellenburg, und es war in dieser Stimmung keine Frage, wie sich die in Hilzingen versammelten Bauern des westlichen Hegaus gegenüber dem Stockacher Urteil verhalten würden. *Es sind dry Mayer von Hilltzingen vor den Hern Comissarien Zu Stockach erschinen,* schreibt Wolf Dietrich von Homburg am 29. Januar, *unnd haben von der purn wegen Im Hegow die Vrtail unnd was uff Jüngst gehalltem Lanndgericht Zu Stockach gehanndellt, widerruffen unnd wellen die Purn sollichs kains wegs annemen Noch hallten.*[83] Wieder sind die drei Mayer (hier im Sinne von: Bauern), die aus Hilzingen nach Stockach abgeordnet wurden, nicht beim Namen genannt, aber ihre Botschaft, die sie vor dem 26. Januar überbrachten, zeigt an, wohin das Pendel in den bäuerlichen Versammlungen ausgeschlagen hatte. Die Bauern gerieten wieder in Bewegung.

Am Donnerstag, den 26. Januar, kam es in der Stadt Engen zu einer Meuterei. Die Bauern der Umgebung wollten die Stadt, die von der Bürgerschaft verschlossen wurde, besetzen. Ein Teil der weitgehend aus Ackerbürgern bestehenden Einwohnerschaft, die für die bäuerliche Unruhe durchaus Verständnis aufbrachte, war bereit, die Tore zu öffnen. Es kam zu tumultartigen Szenen, bis aus Stockach Georg Truchsess von Waldburg mit seiner Reiterei anrückte. Die Bürger wollten aber auch dessen Reiter nicht einlassen, weshalb diese sich nach Stockach zurückzogen.[84]

Die Ablehnung des Stockacher Urteils und die Engener Meuterei kamen einer offenen Empörung gleich, und diese Kampfansage der Bauern an die Herren bestätigt sich in weiteren Mitteilungen Homburgs: *Die Bauern im Hegau und was rings um Hilzingen liegt, liegen alle in Hilzingen bei einander, haben sich daselbst eingegraben und eine große Menge an Getreide nach Stein* [am Rhein] *und andere Orte im Thurgau in Sicherheit gebracht.* Und an anderer Stelle schreibt er: *Also schicken sich die Bauern im Hegau allgemein zu einem Krieg, graben sich zu Hilzingen ein und fliehen alle ihre Fahrhabe nach Engen, Schaffhausen und andere Orte.*[85]

Man muss diese lapidaren Mitteilungen in laufende Bilder umwandeln: Von allen Orten des westlichen Hegaus bewegten sich Wagenkolonnen mit Frucht und Hausrat auf Schaffhausen, Stein und Engen zu, bei Hilzingen versetzten Hunderte von bewaffneten Bauern ihren Versammlungsort durch Gräben, Wälle und Verhaue in Verteidigungszustand. Die Bauern rechneten angesichts der bei Radolfzell stationierten Reiterei mit Angriffen und Plünderungen. Die Zeichen standen im Hegau Ende Januar 1525 auf Sturm.

DRITTER AKT: RADIKALISIERUNG UND MILITARISIERUNG

Die Lehre vom göttlichen Recht

Ende Januar 1525 war eine juristische Lösung des Herrschaftskonflikts gescheitert. Die Herren standen mit einer reisigen Truppe für eine militärische Lösung bereit. Auch die Bauern sprachen von Krieg, gruben sich bei Hilzingen ein und bereiteten sich auf bewaffnete Auseinandersetzungen mit dem Adel vor. Was hatte zu dieser Radikalisierung der bäuerlichen Empörung im Hegau geführt?

Es sind im Wesentlichen zwei Gründe für diese Wende anzuführen: Zum einen ein äußerer Faktor, das unablässige Werben des ruhelosen Herzogs Ulrich von Württemberg um die Gunst der Hegauer Bauern, von dem unten noch ausführlich die Rede sein wird. Wichtiger aber war ein ideologischer Lernprozess in den Köpfen der führenden Akteure, nämlich die Aneignung der Argumentationsfigur vom »göttlichen Recht«. Diese Formel wirkte aber nicht nur auf der Ebene der Ideen, sie verursachte einen regelrechten Mentalitätswandel, der den bäuerlichen Widerstand mit einem Mal aus dem Unrecht ins Recht setzte. Die Vorstellung vom göttlichen Recht war für die Legitimation des bäuerlichen Aufruhrs von durchschlagender Bedeutung.

Wir erinnern uns, dass die Bauern von Mühlhausen, Binningen und Weiterdingen in ihren Beschwerdeschriften durchweg mit dem »alten Recht« argumentierten: die Herren hätten die bestehenden Rechtsgrundlagen verändert und ihre feudalen Ansprüche unrechtmäßig erweitert, die Bauern klagten folgerichtig auf Rückkehr zu den ursprünglichen Verhältnissen. Derlei Beschwerden bewegten sich jedoch innerhalb des herrschenden feudalen Rechtssystems, die Bauern stellten Frondienste, Leibeigenschaft und Adelsherrschaft nicht grundsätzlich in Frage. Indem sie sich auf die juristische Prüfung ihrer Beschwerden einließen, befanden sie sich in der Regel schon auf verlorenem Posten. Sie stellten sich einem Gericht, das von Adligen dominiert wurde und das mit ungeschickt agierenden und argumentierenden Beschwerdeführern meist leichtes Spiel hatte.

Es scheint indessen so, als habe ein radikaler Flügel der Bauern den Verhandlungsweg von vornherein abgelehnt, weil es diesen Leuten um mehr ging, als um das Feilschen um Frontage. Bei ihnen schwang die Infragestellung des feudalen Systems immer irgendwie mit, ohne dass sie das argumentative Rüstzeug zur Absicherung ihrer Haltung besessen hätten. Dieses bekamen sie an die Hand, als sich die Vorstellung vom »göttlichen Recht« in Südwestdeutschland ausbreitete.

Die Lehre vom »göttlichen Recht« war stark vom Zürcher Reformator Ulrich Zwingli geprägt. Für ihn war das Evangelium einerseits der Weg zum Heil, also spirituelle Richtschnur des Einzelnen, und gleichzeitig Maßstab der sozialen und politischen Ordnung. Leibeigenschaft, Frondienste und in letzter Konsequenz die gesamte feudale Ordnung waren nicht in der Heiligen Schrift enthalten und insofern mit dem Wort Gottes unvereinbar. Eine solche Lehre musste Wasser auf den Mühlen aufrührerischer Bauern sein: Wenn die bestehenden Herrschaftsverhältnisse nicht mit der Bibel im Einklang standen, so machte es auch keinen Sinn, mit dem Adel vor Gericht um kleine Vergünstigungen zu streiten, die feudale Abgabenordnung war dann insgesamt nicht gerechtfertigt. Die Verinnerlichung dieser Anschauung musste eine Radikalisierung der aufständischen Bauern mit sich bringen, sie wendete die bloße Empörung, die aus der Defensive kam, in revolutionäre Aktion.

Es scheint so, als habe sich im Hegau das Argumentationsmuster vom göttlichen Recht während der Stockacher Verhandlungen Dezember/Januar 1525 durchgesetzt, sonst wäre die scharfe, ja beinahe triumphale Frontstellung der radikalen Bauern gegen ihre in Stockach vergeblich Recht suchenden Standesgenossen kaum verständlich. Auf welchem Wege mag aber die Argumentation mit dem göttlichen Recht in den Hegau gelangt sein?

Peter Blickle verweist auf die engen Beziehungen des benachbarten Klettgaus zur Stadt Zürich. Schon im Oktober 1524, nachdem Hans Müller die Klettgauer zum Anschluss an den Stühlinger Aufstand aufgefordert hatte, begaben sich diese zu Konsultationen nach Zürich, wo sie offenkundig mit Zwinglis Lehre in Berührung kamen. In der Folge radikalisierte sich die Klettgauer Bewegung: Im November verweigerten die Bauern die Abgaben, im Dezember schlossen sich die Küssaburger an. In dieser Zeit, um den Jahreswechsel 1524/25 müssen die bekannten 44 Artikel der Klettgauer Bauern entstanden sein, deren Beschwerden eine erkennbar göttlichrechtliche Begründung enthielten. Somit gingen also die Klettgauer Artikel den berühmteren Memminger *Zwölf Artikeln* vom März 1525 in ihrem Legitimationsmuster voraus.[86]

Die Vorstellung vom göttlichen Recht war in den führenden Köpfen aber schon früher verankert. Als der Klettgauer Oberste Hauptmann Klaus Meyer im Dezember 1524 nach Hüfingen kam, um die schellenbergischen Untertanen zu unterstützen, führte er das neue Argumentationsmuster dort ein. Jedenfalls begehrten seine Untertanen, wie Burkart von Schellenberg an die Stadt Villingen berichtete, schon Anfang Dezember 1524 *nichts dann das götlich Recht.*[87]

Fahnenträger des Evangeliums. Holzschnitt aus Thomas Murner, Vom großen lutherischen Narren, 1522.

Nun zählte aber nicht nur der Klettgauer Klaus Meyer zu den Beratern der Schellenberger Bauern, sondern auch der bekannte Hans Müller von Bulgenbach. Auch dieser führte spätestens im Dezember die Rede vom göttlichen Recht. Der enge Kontakt Hans Müllers mit einem Teil der Hegauer ist aber hinlänglich bekannt. Es ist möglich, dass die Vorstellung vom göttlichen Recht aus dem Umfeld Müllers zu den Hegauern gelangt ist. Dies dürfte bereits Mitte Dezember, spätestens aber zu Jahresbeginn der Fall gewesen sein, als Müller in Radolfzell für die Stühlinger Bauern verhandelte. Zweifellos unterhielten die verschiedenen Bauernführer im Umfeld der Stockacher und Radolfzeller Rechtstage untereinander engen Kontakt. Jenseits dieser möglichen Beeinflussungskette ist es nicht ausgeschlossen, dass es auch im Hegau reformatorisch gesinnte Pfarrer gab, die im Geiste Zwinglis oder Hubmaiers dachten und predigten. Der Pfarrer von Hattingen beispielsweise sollte später eine führende Rolle bei den Hegauern spielen.

Es ist zwar in den frühen Quellen der Hegauer Bauernbewegung nirgendwo die Rede vom göttlichen Recht, wir verdanken aber dem Villinger Chronisten Heinrich Hug die Nachricht, dass diese Formel um den Monatswechsel vom Januar zum Februar 1525 bei allen aufrührerischen Bauernschaften – und er nennt hier ausdrücklich die Hegauer – Fuß gefasst hatte: ... *die bauren vermeinten, all ir anschlag wider ire heren mit dem gottlichen rechten zuwegen zu bringen.*[88] Dies bedeutet aber, dass aus der sozialen Revolte des Oktober 1524 mittlerweile eine revolutionäre Bewegung auf der Basis religiöser Argumente geworden war. Die Radikalen, die unter Berufung auf Gottes Wort den Feudalismus überwinden wollten, waren zu »Evangelischen« geworden – noch nicht in der späteren Bedeutung dieses Wortes, sondern im Sinne einer spirituellen, teils schwärmerischen Ergriffenheit von der »frohen Botschaft« und der religiösen Legitimierung ihres Handelns.

Georg Truchsess von Waldburg, war als Feldhauptmann des Schwäbischen Bundes der Hauptgegner der aufständischen Bauern. Da er am 1. Mai 1525 nach Württemberg und Franken abkommandiert wurde, konnte er die hegauischen Bauern nicht mehr militärisch bekämpfen. Miniatur aus der Chronik der Truchsessen von Waldburg. Kunstsammlung der Fürsten zu Waldburg-Wolfegg, Kupferstichkabinett.

Das Mühlhauser Scharmützel vom 10. Februar 1525

In den ersten Februartagen überschlugen sich die Ereignisse. Hatten die österreichischen Amtleute seit Monaten beobachtet, dass Herzog Ulrich von Württemberg mit den aufständischen Bauern konspirierte, um sie für eine Rückeroberung seines Herzogtums zu gewinnen, so verdichteten sich jetzt die Berichte von Spionen und sonstigen Zuträgern, dass der Aufbruch Ulrichs vom Hohentwiel mit Hilfe Schweizer Reisläufer und aufständischer Bauern unmittelbar bevorstehe. Da somit die Ulrichs-Affäre in der schriftlichen Überlieferung wieder in den Vordergrund rückt, besteht die Gefahr, die selbständige Rolle der Hegauer Bauern in der allgemeinen Hektik aus den Augen zu verlieren – dies umso mehr, als die Bewegungen, die im Zusammenhang mit dem Ulrich-Zug standen, auf demselben engen Raum stattfanden wie die der Bauern. Es gilt deshalb die Aktivitäten des Bauernkriegs im engeren Sinn von den Machenschaften Herzog Ulrichs säuberlich zu trennen.

Zunächst einmal wird deutlich, dass der Hegau Anfang Februar allgemein im Aufruhr war. Kein Geringerer als Georg Truchsess von Waldburg, der seit dem 2. Februar von Erzherzog Ferdinand zum obersten Feldhauptmann des Schwäbischen Bundes bestellt war, berichtet in einem Brief vom 9. Februar von der allgemeinen Empörung:[89] Vom Deutschordenskomtur der Mainau habe er erfahren, dass dessen Untertanen in Watterdingen und Blumenfeld abgefallen seien. Auch vom Tuttlinger Vogt, Wolf Dietrich von Homburg, höre er, dass seine Amtsverwandten zu den Hegauer Bauern gezogen seien. *Die Bauern, die so zu Hilzingen liegen*, schreibt der Truchseß – und an anderer Stelle wird klar, dass dies damals um die 1000 Mann waren[90] –, *schicken in die anderen Dörfer, die noch nit abgefallen sein, 60 oder 70 Knechte, darunder gewöhnlich dreißig Büchsenschützen, dieselben überreden die gehorsamen, noch nicht abgefallenen Bauern gen Hitzingen, damit sie ihnen behilflich und anhängig werden.*

Diese Agitation zeitigte Erfolg. Alarmierend fand es Georg Truchsess, dass alle österreichischen Untertanen des Stockacher Amts bis auf einige in Kirchstetten und Wiechs abgefallen seien. Sein Schreiben kulminierte aber in der Beschreibung der Verhältnisse im Dorf Mühlhausen. *Es sind auch viele Bauern der Fürstlichen Durchlaucht Vnderthanen von Mülhusen unter dem Mägdeberg zu den andern abgefallenen Bauern gen Hilzingen gelaufen* ... Und weiter: *Die von Mühlhusen sind wol zur Hälfte weg und stecken so voller Krieg, das sie oben überlaufen.* Was für eine Charakterisierung jener Gemeinde, die noch vor drei Monaten in einer äußerst moderaten Beschwerdeschrift nach dem alten Recht gerufen hatte! Welch ein Wandel hatte sich vollzogen, dass nun das halbe Dorf zum Krieg neigte.

Aber doch nur das halbe Dorf. Einige Bauern von Mühlhausen, so berichtet Georg Truchsess weiter, seien hingegen vor das Stockacher Landgericht gezogen, wo sie mit Hans Jakob von Landau einen gerichtlichen Austrag vereinbart hätten. Wieder kommt die ganze Vielschichtigkeit der Bewegung zum Ausdruck: Noch immer gab es in Mühlhausen gemäßigte Bauern, die die Verhandlungsstrategie fortführen wollten, doch eine Mehrheit setzte in diesen Tagen auf bewaffneten Widerstand.

Georg Truchsess von Waldburg nahm die Herausforderung an. Gerade an diesem Dorf wollte er ein Exempel statuieren. Er erlangte vom Erzherzog Ferdinand die Vollmacht, die Untertanen von Mühlhausen gewaltsam zur Botmäßigkeit zurückzuführen oder aber mit dem Niederbrennen des Dorfes zu drohen.[91] Seit dem 1. Februar befand sich der Truchsess in Villingen, wo er tagsdarauf einen Vergleich mit den Villinger Brigachbauern vermittelte, zugleich aber seinen Aufenthalt in der Brigachstadt nutzte, um dort eine Reiterei zusammenzustellen. Mit dieser kleinen Streitmacht von circa 250 Mann zog er, von Villingen kommend, am 10. Februar direkt nach Mühlhausen. Er traf hier aber keinen erwachsenen Mann zu Hause an. Daraufhin sandte er Hans Jakob von Landau ins Bauernlager bei Watterdingen mit dem Auftrag, die österreichischen Untertanen von Mühlhausen zur Annahme des Stockacher Vertrags und zur Heimkehr zu Frau und Kind aufzufordern. Da dies nichts fruchtete, schickte er den

Kammersekretär Veit Sutor in Mühlhausen von Haus zu Haus, um die Frauen auf dem Dorfplatz zu versammeln. Sie sollten nach Watterdingen ziehen und ihre Männer heimholen. Die ihren Mann nicht mitbrächte, deren Haus sollte angezündet werden.

Als die Bauern bei Watterdingen merkten, was sich in Mühlhausen abspielte, so die Überlieferung, seien diese in Marschordnung, von Reitern begleitet, mit Pfeifen und Trommeln über den Berg gekommen. 800 Mann hätten sich oberhalb des Dorfes in Schlachtordnung formiert und die Reiter des Truchsessen angegriffen. Während diese noch damit beschäftigt waren, 250 Stück Vieh aus den Ställen zu holen, seien sie von den Bauern in ein Scharmützel verwickelt worden. Da inzwischen die Nacht hereinbrach, seien des Truchsessen Reiter zur Flucht gezwungen gewesen. In der Dunkelheit hätten sie auf dem Weg nach Stockach das meiste Vieh der Mühlhauser Bauern in den Wäldern verloren.[92] Dies war die erste militärische Konfrontation der Hegauer Bauern mit den Herren. Damit war die kriegerische Phase des Bauernkriegs endgültig eröffnet.

Auf dem Weg in die »Christliche Bruderschaft«

Ende Januar 1525 lagen bei Hilzingen 500 Aufständische, am 9. Februar waren es bereits 1000, aus allen Orten des Hegaus liefen die Bauern den in Hilzingen Verschanzten *huffen Werk*[93] zu, und im März und April waren die Hegauer in der Lage, mehrere Tausend Mann militärisch zu mobilisieren. Wir hören, dass sie Anfang Februar in Einheiten von 60 und 70 Mann, darunter gewöhnlich 30 Büchsenschützen, regelmäßig zu agitatorischen Unternehmungen in die Nachbarschaft ausschwärmten, und wir sehen sie am 10. Februar in Schlachtordnung mit Pfeifen und Trommeln über den Mühlhauser Berg rücken. Die Aufständischen waren also militärisch straff organisiert, und das führt uns überhaupt zur Frage nach den Organisationsstrukturen dieser revolutionären Bewegung.

Wiederum ist es relativ wenig, was wir darüber in den Hegauer Quellen erfahren. Wir sind gezwungen, ihre Organisationsstrukturen mit einem Blick auf die Verhältnisse in den Nachbarlandschaften zu erschließen. Tatsächlich haben die Hegauer im Januar/Februar 1525 nicht bei Null angefangen, sondern auf die schon im Oktober 1524 erprobten Strukturen zurückgegriffen.

Zweierlei Grundlagen standen der Bewegung zur Verfügung: der militärische Aufbau der zeitgenössischen Landsknechtsheere, und die – wenn man so will: demokratischen – Strukturen der Gemeindeverfassung.[94] Es liegt nahe, dass die Hegauer von Menschen militärisch organisiert, geschult und geführt wurden, die Erfahrungen aus dem Heerwesen mit sich brachten, wie dies für den charismatischen Führer der Schwarzwälder, Hans Müller von Bulgenbach, belegt ist.[95] Der Truppenaufbau ist bei den Hegauern weniger differenziert fassbar wie in anderen Regionen: Wir hören von sogenannten Haufen (diese entsprachen etwa dem modernen Regiment), die von Obersten Hauptleuten befehligt wurden, und von Fähnlein (Kompanien), an deren Spitze Hauptleute standen. Neben Obersten und Hauptleuten ist öfters von Räten die Rede. Diese verweisen auf das Gemeindeprinzip, das sich in diese militärischen Strukturen gemischt hatte. Die Haufen wählten Ausschüsse oder Räte, die ihre Interessen vertraten und eine politische Funktion wahrnahmen. Das heißt aber, die Bauern übertrugen ihre Erfahrungen aus der Dorfgemeinde auf das Heerwesen und auf dessen überregionale politische Strukturen. In der Führungsspitze der aufständischen Haufen sammelte sich so die militärische und politische Kompetenz der Bauernschaft.

Handlung/Artickel/vnnd Jnstruction/so fürgenō=men worden sein vonn allen Rottenn vnnd hauffen der Pauren/so sich zesamen verpflicht haben: M:D:XXV:

Titelblatt der gedruckten Memminger Bundesordnung vom März 1525, in der die Aufständischen eine Art Verfassung formulierten. Die Hegauer Bauern besaßen eine Variante dieser in Memmingen beratenen Ordnung.

Wenn Anfang Februar 1525 die meisten Gemeinden im Hegau von ihrer Herrschaft abgefallen waren, so setzt dies im übrigen Gemeindebeschlüsse voraus, die den früher geschworenen Untertaneneid (Huldigung) aufhoben. Allerdings waren wohl Minderheitsvoten möglich. Wir haben am Beispiel Mühlhausen gesehen, dass hier *etliche* Bauern an der Mehrheit vorbei mit der Herrschaft Kontakt aufnahmen, um zu neuen vertraglichen Regelungen zu gelangen. Auch in Hilzingen scheinen sich keineswegs alle Bauern den Aufständischen angeschlossen zu haben. Als in den ersten Februartagen Wolf Dietrich von Homburg nach Hilzingen ritt, um die österreichischen Untertanen zur Heimkehr zu ermahnen, scheint dies im bäuerlichen Lager zu Diskussionen geführt zu haben. Jedenfalls berichtet Homburg am 6. Februar an die Stuttgarter Regierung, die Bauern von Hilzingen hätten ihren (namentlich nicht genannten) Vogt und *einen genannt der Busch* zu ihm gesandt und um gütliche Verhandlung gebeten.[96]

In der Tat scheint es in den folgenden Tagen noch einmal zu einem Revirement gekommen sein. Es sieht so aus, als hätten einige hegauische Gemeinden oder Teile von Gemeinden um den 20. Februar herum ihrer jüngsten Empörung abgeschworen und sich mit den Herrschaften auf einen weiteren Rechtstag am 3. April geeinigt. Vielleicht gehörten hierzu auch die Gemeinden Weiterdingen, Binningen und Bietingen mit ihren Beschwerdeschriften von Ende Januar. Dieser »Anlass« ist allerdings im Original nicht erhalten und lässt sich lediglich aus verschiedenen Schreiben des Erzherzogs und der österreichischen Regierung erschließen.[97] Es ist allerdings aufgrund der späteren Ereignisse fraglich, ob der anvisierte Rechtstag zustande gekommen ist.

Mit dieser Phase des Hegauer Bauernkriegs im Februar 1525 sind überhaupt erhebliche Verständnisschwierigkeiten verbunden. Ist es so, dass wir eine schwankende Politik der Hegauer Gemeinden konstatieren müssen, die Ende Januar zur Empörung, um den 20. Februar aber wieder zum Einlenken führte? Haben wir es also mit einer Zweiphasigkeit der Entwicklung zu tun oder müssen wir nicht vielmehr von einer Spaltung der Bewegung ausgehen, wie es im Dezember 1524 schon einmal der Fall war? Es spricht einiges für diese zweite Auffassung. Wahrscheinlich war es so, dass Anfang Februar die Radikalen in den Gemeindeversammlungen eine Mehrheit erlangten und so ihre Dörfer zum kollektiven Abfall von der Herrschaft bewegen konnten. Dies hinderte jedoch die gemäßigte Minderheit nicht, wie in Mühlhausen und Hilzingen, gleichzeitig Kontakte mit den Herren aufzunehmen.

Gegen Mitte des Monats Februar scheinen sich dann – vielleicht unter dem Eindruck des Mühlhauser Scharmützels und der obrigkeitlichen Ermahnungen – die Mehrheitsverhältnisse gewandelt zu haben, so dass nun zahlreiche Bauernschaften sich mit dem Versprechen eines rechtlichen Ausgleichs zufriedenstellen ließen. Dies scheint aber umgekehrt die Radikalen, die in weiteren Verhandlungen keinen Sinn sahen, nicht davon abgehalten zu haben, die gerade geschaffenen Organisationsformen aufrechtzuerhalten und ihre revolutionären Ziele weiterzuverfolgen. Ohne diese Voraussetzung wäre es kaum verständlich, dass am 29. Februar 1525, also nach der Verständigung einiger Hegauer Gemeinden mit ihren Herren, der Augsburger Bischof klagen konnte, seine Allgäuer Bauern seien *der puren pundtnuß im Hegew anhengig worden.*[98]

Damit ist nun ein wichtiges Stichwort gefallen: die Erhebung der Allgäuer, Oberschwaben und Bodenseebauern in der zweiten Hälfte des Februar, ein Ereignis, das den weiteren Verlauf des Bauernkriegs im Hegau erheblich mitbestimmen sollte. Ende Januar, ungefähr zeitgleich mit der Hegauer Erhebung, wurde der Baltringer Haufen der oberschwäbischen Bauern unter ihrem Führer Ulrich Schmid aus Sulmingen gebildet. Spätestens am 27. Februar bekannte sich dieser »Christliche Vereinigung« genannte Bund zum göttlichen Recht. Am 12. Februar versammelten sich erstmals die Allgäuer Bauern, am 27. Februar schlossen auch sie sich zur »Christlichen Vereinigung der Landart Allgäu« zusammen. Schließlich formierten sich die Seebauern am 21. Februar bei Rappertsweiler.[99]

Auf Antrag der Baltringer trafen sich die drei Bauernbünde vom 6. bis 8. März 1525 zum ersten Memminger Bauernparlament. Hier wurden zwei bedeutende Schriftstücke des deutschen Bauernkriegs verabschiedet: die *Zwölf Artikel* und die sogenannte *Memminger Bundesordnung.* Beide miteinander bilden das fortgeschrittenste Manifest der bäuerlichen Revolution und eine Art Verfassungsentwurf, der ein eidgenössisches Gemeinwesen auf christlicher Grundlage vorsah. Er enthielt allerdings auch die naive Vorstellung, der Adel und die Geistlichkeit könnten sich auf *freuntliche ermanung* hin diesem Bund freiwillig anschließen. Die Urheber dieser Dokumente waren der Bauernführer Ulrich Schmid, der biblisch geschulte Kürschnergeselle Sebastian Lotzer, der spätere Bauernkanzler, und der Memminger Reformator Christoph Schappeler.

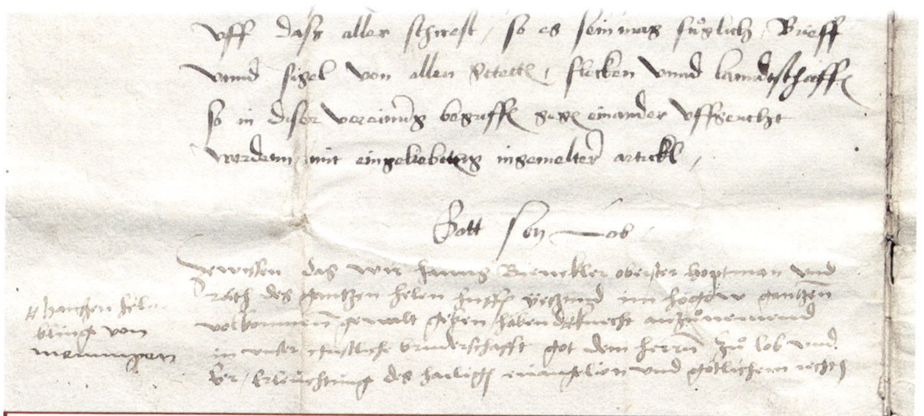

Letzte Seite der Bundesordnung in der Ausgburger Fassung. Am Ende erteilte der Oberst Hans Bienckler Hans Helbling Vollmacht, Knechte für den Hegauer Haufen anzuwerben. Stadtarchiv Augsburg, Literaliensammlung zum 7. März 1525.

Blickle vermutet, dass diesem Verfasser-Trio eine nicht erhaltene, von der Forschung lediglich erschlossene »Oberrheinische Bundesordnung« vorlag, die das Prinzip des göttlichen Rechts bereits weitgehend vorformuliert hatte; heute gilt die »Oberrheinische Bundesordnung« als eine von der Memminger Vorlage abhängige Variante.[100] Dies ist der eine Grund, weshalb die Memminger Versammlung vom 6. bis 8. März 1525 für die Geschichte des hegauischen Bauernkriegs von so hohem Interesse ist. Der zweite Grund ist der, dass die Hegauer zum Memminger Treffen offensichtlich Abgeordnete als Beobachter entsandt hatten: Jedenfalls findet sich auf der Augsburger Fassung der Memminger Bundesordnung folgende Vollmacht des Obersten Hauptmanns der Hegauer, Hans Bienckler aus dem Dorf Kalkofen in der Deutschordensherrschaft Hohenfels: *Zu wissen, das wir, Hans Bienckler, Oberster Hauptmann, und Räte des ganzen hellen Haufens, jetzt im Hegau versammelt, Hans Helbling aus Memmingen Vollmacht erteilt haben, Knechte anzunehmen in unsere Christliche Bruderschaft, Gott und dem Herrn zu Lob und Ehr, Erleuchtung des heiligen Evangeliums und des göttlichen Rechts.*[101]

Dieser kurze Text hat eine enorme Bedeutung für die Geschichte des Hegaus im Bauernkrieg. Zunächst ist durch ihn erwiesen, dass die Hegauer Kontakt hielten zu den benachbarten Bewegungen am See, in Oberschwaben und im Allgäu. Zweitens dürfte aus den Zeilen klar hervorgehen, dass der Hegauer Haufen voll durchorganisiert war: Es bestand ein *heller Haufen*, an dessen Spitze ein Oberster Hauptmann und eine Anzahl von Räten stand. Drittens deutet sich hier an, dass diese Organisation eine gewisse Finanzkraft besaß, sprich: eine Kriegskasse, aus der in Memmingen ein Hauptmann angeworben werden konnte, der wiederum Knechte für die Sache der Hegauer rekrutieren sollte.[102] Und diese Sache waren das »göttliche Recht« und das »heilige Evangelium«. Dies ist das älteste authentische Selbstzeugnis der Hegauer, das die religiöse Legitimation der Bewegung zweifelsfrei zu erkennen gibt. Hierzu passt auch, dass Oberst Bienckler von *unser(er) christlich(en) bruderschaft* spricht, in der wir analog zur »Christlichen Vereinigung« der Oberschwaben die politische Organisation der Hegauer erkennen dürfen. Dieses Dokument ist gewissermaßen die Geburtsurkunde der »Christlichen Bruderschaft«.

Erstmals war damit ein weitreichender überregionaler Schulterschluss hergestellt – im Westen zu den Schwarzwälder und Klettgauer Bauern, im Osten zu den Seebauern, Oberschwaben und Allgäuern. Die Hegauer bildeten damit am westlichen Bodensee die Brücke in einer Aufstandsbewegung, die bald vom Elsass über den Breisgau und den Schwarzwald bis ins östliche Allgäu reichen sollte.

ZWISCHENSPIEL: HERZOG ULRICHS MISSION

Rückblende: Ulrichs Werbungen

Zur selben Zeit, als sich die aufständischen Bauern des Hegaus zwischen dem 28. Januar und dem 7. März 1525 zur »Christlichen Bruderschaft« entwickelten, führte Herzog Ulrich seinen erfolglosen Feldzug zur Rückeroberung seines Herzogtums Württemberg. Aus der Sicht der vorderösterreichischen Amtleute, die alle Bewegungen des Herzogs durch Spione beobachten ließen, stand die Revolte im Hegau in enger Verbindung mit den Machenschaften Ulrichs. In der Tat gab es da Interessenüberschneidungen und Kontaktaufnahmen, und es mag sein, dass Ulrichs Werben um die Bauern gelegentlich Einfluss hatte auf die Diskussionen und Entscheidungsprozesse der Bewegung. In Wirklichkeit war die Situation jedoch vielschichtiger als die herrschaftliche Sicht dies wahrhaben wollte. Die Revolte im Hegau entsprang wie in anderen Regionen einer eigenen Wurzel – Herzog Ulrich brauchte und konnte sie nicht entfachen. Im Übrigen hielten die aufständischen Bauern zu dem unberechenbaren Herrscher

Herzog Ulrich von Württemberg auf einem Holzschnitt von Erhard Schön aus dem Jahr 1520. Der Herzog war 1519 vom Schwäbischen Bund aus seinem Land vertrieben worden und nistete sich 1521 auf dem Hohentwiel ein, von wo aus er im Jahr 1525 die Rückeroberung seines Herzogtum mit Hilfe der aufständischen Bauern betrieb.

im Exil eine erkennbar skeptische Distanz. Die Aufständischen teilten sich, wie mehrfach ausgeführt, in Gemäßigte und Radikale, und nur unter den Radikalen war allenfalls eine kleine Minderheit bereit, sich vor den Karren des Herzogs spannen zu lassen.

Um dies sichtbar werden zu lassen, erscheint es sinnvoll, den Ulrich-Zug separat darzustellen, denn auch wenn beide Erzählstränge, die Geschichte der Hegaubauern und die Geschichte Herzog Ulrichs, eng miteinander verwoben erscheinen, so waren Ulrichs Unternehmungen aus der Sicht der Herren zwar zentral, aus der Sicht der Bauern allerdings eine Episode am Rande.

Bekanntlich hatte sich der 1519 vom Schwäbischen Bund aus seinem Herzogtum vertriebene Herzog auf seine Besitzungen in Mömpelgard (Montbéliard) zurückgezogen. Östlich des Rheins besaß er nur die Burg Hohentwiel auf einem markanten Vulkanfelsen zwischen Singen und Hilzingen. Diese hatte er auf dubiose Weise 1521 von Hans Heinrich von Klingenberg erworben. Der Hohentwiel wurde zur Basis, von der aus er sein Herzogtum zurückzuerobern gedachte. Jahrelang warb er beim französischen König Franz I. und bei den Eidgenossen um Geld und Unterstützung für seine Absicht, ohne dass sich je eine Chance zu ihrer Umsetzung bot. In Basel und Solothurn erlangte der Herzog in jenen Jahren das Bürgerrecht.[103]

Der Ausbruch des Bauernkriegs am Hochrhein im Sommer 1524 erschien ihm als historische Wende. Lässt sich Ulrich bis August 1524 in Mömpelgard nachweisen, so siedelte er schon im September auf den Twiel über, wo er Ende des Monats mit 500 bewaffneten Knechten lag.[104] Von hier aus mischte er sich am 2. Oktober in die Vorgänge um die Hilzinger Kirchweih ein und nahm erstmals Kontakt zu den Bauern auf. Solche Kontakte suchte er immer dann, wenn sich die Bauern erhoben und bewaffnet organisierten. Das war wieder Anfang

ANNO AETATIS EIVS XLVIII.

Dezember der Fall. Doch sein Werben hatte damals keinen Erfolg: Am 9. Dezember erteilten die Hegauer Bauern dem Herzog eine Absage.

Als sich die Hegauer Ende Januar erneut empörten, suchte sie der unermüdliche Ulrich wieder für seine Sache zu gewinnen. Tatsächlich haben sich vermutlich am 27. Januar vier Hegauer Bauern, deren Namen nicht überliefert sind, zum Herzog nach Schaffhausen begeben und ihn am folgenden Tag sogar nach Zürich begleitet.[105] Der Zweck dieser Reise ist nicht bekannt, er hatte aber vielleicht den Sinn, die Bauern mit den Eidgenossen, die Ulrich folgen wollten, zusammenzuführen. Möglicherweise verbanden die Hegauer Bauern mit dieser Reise auch die Hoffnung auf eine engere politische Anlehnung an die Eidgenossenschaft. Ihre späteren Bemühungen in diese Richtung könnten diesen Besuch in einem solchen Licht erscheinen lassen.

Der Zürcher Reformator Ulrich Zwingli (1484–1531) hatte einen bedeutenden Einfluss auf die Bauerkriegsereignisse in Südwestdeutschland, auch Herzog Ulrich lauschte in Zürich seinen Predigten.

Am 29. Januar 1525 berichtete der Tuttlinger Kanzleischreiber an Georg Truchsess, offensichtlich aufgrund des Berichts eines Spions, dass Herzog Ulrich und die Hegauer Bauern in Schaffhausen verhandelt hatten.[106] Mehr Glück als mit den Hegauern hatte der Herzog mit den Klettgauern. Er konnte dort zwei Hauptleute für sich gewinnen: Jäcklin von Brackenheim und einen Mann aus Griessen, der der oberste Hauptmann der Klettgauer gewesen sein soll. Das wäre demnach kein Geringerer als Claus Meyer gewesen.[107]

Die Tatsache, dass man sich auf Schweizer Boden traf, hat nicht zuletzt damit zu tun, dass Herzog Ulrich seit dem Spätherbst verstärkt bei den Eidgenossen um politische, finanzielle und militärische Hilfe für sein Unternehmen warb. Den ganzen November, Dezember und Januar scheint Ulrich in der Schweiz zugebracht zu haben. Genannt werden die Städte Basel, Solothurn, Zürich und Schaffhausen. Und obwohl man hier für Ulrichs Position Sympathie zeigte, mussten die Eidgenossen doch aufgrund ihrer Erbvereinigung mit dem Haus Österreich, das man nicht verärgern durfte, äußerst zurückhaltend und diplomatisch agieren. Offiziell konnte man den exilierten Herzog nicht unterstützen, aber unter der Hand – und vielleicht mit stillschweigender Duldung der Obrigkeit – gelang es ihm, in den genannten Städten Hauptleute und Reisläufer zu rekrutieren, die bereit waren, mit ihm nach Württemberg zu ziehen. Offiziell sprachen diese Orte jedoch Verbote aus, dem Herzog zuzulaufen.

Die Besuche in der Schweiz bewirkten bei Ulrich noch etwas anderes: seine Hinwendung zur Reformation. In Basel hatte der Herzog Kontakt zu Oekolampad, dem späteren Reformator der Stadt, der ein gebürtiger Württemberger war. Über ihn kam die zaghafte Annäherung an Zwingli, der den unberechenbaren Herzog eigentlich nicht mochte, zustande. Bereits am 1. November 1524 wird berichtet, der Herzog habe in seiner Herrschaft Mömpelgard zwei lutherische Prediger eingesetzt.[108] Damals musste also die Konversion Ulrichs schon vollzogen gewesen sein. Um den 1. Dezember nutzte er die Gelegenheit eines Zürichaufenthalts zum Besuch Zwinglis: Dort habe er vor dem großen Rat *furgetragen, wie er von seinem Vatterland verJagt unnd vertriben und zu keinem recht mege bekomen.*[109] Abends habe er dann *bankett gehalten und ain zuloff gehapt Inn der Herberg zum rotten Huß, er hatt och den Zwinglin luterische bredigt gehört.*[110]

Die Schweiz war also sein Hauptrekrutierungsfeld, die bäuerliche Unterstützung blieb, wie zu zeigen sein wird, eher gering. Jedenfalls war spätestens Mitte Januar 1525 für die österreichischen Amtleute nicht mehr zu übersehen, dass ihre lang gehegten Befürchtungen wahr wurden und Ulrich mit Kriegsmacht nach Württemberg einfallen wollte. Anfang Februar ging es für den Schwäbischen Bund nur noch darum zu erfahren, wo Ulrich einzufallen gedachte. Die 250 Reiter, die Georg Truchsess von Waldburg in Villingen zusammengestellt hatte und mit denen er am 10. Februar in Mühlhausen intervenierte, waren eigentlich dazu gedacht, den Herzog aufzuhalten. Doch konnte der Truchsess mit dieser kleinen Abteilung wenig ausrichten.

Insgesamt standen weder Geld noch Mannschaften zur Verfügung, um Herzog Ulrich ernsthaft Paroli bieten zu können, und dies erklärt die große Nervosität, mit der man in Stuttgart, Innsbruck und Ulm, wo der Schwäbische Bund tagte, die Entwicklung im Hegau beobachtete. Am 10. Februar ließen Statthalter und Regenten in Stuttgart ein gedrucktes Anschreiben

Unsern grůß/freüntlichen willen vnnd dienst zůuor/Vester/besonder/lieber/vnnd gůtter freünd. Dir mag vsser gemeinem gerůch vnuerborgen sein/wie der Grauen/Herrn/vnd vom Adel vnnderthonen im Hegow/Kleggow/der Bar/vnd am wald/sich wider jr pflicht vnnd ayd rotthiert. Vnd wiewol sie zum teyl hieuor für das Landtgericht zů Nellemburg/jrer vermeinten beschwärden vñ vordrungen halb/gegen jren herrn vnd óbern veranlaßt worden/den sie frey angenommen/vnd zůhalten mit jren ayden beuestiget/daselbs dann ain vrteyl ergangen/syen sie doch aigenwillig dauon gefallen/vnnd widerumb zůsamen gelouffen. Also/das deren am wald biß in die zwey tausent/vnd im Hegow bey acht hundert bey einander/stercken sich auch noch täglich. Der gleichen haben sich ettlich Buwren an der Thonaw/vnnd dann im Algow/wie vns gloublich anlangt/auch embórt/deren aller mainung vnnd fürnemen steet/jren Herrn gebürliche dienstbarkeit zůentziehen/hinfür kain gehorsami meer zů beweysen/noch renten/gülten/vnd ander gefäll zůreychen/sonder alle ding gemain zůmachen.

Vnd sonderlich syen die bemelten Buwren am wald vnnd im Hegow des willens/in diß Fürstenthůmb Wirtemberg zůfallen/die vnderthonen desselbigen auch zů jrer hilff zůbringen.

Vnder dem/wie vnns gewisse kontschafften vilfältig zůkommen/vnndersteet Hertzog Vlrich von Wirtemberg/jme/mit bemelten vffrürigen vnnd aydbrichigen Buwren verstand vnnd anhang zůmachen/sampt vnd durch sollich bóuel sich in das Land zůtringen.

Nu hast du vnd ain yeder verstendiger leichtlichen zůbedencken/wa sollich des Hertzogen vnd seins leichtuerttigen anhangs vorhaben/fürgeen solt/was vnwiderbringlichen nachthail vnnd schäden/auch sterben vnnd verderben aller óber/vnnd erberkait darauß volgen mócht/dann nit allain Fürstliche durchleüchtigkait/vnser gnedigster Herr/sonder auch die gemaine loblichen Bundtsstend/zum sterckisten darwider vnd gegen/mit allem ernst handeln/vnd straffe fürnemen wurden/dardurch verhólligung land vñ leüt erwachsen/vnd der massen in abfal vñ verderben komen/das die zeins/gülten/vnd lybgeding daruff steend/darumb du oder deine verwandten/vñ ander eerlich vom Adel zum thail als Bürgē auch verhafft/verner nit kóndten noch móchten bezalt/vñ also das die selbigen gleicher gestalt dardurch můsten zů armůt gebracht werden.

Wiewol nu gemeiner Landtschafft baid vßschutz/des gleichē bey den vordersten Stetten sibentzehen/von wegen gemeiner Landtschafft/jr leib/leben vnd vermógen/als gehorsam vnderthon/wider sollich handlung zůstellen/vns trostlich zůgesagt haben. Nochdann dieweil wir dich des adelichen vnnd eerlichen gemůts erkennen/das du one zweyfel/sollicher vnloblichen fürnemen sonnder mißfallens tregst/vnd zů widerstand der selben zůuerhelffen/auch geneigt bist/So ist vnser gantz früntlich vnd fleissig bitt/du wóllest in vernünfftiger erwegung des alles/auch dir selbs/deinen verwandten/vnd aller erberkait zů fürstand vnd gůttem/dich destmer anhaimisch halten/So wir dir verner schreiben/das du als bald zum sterckisten dein gelegenheit sein mag/vff Fürstlicher durchleüchtigkait liferūg den nechsten an die ort/dir antzeigt werden/komen/dein vatterland helffen retten/vnd iñ allweg neben andern eerlichē von herrn/Adel/vnd vns fürnemen/was die notturfft erfordern würdet/vnd in dem dich vnnserm heben/vnd sonderm vertruwen nach gůtwillig beweisen/das wóllen hochgenanter Fürstlicher durchleüchtigkait/vñ gemeiner Landschafft/wir von dir berómen/vnd gegen dir in gůttem nim̄er vergessen. Vnd wiewol wir vnns des zů dir gar nit abschlags getrósten/nochdann begeren wir dein schrifftlich antwurt bey disem Botten/vns in allweg dest stattlicher darnach wissen zůrichten. Datum Stůtgarten am zehenden tag des Monats Februarij. Anno. &c. xxv.

Fürstlicher durchleüchtigkait von Osterreich/vnsers gnedigsten herrn Statthalter/vnnd Regenten des Fürstenthůmbs Wirtemberg.

Gedruckter Aufruf des österreichischen Statthalters zur Hilfe gegen Herzog Ulrich und die Bauern vom 10. Februar 1525.

an den Adel um Hilfe verbreiten.[111] 5000 Gulden, die das Bankhaus Welser in Augsburg in Aussicht gestellt hatte, waren noch nicht eingetroffen, Landsknechte waren in großer Zahl in Norditalien gebunden, wo eine Schlacht zwischen Kaiser Karl V. und König Franz I. von Frankreich unmittelbar bevorstand. Vom Ausgang dieses Krieges würde der Fortgang der herzoglichen Sache wie des Bauernkriegs in Südwestdeutschland wesentlich abhängen.

Ulrichs erfolgloser Eroberungszug vom Februar/März 1525

Spätestens seit dem 26. Januar dirigierte der Herzog von Schaffhausen aus die Kriegsrüstungen. Seit dem 22. Januar wälzte sich ein mächtiger Kriegstross mit 25 Wagen und zahlreichen Geschützen aus Mömpelgard via Basel, Kaiserstuhl und Schaffhausen in Richtung Hohentwiel, wo dieser am 9. Februar eintraf.[112] Die schweren Geschütze sollten die Bauern von Hilzingen am 10. Februar, das war der Tag des Mühlhauser Scharmützels, auf den Hohentwiel wuchten. Diese weigerten sich jedoch, so dass Ulrich auf die Hilfe der Duchtlinger zurückgreifen musste. Dies ist ein wichtiger Hinweis, denn mit »den Hilzingern« sind wohl jene Bauern gemeint, die damals in einer Größenordnung von 1000 Mann in Hilzingen versammelt waren, und das heißt, diese aufständischen Bauern standen nicht auf der Seite des Herzogs.

Herzog Ulrich begab sich am 20. Februar von Schaffhausen auf den Hohentwiel, und um dieselbe Zeit trafen die Schweizer Soldknechte mit ihren Hauptleuten in der Umgebung ein. Es waren 32 (alias 22) Fähnlein mit insgesamt mehr als 5000 Mann.[113] Sie lagen am 21. Februar bei Thayngen, Riedheim und Weiterdingen – nicht aber bei Hilzingen.[114] Bei Duchtlingen versammelten sich jene Bauern, die sich auf ein Zusammenwirken mit dem Herzog eingelassen hatten. Bemerkenswert ist immerhin, dass sich unter den Hauptleuten dieses Kontingents zwei exponierte Führergestalten befanden, der Hauptmann der Klettgauer, Claus Meyer, und der große Hans Müller von Bulgenbach. Ihre Mannschaften umfassten allerdings kaum mehr als 300 Bauern. Von den Hegauern dürften allenfalls ein paar Dutzend darunter gewesen sein. Was sich ein Stratege wie Hans Müller von der Allianz mit Ulrich versprach, lässt sich kaum mehr ergründen: Konnte er hoffen, in Ulrich nach der möglichen Eroberung Württembergs einen Anhänger seiner »Christlichen Bruderschaft« zu finden, der das politische Modell einer christlichen Eidgenossenschaft unterstützen würde? Was die 300 Bauern bewog, sich dem Herzog anzuschließen – dieses Geheimnis haben die meisten von ihnen wenige Tage später mit in den Tod genommen.

Unter den 300 Schaffhausern, die Herzog Ulrich zugezogen waren, befand sich der Patrizier Hans Stockar, der unter dem Hauptmann Thoman Spiegelberg als Leutnant diente. Ihm als direkt Beteiligtem verdanken wir einen relativ authentischen Bericht vom Ulrich-Zug. Am 23. Februar erreichte dieses Fähnlein Hilzingen, wo man das für den Feldzug bereitstehende Geschütz bewunderte, und zog dann weiter nach Duchtlingen. Hier *stunden die waldburen und die us dem Klechgew in der ordnung und hattend ain lerman* [Lärm, Geschrei als Form der Begrüßung] ...[115] Wichtig ist, dass Stockar nur von Schwarzwäldern und Klettgauern, nicht aber von Hegauer Bauern spricht.[116] In Duchtlingen waren aber auch etliche Adlige stationiert, und dieses Aufeinandertreffen von Adligen und Bauern offenbarte die ganze Problematik der herzoglichen Allianz. Die Bauern warfen den anwesenden Rittern und dem Ortsherrn Eitelhans von Fulach vor, sie hätten die Bauern einmal verraten und seien am Tod von zwei oder drei von ihnen schuld.[117] In ihrer Erregung hätten sie um ein Haar das Haus des Eitelhans von Fulach gestürmt und ihn erstochen, wenn die Eidgenossen den Adligen, der in Schaffhausen Bürgerrecht besaß, nicht als einen der ihren geschützt hätten.

Der Verlauf des Feldzugs ist schnell erzählt.[118] Am 23. Februar führte man die Geschütze vom Hohentwiel, am 24. Februar setzte sich der Zug bei grimmiger Kälte, wie Stockar berichtet, zaghaft in Bewegung. Am 25. war man erst in Welschingen, wo es zu einem ersten Störmanöver der Bündischen kam. Georg Truchsess von Waldburg hatte mit seinen Reitern in Engen abgewartet. Da mit seiner kleinen Truppe an eine massive militärische Intervention nicht zu denken war, verlegte er sich auf eine – im Übrigen erfolgreiche – Taktik der kleinen Nadelstiche. Im Welschinger Wald verwickelte er ein Schweizer Fähnlein in ein Scharmützel und brachte ihnen erste Verluste bei.[119]

Am 26. Februar ging es von Welschingen über Immendingen und Möhringen weiter ins Spaichinger Tal. Ein von diesem Tag datierendes Aufforderungsschreiben an die Stadt Balingen zeigte Herzog Ulrichs Stoßrichtung an. Am 27. Februar lagerte Ulrich bereits in unmittelbarer Nachbarschaft dieser württembergischen Amtsstadt, bei Dotternhausen, Erzingen und Endingen. Schon am folgenden Tag ergab sich die schlecht verwahrte Stadt nach kurzer Beschießung und der Flucht ihrer Besatzung.[120] Doch dieser erste Erfolg des Herzogs sollte bald einen empfindlichen Rückschlag erfahren.

In der Nacht zum 1. März lagerte eine Nachhut aus Schweizern und Schwarzwälder Bauern bei Waldstetten unter dem Berg Lochen. Der Truchsess beobachtete diese Abteilung vom Berg herab und fasste den Plan zu einem Überfall. Am frühen Morgen überraschte er mit seinen Reitern die Bauern, die sich in ungünstiger Lage zur Wehr setzen mussten und erstach angeblich bis auf zehn Mann die ganze Abteilung. Nach einer Überlieferung sollen dies fast 200 Bauern aus der Lenzkircher Gegend unter ihrem Hauptmann Melchior Koler gewesen sein.[121] Hans Stockar, der sich mit seinem Fähnlein in unmittelbarer Nachbarschaft des Geschehens befand, präzisiert die Zahl der gefallenen Bauern auf 133 Mann.[122]

Trotz dieses Rückschlags ging es am 4. März weiter über Bieringen und Bondorf in Richtung Herrenberg. Diese Stadt ergab sich am 9. März. Am 10. März stand Herzog Ulrich vor Stuttgart, fand die Stadt aber besetzt von Wilhelm Truchsess von Waldburg. Ulrich beschoss die Stadt vergeblich, denn sein eigens von Mömpelgard vor die württembergische Hauptstadt gerücktes Geschütz erwies sich als zu schwach, um die Mauern zu brechen.[123] Am 13. März sah sich der Herzog, der so kurz vor seinem Ziel stand – und es hieß, im Stuttgarter Schloss habe schon ein Bett für ihn bereitgestanden[124] – zum Rückzug gezwungen.

Die Gründe waren vielfältig. Der Überfall am Lochen vom 1. März hatte die Kampfmoral insbesondere der Bauern gelähmt. Danach hätten sich Bauern und auch Eidgenossen grüppchenweise von Herzog Ulrich abgesetzt. Schon vor diesem Ereignis, am Montag, dem 27. Februar – also schon nach dem Welschinger Scharmützel – habe sich Hauptmann Hans Müller mit 150 Knechten über Schwenningen und Donaueschingen abgesetzt. ... *und die so abziehen, sagen: Herzog Ulrich hab ihnen vil zugesagt, geb ihnen aber kein Geld, hab auch keins.*[125]

Damit ist ein zentraler Punkt angesprochen: Herzog Ulrich baute auf die Rückeroberung seines Landes und musste seine Soldknechte für ihre Bezahlung auf einen fraglich gewordenen Sieg vertrösten. Sie forderten aber sofortigen Sold oder drohten, die Truppe zu verlassen. Das brachte die Moral erheblich ins Wanken. Die meisten Eidgenossen haben übrigens nie einen Heller gesehen, wie Hans Stockar berichtet: ... *und gab mian uns kian gelt und ward mir nit ain haller vom herzog Uolrich von Württemberg.*[126]

Hinzu kam ein Weiteres: Seit dem 2. März wandten sich die Schweizer Orte mit Rückrufen an ihre unerlaubt ausgezogenen Reisläufer.[127] Dies hatte damit zu tun, dass mittlerweile durchgesickert war, dass in der Schlacht von Pavia am 24. Februar 1525 der französische König gefangen worden und damit der Kaiser als Sieger aus diesem Kampf hervorgegangen war. Diese Nachricht, die spätestens um den 4. März im Heer Ulrichs von Württemberg kursiert sein dürfte, entzog dem Unternehmen den Boden. Man muss hören, wie befreiend die Nachricht vom Sieg bei Pavia von den Angehörigen des Schwäbischen Bundes aufgenommen wurde, um ermessen zu können, wie deprimierend sie andererseits auf Ulrichs Gefolge gewirkt haben muss.

Am 3. März 1525 ließ Erzherzog Ferdinand folgende Zeitung unter seinen Beamten verbreiten: *Uns ist heute zu dieser Stunde durch einen unserer Diener, der vom Schlachtfeld bei Pavia geschickt wurde..., wahrheitsgemäß berichtet worden, dass auf des Königs von Frankreich Seiten treffliche und namhafte Herren und Personen gefangen oder getötet worden sind ... Daraus könnt Ihr entnehmen, unter welch großen Gnaden Sieg, Glück und Wohlfahrt der allmächtige Gott Unseren Herrn und Bruder Kaiser Karl und Uns bewahrt und den genann-*

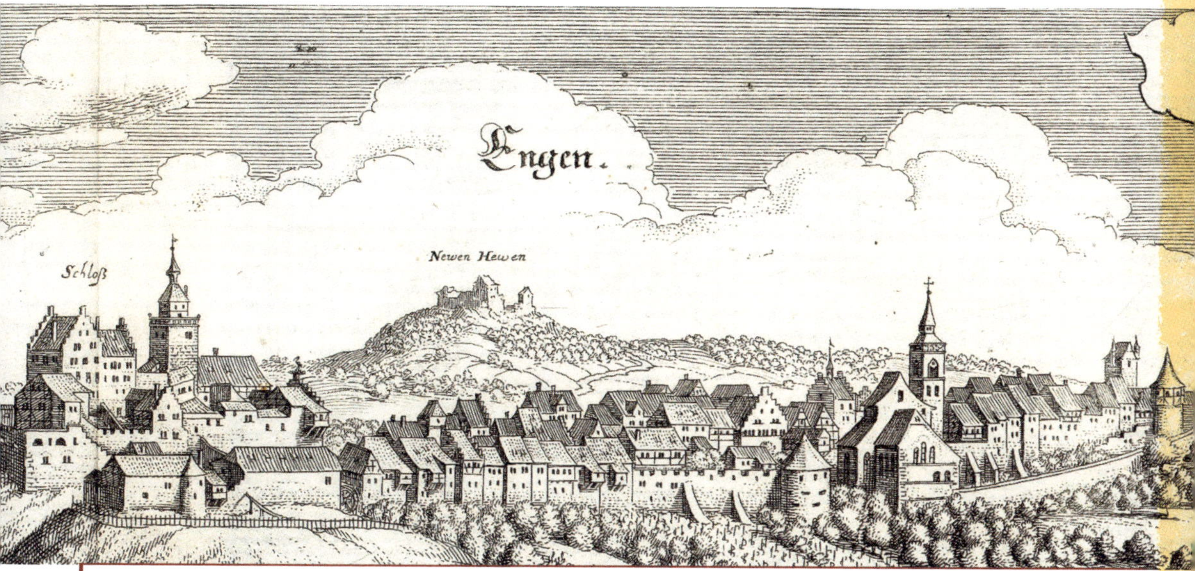

Die Stadt Engen, hier auf dem Merianstich von 1643, konnte am 23. April 1525 von den Hegaubauern erst eingenommen werden, als sich Herzog Ulrich ihrer »Christlichen Bruderschaft« angeschlossen hatte.

ten König samt aller seiner Macht auf das Haupt geschlagen und ihn selbst samt anderen trefflichen Personen in Unseres Herrn und Bruders Gewalt gebracht hat. Das wollten wir Eurer gnädigen Meinung nicht vorenthalten, damit Ihr davon ein Wissen habt und Euch mit Uns erfreut, auch den gemeinen Ständen unserer Landschaft unseres Fürstentums Württemberg anzuzeigen, damit Ihr Euch über des Herzogs von Württemberg Vorhaben zu getrösten und zu desto größerem Widerstand zu bewegen wisst.[128]

Es sollte also die Energie, die aus der Freude und Erleichterung über den italienischen Sieg rührte, direkt umgemünzt werden in den Widerstand gegen Herzog Ulrichs Unternehmung, und diese Rechnung ist aufgegangen. Ulrich musste Stuttgart, von seinen Schweizer Gefährten im Stich gelassen, am 13. März überstürzt verlassen. Über Rottweil und Rottenmünster zog er dem Hohentwiel entgegen, wo er am 17. März unverrichteter Dinge eintraf.

Utz Bur in der »Christlichen Bruderschaft«

Herzog Ulrichs Württemberg-Feldzug vom Februar/März 1525 war gescheitert. Doch das Ziel einer Rückeroberung Württembergs hatte er damit keineswegs aufgegeben. Ulrich hatte immer den Kontakt zu Württemberg gehalten und sich von dort Interna berichten lassen. Bereits Ende Oktober 1524 hatte beispielsweise ein als Bettler verkleideter Württemberger namens Mathis alias Martin fünf Tage auf dem Hohentwiel zugebracht, offensichtlich um den Herzog von der Stimmung im Land zu unterrichten. Und vielleicht derselbe simulierende Bettler berichtete dem Herzog Ende Januar 1525, dass seine Sache in Württemberg gut stehe.[129] Seit dem Feldzug wusste er aus eigener Anschauung, dass es in der württembergischen Bevölkerung, die das österreichische Regiment als eine Art Besatzung empfand, durchaus Sympathien für ihn gab. Es ist nicht von ungefähr, dass unmittelbar nach dem Ende des Ulrich-Zugs die württembergischen Bauern unruhig wurden, um sich dann an Ostern 1525, am 14. April, mit Macht gegen die österreichische Herrschaft zu erheben.[130] Damit sollte sich das Aufstandsgebiet der bäuerlichen Empörungen nochmals dramatisch erweitern.

Artilleriestellung auf einem zeitgenössischen Holzschnitt. Herzog Ulrichs mächtige Artillerie war ein Grund für das Bündnis der Hegauer Bauern mit dem unberechenbaren Fürsten.

Für Herzog Ulrich war die beginnende Bauernunruhe in seinem Herzogtum ein zusätzlicher Ansporn, es noch einmal mit einem Feldzug zu versuchen. Nur war klar, dass er dieses Mal nicht so sehr auf die Eidgenossen, die er schimpflich und ohne Sold hatte entlassen müssen, zählen konnte. Sein Werben richtete sich deshalb im April 1525 ganz auf die »Christliche Bruderschaft« der Schwarzwälder und Hegauer Bauern, obwohl er mit diesen bislang keine gute Erfahrung gemacht hatte: Die Hegauer hatten sich ihm verweigert, und Hans Müller hatte sich mit seinen Schwarzwäldern im ersten Pulverdampf aus dem Staub gemacht. Erstaunlich ist übrigens, dass sich ihm trotz ihrer schlechten Märzerfahrungen doch auch im April wieder Schweizer Reisläufer anschlossen.

Als sich Anfang April die Hegauer, die Schwarzwälder, die fürstenbergischen und schellenbergischen Bauern im Raum Löffingen zu einem gemeinsamen Feldzug trafen, da habe, so wusste der Rat der Stadt Villingen, Herzog Ulrich am Sonntag, den 9. April, mit ihnen Kontakt aufgenommen und *in ire Bruderschaft bege[h]rt.*[131] Diese Rede von der Bruderschaft ist von Interesse, denn sie greift die Anfang März gebrauchte Selbstbezeichnung der Hegauer Bauern auf. Und tatsächlich taucht der Begriff von der »Bruderschaft« der Hegauer und Schwarzwälder in den folgenden Tagen und Wochen bei Freund und Feind regelmäßig auf. Es wird deutlich, dass sich die Hegauer mit den Schwarzwäldern und den Baarbauern analog zur oberschwäbischen »Christlichen Vereinigung« in einer »Christlichen Bruderschaft« zusammengeschlossen hatten.

Wichtig ist aber, dass Herzog Ulrich in dieser Zeit tatsächlich versucht hat, Teil dieser Bruderschaft zu werden. Man könnte zwar geneigt sein, diese Bewerbung Ulrichs als Vorwand zu deuten, um die nun einmal mobilisierten Bauernmassen für seine Zwecke funktionalisieren zu können. Dennoch sollte man nicht übersehen, dass der im Lauf des vergangenen Jahres konvertierte Herzog durchaus Zugang hatte zur Vorstellung vom göttlichen Recht und dieses auch für seinen als ungerecht empfundenen Zustand in Anspruch nahm. Sein Beitritt zur Bruderschaft wäre demnach als ein Beispiel zu werten für einen von den Bauern gewünschten Anschluss adliger Herren an ihren Bund. Ulrich hätte damit eine ähnliche Rolle gespielt wie Götz von Berlichingen bei den Heilbronner Bauern.

Wiederum verdanken wir den gut informierten Villingern die Nachricht, dass am 21. April die Hegauer *Pauern Hertzog Ulrichen in ihre Bruderschaft genomen und er sich zu ihnen verpflicht, ouch all sein Geschütz ab Thwiel und zu den Paurn geführt und uf gestern Samstag Morgens* [22. April] *vor Engen hinweg gen Aach rücken wöllen.*[132] Auch Georg Truchsess von Waldburg hatte am 26. April die Gewissheit, *das sich hertzog Ulrich von Wurtenberg zu den aufrürigen Schwartzweldischen und Hegauischen puren gethan* hat, und der Kellereiverwalter der Stadt Balingen kannte am 24. April 1525 die ergänzende

Information, Herzog Ulrich habe auf den Hegauischen Haufen geschworen und stehe mit 100 Pferden zur Verfügung.[133]

Mit diesen Hinweisen sind wir der Geschichte weit voraus. Es ist hier vorerst nur darum gegangen, den sich anbahnenden Rollenwechsel in der Beziehung zwischen Ulrich und den aufständischen Bauern herauszuarbeiten. Hatte er zweimal vergeblich versucht, die Hegauer für seine Sache zu gewinnen, so hatte sich nun »Utz Bur«, wie Ulrich in Anspielung auf seine bäuerlichen Ambitionen genannt wurde, anscheinend der Sache der Bauern verschrieben. Ob aber die »Christliche Bruderschaft« tatsächlich seine Sache war, wird sich kaum je ergründen lassen.

VIERTER AKT: VON DER BEWÄHRUNG IN DIE KRISE

Ein ruhiger März vor dem Aprilsturm

Die Nachrichten zum Hegau im März 1525 fließen äußerst spärlich. Nach dem Paukenschlag vom 7. März, der die Hegauer mit einem Mal in der »Christlichen Bruderschaft« organisiert erscheinen lässt, gibt es zunächst keinerlei Hinweise mehr auf etwaige Bewegungen. Der März wurde indessen zum Monat der oberschwäbischen Bauern. Nach dem ersten Bauerntreffen im Memmingen vom 6. bis 8. März gab es eine zweite Zusammenkunft der Baltringer, Allgäuer und Seebauern am 14. bis 17. März. Hier wurden die Zwölf Artikel endgültig verabschiedet, sie erschienen bereits am 19. März im Druck. Ob auch beim zweiten Memminger Treffen wieder hegauische Gesandte als Beobachter anwesend waren, lässt sich nicht beantworten. Ziemlich sicher gab es aber weitere Kontakte zwischen den Hegauern und der »Christlichen Vereinigung«, schon allein deshalb, weil die Hegauer einen Allgäuer, Hans Helbling, als Hauptmann geworben hatten.

Im Übrigen war in unmittelbarer Nachbarschaft unter dem Hauptmann Hans Ziegelmüller der Bermatinger Haufen entstanden. Der Hegauer Hauptmann Hans Bienckler, der selbst aus Kalkofen stammte, hatte Beziehungen in diesen Raum und sollte später auch mit seinem Haufen in der Grenzregion zwischen den Landgrafschaften Nellenburg und Heiligenberg operieren. Andererseits stand Bienckler offenkundig in engem Kontakt mit den westlichen Nachbarn, sonst wäre ihr gemeinsamer Feldzug vom April 1525 nicht erklärbar. Auch wenn wir keine Nachrichten über die Hegauer im März besitzen, so liegt doch auf der Hand, dass sie sich in diesen Wochen intern organisierten und nach außen um den Schulterschluss mit den benachbarten Bruderschaften kümmerten.

Doch diese Aussage trifft nur auf den »halben« Hegau zu. Denn die gemäßigten Bauern waren ja Anfang März *veranlasst* worden, d.h., sie hatten einen Rechtstag in Aussicht gestellt bekommen, der auf den 3. April in Stockach anberaumt war.[134] Es bestand also wie schon im Dezember die eigentümliche Situation, dass ein Teil der Bauern auf rechtliche Abhilfe ihrer Beschwerden hoffte, während die anderen in revolutionärer Weise eine Gesellschaftsordnung herbeiführen wollten, in der es keine feudalen Abgaben mehr gäbe.

Im Übrigen waren auch die Baarbauern (Villinger, Fürstenberger und Schellenberger) und die Stühlinger auf eine Behandlung ihrer Beschwerden vor dem Reichskammergericht in Esslingen vertröstet worden. Es herrschte also im Schwarzwald und auf der Baar ein spannungsreicher Wartezustand. Dieses Bild eines energiegeladenen Schwebezustands, einer merkwürdigen Ruhe vor dem Sturm wurde noch vervollständigt, als es dem Schwäbischen Bund unter Georg Truchsess von Waldburg gelang, den oberschwäbischen Bauern, die im Begriff waren, ihre ideologischen Vorstellungen in militärische Bewegungen umzusetzen, am 25. März einen achttägigen – allerdings recht brüchigen – Waffenstillstand abzuringen.

Der Anstoß zur Entladung des Gewitters kam von unerwarteter Seite. Am 26. März 1525 meldete der Tuttlinger Keller Stefan Ziegler nach Stuttgart, die angrenzenden Hewenschen Orte Emmingen, Hattingen, Honstetten usw. seien abgefallen, der Aufruhr drohe auf das Tuttlinger Amt überzugreifen. In acht Tagen wolle man sich in Emmingen versammeln, um den ganzen Hegau einzunehmen.[135] Das bedeutete eine beträchtliche Stärkung der radikalen Kräfte im Hegau. Es mag sein, dass auf diese Empörung hin der für den 3. April in Aussicht gestellte Rechtstag in Stockach hinfällig wurde. Jedenfalls hat sich von einem solchen Tag keinerlei Spur in den Akten erhalten. Vielmehr erhoben sich ausgerechnet an diesem Tag die Hegauer insgesamt und formierten sich zu einer umfangreichen militärischen Unternehmung.

Ebenfalls in den ersten Apriltagen sagten die Baarbauern und die Schwarzwälder ihre Teilnahme an den Verhandlungen vor dem Esslinger Reichskammergericht ab. Gleichzeitig brachen die Oberschwaben und Seebauern den Waffenstillstand und eröffneten militärische Eroberungszüge. In unmittelbarer Nachbarschaft des Hegaus brachte der Bermatinger Haufen unter Eitelhans Ziegelmüller Teile des Linzgaus unter seine Gewalt. Am 2. April zwang er das Kloster Salem zum Anschluss, am 3. eroberte er die Stadt Markdorf, und am 11. April gelang ihm mit der Einnahme von Meersburg ein großer Erfolg, der ihn in den Besitz von schwerem Geschütz brachte.[136] Die Bermatinger, denen sich auch Orte des hegauischen Bodanrücks, z. B. Wollmatingen, angeschlossen hatten, standen damit direkt vor den Toren Überlingens.

Der gleichzeitige Aufbruch der Baltringer rief nun endgültig das Heer des Schwäbischen Bundes unter Georg Truchsess von Waldburg auf den Plan. Bereits am 29. März war der Truchsess mit 7000 Fußknechten und 2000 Reitern von Ulm zu seinem Siegeszug gegen die aufständischen Bauern aufgebrochen.[137] Am 4. April kam es zur Schlacht bei Leipheim, bei der angeblich 4000 Bauern umkamen und die einen verheerenden Einfluss auf die Moral der Aufständischen hatte. Weiter ging es über Baltringen (12. April) und Waldsee (15. April) Richtung Ravensburg. Die verschiedenen Bauernhaufen konzentrierten sich mit insgesamt 12000 Mann bei Weingarten, wo sie am 17. April den »Bauernjörg« erwarteten. Es schien die alles entscheidende Schlacht des süddeutschen Bauernkriegs bevorzustehen. In Weingarten musste sich die politische Idee der »christlichen Vereinigung« militärisch bewähren oder scheitern ...

Doch damit haben wir der Entwicklung erneut vorgegriffen und kehren zurück in den Hegau.

Der Feldzug der Schwarzwälder und Hegauer vom April 1525

Am 7. und 8. April vermerkte man in Balingen und in Villingen erneute Bewegung bei den Hegauern. Und zwar seien am Donnerstag, den 6. April, die Hegaubauern in das Dorf Riedöschingen gekommen *und wiewol sie fürgeben, Niemand in ihr Bruderschaft zu zwingen, haben sie doch zu den von Rieteschingen gesagt, die söllen ihnen zwantzig Man zugeben, die mit ihnen ziehen ...*[138] Ihr Ziel sei es, die Städte Bräunlingen und Hüfingen in ihre Bruderschaft zu zwingen. Am Freitag den 7. April seien die Bauern zunächst Stühlingen und Bonndorf zugezogen.

Mit der Zielrichtung Baar via Stühlingen deutet sich bereits an, dass es sich bei dieser Bewegung der Hegauer um den Teil einer konzertierten Aktion der Schwarzwälder, Hegauer und Baarbauern handelte, der die Bewegungen der Seebauern und Oberschwaben ergänzte. In der Tat versammelten sich am 9. April die Hegauer, die Stühlinger und die fürstenbergischen Bauern um Neustadt und Löffingen. *Item auf Palmsonntag* [9. April] *war ein Haufen Bauern zusammen gekommen, wohl gegen 1500, die kamen nach Löffingen und Bonndorf und hatten ihren Profossen, ihre Hauptleute und alle ihre Ämter und ließen durch ihren Zierheld überall Sturm läuten und zogen zusammen; bis Dienstag nach dem Palmtag* [11. April] *waren es 4000 Bauern. Item von dem Haufen aus dem Hegau, der auf Löffingen gezogen war, war ihr Oberster Hauptmann Hans Bienckler, und Hans Müller war Oberster Hauptmann vom Schwarzwald und der Baar.*[139]

Wenn aus den drei Regionen Baar, Schwarzwald und Hegau am 9. April erst 1500 Mann zusammengekommen waren, wird man den Anteil der Hegauer auf kaum mehr als 500 bis 800 Mann veranschlagen können. Und wenn sie in den folgenden Tagen noch Zulauf von 2500 Bauern erhielten, so dürften diese doch in erster Linie aus dem Schwarzwald und aus der Baar gekommen sein. Der Anteil der Hegauer an dem 4000-Mann-Heer, das am 11. April einen beachtlichen Eroberungszug antrat, dürfte kaum mehr als 1000 bis 1500 Mann betragen haben.

Immerhin wird durch die Mitteilung des Villinger Chronisten Heinrich Hug deutlich, dass die Bauernarmee militärisch voll durchorganisiert war: Es gab Oberste, Hauptleute und verschiedene weitere Funktionsträger, darunter Profossen, eine Art Feldpolizei. Interessant ist der Hinweis auf den Zierheld, einen geschmückten Wagen mit der Sturmfahne, der dem Haufen vorausfuhr, und von dem aus eine Art Herold die Gemeinden zum Anschluss an die »Christliche Bruderschaft« aufforderte.[140] Bemerkenswert ist auch die Beobachtung aus Riedöschingen, wo die Hegauer zwar vorgaben, niemand in ihre Bruderschaft zwingen zu wollen, dann aber doch mit sanftem Zwang 20 Bauern für ihre Unternehmung rekrutierten. Dieses zwiespältige Moment, die Betonung der Freiwilligkeit, gekoppelt mit offener Zwangsandrohung, durchzieht übrigens alle erhaltenen Aufforderungsbriefe der »Christlichen Bruderschaft« und gäbe reichlich Anlass, über den tatsächlichen Durchdringungsgrad des revolutionären Bewusstseins in der Bevölkerung nachzudenken. In der Forschung wurde, nicht ganz überzeugend, auf den möglichen Einfluss des thüringischen Reformators Thomas Müntzer für die Begründung des revolutionären Terrors in den südwestdeutschen Bauernhaufen verwiesen.[141]

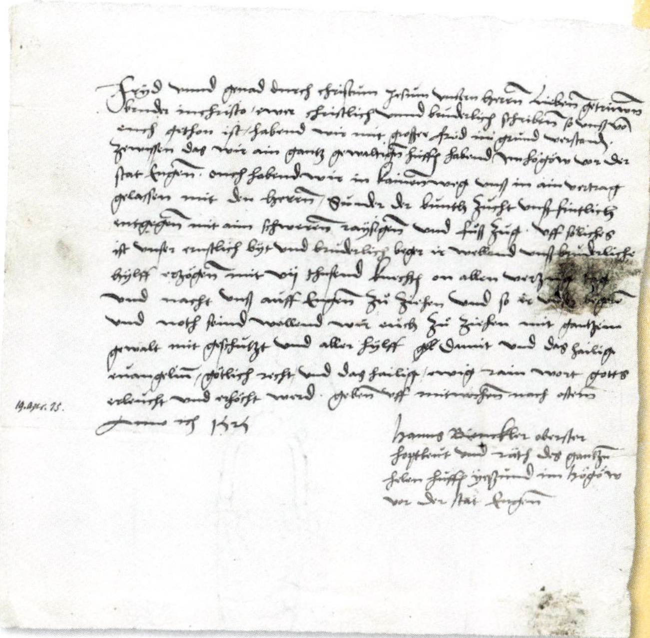

Hilfsgesuch des Obersten Hauptmanns Hans Bienckler aus dem Lager vor der Stadt Engen an die bei Heilbronn versammelten Bauern um Zuzug. Landesarchiv Baden-Württemberg, Hauptstaatsarchiv Stuttgart, H 54 Bü 50, 30.

Dem Villinger Chronisten Hug verdanken wir den Hinweis, dass Hans Bienckler aus Kalkofen der Führer der Hegauer in diesem Zug war. Hug stellt Bienckler hier zwar rangmäßig auf eine Stufe mit dem großen Hans Müller von Bulgenbach, doch wird später immer wieder deutlich, dass der Hegauer nicht das Format des Stühlinger Hauptmanns besaß, der am 16. April selbst als *Hoptmann der großen christenlichen Bruderschaft* firmierte, also das unbestrittene Oberhaupt der Gesamtbewegung war.[142] Dennoch hat sich im hegauischen Bauernkrieg kein Oberster so deutlich profiliert wie Hans Bienckler: Von Anfang März (Memminger Bauerntag) bis Mitte Mai 1525 hat er auf der Bühne der Geschichte seine Spuren hinterlassen.

Am 12. April 1525 begann der Siegeszug der vereinten Haufen aus Baar, Hegau und Schwarzwald.[143] Am 13. April, Gründonnerstag, zogen sie in Hüfingen ein, das sich kampflos ergab. Von hier forderten sie Donaueschingen und Fürstenberg auf, *nach ihrem Brauch, den sie hatten: sofern sie sich nicht freiwillig anschlossen, so musste es mit Brand und Todschlagen zugehen.*[144] Am 15. April besetzten die Bauern die Stadt Bräunlingen und das Städtlein Fürstenberg, am 16. April, Ostersonntag, ergab sich Donaueschingen. Von hier aus eroberten sie Schloss Wartenberg, Blumberg und Geisingen, verschonten Möhringen, nahmen aber das Schloss Mägdeberg ein und standen am 18. April vor Engen, wo sich erstmals deutlicher Widerstand regte.

Stefan Ziegler, der Tuttlinger Keller, meldet am 18. April, die Bauern lägen mit 5 000 Mann vor Engen, es werde aber befürchtet, dass bis zu 15 000 im Hegau zusammenkommen könnten. Diese Zahl ist sicher übertrieben, aber sie bringt zum Ausdruck, dass sich der Bauernhaufen unter dem Eindruck seines Erfolgs und der äußeren Ereignisse spürbar vergrößerte. Aus anderer Quelle geht hervor, dass *im Hegow alle Dörfer, ußgenommen Bodman* abgefallen seien.[145] Es ist also anzunehmen, dass vor Engen der Anteil der Hegaubauern deutlich zunahm, man wird ihn auf möglicherweise 3 000 Mann schätzen dürfen.

Trotz dieser Erfolge fühlte man sich im Lager der hegauischen Bauern nicht selbstbewusst genug. Von Engen aus richtete Hans Bienckler ein Hilfsgesuch an die bei Heilbronn versammelten Bauern. *Friede und Gnade durch Christum Jesum unsern Herrn. Liebe getreue Brüder in Christo, Euer christliches und brüderliches Schreiben, das wir von Euch erhalten haben, haben wir mit großer Freude zur Kenntnis genommen. Wir geben Euch zu wissen, dass wir einen ganz gewaltigen Haufen haben im Hegau vor der Stadt Engen. Auch haben wir uns keineswegs in einen Vertrag mit den Herren eingelassen, sondern der Schwäbische Bund zieht uns feindlich entgegen mit einem schweren reisigen Zug zu Fuß. Darum ist unsere ernstliche Bitte und brüderliches Begehr, Ihr wollet uns brüderliche Hilfe erzeigen und uns mit 7 000 Knechten ohne allen Verzug bei Tag und Nacht auf Engen zuziehen. Und falls Ihr* [einmal] *in Not seid und unserer Hilfe begehrt, wollen wir Euch mit ganzer Gewalt, mit Geschütz und aller Hilfe zuziehen, damit uns das heilige Evangelium, göttliche Recht und das heilige ewige, reine Wort Gottes erleuchtet und erhöht werde. Gegeben auf Mittwoch nach Ostern Anno 1525.*

Hans Bienckler, Oberster, Hauptleute und Räte
des ganzen hellen Haufens,
derzeit im Hegau vor der Stadt Engen.[146]

Ein inhaltlich gleiches Hilfsgesuch ging übrigens am 24. April 1525 *Von der versamlung und gmaind der bruoderschaft des hailigen evangelions* – gemeint ist damit offensichtlich der politische Arm des Biencklerschen Haufens – an die *frummen lieben Aidgenossen in Christo* im thurgauischen Stammheim.[147] Dies ist die erste sicher belegte Kontaktaufnahme der Hegauer mit den Schweizern, vielleicht nicht zufällig zu einem Zeitpunkt, als sich ihre Lage dramatisch verschlechtert hatte.

Als die Schwarzwälder und Hegauer Bauern am 18. April 1525 vor Engen ankamen, hatten sich inzwischen drei Dinge ereignet, die auf den weiteren Verlauf des Feldzugs einen entscheidenden Einfluss hatten. Zum einen hatte Georg Truchsess den bei Weingarten stehenden oberschwäbischen, allgäuischen und Seebauern am 17. April einen Friedensvertrag angeboten, der die dort bevorstehende Entscheidungsschlacht vermeiden sollte. Dies war ein geschickter Schachzug, denn die meisten Haufen ließen sich auf den Weingartener Vertrag ein, der am 22. April unterzeichnet wurde, und legten ihre Waffen nieder. Dabei waren zuletzt noch angeblich 4 000 Hegauer zur Verstärkung nach Weingarten unterwegs gewesen, die unverrichteter Dinge umkehren mussten.[148] Woher diese Hegauer kamen und wer sie geführt hat, ist nicht bekannt. Der mit Hans Bienckler vor Engen liegende Haufen kann es auf den ersten Blick kaum gewesen sein, es sei denn, man wolle davon ausgehen, dieser habe die Belagerung von Engen einige Tage ausgesetzt, um den oberschwäbischen Brüdern vor Weingarten zu Hilfe zu eilen. Eine solche Überlegung könnte allerdings erklären, warum die Einnahme Engens immerhin fünf Tage in Anspruch genommen hat.

Mit dem Ausscheiden der oberschwäbischen »Christlichen Vereinigung« aus der Front des südwestdeutschen Bauernkriegs war die östliche Flanke der Bewegung weggebrochen. Das nächste Ziel des Georg Truchsess von Waldburg von Weingarten aus war damit zwangsläufig der Hegau. Doch inzwischen hatten sich die Verhältnisse nochmals kompliziert. Hatte der Truchsess nach der Ausschaltung der Oberschwaben die Hände scheinbar frei, so erwuchs ihm ein neuer Unruheherd mit der Erhebung der Württemberger Bauern, die am 16. April, am Ostersonntag also, in Weinsberg zahlreiche Adlige erschlagen hatten. Die Frage war also: Würde sich der Truchsess von Weingarten aus direkt in den Hegau begeben oder würde er sich nach Württemberg wenden?

Die württembergischen Ereignisse riefen einen weiteren Akteur auf den Plan, der auf dieses Signal nur gewartet hatte: Herzog Ulrich. Ulrich, der immer noch darauf brannte, sein Herzogtum zurückzuerobern, hatte, wie oben dargestellt, am 11. April Kontakt zu den bei Löffingen versammelten Bauern aufgenommen und sich um Aufnahme in ihre »Christliche Bruderschaft« beworben. Am 16. April, Ostersonntag, hatten die Baarbauern beschlossen, weder ihn noch seinen Schweizer Anhang anzunehmen. Demgegenüber stimmten aber die Hegauer einer Aufnahme des Herzogs zu, wohl nicht zuletzt deswegen, weil sie ihren östlichen Flankenschutz verloren und sich an Engen festgebissen hatten. Es heißt, am Abend des 21. April hätten sie den Herzog angenommen und dieser habe ihrer Bruderschaft geschworen.[149]

Ulrich stellte umgehend seine Reiterei und seine Artillerie zur Verfügung, und mit seiner Hilfe fiel am 23. April Engen, wo die Bauern das Haus des Grafen von Lupfen gründlich plünderten und zerstörten. Am 24. April fiel Aach, am 25. rückten die Bauern über Langenstein auf Steißlingen und Möggingen vor und machten Anstalten, sich vor die Stadt Radolfzell zu legen.[150]

Unterwegs nach Böblingen

Seit Ostern 1525 waren die Karten für die Hegauer Bauern neu gemischt. Die »Christliche Vereinigung« der oberschwäbischen Nachbarn war seit dem 22. April endgültig aus dem Projekt einer gesellschaftlichen Erneuerung auf der Grundlage des Evangeliums ausgeschieden. Damit war die östliche Flanke der Hegauer offen.

Hinzu kam, dass die Schwarzwälder Bundesgenossen unter Hans Müller weitergehende Pläne hatten: Ihnen schwebte ein Zug in den ebenfalls aufständischen Breisgau vor, um den gesamten südwestdeutschen Raum unter die Kontrolle der »Christlichen Bruderschaft« zu bringen. Unmittelbar nach der Einnahme von Engen am 23. April verließen die Schwarzwälder den Hegau, um ihren beispiellosen Eroberungszug anzutreten.[151] Am 30. April waren sie bereits wieder in Hüfingen, machten von dort einen kurzen Abstecher nach Osten über Donaueschingen, Schwenningen und Deißlingen, um dann endgültig westwärts über Furtwangen ins Dreisamtal zu marschieren. Am 13. Mai waren sie in Kirchzarten und am 14. Mai standen sie vor den Toren Freiburgs. Nach zehn Tagen gelang Hans Müller am 24. Mai im Verein mit den Breisgauer und Markgräfler Bauern die Einnahme der gut gesicherten Stadt Freiburg, der vermutlich größte Erfolg des Stühlinger Bauernführers.

Mit diesem Trumpf in der Hand marschierte Müller mit seinem Haufen wieder über den Schwarzwald, in der Absicht, diesen Erfolg in Villingen zu wiederholen. Vom 1. bis zum 19. Juni stand er bei Hüfingen, von wo aus er die Stadt Villingen erfolglos bedrohte. Er sollte sich an Villingen ebenso die Zähne ausbeißen, wie die Hegauer gleichzeitig an Radolfzell. Das Datum 19. Juni 1525 gilt es im Kopf zu behalten, wenn wir uns zunächst wieder dem Hegau zuwenden.

Das Abrücken der Schwarzwälder und die drohende Konfrontation mit Georg Truchsess von Waldburg hatte die Hegauer bewogen, Herzog Ulrich in ihre Bruderschaft aufzunehmen. Sie mochten sich der Illusion hingeben, dass sich der Herzog der Disziplin des hegauischen Haufens und der Idee der »Christlichen Bruderschaft« unterordne. Doch Ulrich selbst ließ in einem Schreiben vom

Hohentwiel am 29. April an die Stadt Zürich keinen Zweifel daran, dass er gewillt war, die Bauern für seine Zwecke zu funktionalisieren: *Da uns Gott und die Natur alle mögliche Hilfe zur Zurückholung des Unseren zu suchen und anzunehmen gibt, ... haben wir uns ... mit der Versammlung der Bauernschaft, die jetzt im Hegau und Schwarzwald beieinander liegt, auf ihre Bewilligung und Zusage, dass sie uns zu* [unserem] *Recht, auch zu unserem Land und Leuten mit allem ihrem Vermögen, Leibs und Guts, verhelfen wollen, verständigt.*[152] Ulrich hatte den Hegauern bei der Einnahme von Mägdeberg, Aach und Engen geholfen und strebte nun mit ihrer Hilfe nach Württemberg.

Nach Württemberg wurde aber auch Georg Truchsess von Waldburg befohlen, der über diesen Befehl des Schwäbischen Bundes gar nicht glücklich war. Spätestens am 26. April wusste er, dass er den Hegau, das heißt aber auch den in Radolfzell festsitzenden Adel sich selbst überlassen sollte, um auf dem schnellsten Weg in Württemberg einzurücken. In zwei Schreiben vom 26. und 27. April legte er seine Absichten mit dem Hegau und sein Missbehagen über den Befehl dar: *Es sei zu besorgen, so wir den Hegauern den Rücken kehren..., dass sie Radolfzell am Untersee, darin viele gute Leute sind und ein beachtliches Geschütz mit Pulver, Kugeln und aller Munition liegt, ... desgleichen Stockach, Nellenburg und andere Häuser im Hegau und... auch das ganze Breisgau an sich bringen..., so wäre unser Rat und Gutdünken, dass wir die keineswegs hinter uns lassen, sondern am Vorbeiziehen gegen sie gehandelt* werden sollte. Er wollte also gegen den dringenden Befehl seiner Vorgesetzten den Abstecher in den Hegau machen und rückte am 26. April von Weingarten nach Ostrach vor *des willens das Högeu zu strafen.*[153]

Von hier aus schickte der versierte Taktiker Georg Truchsess den Hegauern ein Vertragsangebot zu in der Hoffnung, seinen diplomatischen Erfolg von Weingarten zu wiederholen. Der Vertragsinhalt, der uns nur auf dem Umweg über Zürich überliefert ist, enthält, wie zu zeigen sein wird, eine Überraschung. Offensichtlich hatte des Truchsessen Schreiben zunächst den Erfolg, dass die Hegauer einige Unterhändler nach Pfullendorf entsandten, die dort mit dem Truchsess über einen möglichen Vertragstext reden sollten, aber nur *auf hindersichbringen.*[154]

Am 29. April um 1 Uhr schickten die Hegauer zwei Gesandte ihres Haufens nach Schaffhausen, wo sie die Vertragsartikel vorlegten und berichteten, der Truchsess habe ihnen gedroht, tätlich gegen sie vorzugehen, falls sie die Artikel nicht annähmen. Deshalb baten sie die Stadt Schaffhausen *als Handhaber des Gottesworts*, ihnen zu helfen.[155] Die Vertragsartikel lauteten dem Inhalt nach folgendermaßen: 1. Die Untertanen der Landgrafschaft Nellenburg sollen einen Vertrag annehmen, wie den kürzlich zu Engen mit den Untertanen von Hilzingen geschlossenen. 2. Die Schwarzwäldischen und Fürstenbergischen sollen weiterhin Recht nehmen vor dem Reichskammergericht. 3. Falls sie dies nicht wollten, sollten sie den Weingartener Vertrag annehmen. 4. Beide Haufen (Schwarzwälder und Hegauer) sollen alles ersetzen, was sie den von ihnen Geschädigten genommen haben. 5. Ihre Fähnlein, Harnische und Gewehre sowie 20 Mann Geiseln sollen Georg Truchsess übergeben werden.[156]

Dieser letzte, auf Demütigung angelegte Punkt war wohl ausschlaggebend dafür, dass die Bauern sich auf den Vertrag letztlich nicht einlassen konnten. Was jedoch an der ganzen, leider schlecht dokumentierten Episode auffällt, ist zweierlei: Einmal die Tatsache, dass die Bauern dennoch zunächst auf das Vertragsangebot eingingen – es müssen also in der bäuerlichen Versammlung erneut Abstimmungen stattgefunden haben, die den Verhandlungsbefürwortern zu einer Mehrheit verhulfen. Zum andern erhalten wir hier die erstaunliche Mitteilung, dass die Gemeinde Hilzingen kurz zuvor einen Vertrag mit der Herrschaft geschlossen hatte. Von diesem Vertrag hat sich sonst keine Spur erhalten, sein Inhalt ist nicht bekannt. Sicher scheint nur, dass Hilzingen, der Ort, der bis dahin so sehr mit dem Bauernkrieg im Hegau verknüpft war, spätestens Mitte April 1525 aus der Front der Aufständischen ausgeschert war. Wenn der Vertrag in Engen unterzeichnet worden war, so muss dies vor dem 18. April stattgefunden haben, denn an diesem Tag begann die Belagerung der Stadt durch die Bauern. Es ist denkbar, dass dieser Vertrag das Endergebnis jener Kontaktaufnahme vom Anfang Februar war, als der Hilzinger Vogt nach Stockach zu Hans Jakob von Landau entsandt worden war.[157]

Die im Raum Radolfzell liegenden Hegaubauern ließen sich jedenfalls nicht auf einen Vertrag ein und mussten sich nun auf eine militärische Auseinandersetzung mit dem »Bauernjörg« gefasst machen. Was sie nicht wussten war, dass dieser erneut dringend nach Württemberg befohlen wurde, so dass die große Schlacht schließlich ausblieb. Der Truchsess hatte große Probleme damit, die Adligen und die österreichischen Kommissäre, die zum Teil mit ihren Familien in Radolfzell festsaßen und denen er durch Hans Walther von Laubenberg Rettung versprochen hatte, in ihrer Falle sitzen zu lassen. Immerhin gelang es ihm, ein Fähnlein mit 500 Knechten zu ihrem Schutz nach Radolfzell zu schleusen. Der Truchsess ließ es sich nicht nehmen, noch im Abziehen am 1. Mai 1525 die *pauren, so in 6 000 starck zue Steißlingen in einem vesten dorf lagen*, zu reizen. Sobald die Bauern des Truchsessen gewahr wurden, schlugen sie Alarm, folgten ihm eine Meile und lieferten ihm ein Scharmützel.[158]

Georg Truchsess von Waldburg zog über den Heuberg nach Württemberg, stand am 2. Mai bei Dotternhausen und Ostdorf nahe Balingen, am 5. Mai in Herrenberg, am 11. bei Weil im Schönbuch und war am 12. Mai zur Schlacht bei Böblingen bereit, wohin sich verschiedene Bauernheere sternförmig bewegten. Noch Tage nach seinem Abrücken aus dem Hegau zeigte er sich verärgert über den überstürzten Marschbefehl. Aus dem Lager zu Ostdorf bei Balingen schreibt er am 2. Mai dem Schwäbischen Bund: *... wäre Euer hitziges Schreiben nicht* *gewesen und hätte ich allein zwei Tage länger im Hegau bleiben können, habe ich keinen Zweifel, die Bauern vom Schwarzwald und aus dem Hegau hätten sich vertragen lassen …*[159]

In der Tat bekam er nun in Württemberg nicht nur mit den württembergischen Bauern zu tun, aus allen Regionen strömten Bauernhaufen ins Land, unter ihnen auch Hegauer und in ihrem Schlepptau der Herzog Ulrich. Nachdem einige Wochen zuvor die große Entscheidungsschlacht in Weingarten ausgeblieben war, schien sich nun das Schicksal des Bauernkriegs irgendwo im Württembergischen entscheiden zu wollen, und alle benachbarten Bewegungen spürten, dass es darauf ankam, die Bauern dort zu stärken.

Während das Hauptkontingent der Hegauer im Raum Steißlingen und Radolfzell zurückblieb, folgte ein Haufen dem Truchsess auf dem Fuß. Am 1. Mai zog dieser, gefolgt von Herzog Ulrich durch Möhringen, am 4. Mai standen sie bei Rottweil, wo verschiedene Haufen in einer Gesamtzahl von 6 000 Mann zusammenkamen. Der Abstecher Hans Müllers nach Deißlingen bei Rottweil am 4. Mai hatte möglicherweise den Zweck, sich nochmals mit den Hegauern zu beraten, bevor er Richtung Freiburg abzog. Vielleicht nahm er hier aber auch persönlich Einfluss auf die Diskussion mit Herzog Ulrich, der am selben Tag mit einem reisigen Haufen bei Rottweil eintraf. Für seine Pläne erwies sich dieses Zusammentreffen als ungünstig. Es kam offensichtlich zu einer Debatte über seine Rolle innerhalb der Bruderschaft und über den Sinn ihrer Unternehmung. Während er forderte, die Bauern sollten ihm zu seinem Herzogtum verhelfen, waren diese der Ansicht, falls sie das Land gewännen, sollten sie es behalten, also ihrer Bruderschaft einverleiben.[160] Diese Diskussion führte offensichtlich zum Ausscheiden des Herzogs aus der Bruderschaft, er scheint sich an den militärischen Ereignissen der folgenden Tage nicht mehr beteiligt zu haben.

Es bleibt unklar, welche Bauernhaufen sich außer den Hegauern bei Rottweil getroffen hatten. Es ist an einer Stelle von einem Waldshuter Zuzug die Rede. Überdies liegt es nahe, die verschiedenen Aufständischen aus der Umgebung hierfür in Anspruch zu nehmen. So hatten sich die Bauern um Trossingen und um Balingen erhoben. Auch die aufständischen Bauern des Dornstetter Amts unter ihrem Führer Thoman Maier lagen in der Nähe bei Sulz am Neckar.

In diesen Tagen trafen sich der eben genannte Thoman Maier aus dem Mittleren Schwarzwald und ein Hauptmann des Hegauer Haufens, um einen gemeinsamen Hilferuf an einen nicht genannten Adressaten zu verfassen. Bei dieser Gelegenheit erfahren wir, wer die Hegauer in einer Größenordnung von 700 bis 800 Mann nach Württemberg geführt hat: Es war jener Hans Helbling, der Mitte März vom Obersten Hauptmann Hans Bienckler den Auftrag erhalten hatte, im Namen der Hegauer Söldner anzuwerben. Helbling, selbst in Ronsberg im Ostallgäu gebürtig, hatte möglicherweise den Auftrag, die Außenkontakte der

Hegauer wahrzunehmen. Es wäre insofern kein Zufall, gerade ihn im Verein mit anderen Haufen im Anmarsch auf Herrenberg und Böblingen zu finden.[161]

Das im üblichen Duktus mit religiösen Floskeln abgefasste Hilfsgesuch von Maier und Helbling, möglicherweise unmittelbar vor der Schlacht von Böblingen verfasst, hat folgenden Wortlaut: *Gnade und Friede in Christo Jesu. Wir tun Euch kund beim Boten dieses Briefes, dass uns die Feinde auf dem Hals liegen und hart auf uns dringen. Deshalb bitten wir Euch als unsere lieben Brüder in Christo, dass Ihr uns beisteht und uns gegen unsere Feinde helft, da wir nichts anderes als das göttliche Recht begehren nach der Auslegung des heiligen Evangeliums und Ihr Brüder in Christo auch nichts anderes begehrt als das heilige Evangelium. Und bitten wir Euch, dass Ihr uns eine schriftliche Antwort geben wollt, was wir von Euch erwarten dürfen. Liebe Brüder in Christo Jesu, tut so wohl und zieht uns zu, damit wir die Tyrannen und Wüteriche vertreiben mögen, dass sie uns bei dem Worte Gottes bleiben lassen.*
Evangelium Evangelium Evangelium.

Thomas Mayer von dem Schwarzwald
Und Hans Hebling von Ronsberg[162]

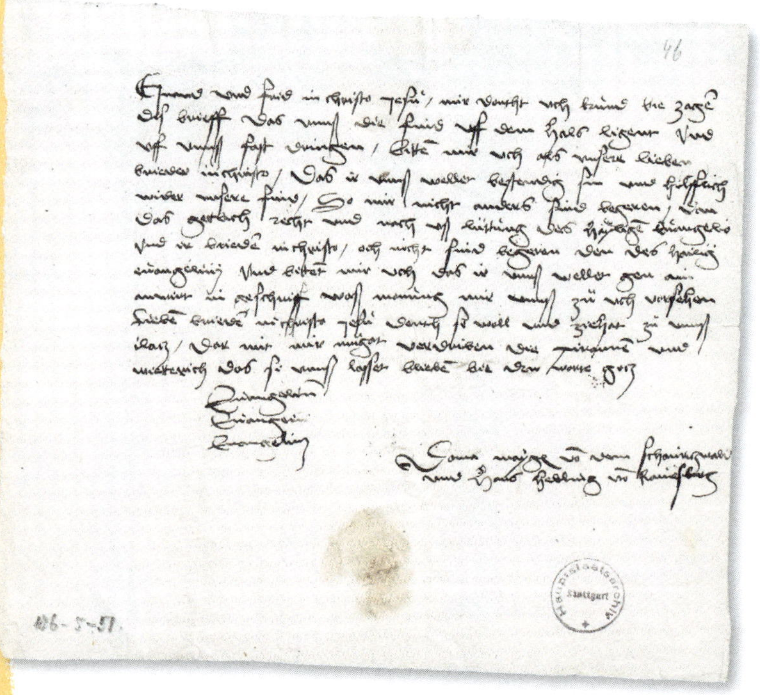

... damit wir mögen vertreiben die Tyrannen und Wüteriche. Brief der Hauptleute Thomas Mayer aus dem Schwarzwald und Hans Helbling von Ronsberg mit der Bitte um Hilfe an einen unbekannten Adressaten kurz vor der Schlacht bei Böblingen am 12. Mai 1525. Landesarchiv Baden-Württemberg, Hauptstaatsarchiv Stuttgart H 54 Bü 51.

Dies ist meines Wissens das letzte Lebenszeugnis des Hegauer Bauernhauptmanns Hans Helbling. Es ist denkbar, dass er in der Schlacht von Böblingen am 12. Mai 1525 umkam oder, wie sein Weggefährte Thoman Maier, unmittelbar danach in Gefangenschaft geriet.[163]

Möglicherweise war Helbling aber nicht der einzige Hegauer Bauernführer, der damals in Württemberg war. Es gibt zwei – allerdings nur vage – Hinweise darauf, dass Oberst Hans Bienckler ebenfalls auf dem Weg nach Württemberg war. Der Verfasser der Salemer Chronik schreibt über die Ereignisse vom April und Mai 1525: *In dieser Zeit hat sich wiederum der Herzog Ulrich von Württemberg erhoben, der, vertrieben vom* [Schwäbischen] *Bund, mitsamt etlichen Bauern aus dem Hegau, deren Hauptmann ein gewisser Bienckler von Kalkofen war ... Und hat derselbe Herzog mit diesen Bauern erneut versucht, sein Land zu erobern ...*[164]

Falls man der Quelle glauben darf, wäre dies Anfang Mai der letzte sichere Beleg für Hans Bienckler. Zwar lässt der eben genannte Chronist Bienckler noch Ende Mai an der Spitze jenes Hegauer Bauernhaufens stehen, der Bodman überfallen hat.[165] Doch dafür gibt es keine weiteren Anhaltspunkte. Vielmehr muss man diese Aktivitäten, wie zu zeigen sein wird, anderen Führern zuschreiben. Desweiteren existieren mehrere undatierte Aufforderungsschreiben Biencklers an die Gemeinden Wurmlingen, Seitingen und Hausen ob Verena, die Lina Beger ebenfalls auf Ende Mai datiert.[166] Ende Mai lassen sich aber keinerlei Aktivitäten der Hegauer im Raum Spaichingen ausmachen. Die beiden Briefe passen dagegen bestens auf Ende April ins Umfeld der Engener Belagerung – es ist von einem Zuzug nach Engen die Rede – oder aber an den Anfang Mai, als die Hegauer tatsächlich übers Spaichinger Tal nach Rottweil gerückt sind. Das heißt also, es gibt für Hans Bienckler keinen sicheren Beleg mehr nach Anfang Mai, und es gibt gewisse Indizien, dass er damals Richtung Württemberg unterwegs war. Das könnte auch in seinem Fall die Spekulation nähren, dass er dem Württemberger Feldzug zum Opfer gefallen ist.[167]

Martin Luthers Flugschrift »Wider die Mordischen und Reubischen Rotten der Bawren« legitimerte die erbarmungslose Niederwerfung der aufständischen Bauern.

Die für den Schwäbischen Bund unter Georg Truchsess von Waldburg erfolgreiche Schlacht von Böblingen am 12. Mai, bei der von 12 000 Bauern zwischen 4 000 und 6 000 umkamen, löste bei den Herren eine ähnliche Euphorie aus wie Anfang März die Nachricht von der Schlacht bei Pavia. Mehrere erhaltene Augenzeugenberichte, darunter der des Truchsessen selbst, geben zu erkennen, welche Last von den Mitgliedern des Schwäbischen Bundes genommen war.[168] Und in der Tat bedeutete dieser Sieg, flankiert von der Schlacht bei Frankenhausen in Thüringen am 15. Mai und der Schlacht bei Zabern im Elsass am 17. Mai, den Durchbruch der Feudalherren gegen die bäuerliche Revolution, mithin gegen das Projekt der »Christlichen Bruderschaft« in Südwestdeutschland. Keine geringe Rolle spielte dabei die Streitschrift Luthers *Wider die mordischen Bauren*, die in diesen Tagen kursierte und die Herren zur Niederwerfung der Bauern aufforderte.

FÜNFTER AKT: DAS ENDE

Die Spaltung der Bewegung

Mitte Mai 1525 gestaltete sich die Situation im Hegau in jeder Hinsicht zwiespältig. Zwar hatten die Niederlagen von Böblingen und Zabern die Gesamtbewegung im deutschen Südwesten erheblich geschwächt. Dennoch war die Lage im Hegau nicht nur verzweifelt: Da der Truchsess von Waldburg von Böblingen aus mit seinen Bundestruppen nach Franken weitergezogen war, gab es einstweilen keine Macht, die im Hegau ernsthaft hätte eingreifen können. Dies verschaffte den Hegauern gewisse Handlungsspielräume.

In der Tat machten sich die Aufständischen daran, ihre Basis im westlichen Bodenseeraum zu vergrößern. Da aber das revolutionäre Potential in den Dörfern des Hegaus durch die militärischen Niederlagen einen Dämpfer erhalten hatte, mussten die Bauernhaufen Zwang ausüben, um ruhige Gemeinden zum Anschluss an die Bruderschaft zu bewegen. Die Erfolglosigkeit und um sich greifende Verzweiflung nährten den revolutionären Terror.

Der Oberste Hauptmann Hans Bienckler setzte mit seinem hellen Haufen die Nachbarregion durch Aufforderungsschreiben und überfallartige Aktionen massiv unter Druck. Schon um den 25./26. April wurden Espasingen, Heiligenberg, Sipplingen und Sernatingen von 2 000 bis 3 000 Bauern geplündert oder verwüstet.[169] Diese Aktion hatte möglicherweise den Zweck, den Anmarsch des Truchsessen, der von Weingarten her unterwegs war, zu stören. Vielleicht erklärt sich dessen nördliche Marschroute über Ostrach und Pfullendorf als Ausweichmanöver.

Es gab in diesen Tagen und Wochen immer noch freiwillige Anschlüsse an die Hegauer Bruderschaft, da auf allen Dörfern anhaltende Unzufriedenheit gärte. Trotz der Befriedung der Region schlossen sich unzufriedene Bauern des Überlinger Umlandes, darunter allein 13 Männer aus Billafingen, dem Biencklerschen Haufen an. Nach anhaltenden Auseinandersetzungen in der Einwohnerschaft fiel am 12. Mai, dem Tag von Böblingen, die Gemeinde Sernatingen von ihrer Herrschaft, dem Spital der Reichsstadt Überlingen, ab.[170]

Ende April kam auch auf der Höri, der Landspitze am Rheinausfluss, die dem Bischof von Konstanz gehörte, Unruhe auf. Am 25. April berichtete die Stadt Stein am Rhein an die Stadt Zürich, ihr Nachbarort Öhningen habe sich den aufständischen Bauern angeschlossen, befürchte nun aber, vom Schwäbischen Bund überfallen zu werden (es war die Zeit des Anmarsches von Georg Truchsess). Deshalb baten die Öhninger die Nachbarstadt Stein um Hilfe, etwa wenn nach einer Brandschatzung Löscharbeiten nötig sein sollten. Die Stadt Stein wollte sich darauf zwar nicht einlassen, gestattete den Öhningern aber wenigstens, Lebensmittel und Hausrat in ihren Mauern zu sichern.[171]

Wann genau die Höri abgefallen ist, ist nicht zu ermitteln. Franz Götz schreibt, Öhningen, Gaienhofen und Bohlingen seien »von Anfang an« in der Empörung gewesen, gemeint ist wohl seit Ende Januar, nicht etwa seit Oktober 1524.[172] Das Schadensregister, das nach dem Ende des Krieges von Vogt Moritz von Landenberg in Bohlingen angelegt wurde, spricht nur von einer Bauernkriegsbeteiligung im Jahr 1525. Wann immer die Höri abgefallen sein mag, die Bauern des Bohlinger Amts haben der Herrschaft in diesem Zusammenhang durch Fronverweigerung und Plünderung enormen Schaden zugefügt. Im Schloss tranken sie den Wein leer, nahmen Waffen und Werkzeug, Hausrat und große Mengen an Lebensmitteln mit sich.[173] Belegt ist, dass Bauern aus der Höri am 11. Mai in Scharen nach Radolfzell eilten, um einen Ausfall der in der Stadt liegenden Besatzung zu vereiteln: *... dieselbigen von Zell hatten sich mit etlichen schiffen herus gelassen; aber die buren hand sy bald hinin triben und da etlich erstochen.* Dieselbe Quelle weiß aber auch von flüchtenden Bauern, die damals in Erwartung blutiger Auseinandersetzungen im Thurgau Zuflucht suchten.[174]

Aus den Quellen ergibt sich also schon vor der Schlacht bei Böblingen ein zwiespältiger Eindruck: Wir erahnen Debatten innerhalb der Gemeinden zwischen Gemäßigten und Radikalen, wir bemerken ein Nebeneinander von Zwang und Freiwilligkeit, von Zulauf zu den Bauernhaufen und Landflucht. Es herrschte eine ungeheure Bewegung und Erregung in der gesamten Region. Nach Böblingen setzte sich diese widersprüchliche Szenerie fort, angereichert durch eine sich anbahnende Spaltung der Bewegung. Auch den Herren fiel die wankende Stabilität der »Christlichen Bruderschaft« auf. Am 20. Mai erreichte den österreichischen Statthalter in Stuttgart die Einschätzung aus dem Hegau: *Vnd ist glaublich Kuntschafft, das die purn selb Zwiträchtig sind.*[175]

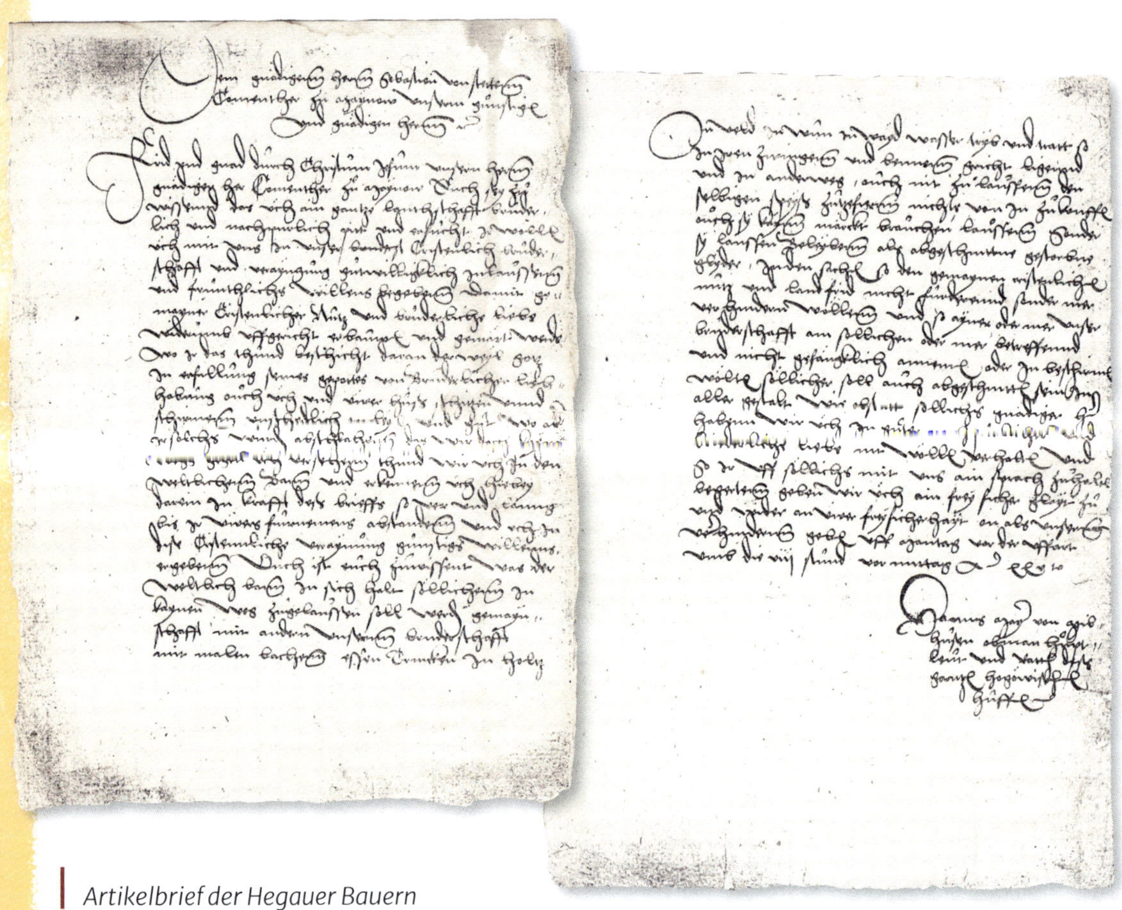

Artikelbrief der Hegauer Bauern vom 22. Mai 1525 an den Komtur des Deutschen Ordens auf der Mainau mit der Aufforderung zum Anschluss an die Bruderschaft. Landesarchiv Baden-Württemberg, Hauptstaatsarchiv Stuttgart H 54 Bü 18, 16.

Dabei konnte man gerade zu diesem Zeitpunkt bei oberflächlicher Betrachtung den Eindruck großer Konsistenz gewinnen. Die verschiedenen Hegauer Bauernhaufen setzten zu einem letzten Eroberungsfeldzug an, der die gesamte Landschaft unter ihre Botmäßigkeit bringen sollte. Zwischen dem 20. und 22. Mai zogen die Bauernhaufen, verstärkt durch Schwarzwälder Abteilungen und die Bauern aus der Höri, an den Untersee, nahmen hier Allensbach und die Reichenau ein, wandten sich dann dem Bodanrück zu, um *alles zwischen den beiden Seen* zu erobern, genannt werden Wallhausen, Dingelsdorf, Wollmatingen und Egg.[176] Damit war alles, was unter der Herrschaft des Klosters Reichenau und der Deutschordenskommende Mainau stand, in der Hand der Bauern.

Das Aufforderungsschreiben des hegauischen Haufens an den Deutschordenskomtur Sebastian von Stetten vom 22. Mai 1525 ist abschriftlich erhalten und bildet ein wichtiges Zeugnis für die politischen und »staatsrechtlichen« Vorstellungen der Hegauer im Bauernkrieg.[177]

Dem gnädigen Herrn Sebastian von Stetten, Komtur zu Mainau, unserm günstigen und gnädigen Herrn.
Friede und Gnade durch Christum Jesum unsern Herrn. Gnädiger Herr Komtur zu Mainau, Euch sei zu wissen, dass Euch eine ganze Landschaft brüderlich und nachbarlich bittet und ersucht, Ihr wollet Euch mit uns in unsere Christliche Bruderschaft und Vereinigung gutwillig einlassen und freundlichen Willens begeben, damit gemeiner christlicher Nutzen und brüderliche Liebe wieder aufgerichtet, erbaut und gemehrt werde. So Ihr das tut, geschieht daran der Wille Gottes in Erfüllung seines Gebots von brüderlicher Liebhabung ... [So Ihr Euch in unsere Bruderschaft begeben werdet, wollen wir] auch Euch und Euer Haus schützen und schirmen, unschädlich an Leib und Gut. Wo Ihr aber solches abschlagen würdet, was wir doch keineswegs von Euch erwarten, tun wir Euch in den weltlichen Bann und erkennen Euch darin Kraft dieses Briefes so lange, bis Ihr von Eurem Vorhaben absteht und Euch in diese Christliche Vereinigung günstigen Willens ergebt.

Weiter wird ausgeführt, was es heißt, dem weltlichen Bann zu verfallen: Es bedeutete den Ausschluss aus der *gemaynschaft*, d.h. der Teilhabe am Nutzen und Ertrag der Gemeinden, an Märkten, Mühlen, Backhäusern, Weiden und Wald. Mit dem weltlichen Bann belegte Personen, die *den gemaynen cristenlichen nutz und landfrid nicht fürderend sonder mer verhindern*, seien also *abgeschnittne gestorbne glyder* der christlichen Gemeinschaft. Das Schreiben endet mit dem Angebot eines freien, sicheren Geleits für den Fall, dass der Komtur sich mit den Bauern verständigen wolle.

Bei genauer Betrachtung ist dieses Aufforderungsschreiben über weite Strecken wörtlich identisch mit dem sogenannten »Artikelbrief« der Schwarzwälder Bauern, den diese am 8. Mai 1525 der Stadt Villingen zugesandt hatten.[178] Damit dürfte erwiesen sein, dass der Artikelbrief auch die politische Grundlage der »Christlichen Bruderschaft« im Hegau bildete. Die Bruderschaft maßte sich in den eroberten Gebieten mit der Legitimation des göttlichen Rechts quasi staatliche Hoheitsrechte an und übte hier eine Art Territorialherrschaft aus. Die Bauernführer, Oberste, Hauptleute und Räte, bildeten eine durch Wahl legitimierte weltliche Obrigkeit, der eine Banngewalt zustand. Städte, Gemeinden, Adlige und Klöster wurden *freundlich* aufgefordert, sich der Bruderschaft anzuschließen. Taten sie dies nicht, verfielen sie dem *weltlichen Bann* und waren damit potentiell Gewaltmaßnahmen ausgesetzt.[179]

Unterzeichnet ist dieser nur abschriftlich überlieferte Brief von *Hanns Mayer von Milhußen obman hůptleut und Rätten deß gantzen Hegöwischen Huffen.* Ein Hans Mayer aus Mühlhausen ist sonst nirgends in den Quellen erwähnt.[180] Es liegt aber nahe, dass der Name vom Kopisten falsch wiedergegeben ist. Wahrscheinlich handelt es sich um den sonst zwischen dem 20. und 26. Mai vielfach genannten Hans Murer von Mühlhausen (alias Schlatt).[181] Hans Murer war der Oberste Hauptmann des hegauischen und schwarzwäldischen Haufens und der Höri. Er war offensichtlich an die Stelle Hans Biencklers getreten, von dem wir seit Mitte Mai kein sicheres Zeugnis mehr haben.

Unklar bleibt, wann genau im Zusammenhang mit der Eroberung des Bodanrücks das Dorf Bodman überfallen und geplündert wurde. Nach Mone soll sich dies bereits vor dem 20. Mai abgespielt haben. Doch der aktuelle Bericht darüber, den der Überlinger Ratsherr Caspar Menlishofer als (entfernter) Augenzeuge abgab, datiert aus Sernatingen vom 25. Mai. Man wird den Überfall näher an dieses Datum heranrücken, also vielleicht auf den 22. bis 24. Mai legen müssen. Das würde auch zur Ereignisabfolge passen: Die Bauern hätten demnach am 20. Mai Allensbach und Reichenau, dann am 21. und 22. Mai den Bodanrück bis zur Mainau erobert und wären dann bei der Rückkehr nach Bodman gelangt. Dass der Ortsherr Hans Jörg von Bodman am 20. Mai die Reichsstadt Überlingen bat, dort das Vieh seiner Untertanen unterstellen zu dürfen, spricht für die Auffassung, der Ortsherr habe angesichts der damals drohenden Gefahr sein Vieh präventiv in Sicherheit gebracht.[182]

Bodman gehörte zu jenen Orten, die die Bauern nicht unter ihre Botmäßigkeit bringen konnten. Gemäß ihrer angekündigten Alternative: freiwilliger Anschluss oder Gewaltmaßnahmen führte dies zwangsläufig zur Plünderung des Dorfes, die folgendermaßen beschrieben wird: Die Bauern hätten das Dorf abends überfallen, seien mit Fähnlein und Trommeln durchs Dorf marschiert, hätten den Wein ausgetrunken und was sie nicht trinken konnten, auslaufen lassen. Sie hätten zwar nichts abgebrochen, aber allen Hausrat auf einen Haufen geworfen und angezündet.[183]

Wohl am selben Tag nahmen die Bauern einen Mönch, der von Konstanz nach Radolfzell unterwegs war und Augenzeuge der Bodmaner Plünderung geworden war, gefangen und drohten ihn aufzuhängen, ließen ihn aber dann laufen.[184] In Stahringen hielten die Bauern damals auch einen Priester gefangen.[185] Offensichtlich gingen diese Ausschreitungen einschließlich der Plünderung von Bodman auf das Konto einer Abteilung der Hegauer, die der *Verlorene Haufen* genannt wurde. Dieser schlug um den 25. Mai mit 2 000 Mann bei Möggingen sein Lager auf.

Aber auch der Haupthaufen, der unter Hans Murer bei Steißlingen lag, ließ sich Gewalttätigkeiten zuschulden kommen. So wurden dem Maier Pauli Endres vom Bühlhof bei Stockach, der ein Überlinger Untertan war, Ross und Vieh geraubt. Als er sich im Steißlinger Bauernlager darüber beschwerte, wollte man ihn *an ain ast stricken.*[186]

Diese Terrormaßnahmen der Bauern gegenüber friedlichen Gemeinden und Unbeteiligten resultierten einerseits aus der inneren Logik ihres Artikelbriefs,

Das Dorf Bodman mit dem Frauenberg und Alt-Bodman. Ausschnitt aus einer Federzeichnung von 1765.

antworteten allerdings teilweise bereits auf den Gegenterror, mit dem die Herren seit einigen Wochen taktierten. Bereits am 20. Mai 1525 verantwortete sich Oberst Hans Murer in einem Schreiben an die Reichsstadt Rottweil für einen Drohbrief, den die Hegauer Anfang Mai an die Stadt Mühlheim a.d. Donau gesandt hatten. Dieser sei aus aktuellem Anlass entstanden, weil am Freitag, dem 5. Mai – damals waren Teile der Hegauer unterwegs nach Württemberg – die Besatzungen von Stockach und Radolfzell die Gelegenheit genutzt hatten, um die drei Flecken Nenzingen, Wahlwies und Stahringen zu überfallen und niederzubrennen. Sie hätten an diesem Tag auch dem Müller von Steißlingen seine Scheuer verbrannt und die Mühle zerbrochen, zwei Frauen mit *aufgeheppten Kleidern* durch einen Bach geschleift und ein Kind, das man gerade aus den Flammen gerettet hatte, wieder ins Feuer gestoßen und verbrannt.[187] Die Brandschatzung vom 5. Mai bestätigten übrigens die Herren selbst,[188] und auch die Salemer Chronik nimmt vom Gegenterror der in Stockach und Radolfzell festsitzenden Besatzungen Notiz: Sie hätten *offt und dick mit den puren gescharmutz[t] und haben ouch ettliche dorffer im Hegew verprennt und ettliche geplindert, inen genommen das vich und was sy hond.*[189]

Diese »Guerillataktik« der herrschaftlichen Gegenmaßnahmen wurde übrigens heftig diskutiert. Am 6. Mai, einen Tag nach dem Überfall auf die vier Dörfer, wurden die betroffenen Herren und Städte nach Überlingen zu Beratungen eingeladen. Von österreichischer Seite war Hans Walther von Laubenberg, der

Vogt von Mägdeberg, entsandt worden. Untertanen der Überlinger Dörfer, die ebenfalls anwesend waren, bedrängten Laubenberg, die Brandschatzungen der hegauischen Dörfer zu beenden, denn solange diese nicht aufhörten, hätten die Aufständischen auch keinen Anlass, ihre Gewaltmaßnahmen einzustellen. Laubenberg habe hierauf eine *unsers verstands etwas hitzige* Antwort gegeben: Man werde keineswegs mit dem Brand aufhören, sondern fortfahren, den Feind heimzusuchen. Die Überlinger führten später übrigens den Eroberungszug der Bauern auf den Bodanrück auf die genannten Brandschatzungen zurück, so dass also die Plünderung Bodmans als Rache für die vorausgegangene Brandschatzung von Nenzingen, Wahlwies, Stahringen und Steißlingen erschien.[190]

Damit lässt sich folgender Ereignisablauf für die Zeit zwischen dem 25. April und dem 23. Mai 1525 rekonstruieren. Nach dem Weingartener Vertrag rückte Georg Truchsess gegen den Hegau vor. Als Abwehrmaßnahme stieß Hans Bienckler mit einem Plünderungszug über Sernatingen und Sipplingen bis Heiligenberg vor und zwang dem Truchsessen eine nördliche Route auf. Am 1. Mai schwenkte der Truchsess, gefolgt von den Hegauern unter Helbling und möglicherweise auch Bienckler, nach Württemberg ab. Die geringere Präsenz von Hegaubauern in diesen Tagen verlockte die Besatzungen von Stockach und Radolfzell am 5. Mai zu Ausfällen mit Brandschatzungen in der Umgebung (Nenzingen, Wahlwies, Stahringen, Steißlingen). Auf diese Nachricht hin kehrten Teile der nach Württemberg strebenden Hegauer um. Vermutlich standen diese unter dem Befehl von Hans Murer, der sich damals unweit von Mühlheim an der Donau befunden hatte. Einen weiteren Ausfall der Radolfzeller konnten die Hegauer unter Beteiligung der Höri-Bauern am 11. Mai vereiteln. Als Antwort auf den Gegenterror der Herren und zur Verbreiterung ihrer Basis nach der Schlacht von Böblingen beschlossen die Hegauer ihren Eroberungszug auf die Reichenau und den Bodanrück vom 20. bis 23. Mai. Danach lagerte das Hauptkontingent der Hegauer mit vielleicht 3 000 Mann unter Hans Murer bei Steißlingen, ein *Verlorener Haufen* mit ca. 2 000 Mann bei Möggingen und ein kleiner Haufen mit rund 600 Mann im Madach nördlich Stockach.

Wir finden Ende Mai 1525 eine ähnliche Situation vor wie schon zu Beginn des Bauernkrieges im Oktober 1524. Der Adel suchte die militärische Konfrontation mit den Bauern, während die Reichsstadt Überlingen eine doppelte Strategie verfolgte: Einerseits wurden zwar die Rüstungen vorangetrieben, um den rund 6 000 Bauern militärisch begegnen zu können. Gleichzeitig nahm die Reichsstadt auf diplomatischem Wege Kontakt mit den Bauern auf, um deren Verhandlungsbereitschaft auszuloten. Sie sollte hiermit immerhin einen Teilerfolg erzielen.

Am 23. Mai 1525 lag dem hegauischen Haufen bei Steißlingen und Markelfingen unter Hans Murer ein Vertragsangebot der Stadt Überlingen vor.[191] Schon am 24. Mai wechselten in dieser Sache mehrere Schreiben zwischen Hans Murer

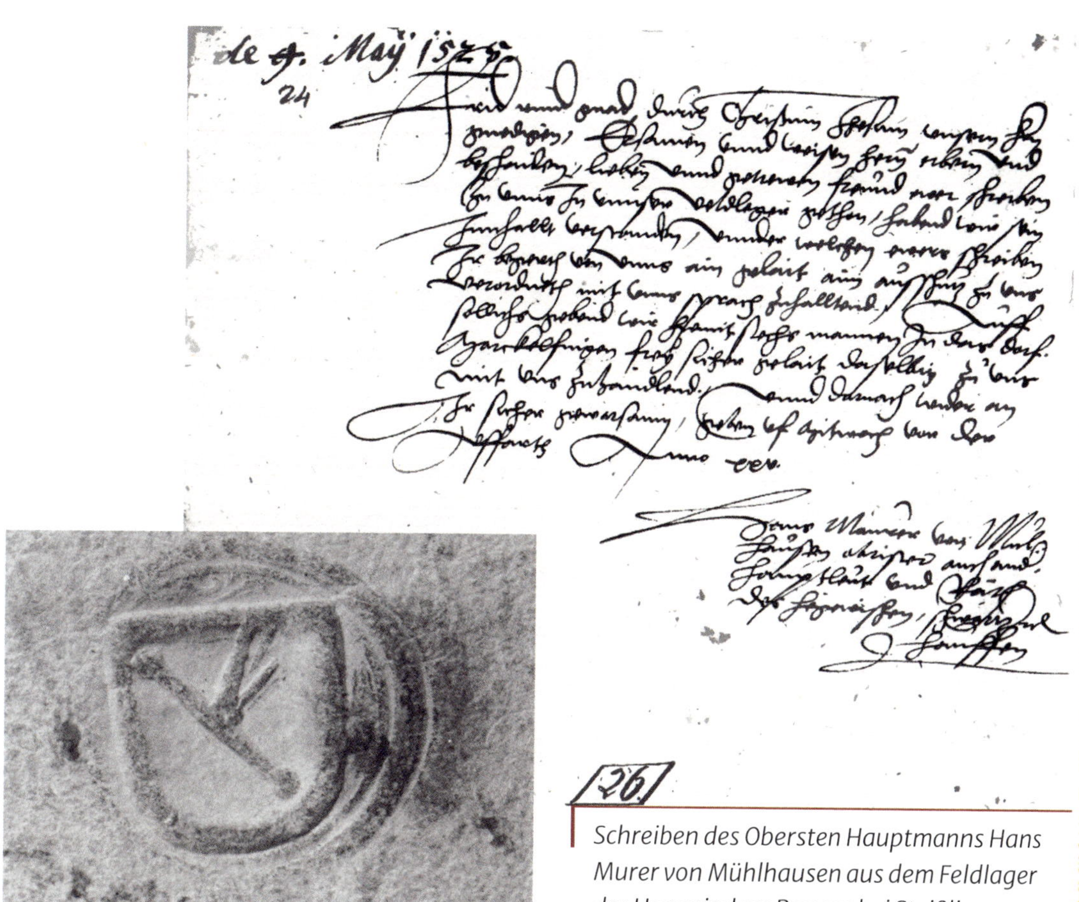

26

Schreiben des Obersten Hauptmanns Hans Murer von Mühlhausen aus dem Feldlager der Hegauischen Bauern bei Steißlingen an die Stadt Überlingen vom 24. Mai 1525. Landesarchiv Baden-Württemberg, Generallandesarchiv Karlsruhe 74/4548 Nr. 26.

Das Siegel des hegauischen Obersten Hans Murer an einem Schreiben vom 26. Mai 1525 zeigt möglicherweise eine Waage. Landesarchiv Baden-Württemberg, Generallandesarchiv Karlsruhe 74/4548 Nr. 38 und 41.

und dem Oberst Jacob Kessenring aus Überlingen hin und her. Die Bauern gaben einem sechsköpfigen Ausschuss der Überlinger Geleit ins Lager bei Markelfingen. Da die Bauern aber nur mit Hauptleuten reden wollten, wurde für den folgenden Tag, den 25. Mai, freies Geleit für einen sechsköpfigen Ausschuss der Bauern nach Sernatingen vereinbart. Hier lagen die Überlinger mittlerweile mit einem Kontingent von 2000 Mann. Ob das Gespräch vom 25. Mai stattfand, ist nicht genau zu erkennen, jedenfalls wurde für den 26. Mai ein neuer Termin anberaumt, zu dem die Bauernvertreter zuvorkommend, ja man möchte fast sagen: fürstlich empfangen werden sollten. Die Überlinger Hauptleute in Sernatingen forderten aus der Reichsstadt silbernes Geschirr an, um die Bauern bewirten zu können.

Diese Aufmerksamkeit scheint die Verhandlungen in der Tat beflügelt zu haben. Am Freitag, dem 26. Mai, traf morgens um 7 Uhr die bäuerliche Abordnung in Sernatingen ein, bis zum Abend hatte man sich über den Vertragstext und einen Waffenstillstand geeinigt. Dazwischen aber waren laufend Boten zwischen Sernatingen und Markelfingen unterwegs, die den Bauernhaufen über den Stand der Verhandlungen auf dem Laufenden hielten und neue Anweisungen für die Unterhändler mitbrachten. Zwei Schreiben Hans Murers an Oberst Kessenring vom 26. Mai sind im Original erhalten. Sie tragen als einzige Dokumente aus der Feldkanzlei eines Hegauer Haufens ein Siegel.[192] Es zeigt möglicherweise eine Waage, das Symbol des Ausgleichs und der Gerechtigkeit.

Verabredet wurden nur drei Punkte: 1. Die Bauern entlassen die Untertanen des Komturs von Mainau aus ihrer Bruderschaft. 2. Sie entschädigen einen Bauern (gemeint war Pauli Endres vom Bühlhof bei Stockach) für die vier Rosse, die sie ihm geraubt haben. 3. Die Parteien sagen einander wechselseitige Schonung zu. Die Sernatinger Abrede sollte am 11. Juni in Markdorf in einen definitiven Vertrag gegossen werden. Die Abrede hatte nur einen entscheidenden Nachteil: Die Herrschaft Österreich war in sie nicht miteinbezogen.

Mit dieser Abrede war zwar der gerade eroberte Bodanrück wieder aus der Bauernkriegsfront herausgelöst, und zwischen Überlingen und einem Teil der Hegauer herrschte Waffenstillstand. Aber Österreich war ausgenommen und ein Teil der Hegauer, nämlich die 600 bis 700 Mann aus dem Madach und der Verlorene Haufen bei Möggingen mit 2 000 Mann hatten sich nicht auf das Vertragsangebot eingelassen.[193] Es bestand also eine recht undurchsichtige Situation, mit der insbesondere Österreich nicht zufrieden sein konnte. Auf entsprechende Vorwürfe seitens Österreichs und des Schwäbischen Bundes verantwortete sich Überlingen in zwei Schreiben vom 30. Mai und vom 3. Juni 1525.[194] Österreich und der Bund mussten sich mit einer recht schroffen Antwort zufriedengeben, denn sie waren auf Überlingen als einen verlässlichen Partner angewiesen.

Inzwischen hatte Überlingen mit den Truppen, die aus dem reichsstädtischen Territorium, aus Ravensburg, Pfullendorf, Markdorf, Meersburg und Salem in Sernatingen zusammengezogen waren, enorme Probleme. Am 27. Mai, gerade einen Tag nach der Sernatinger Abrede zwischen Hans Murer und der Stadt Überlingen, kam es unter den hier liegenden Soldaten zur Meuterei. Die Truppe von circa 2 000 Mann bestand zum Teil aus Söldnern, zu einem großen Teil aber aus den zur Kriegsfolge verpflichteten Untertanen des Umlandes. Diese waren aber in der Mehrzahl Bauern und einfache Handwerker, die die Probleme ihrer aufrührerischen Standesgenossen im Hegau nur zu genau kannten und selbst teilweise rebellische Neigungen hatten.

Diesen Leuten im Sernatinger Heer ging es gegen den Strich, gegen ihre aufständischen Brüder in den Krieg gezwungen zu werden. Als sie am 27. Mai 1525 den Fahneneid schwören sollten, weigerten sich 600 Mann unter dem Motto: *unsere spieß und thägen* [Degen] *stächent und havent dhaine* [keine] *pauren* oder ähnlich.[195] Hauptmann Kessenring von Überlingen spürte instinktiv die Sprengkraft, die dieser Meuterei innewohnte, und handelte schnell. Er postierte Geschütze auf dem Sernatinger Bergle und ließ die meuternden Abteilungen von loyalen Truppenteilen vor dem Dorf einkesseln. Als er drohte, in die Menge feuern zu lassen, legten die Meuterer Waffen und Harnisch nieder. 50 bis 60 »Aufwiegler« wurden festgenommen, damit waren *die Wurmessigen*, also die vom Wurm Befallenen, *alle gefangen*. Acht Rädelsführer der Meuterei, darunter ein Baltes Schumacher aus Moos in der Höri, wurden schon am folgenden Tag, am 28. Mai, auf der Überlinger Spitalwiese geköpft. Die übrigen wurden an den folgenden Tagen in Überlingen verhört, gefoltert und zum Teil ebenfalls hingerichtet.[196]

Mit dieser Strafaktion hatten nun die Verbündeten, bestehend aus den Städten Überlingen, Ravensburg, Pfullendorf, Markdorf, Meersburg, den Grafen von Werdenberg und dem Landkomtur des Deutschen Ordens den Weg frei, um sich den Bauern im Raum Radolfzell zuzuwenden. Denn trotz des Teilerfolgs der Sernatinger Abrede war auch den Überlingern klar, dass die nach wie vor brisante Situation eine militärische Intervention gegen die verbliebenen Aufständischen verlangte. Dies umso mehr, als nun auch den in Radolfzell festsitzenden Adligen und Kommissaren der Geduldsfaden riss. Am 28. Mai 1525 forderten sie den Schwäbischen Bund auf, den Truchsess von Waldburg zur Befreiung der Stadt zu beordern.[197]

Doch eine solche Lösung war im Moment illusorisch. Es mussten andere Kräfte mobilisiert werden, um die bei Sernatingen stationierten Truppen zu verstärken, die nach der »Ausmusterung« der *Wurmessigen* und der Flucht zahlreicher Meuterer kaum mehr als 2 000 Mann umfasst haben dürften. Am 1. Juni wurde der kaiserliche Feldhauptmann Mark Sittich von Ems in Vorarlberg zum Obersten über die Hegaukampagne bestellt, doch bis dieser am westlichen Bodensee eintraf, sollten wertvolle Wochen verstreichen.

Radolfzell: Sieg oder Niederlage?

Nach der Sernatinger Abrede vom 26. Mai 1525 wurden die Karten im Hegauer Bauernkrieg zum letzten Mal neu gemischt. Die Herren brachten mit dem Feldherrn Mark Sittich von Ems einen neuen Trumpf ins Spiel. Aber auch die Bauern nahmen, wenn man in diesem Bild bleiben will, einen neuen Ober auf.

Es lag auf der Hand, dass Hans Murer von Mühlhausen, der die Sernatinger Abrede unterzeichnet hatte, als Oberster Hauptmann der Hegauer ausscheiden musste. Auch ein Teil der hinter ihm stehenden Haufen in einer Größenordnung von bis zu 3 000 Mann dürfte sich Ende Mai 1525 aufgelöst haben, aber sicherlich nicht alle. Es fand um den Monatswechsel Mai/Juni 1525 offenkundig eine Neuorganisation unter den verbliebenen Haufen statt, die zugleich neue Anführer nach oben brachte. Diesem Umbruch in der Führungsstruktur ist es wohl zu verdanken, dass nur ein einziges Mal, am 28. Mai 1525, ein *Pfaff* Hans von Hattingen als Oberst der Hegauer in Erscheinung trat.[198] Da dieser sein Lager bei Steißlingen hatte, liegt es nahe, in ihm den Nachfolger von Hans Murer zu sehen, der tags zuvor in Folge der Sernatinger Abrede abgedankt haben muss. Es ist denkbar, dass Pfarrer Hans von Hattingen bis dahin Berater Hans Murers gewesen war und nun eine Art Interimsoberst wurde, bis ein neuer, militärisch versierter Hauptmann gefunden und gewählt war. Bedeutsam ist der Hinweis auf diesen Pfarrer insofern, als hier zum ersten und einzigen Mal in der Geschichte des hegauischen Bauernkriegs ein Geistlicher fassbar wird, dem wir vielleicht die religiös-ideologische Legitimierung der Bewegung zuschreiben können. Möglicherweise zeichnete er verantwortlich für den stark »evangelisch« geprägten Stil der Feldkanzlei, wie er in den erhaltenen Schreiben zum Ausdruck kommt.

Die Stadt Radolfzell, in der bedeutende vorderösterreichische Funktionsträger eingeschlossen waren, wurde im Mai und Juni 1525 von den Hegauer und Schwarzwälder Bauern erfolglos belagert.

In der einzig erhaltenen Quelle über ihn wird Hans von Hattingen als eine ziemlich ungestüme Persönlichkeit geschildert. Man muss allerdings berücksichtigen, dass der Bericht von jenem Pauli Endres vom Bühlhof bei Stockach stammt, der wegen seiner gestohlenen Pferde bei der Führung der Bauern um Audienz bat. Er tat dies ausgerechnet am 28. Mai, dem Tag nach der Sernatinger Meuterei, als die Bauernhaufen vor Wahlwies und Steißlingen wegen der gleichzeitigen Hinrichtung der Meuterer in Sernatingen *ain Sturm gehept haben*, also in äußerster Alarmbereitschaft standen. Als Pauli Endres und sein Begleiter im Wahlwieser Lager auftauchten, wurden sie deshalb als Spione behandelt und dem Obersten Hauptmann Hans von Hattingen nach Steißlingen übergeben. Hier seien des Pfarrers Drohworte gefallen: *... das dich botz Velti schend, Ich wyl dich an ain ast stricken* und *... du bist ain verretter, Ich wyl dir din Kopf abhäwen.* Schließlich habe man die beiden in Eisen gelegt und später ohne ihre Messer und Spieße wieder laufen lassen.

Pfaff Hans scheint tatsächlich nur ein Übergangsführer der Hegauer Bauern gewesen zu sein, denn spätestens am 3. Juni 1525 tritt erstmals *Heinrich Maler von Stüßlingen* als *Oberster mit sampt andern Hoptleut und Rät des hegowischen Hufen* in Erscheinung.[199] Es ist kaum anzunehmen, dass Heinrich Maler ohne eine entsprechende Vorgeschichte und »Karriere« in diese Position gelangt wäre. Vermutlich war er schon zuvor Hauptmann oder Funktionsträger in einem der verschiedenen Haufen gewesen. Er kommt theoretisch als Führer jenes »Verlorenen Haufens« in Betracht, der um den 23. Mai Bodman überfallen hatte, am 25. Mai bei Möggingen und am 28. Mai bei Wahlwies lag.

Steißlingen, Malers Heimatort, war seit einer Versammlung vom 29. Januar 1525 von der Herrschaft abgefallen und zu einem Hauptort der Bewegung geworden. Nach dem Ausscheiden der Gemeinde Hilzingen im April hatte Steißlingen sogar in gewissem Maße die Funktion Hilzingens als Sammlungsort übernommen. Es ist denkbar, dass Heinrich Maler, der Sohn des örtlichen Müllers Konrad Maler, schon seit Januar eine gewisse Rolle in der Bewegung spielte. Von Interesse ist in diesem Zusammenhang, dass am 5. Mai 1525 die Besatzungen von Stockach und Radolfzell bei ihrem Ausfall ausgerechnet die Orte Nenzingen, Wahlwies, Stahringen und Steißlingen überfallen haben. Während die drei ersten Orte insgesamt abgebrannt wurden, war in Steißlingen lediglich die Dorfmühle Ziel ihres Angriffs.[200] Sollte dies ein gezielter Schlag gewesen sein, weil man wusste, dass die Mühle die Heimat eines der Bauernhauptleute war?

Welche Vorgeschichte er immer gehabt haben mag, seit Anfang Juni stand Heinrich Maler an der Spitze des reorganisierten Hegauer Bauernhaufens. Ihm war damit die tragische Rolle vorbehalten, nicht nur an der Belagerung von Radolfzell zu scheitern, sondern mit der ganzen Bewegung einen Monat später unterzugehen.

Der erste von ihm erhaltene Brief vom 3. Juni 1525 ist an die Stadt Schaffhausen gerichtet und in mehrfacher Hinsicht von Interesse. Er zeugt – wie öfters in diesen Schreiben zu beobachten – von einem äußerst großen Selbstbewusstsein. In der Tat war die Position der Hegauer und der Schwarzwälder Anfang Juni noch nicht völlig hoffnungslos. Zwar waren die Oberschwaben, die Württemberger, ein Teil der Elsässer aus dem gemeinsamen Kampf durch militärische Niederlagen oder Verträge ausgeschieden, dennoch umfasste das Operationsgebiet der »Christlichen Bruderschaft« immer noch den Sundgau, den Breisgau, den südlichen Schwarzwald, den Hochrhein, die Baar und den Hegau. Die Haufen dieser Regionen waren untereinander durch den sogenannten »Artikelbrief« verbunden und übten durch diesen ihre Hoheitsrechte aus. Es bestand also in Südwestdeutschland noch immer so etwas wie ein Staat im Staat, eine Eidgenossenschaft auf evangelischer Grundlage. Das unbestrittene Oberhaupt dieser ganzen Bewegung war nach wie vor Hans Müller von Bulgenbach, der sich gelegentlich in der Pose eines Herrschers gefiel. Er trug einen roten Mantel und ein rotes federgeschmücktes Barett und hinterließ, wo immer er auftrat, mit seiner äußeren Erscheinung und mit seiner Redegewandtheit großen Eindruck.[201]

Heinrich Maler war sich in seinem Schreiben an die Stadt Schaffhausen der politischen Macht, die die »Christliche Bruderschaft« im deutschen Südwesten darstellte, bewusst, wenn er schreibt, dass er sich erst *mit aller unser Bruderschaft, Versammlung und Hufen, mit Namen Schwarzwald, Sun[d]gow, Pryßgow, Elseyß, Waltzhut und ander mit uns verpflichten Stätten und Lender* über den Vorschlag der Schaffhauser beraten müsse. Die Stadt hatte offensichtlich den Vorschlag unterbreitet, zwischen den Herren und den Bauern zu vermitteln. Sie hatte in dieser Absicht bereits Gesandte nach Radolfzell geschickt, die aber von den Bauern am Passieren gehindert worden waren. Heinrich Maler entschuldigt sich für diesen Vorfall mit dem Hinweis: … *wir habend jetzund die Statt Zell in solicher Gestalt belegert, daß Niemantz aus oder in die Statt komen mag.*

Dies ist ein deutlicher Hinweis darauf, dass die Stadt Radolfzell eigentlich erst jetzt, Anfang Juni 1525, regelrecht abgeriegelt wurde. Zwar ist in der Literatur immer wieder zu lesen, die Stadt sei seit Ende April »belagert« gewesen. Es kommt aber darauf an, was man unter »belagert« verstehen will. Die Bauern hatten offensichtlich nicht die Kräfte oder die Absicht, Radolfzell von Anfang an einzukesseln. Sie kontrollierten zwar die Zufahrtsstraßen, das hinderte aber bestimmte Leute nicht, auf Schleichpfaden dennoch in die Stadt zu gelangen. Dem Truchsess von Waldburg war es ja am 1. Mai 1525 gelungen, eine Abteilung von 500 Reitern an den »Belagerern« vorbei in die Stadt zu schleusen. Und diese hatten es mit Hilfe einer ausgezeichneten Artillerie leicht, die Bauern auf Distanz zu halten. Auch die Bauern verfügten über Artillerie – der »Verlorene Haufen« in Möggingen soll neun Geschütze gehabt haben –, doch es fehlte offensichtlich an Munition, um die Stadt erfolgreich zu beschießen.

Der beschriebene Überfall der Radolfzeller vom 5. Mai auf Wahlwies, Stahringen, Nenzingen und Steißlingen veranlasste die Bauern am 8. Mai erstmals ernsthaft zu einer Belagerung im strengen Sinn.[202] Und am 11. Mai konnten die Radolfzeller, wie dargestellt, an einem erneuten Ausfall über den See gehindert werden. Danach scheint der Belagerungsring wieder gelockert worden zu sein. Insgesamt müssen wir uns die Belagerung von Radolfzell im Mai 1525 als eine elastische Bewegung vorstellen, die eine wechselnde Durchlässigkeit zuließ. Erst Anfang Juni, nach der Neuordnung der Haufen und der Befehlsstrukturen, hat der hegauische Haufen unter Heinrich Maler sich zur eigentlichen Belagerung durchgerungen und damit Radolfzell zum Schicksal der Bewegung gemacht.

Diese Strategie war nicht ohne Logik. Radolfzell mit weniger als 1000 Einwohnern war zwar nur die »zweite« Stadt der Landgrafschaft Nellenburg nach Stockach, aber durch die Anwesenheit mehrerer adliger Familien und der österreichischen Kommissäre Christoph Fuchs von Fuchsberg und Jakob Stürzel von Buchheim besaß sie damals den Status einer »Hauptstadt«. Es ist kaum zu überschätzen, welcher Triumph die Einnahme der Stadt mit samt ihrer hochrangigen Bewohner gewesen wäre. Da die Bauern aber wussten, dass ein Heer gegen sie in Sernatingen bereitstand und Verstärkung im Anmarsch war, kam es nun vor Radolfzell zu einem Wettlauf mit der Zeit. Dieser war insofern mehr oder weniger bereits verloren, als sie die Stadt mit ihrer schwachen Artillerie kaum mürbe schießen konnten und überdies einen Teil ihrer Kräfte zur Deckung gegen den Überlinger See abstellen mussten. An beiden Fronten, vor Radolfzell und im Tal zwischen Möggingen und Wahlwies, waren sie wochenlang zu nervenaufreibendem Warten verurteilt.

Bis Mitte Juni hatten die Bauern offensichtlich die Hoffnung nicht verloren, die Stadt einnehmen zu können, denn in zwei Briefen vom 9. und vom 10. Juni wies Heinrich Maler recht selbstsicher ein erneutes Ansuchen der Stadt Schaffhausen zurück, zwischen den Herren in Radolfzell und den Bauern zu vermitteln. Offenkundig hatte sich Maler inzwischen mit den anderen Bauernhaufen, insbesondere mit Hans Müller, beraten. Auch diese beiden Briefe sind beeindruckende Zeugnisse für die im Evangelium gegründete Rechtfertigung der bäuerlichen Revolution. *Da unser Vorhaben allein darin besteht, das heilige Evangelium durch die Gnade Gottes zu erhöhen, dasselbe rein, klar, ohne alle menschliche Auslegung und Zusatz zu predigen, damit das heilige göttliche Recht mit Hilfe des neuen und alten Testaments erleuchtet und eröffnet werde, wogegen wir, als die von Gott eingesetzte Gewalt, unserer geistlichen (wie wir sie verstehen) oder weltlichen Obrigkeit keinerlei Abbruch zu tun begehren, auch nach dem Wortlaut unseres Artikelbriefs von Anfang an nie gewesen ist.*

Die Bauern zeigten sich zwar dankbar für die angebotene Vermittlung, nur eben mit den Radolfzellern wollten sie nicht verhandeln, *weil all unsere Widersacher dort liegen, welche wir dergestalt von vier Seiten belagert haben, dass niemand zu oder von ihnen gelassen wird. Darum ist auch Euer Bote nicht nach Zell gelassen worden.*[203]

Heinrich Maler unterzeichnete den zweiten Brief vom 10. Juni als Oberster *der gantzen Huffen Högöw, Schwarzwald etc. jetzt vor Zell*, das heißt, es waren auch jetzt nicht nur Hegauer hier vertreten, sondern aufständische Bauern anderer Regionen, aus dem Schwarzwald, dem Klettgau und aus der Baar. Insgesamt dürfte ihre Zahl 6 000 bis 7 000 Mann betragen haben, darunter allein 5 000 Hegauer.[204]

Mitte Juni wurde die Lage für die Hegauer prekär. Am 18. Juni erreichte der österreichische Feldherr Mark Sittich von Ems mit 2 000 Mann die Reichsstadt Überlingen, die ihm ein Kontingent von 400 Mann unter Caspar Dornsperger zuführte. Mit den rund 2 000 bei Sernatingen stehenden Knechten erreichte das Bundesheer eine Größenordnung, mit der sich ein erfahrener Haudegen wie Mark Sittich durchaus getrauen konnte, sich den militärisch unerfahrenen Bauern entgegenzustellen. Mark Sittich von Ems (1466–1533) hatte fast alle Italienfeldzüge der Kaiser Maximilian und Karl V. mitgemacht, zuletzt hatte er sich in der Schlacht von Pavia im Februar Ruhm erworben. Erzherzog Ferdinand dankte ihm seine treuen Dienste für das Haus Habsburg mit einer jährlichen Rente. Statt ihm aber nach Pavia einen ruhigen Lebensabend zu gönnen, wurde der 69-jährige Feldherr mit seinem legendären Ruhm als der richtige Mann für den Hegau-Feldzug reaktiviert.[205]

Auch die Bauern wussten, mit wem sie es zu tun bekamen. Sie griffen jetzt zu der zweifelhaften Strategie, ihre militärische Unerfahrenheit durch Masse wettzumachen. Wie aus den Briefen Heinrich Malers hervorgeht, standen die einzelnen Versammlungen und Haufen innerhalb der »Christlichen Bruderschaft« zueinander in enger Verbindung, insbesondere zu Hans Müller von Bulgenbach muss aus dem Hegau ein »heißer Draht« bestanden haben. Müller hatte, wie berichtet, am 24. Mai 1525 Freiburg erobert. Nachdem er die Freiburger in seine – wie sie der Villinger Chronist Heinrich Hug boshaft nennt – *schelmenbrůderschafft*[206] gezwungen hatte, war er von dort aus Richtung Villingen gezogen, um hier möglichst seinen Triumph zu wiederholen. Vom 1. bis zum 19. Juni lagerte er mit seinem Schwarzwälder Haufen bei Hüfingen, von wo aus er die Aktionen dirigierte. Die Aufforderung zum Anschluss an die »Christliche Bruderschaft«, verbunden mit der Zusendung des »Artikelbriefs« lag der Stadt Villingen schon seit dem 8. Mai 1525 vor. Es war derselbe »Artikelbrief«, den am 22. Mai 1525 Hans Murer dem Mainauer Deutschordens-Komtur geschickt hatte und auf den sich auch Heinrich Maler in seinen Briefen an Schaffhausen berief.

In Villingen zeigte man sich über den »Artikelbrief«, die Grundlage einer neuen politischen Ordnung, nur verwundert, gab den Bauern weder schriftliche noch mündliche Antwort und rüstete vielmehr zur Gegenwehr.[207] Den Erfolg dieser Rüstungen bekam Hans Müller bei seiner Ankunft auf der Baar sogleich zu spüren. Die Villinger waren Ende Mai und Anfang Juni bereits dazu übergegangen, das rebellische Umland mit Strafaktionen zu überziehen. Dabei waren ihnen einige Anführer der Brigachtäler Bauern ins Netz gegangen. Hans Müller musste tatenlos mit ansehen, wie die Villinger am 8. Juni Bartle Staiger und Jacob Iselin, zwei frühere Weggefährten, als bäuerliche Rädelsführer auf ihrem Marktplatz hinrichteten. Bartle Staiger, der Wirt von Klengen, hatte im Februar 1525, als sich die Stadt unter Vermittlung von Georg Truchsess mit den Bauern verglichen hatte, den Kontakt zu den Schwarzwäldern und Hegauern gesucht und Hans Müller bewogen, den Brigachtälern gegen ihre Villinger Herren zu helfen.[208]

MARX SITTICH VON EMBS ZV DER HOHEN EMBS RITTER VND OBRISTER

Der erfahrene vorarlbergische Feldhauptmann Mark Sittich von Ems (1466–1533) wurde nach der Schlacht bei Pavia nochmals reaktiviert, um die Hegauer und Schwarzwälder Bauern niederzuwerfen. Bildnis eines unbekannten Künstlers von Mark Sittich von Ems, Öl auf Leinwand auf Nussholz, Vorarlberg Museum Bregenz, Gem 0217, Foto: Robert Fessler.

Angesichts der massiven Gegenwehr der Villinger, die eine Einnahme der Stadt durch Hans Müllers Haufen völlig illusorisch erscheinen ließ, und der aussichtslosen Lage der Hegauer vor Radolfzell scheinen sich Hans Müller und Heinrich Maler darauf verständigt zu haben, ihre Kräfte zu bündeln, um wenigstens eines ihrer Ziele erreichen zu können. Noch von Hüfingen aus wandte sich Hans Müller am 19. Juni 1525 an den Obersten Hamann Metzger aus Denzlingen in der Herrschaft Hachberg bei Freiburg um Hilfe, *dann sich die Stett am Bodensee hefftig sterken und der Pundt mit Macht heruff zücht.*[209] In dem Ausruf, ihr Zuzug tue *Not! Not Not!*, deutet sich erstmals die Verzweiflung an, die sich allmählich in den bäuerlichen Lagern ausbreitete.

Hans Müller sprach hier bereits im Namen *aller Huffen jetz im Hegaw by ainander.* Unmittelbar darauf muss er sich mit seinen Schwarzwäldern in einem Gewaltmarsch von Hüfingen nach Radolfzell verlagert haben, denn schon am folgenden Tag, dem 20. Juni, richtete er gemeinsam mit Heinrich Maler *von Zell jetzund von uns belegert* ein Schreiben an die Stadt Freiburg, in dem immer noch von den Gräueltaten der Radolfzeller Besatzung vom 5. Mai die Rede ist, nämlich, dass *die unsere Mitbrüder erbermlich verderpt habend mit Todschlag, Brand, Roub und in ander Weg, namlich drey Dörffer aus dem Grund verbrent, etlich in den Dörffern verbrent, Kind in das Für geworffen, welches sölt aim yetlichen Menschen zu hertzen gon.*[210] Die Schilderung der unmenschlichen Tyrannei der Herren zählte zu den festen Argumentationsmustern, mit denen die »Mitbrüder« anderer Landstriche zu Hilfsleistungen bewogen werden sollten.

Um dieselbe Zeit richteten die *Obersten, houptlüt, rät und ganze samlung des hufens im Hegöw vor Zell* einen verzweifelten Anruf um Schutz und Schirm an die Städte Stein, Schaffhausen und Zürich, in dem sie den reformierten Nachbarn ihre eigene evangelische Grundposition darlegten.[211] Hier suchte die »Christliche Bruderschaft« spürbar Anlehnung an die reformierten eidgenössischen Orte. Am 20. Juni erreichte ein Hilfeschreiben der Schwarzwälder und Hegauer auch die Gemeinde Weinfelden im Thurgau, sie möchte *uns helfen das hailig Evangelium, ouch unser Vatterland helfen schützen und schirmen.*[212]

Die Eidgenossen reagierten durchaus zwiespältig auf die Vorgänge im benachbarten Hegau. Einerseits spürten sie, dass dort politische und konfessionelle Veränderungen im Gang waren, die ihnen vertraut waren und denen sie Sympathie entgegenbrachten. Andererseits standen die Schweizer Obrigkeiten, die selbst seit einem Jahr erhebliche Probleme mit ihren Bauern hatten, den radikalen politischen Bestrebungen der Hegauer und Klettgauer Bauern skeptisch gegenüber. Insgesamt gewinnt man den Eindruck, in den Schweizer Orten überwog das Befremden gegenüber den deutschen Vorgängen. Ihnen ging es zualererst darum, sich gegenüber Österreich nicht zu kompromittieren und an ihrer nördlichen Grenze für Ruhe zu sorgen. Das erklärt ihre prinzipielle Vermittlungsbereitschaft, die bis in die Zeit Anfang Mai zurückreicht.[213]

Dagegen erhob sich unter den reformatorisch gesinnten Bauern im Thurgau eine heftige Debatte darüber, ob man den evangelischen Brüdern jenseits des Rheins nicht zu Hilfe kommen müsse. Die Stadt Zürich hatte alle Mühe, die Rheingrenze zu schließen für eidgenössische Bauern, die gewillt waren, den Hegauern zu Hilfe zu kommen. Insbesondere war man darüber verärgert, dass sich der untergetauchte radikale Prediger Erasmus Schmid aus Stein am Rhein am 12. Mai ins bäuerliche Lager bei Steißlingen begeben hatte. Was er dort tat, ob er sich nur informierte oder ob er den Hegauern geistige Schützenhilfe leistete, ist unklar. Von ihm und den radikalen Predigern in seinem Umfeld stammte jedenfalls das Motto, *man sy gott me schudig dann den menschen, und [es] sy göttlich und billig, dass man iren nachpurn zhilf kome …*[214]

Als gegen Ende Juni der begehrte Zuzug aus Freiburg und aus der Schweiz ausblieb und die militärische Konfrontation mit der heranrückenden Armee Mark Sittichs unausweichlich erschien, zeigten sich die Bauernhaufen vor Radolfzell endlich einverstanden mit einer Vermittlung durch Zürich und Schaffhausen. Die Gesandten dieser Städte nahmen Kontakt auf mit den Räten und Kommissaren in Stockach und Radolfzell.[215] Auf den 23. Juni bestellten die Bauern überdies Abordnungen von Konstanz und Lindau ins bäuerliche Lager, um gemeinsam mit Gesandten aus Basel, Schaffhausen und Zürich auszuloten, ob ein Friede mit den Herren zu verhandeln sei.[216]

Die Herren, selbst die in Radolfzell eingeschlossenen Räte und Kommissäre, konnten sich mittlerweile eine eher hinhaltende Taktik leisten, denn allen Beteiligten war klar, dass Mark Sittich von Ems im Anmarsch war. Die Tage vom 26. Juni bis zum 1. Juli entwickelten eine noch aus den Quellen zu erahnende Spannung, die aus der Unsicherheit rührte: Würden die eidgenössischen Vermittler einen Frieden zustande bringen oder käme es zum letzten Gefecht?

Dass die Herren trotz der Übermacht der bäuerlichen Haufen – 10 000 bis 14 000 Bauern sollen vor Zell gestanden haben[217] – auf eine Konfrontation aus waren, zeichnete sich bald ab. Mark Sittich von Ems ließ keinen Zweifel daran, dass er an einem schnellen – und blutigen – Ende interessiert war. Am 23. Juni brach er von Überlingen auf und rückte nach Sernatingen vor. Am 26. Juni wagte er mit seinen nunmehr etwa 8 000 Mann einen ersten Vorstoß. Er steckte Wahlwies in Brand und traf zwischen Stahringen und Möggingen an der sogenannten Letze auf den ersten bäuerlichen Wachposten, bestehend aus 200 Mann, hauptsächlich Schützen. Es entwickelte sich ein vierstündiges Schießen, das auf beiden Seiten Tote und Verletzte forderte. Die Bauern flohen schließlich in den Wald, Mark Sittich konnte jedoch zwei von ihnen gefangen nehmen. Den einen ließ er enthaupten, den anderen hängen. Zuvor hatte er sie über die Verhältnisse im bäuerlichen Lager verhört. Beide hatten die Zahl von 14 000 Bauern genannt.[218]

Damit war der Bund in der Offensive, und der Erfolg bei Möggingen bestärkte Mark Sittich in seiner Option auf eine militärische Niederschlagung der Revolution. Die Zeichen für eine friedliche diplomatische Lösung standen schlecht. Das bekamen die Vermittler aus Zürich, Schaffhausen und Stein am Rhein deutlich zu spüren. Gleichzeitig zeigten sich die Bauern mit den Vermittlern unzufrieden. In zwei Schreiben an die Tagsatzung in Baden in der Schweiz vom 27. und 28. Juni äußerte Hans Müller den Verdacht, die Vermittler könnten an der Billigkeit der bäuerlichen Sache zweifeln. Ihre Sache sei aber die des heiligen Evangeliums, deshalb seien sie den Herren gegenüber zu keinerlei Zugeständnissen bereit außer dem, was göttliches Recht sei.[219] Die Vermittler standen gewissermaßen auf verlorenem Posten: Von den Herren hingehalten, von den Bauern mit Misstrauen bedacht und mit nicht verhandelbaren Positionen konfrontiert, ist es eigentlich erstaunlich, dass sie bis unmittelbar vor dem bitteren Ende versuchten, einen Ausgleich zu erzielen, der ein Blutbad verhindert hätte.

Am 27. Juni wurde der Belagerungsring um Radolfzell gesprengt oder von den Bauern aufgegeben, ihre Haufen sammelten sich in verschiedenen Lagern der Umgebung. Wohl am 29. Juni suchten die Unterhändler Peter Meyer und Hans Bleuler aus Stein am Rhein den hegauischen und den schwarzwäldischen Haufen auf, um deren Standpunkte zu hören, und vereinbarten, dass die Bauern Verhandlungsartikel festlegen sollten. Von da aus gingen die Diplomaten nach Zell, nur um zu erfahren, dass das Bundesheer bereits nicht mehr hier sei, sondern in Stockach. Nach einem Abendessen wurden sie nach Stockach zu Mark Sittich von Ems geleitet. Der verwies sie an Ritter Christoph Fuchs, Doktor Stürzel und den Stadtschreiber von Zell. Diese empfingen sie »herrlich« und vermittelten eine Audienz bei den *Regenten*[220] – es ist nicht klar, wer damit gemeint war. Diese hörten sich zwar das Vermittlungsangebot von Zürich und Schaffhausen an, beharrten aber auf dem Standpunkt, dass die Bauern sich mit ihrer Rebellion vollständig ins Unrecht gesetzt hätten und es den Obrigkeiten damit frei stünde, sie zu strafen. Falls sich die Bauern aber zu Gnade oder Ungnade ergeben würden, *möcht man villicht etwas schaffen.*

Die Vermittler ließen nicht locker und schlugen vor, man solle den *armen lüten* Artikel stellen, über die verhandelt werden könne, doch das wiesen die Regenten schroff zurück: Man habe jetzt soviele reisige Knechte und Fußknechte geworben, die *wöltend ab der sach, und morgens ee zwelf ura [Uhr] müeßti Stüßlingen brünnen und mit den puren schlachen.* Da blieb den Vermittlern nichts übrig, als die Herren zu bitten, doch noch einmal über ihren Beschluss zu schlafen, *denn übernächtiger schlaf wär golds wert.* Das wurde ihnen immerhin zugestanden.

Anderntags, am 30. Juni morgens um 4 Uhr, erfuhren die eidgenössischen Unterhändler, dass die Herren bei ihrem Entschluss geblieben waren, und mit diesem Bescheid wurden sie ins bäuerliche Lager, wohl bei Steißlingen, geleitet. *Demnach kamend wir zu den puren und sagtend inen, was wir geschaffet und (dass) kein anders wäri, dann die burdi* [Bürde] *uf den hals ze nemen und luogen, wie sy der sach tätind* … Auf die Bitte um weitere Hilfe wussten die Vermittler *kein andren rat* und verließen mit dem Dank der Bauernführer das Lager.[221]

Auf diese Nachricht hin machte sich bei den Bauern Verzweiflung breit. In der Nacht zum 1. Juli verließ Hans Müller von Bulgenbach mit seinen Schwarzwäldern das Steißlinger Lager. Wirkt diese Nachricht zunächst so, als habe Müller die Hegauer ihrem Schicksal überlassen, so gibt es doch einen Hinweis darauf, dass der Oberste Hauptmann noch einen letzten verzweifelten Versuch unternahm, Hilfe zu organisieren. Denn wenige Tage später tauchte er auf einer Versammlung der Markgräfler Bauern in Schopfheim auf, die ihm aber nicht helfen konnten. Auf der Rückreise aus dem Markgräflerland geriet er am 10. Juli bei Laufenburg in Gefangenschaft.

In der Zwischenzeit war das Schicksal seiner Brüder im Hegau längst entschieden. Diese stellten sich am Samstag, dem 1. Juli, bei Steißlingen, wurden jedoch nach einem zweistündigen Gefecht in die Flucht geschlagen. Teile der Haufen sammelten sich am 2. Juli nochmals an einem Berg namens Laffensteig bei Radolfzell. Von dort schossen sie angeblich mit hölzernen Kugeln und Bengeln in die Stadt.[222] Auch dieses letzte Aufgebot wurde von den Bündischen gesprengt, so dass alle *zerstubend als wenn der wind in das mel kumpt.*[223] Einigen Anführern gelang nach Auskunft der Villinger Chronik die Flucht auf den Hohentwiel zu Herzog Ulrich, der mächtig unter die Verfolger schießen ließ.

Die Hegauer Bauern sind also am 26. Juni, am 1. und 2. Juli 1525 an drei Orten geschlagen worden. Sie haben sich nach dem Abzug der Schwarzwälder durchaus dem Kampf gestellt. Aber sie waren zahlenmäßig unterlegen, sie waren im offenen Gefecht unerfahren, und sie kämpften mittlerweile aus einer verzweifelten Defensive. Möglicherweise hat der Schweizer Chronist Johannes Stumpf recht, wenn er schreibt, sie seien zuletzt *hertzloß*, das heißt mutlos geworden.[224] Als am Sonntag, dem 2. Juli 1525, um den Hohentwiel herum der letzte Pulverdampf verflogen war, nahm der Bauernkrieg im Hegau dort sein Ende, wo er genau neun Monate zuvor begonnen hatte, unweit Hilzingens unter der Begleitmusik Hohentwieler Kanonen.

Bestrafung und Wiederherstellung der feudalen Ordnung

Die Bundestruppen unter der militärischen Führung der Hauptleute Mark Sittich von Ems, Graf Felix von Werdenberg, Caspar Dornsperger aus Überlingen und unter der politischen Leitung der österreichischen Kommissäre Christoph Fuchs und Konrad Stürzel schlugen ihr Lager in Hilzingen auf, und zwar, wenn man der Villinger Chronik folgt, bereits am 1. Juli 1525. Die Wahl dieses Ortes mag topographische und strategische Gründe gehabt haben, mit Sicherheit hatte sie aber auch einen enormen symbolischen Wert. Die Sieger machten Hilzingen, den Ausgangspunkt des hegauischen Bauernkrieges, zur Basis der Wiederherstellung der feudalen Ordnung, und dies, obwohl die Gemeinde Hilzingen selbst seit Mitte April befriedet war. Die erste Hälfte des Monats Juli agierten die Truppen des Schwäbischen Bundes von Hilzingen aus, hier wurde auch die rechtliche Unterwerfung der Bauern inszeniert. Vom 14. bis 22. Juli lagerte der Bund dann in Steißlingen, das eine ähnliche Rolle wie Hilzingen gespielt hatte.[225]

In den ersten Tagen des Juli wurden die verschiedenen Landstriche des Hegaus eingenommen. Die Niederwerfung des Aufruhrs war mit einer ungeheuren Grausamkeit und offenkundiger Rachsucht verbunden. Wo immer Mark Sittichs Abteilungen auftauchten, trieben sie die versprengten Bauernkriegsteilnehmer zusammen. Viele Funktionsträger wurden geköpft, andere an Bäumen aufgehängt. Mehr als 24 Dörfer soll Mark Sittich in diesen Tagen niedergebrannt haben. Welche Orte dies – außer Steißlingen, Wahlwies und den Dörfern der Höri – im einzelnen waren, lässt sich kaum rekonstruieren. Im benachbarten Thurgau war man über die Brandschatzungen entsetzt, Zürcher Vermittler versuchten ein letztes Mal – und wieder ohne Erfolg – mildernd einzugreifen.[226]

Von Hilzingen aus streiften die Bundestruppen schließlich in die Nachbarregionen. Am 8. Juli ergaben sich die fürstenbergischen und schellenbergischen Untertanen auf der Baar. Da der Graf von Fürstenberg von den verheerenden Brandschatzungen im Hegau gehört hatte, bat er schriftlich um Verschonung seiner Dörfer.[227] Von der Baar aus wandte sich der Bund nach Süden, schlug am 9. Juli in Watterdingen sein Lager auf und warf in den folgenden Tagen die Stühlinger nieder, die am 12. Juli huldigten. In diesem Zusammenhang gelang Ulrich von Habsberg am 10. Juli 1524 mit der Gefangennahme des bedeutendsten Bauernführers, Hans Müllers von Bulgenbach, ein Erfolg von hohem symbolischem Wert. Diese wichtige Nachricht übermittelte Christoph Fuchs am 14. Juli aus Steißlingen an Dr. Jakob Frankfurter in Ulm.[228]

Zahlreiche sogenannte Rädelsführer, die in den Bauernhaufen militärische oder politische Funktionen gehabt hatten, flohen vor der gnadenlosen Verfolgung in die nahe Schweiz. Sie hielten sich hauptsächlich um Steckborn, Stein am Rhein, Diessenhofen und Schaffhausen auf und bereiteten hier sowohl den Eidgenossen wie den Bündischen jenseits des Rheins Probleme. Da sie ohne Nahrungsmittel waren, schlossen sie sich in Gruppen von »Banditen«[229] zusammen und liefen bei Tag und Nacht in den Hegau, um Vieh und andere Güter zu rauben.[230] Im Übrigen betätigten sie sich als Heckenschützen, die den Bündischen auflauerten und ihre Standesgenossen, die inzwischen gehuldigt hatten, unter Druck setzten. Christoph Fuchs verlangte am 14. Juli 1525 zwei Fähnlein Bundestruppen, um Streifzüge auf die *panditen* durchführen zu können: *diese ligen hinder den Hegken vnd erschiessen die lewt, so miessen die gehuldigten sich vor den bessen* [bösen] *buben auch besorgen.* Noch am 29. Juli teilte Fuchs dem Erzherzog mit, die in die Schweiz Ausgetretenen griffen täglich die Gehuldigten im Hegau an.[231]

Die Angelegenheit der Flüchtlinge aus dem Hegau und aus Oberschwaben im schweizerischen Thurgau beschäftigte die Beteiligten noch wenigstens ein Jahr. Im September 1525 stand die Reichsstadt Augsburg wegen entwichener Rädelsführer mit den Eidgenossen im Briefverkehr.[232] Im Oktober mahnte die Stadt Zürich die Gemeinde Stammheim, Flüchtlingen und *Banditen* keinen Unterschlupf zu gewähren; insbesondere fahndete man damals nach einem gewissen Jacob aus Öhningen.[233] Im Dezember 1525 beschloss die Luzerner Tagsatzung, im Thurgau *gefangene Banditen* den österreichischen Behörden auszuliefern. Ebenda wurde beratschlagt, was mit dem von den hegauischen Bauern nach Diessenhofen gebrachten Geschütz geschehen solle.[234]

Trotz der Auslieferung von hegauischen Bauernkriegsteilnehmern scheinen sich noch im folgenden Jahr Hunderte von Flüchtlingen im Thurgau aufgehalten zu haben. Als im April 1526 das Gerücht kursierte, Herzog Ulrich von Württemberg wolle einmal wieder mit Hilfe entlaufener *ufwigler und redlifürer* eine Empörung anzetteln, holte man darüber genauere Kundschaften ein. Dabei erwies sich das Gerücht zwar als unwahr, doch wurde festgestellt, dass sich im Thurgau *etlich außtreten oder banditen*, jedoch *nit über sechshundert* aufhielten, die bereit seien, den Salzburgischen Bauern zuzuziehen.[235] Die Zahl von 600 Flüchtlingen noch im April 1526 scheint mir bemerkenswert.

Mittlerweile war die Unterwerfung der Hegauer und ihrer Nachbarn längst in juristische Formen gegossen worden. Es wurden Unterwerfungsartikel abgefasst, die unter der Bezeichnung »Hegauer Vertrag« oder nach seinem Entstehungsort als »Hilzinger Vertrag« in den Quellen erscheinen. Dabei ist die Bezeichnung »Vertrag« für dieses Dokument als Euphemismus zu werten. Denn von einem Vertrag im Sinne einer Vereinbarung zweier gleichwertiger Parteien kann keine Rede sein. Da der Schwäbische Bund Kapitulationsverhandlungen abgelehnt und militärisch gesiegt hatte, war er in der vorteilhaften Lage, den Bauern die Bedingungen ihrer Rückkehr unter die feudale Botmäßigkeit zu diktieren. Der »Hilzinger Vertrag« begründete und zementierte nach der gescheiterten bäuerlichen Revolution die Fortdauer der feudalen Herrschaft auf Jahrhunderte hinaus.

Der Vertrag ist in mehreren annähernd identischen Fassungen original und in Abschriften überliefert.[236] Er wurde auch zur Grundlage der Unterwerfung der Stühlinger, Klettgauer und Baarbauern. Der Vertrag dürfte in den ersten Julitagen im Umfeld von Christoph Fuchs von Fuchsberg und Jakob Stürzel von Buchheim wohl in Hilzingen verfasst worden sein. Der erste Unterwerfungsakt einer Gemeinde oder Herrschaft hat offenkundig schon am 4. Juli stattgefunden. Nach den Abschriften im Karlsruher Generallandesarchiv wurden am 4., 5., 6. und 7. Juli 1525 derlei Verträge ausgefertigt. Wir kennen allerdings nur die Adressaten der Ausfertigung vom 5. Juli. An diesem Tag schlossen die rebellischen Dörfer Öhningen, Bohlingen und Gaienhofen den Vertrag mit Mark Sittich von Ems, Christoph Fuchs von Fuchsberg, Hans Jakob von Landau und Jakob Stürzel von Buchheim. Man muss sich diese Veranstaltung als ein großes Unterwerfungs- und Huldigungsritual vorstellen. Alle erwachsenen Männer aus der Höri mussten in Hilzingen erscheinen, dem verlesenen Vertragstext zustimmen, ihre Waffen und Fahnen symbolisch niederlegen und anschließend dem Bischof von Konstanz in Gestalt eines seiner Beamten huldigen.

Eine zweite Originalausfertigung des Hilzinger Vertrags stammt vom 25. Juli und betraf die Untertanen des Klosters Reichenau. Diese Urkunde soll hier in Regestenform, also dem Inhalt nach vorgestellt werden. Es wird dabei deutlich, dass der Grundtext des Vertrages den jeweiligen lokalen Verhältnissen angepasst wurde:

Hilzingen, 25. Juli 1525. Vertrag zwischen Mark Sittich von Ems, Christoph Fuchs von Fuchsberg und Hans Jakob von Landau mit den Untertanen des Klosters Reichenau, die von ihrer Herrschaft abgefallen waren und die Stadt Radolfzell belagert hatten. Sie müssen

1. *ihre Fähnlein, Harnisch, Büchsen und Wehr ablegen,*
2. *ihrem Herrn Treue und Gehorsam schwören,*
3. *in ihren Kirchen die christliche Ordnung wie von altersher halten,*
4. *ersetzen, was sie den Kirchen und Kirchenpflegern genommen haben.*
5. *Die Rädelsführer sollen nach der Schwere ihres Vergehens bestraft werden.*
6. *Die Brandschatzung für die Dörfer des Klosters Reichenau beträgt 3 000 Gulden, wobei die von Wollmatingen, da sie zweimal abgefallen sind, doppelt beisteuern.*[237]
7. *Die Glockentürme sollen abgebrochen, die Glocken, mit denen zum Sturm geläutet wurde, abgegeben werden.*
8. *Die Rathäuser sollen abgebrochen werden (diese bemerkenswerte Bestimmung fehlt im Vertrag mit der Höri).*
9. *Die nicht in der Empörung waren, auch Witwen und Waisen, sollen geschont werden.*
10. *Wer mit dem Leben bestraft wird, von dessen Erbe soll »nit mer dann der Costen« [für die Hinrichtung] genommen werden.*
11. *Den Entwichenen sollen Frauen und Kinder nachgeschickt werden.*
12. *Wer einen Entwichenen ersticht, wird nicht bestraft.*
13. *Die Untertanen verpflichten sich, die Entwichenen, wenn sie heimkehren, gefangen zu nehmen und nach Konstanz oder Stockach zu überführen.*

Siegel des Christoph Fuchs von Fuchsberg und dessen eigenhändige Unterschrift (Generallandesarchiv Karlsruhe Abt. 5 Nr. 12743).

In den übrigen Verträgen wurde festgelegt, dass jeder Haushalt, der an der Rebellion beteiligt war, 6 Gulden Strafe zu zahlen hatte. Das brachte für die Herrschaften das organisatorische Problem mit sich, von Dorf zu Dorf und von Haus zu Haus eine Strafgeldeinzugsliste zu führen. Diese Aufgabe fiel dem Amtmann und Pfennigmeister Peter Öfner in Stockach zu. Es ist auch tatsächlich belegt, dass solche Listen oder *Register der Prandschatzung* geführt wurden.[238]

Bereits am 14. Juli 1525 – die Verträge waren noch nicht einmal alle unter Dach und Fach – schreibt Christoph Fuchs von Fuchsberg, die Bauern *Zaln Ir uffgelegt brandtschatzgelt erbercklich* [ehrbar, gewissenhaft], der Einzug der Strafgelder war also bereits in vollem Gange.[239]

Leider sind diese Brandschatzungsregister für den Hegau nicht überliefert. Sie wären für uns als eine Art Teilnehmerliste eine unschätzbare Quelle.[240] So verfügen wir lediglich über einige Teilnehmernamen aus Dörfern der Höri. Dort wurden am 15. Juli 1525, also zehn Tage nach ihrer Unterwerfung, folgende Personen mit Strafgeldern zwischen 5 und 15 Gulden bestraft.[241]

Ulrich Mayer
Jacob Mesner
Peter Keller, Gaienhofen
Henslin Großhans d.J.
Ulrich Schirmer d.A.
Kleinhans Berger, Keller zu Horn
Burkart Bruttel, Horn
Jacob Mayer von Weiler
Thoni Gneding
Hans Graf von Iznang
Vitus Ebinger, Bohlingen
Simon Mayer, Bohlingen
Kleinhans Rößler, Bohlingen
Ulrich Bölle, Bohlingen
Pangratz Winterlin, Bohlingen.

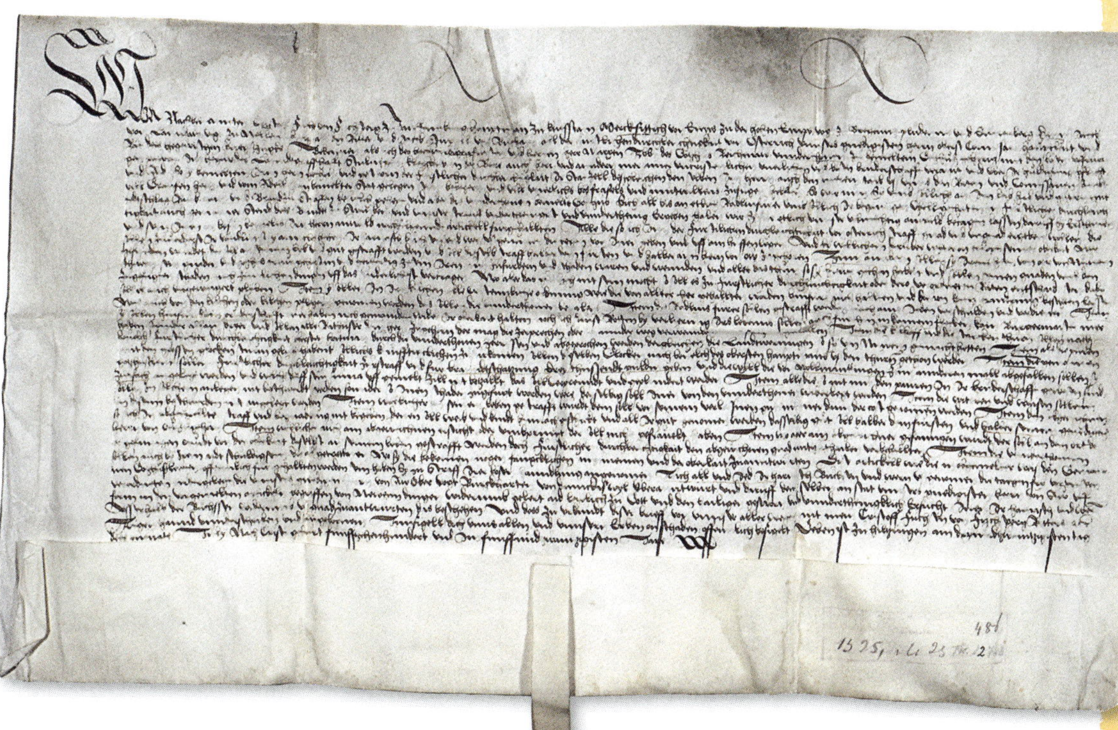

Hilzinger Vertrag zur Unterwerfung der aufrührerischen Bauern des Gotteshauses Reichenau vom 25. Juli 1525.

Landesachiv Baden-Württemberg, Generallandesarchiv Karlsruhe 5 Nr. 12743.

1525

Nachdem die wichtigsten Herrschaftsträger im Hegau – Österreich, Kloster Reichenau und Konstanz – ihre Gemeinden wieder unter ihre Botmäßigkeit gezwungen hatten, standen die Verträge des Adels mit ihren Untertanen teilweise noch längere Zeit aus, obwohl der österreichische Landesherr auf eine Neuordnung der Verhältnisse auf der Grundlage des Hegauischen Vertrags drängte. Relativ früh kam es am 18. August 1525 zu einem Vertrag Hans Heinrichs von Klingenberg mit Vogt, Gericht und Gemeinde der Dörfer Worblingen und Ramsen, wobei hier erstmals sichtbar wird, dass auch diese Gemeinden sich zeitweilig in die allgemeine Erhebung eingereiht hatten. Worblingen musste ein Strafgeld von 100 Gulden für den angerichteten Schaden aufbringen. In diesem Dorf muss es im Herbst des Jahres zu einem dramatischen Vorfall gekommen sein. Am 6. November 1525 zeigte die Stadt Schaffhausen den Zürichern an, dass *etliche Banditen* zu Worblingen am Vogt Hans Heinrichs von Klingenberg einen (nicht näher gekennzeichneten) Frevel begangen hätten und nun in der Gegend von Stammheim flüchtig seien.[242] Hier scheint sich zu konkretisieren, was Christoph Fuchs meinte, als er von Anschlägen der geflohenen Bauern auf ihre gehuldigten Standesgenossen sprach.

Am 24. Januar 1526 kam es zu einem Vertrag zwischen den Herrschaften Homburg, Bodman und der Stadt Radolfzell mit ihren Untertanen in Radolfzell, Möggingen, Bodman, Espasingen, Güttingen, Wahlwies und auf der Höri.[243] Dieses umfangreiche Vertragswerk ist insofern von Interesse, als nach lokaler Überlieferung die Untertanen der Herrschaft Bodman nicht an der bäuerlichen Empörung beteiligt waren. Dies lässt sich aber wegen dieses Vertrags in dieser Absolutheit kaum aufrecht erhalten. Zumindest einzelne Bodmansche Unter-

Die Stadt Überlingen stellte für die Bekämpfung der Hegauer Bauern ein Kontingent von circa 2 000 Mann und fühlte sich damit als Mitbesiegerin des Aufruhrs. Im Jahr 1528 erhielt sie dafür zum Dank eine Wappenbesserung mit dem Reichsadler. Der Konstanzer Meister Ludwig Stillhart fertigte dazu eine Kabinettscheibe für das Überlinger Rathaus an, die im oberen Drittel ein einzigartiges Bildzeugnis für den Sieg über die Bauern enthält. Unter der Jahreszahl 1525 ist die Konfrontation des Heeres des Schwäbischen Bundes mit den Bauernhaufen dargestellt. Während die vorderen Reihen der Bauern noch mit Büchsen und Degen kämpfen, wenden sich die hinteren bereits zur Flucht. Die Bundschuhfahne ist schon gesunken, während eine zweite Fahne mit dem Pflug noch steht. Bemerkenswert ist, dass nicht nur das Bundesheer über Artillerie verfügt, sondern auch die Bauern. Angefeuert wird der Kampf des Bundesheeres durch Pfeifer und Trommler, bei den Bauern durch Schalmeienbläser und Sackpfeifer. Stadtarchiv Überlingen, Foto: Lauterwasser.

tanen müssen sich der Rebellion angeschlossen haben. Unklar wann, aber wohl in zeitlicher Nähe zu diesem Vertrag kam es auch zur Bestrafung der Gemeinde Orsingen durch die Herren von Homburg. Die dortigen Bauern mussten, um ihr Strafgeld bezahlen zu können, 100 Gulden aufnehmen. Noch 1537 hatte Junker Adam von Homburg Güter von geflohenen *Banditen* in Nutzung, und Wolf von Homburg hielt seinen Untertanen noch im Jahr 1548 ihre Beteiligung am Bauernkrieg vor.[244]

Am 1. Juni 1526 hatten sich längst nicht alle Herrschaften mit ihren Untertanen vertragen, wie Christoph Fuchs dem Innsbrucker Hofrat mitteilte. Dabei ist auch die Rede von *der gantzen gemeind Zu Hültzingen* und ihren verschiedenen Herren Klingenberg, Schellenberg, Stoffeln, Fitelhans von Fulach und Hans Walther von Laubenbergs Witwe. Verträge bestanden nach Fuchsens Auskunft allerdings zwischen Adam und Wolf Dietrich von Homburg und ihrem Dorf Steißlingen und zwischen Pilgrim und Jakob von Reischach zu Stoffeln mit Binningen, Schlatt am Randen und Weiterdingen. Auch Graf Georg von Lupfens Untertanen (Engen und Herrschaft Hewen) unterlägen dem Hilzinger Vertrag.[245] Am 1. August 1526 wurden schließlich alle Landschaften im Einzugsbereich der früheren »Christlichen Bruderschaft«, die sich nun mit ihren Herrschaften vertragen und zur Strafgeldzahlung verpflichtet hatten, in einem Gesamtdokument zusammengefasst.[246]

Hatte Christoph Fuchs von Fuchsberg im Juli 1525 vermelden können, die gestraften Bauern kämen ihren Zahlungen *ehrbarlich* nach, so ging der Strafgeldeinzug später eher schleppend vonstatten. Im November 1525 wurde Pfennigmeister Peter Öfner vom Hofrat ermahnt, nicht so sehr in eigenen Geschäften unterwegs zu sein, sondern sich um den Einzug der Brandschatzung zu kümmern. Zur selben Zeit, am 7. November 1525, ernannte Erzherzog Ferdinand Kommissare zur Erhebung des von den Bauern erlittenen Schadens, darunter Hans Jakob von Landau und Wolf Dietrich von Homburg.[247] Zwischenzeitlich füllten sich trotz schleppenden Einzugs die Kassen des Landschreibers mit den Strafgeldern. Am 17. Dezember 1526 ließ der Erzherzog vom *Hegewischen Brandschatzgeld* einem Diener 124 Gulden ausbezahlen, und noch am 8. Oktober 1528 baten Bürgermeister und Rat der Stadt Radolfzell den Innsbrucker Hofrat, Schulden und Auslagen in Höhe von rund 854 Gulden *von dem ingebrachten branndtschatzung gellt Zu betzalen.*[248]

Welche Not die Brandschatzungen über das Land brachten, zeigen noch 1531 Berichte aus dem Elsass. Dort seien ganze Landstriche in die Armut gezwungen worden, viele Bauern seien *aus dem Land mit Weib unnd Kinden an bettel getzogen ...*[249] Es dürfte im Hegau nicht anders gewesen sein.

Bleibt zuletzt die Frage, was aus den großen Führergestalten des Bauernkriegs geworden ist. Bekanntlich waren viele der sogenannten Rädelsführer, also die politischen und militärischen Köpfe der Bewegung, die bei ihrer Gefangennahme der Todesstrafe unterlegen wären, in die Schweiz geflohen. Ein großer Coup war allerdings Ulrich von Habsberg gelungen, als ihm mit Hans Müller von Bulgenbach am 10. Juli 1525 die überragende Gestalt der »Christlichen Bruderschaft« in die Hände fiel. Hans Müller sollte am 12. August 1525 in Laufenburg mit dem Schwert hingerichtet werden.[250]

Der Villinger Chronist Heinrich Hug macht anlässlich seines Berichts von der endgültigen Niederschlagung der Klettgauer Bauern am 5. November 1525 bei Grießen eine für den Hegau interessante Mitteilung. Nach der Erstürmung des Kirchhofs sei der Grießener Pfarrer Hans Rebmann gefangen genommen worden und mit ihm ein weiterer Geistlicher: *Item man fieng ain pfaffen, hies her Baschon von Hattingen, den fůrtten die von Zell* [Radolfzell] *mit inna haim.*[251] Dieser Pfaff von Hattingen erinnert an jenen Hegauer Bauernoberst, der am 28. Mai 1525 an der Spitze des Steißlinger Haufens gestanden hatte. Allerdings trug jener den Namen Hans, nicht Sebastian. Für eine Identität beider Personen könnte dennoch sprechen, dass dieser Pfarrer von den Radolfzellern mit *heim* genommen wurde. Der Chronist Hug kündigte an, über die Bestrafung des Hattinger Pfarrers in seiner Chronik weiter Auskunft zu erteilen, hat dieses Versprechen aber nicht eingelöst, es sei denn, der Bericht über die Verurteilung dreier Luther-Anhänger in Stockach bezöge sich unter anderem auf den Hattinger Pfarrer.

Wenn unsere Informationen über lutherische Pfarrer im Hegau, die sich in den Dienst der bäuerlichen Revolution gestellt hatten, äußerst rar sind, so machen derlei Nachrichten doch deutlich, dass es im hegauischen Klerus durchaus Anhänger der Reformation gegeben haben muss. Mark Sittich von Ems hatte bei seiner Einnahme des Hegaus neben den bäuerlichen Rädelsführern auch *Pfaffen* erstechen, hängen und blenden lassen.[252] Noch 1527 wurden vier angeblich lutherische Geistliche wegen ihrer Bauernkriegsteilnahme verhaftet, darunter Johannes Hüglin, der Frühmesser aus Sernatingen, der in einem aufsehenerregenden Ketzereiprozess in Meersburg am 10. Mai 1527 zum Tode verurteilt wurde.[253]

Über das Schicksal der Obersten Hauptleute Hans Murer von Mühlhausen und Heinrich Maler von Steißlingen ist nichts bekannt. Hans Murer war zwar nach der Sernatinger Abrede vom 27. Mai 1525 ausgeschieden, musste aber als einer der Anführer mit einer empfindlichen Strafe rechnen. Das letzte Lebenszeichen Malers war ein Dankesschreiben vom 29. Juni 1525 an die Eidgenossen. Dass er das Schicksal seines Weggefährten Hans Müller teilte und am Ende in Gefangenschaft geriet, ist zwar nicht überliefert, aber dennoch wahrscheinlich. Vielleicht gehörte er zu jenen 50 Haupträdelsführern, die Mark Sittich von Ems Ende Juli 1525 zur Bestrafung mit nach Bregenz nahm. Die Emser Chronik von 1616 berichtet, die gefangenen rebellischen Bauern hätten die große Glocke aus vnd Vettern / Burckhart / Marquart / Friderich vnnd Wolff Dietrich Ritter. Anno 1524. Als König Francisc zu Franckreich / im Thiergarten zu Pauia gefangen / ward er Obrister vnnd nicht geringer vrsächer deß gantzen Siegs / er hatte zu anfang der Schlacht absanderlichen Streit mit dem Langenmantel Teutschen Frantzösischen Obristen / deme er in solchem das Leben name / welches Langenmantels Rüstung / in der Rüstkammer auff HohenEmbs gezeigt wirdt.

Anno 1525. der Bawren Krieg / daruon die groß Glogcken / so zu Embs in der Pfarrkirchen geleut wirdt / vnd die Rebellischen Bawrē zu Hültzingen im Hegöw / vom Thurñ herab gelassen / ein Stuck darauß zugiessen / solliche mit jrē selbs leibern / (dann sie Roß darfür spannen wolten) von jhme an Vndersee zuziehen gezwungen wurden: Vor Bregentz ließ er in die 50 diser Rebellischen Bawren an einer Straß an die Aychen hencken / allda es noch der zeit bey den henckeychen genandt wirdt. Er erlangt auch für sich vnd seine Erben vnd Vnderthonen Freyheit / für kein Landt oder frembd Gericht geladen zu werden: Sein Begräbnuß findet man zu Embs vnder einē gehawnen Marmelstein / dessen vberschrifft hiebey vermeldet

DA ligt begraben der Edel vnd Gestreng Herr / Herr Marx Sittich von Embs zur HohenEmbs Ritter / Römischen Kayserlichen Mayestät Raht vnnd Vogt zu Bregentz / ꝛc. Vnnd Helena von Embs Geborne von Freyberg / sein Ehelicher Gemahel: Auch ligt da begraben / Herr Marquart von Embs zu der HohenEmbs Ritter / vñ Anna von Landenberg zu der Hohen Landenberg / sein Ehlicher Gemahel / deß obgenanten Herren Marxen von Embs Vatter vñ Mutter Weitter ligt da begraben der Edel vnnd Vest Marquart von Embs / vnd Froneck von Neidegck sein Ehelicher Gemahel / deß obgenandten Herren Marxen Ehelicher Sohn. Auch ligt da begraben der Edel vnd Vest Friderich von Embs / deß obgenandten Herren Maxen Ehelicher

J 2 Sohn /

Hilzingen herablassen und mit eigener Kraft an den Bodensee führen müssen. Mit der Glocke und den Gefangenen an Bord sei er über den See gefahren. *Vor Bregentz ließ er in die 50 diser Rebellischen Bawren an einer Straß an die Aychen hencken ...*[254]

Die Bilanz des Bauernkriegs im Hegau sah düster aus: Mehrere hundert Rädelsführer dürften im Juli 1525 verstümmelt, gehenkt und erschlagen oder später zum Tod verurteilt worden sein. Mehrere hundert hatten in der Schweiz Zuflucht gesucht. Da ihnen in der Regel Frauen und Kinder nachgeschickt wurden, dürften die Bevölkerungsverluste in die Tausende gegangen sein. Ein Bevölkerungsrückgang um bis zu 10%, bezogen auf 18 000 bis 20 000 Hegaubewohner, ist mithin durchaus realistisch. Die Tötung von Familienvätern und erwachsenen Söhnen hinterließ zahlreiche unvollständige Bauernfamilien und bewirkte einen Frauenüberschuss. Die verbleibende Bevölkerung wurde über Jahre hinweg von merklichen Existenzschwierigkeiten geplagt. 24 Dörfer waren ganz oder teilweise in Asche gelegt worden. Allein der Wiederaufbau dürfte Jahre in Anspruch genommen haben, von den Kosten ganz zu schweigen. Darüber hinaus waren ungeheure Summen an Strafgeldern aufzubringen. Allein die Gemeinden um Radolfzell zahlten 8 000 Gulden, die Dörfer des Klosters Reichenau 3 000 Gulden. Einzelne Gemeinden wie etwa Orsingen mussten sich für ihre Strafauflagen tief verschulden.

Wenn wir nach dem Durchdringungsgrad der bäuerlichen Revolte im Hegau fragen, so lässt sich dies mangels genauer Teilnehmerlisten natürlich nur schwer beantworten. Auffällig ist allerdings, dass annähernd alle Dörfer des Hegaus in das Strafregister vom 1. August 1526 aufgenommen sind. Sicherlich waren nicht alle Gemeinden gleich intensiv beteiligt, und sicherlich waren nicht alle Haushalte in die Rebellion verstrickt. Doch wenn wir hören, dass zeitweilig bis zu 5 000 Hegauer Männer unter Waffen standen, dann dürfte die Schätzung, dass mindestens 70% der Haushalte den Bauernkrieg in irgendeiner Form unterstützt haben, nicht übertrieben sein.

Wieviele hiervon allerdings den »evangelisch« orientierten Zukunftsvisionen der radikalen Revolutionäre anhingen, muss offenbleiben. Da am Ende die reformatorisch gesinnten Geistlichen verstümmelt oder zum Tode verurteilt wur-

Seite 35 aus der 1616 gedruckten Emser Chronik mit dem Bericht über die Bestrafung der aufrührerischen Bauern im Hegau und den Abtransport der großen Hilzinger Glocke nach Ems in Vorarlberg.

den und die radikalen Führer zu Tode kamen oder das Land verließen, waren mit der Niederschlagung des Bauernkriegs die bescheidenen reformatorischen Ansätze im Hegau mit Stumpf und Stiel ausgerottet. Die Frage, wie groß in der Bevölkerung des Hegaus damals die Anhängerschaft der Reformation war, wird sich vermutlich nie mehr genau ergründen lassen. Dass diese nicht allzu gering eingeschätzt werden darf, lässt der »Hilzinger Vertrag« mit der erzwungenen Rückkehr zum alten Glauben zumindest erahnen.

EPILOG

Hans Müller von Bulgenbach behauptete in den Verhören vor seiner Hinrichtung: *Wenn den Bauern im Hegau die Sache nicht mißlungen (wäre), so wären die Bauern der Eidgenossen und sie zusammengekommen.*[255] Diese Vision des großen Bauernkriegsführers hätte die eidgenössischen Obrigkeiten mutmaßlich wohl ebenso erschreckt wie den vorderösterreichischen Adel diesseits des Rheins. Denn ein Sieg der bäuerlichen Erhebung erschien den »bürgerlich« dominierten Führungsgremien der Eidgenossen ebenso ein Gräuel wie dem deutschen Adel. Dennoch lag Hans Müller mit seiner Einschätzung vermutlich nicht ganz falsch: Die rebellischen Bauern der Nordschweiz, die zum Teil den radikalen, täuferisch geprägten Reformatoren anhingen, dürften den radikalen Klettgauer, Stühlinger und Hegauer Bauern im Geist relativ nahe gestanden haben.[256] Sie waren bereit, den Hegauern und Klettgauern zu Hilfe zu kommen, während sich die Obrigkeiten aus diplomatischen Rücksichten, aber auch aus einer prinzipiellen Befremdung heraus vornehm zurückhielten.

Die Aussage Hans Müllers kurz vor seiner Hinrichtung stützt jedenfalls Peter Blickles Einschätzung, dass es der Führung der aufständischen Hegauer mit ihren Hilfsappellen und ihrer Verbrüderungsrhetorik gegenüber den thurgauischen Eidgenossen spätestens seit dem 24. April 1525 – ernsthaft um eine Annäherung, wenn nicht Integration in die Eidgenossenschaft ging.[257] Doch dieses von den Ideologen und Strategen der Bewegung angestrebte Ziel erscheint bei genauer Betrachtung aus der Rückschau ebenso unrealistisch wie ein Erfolg dieser Revolution im Reich.

Die Frage: »Was wäre geworden, wenn die Bauern ihre Ziele erreicht hätten« ist zwar nicht zu beantworten, sie bleibt deswegen nicht minder reizvoll. Die politischen und gesellschaftlichen Ordnungsvorstellungen der »Christlichen Vereinigung« in Oberschwaben und der »Christlichen Bruderschaft« in Südwestdeutschland enthielten neben zukunftsweisenden demokratischen Prinzipien (Freiheit, Gleichheit, »Brüderlichkeit«, Kommunalismus) in ihrer radikal-evangelischen Ideologie und in ihrer Tendenz zu Zwangs- und Terrormaßnahmen bis hin zum Mord ein Potential theokratisch-totalitärer Herrschaftsausübung, das aus heutiger Sicht befremden muss. So hinterlässt die Beschäftigung mit dem Bauernkrieg im Hegau auch 500 Jahre nach seinem Ende einen durchaus zwiespältigen Eindruck.

Nach der Niederschlagung ihrer Rebellion waren die Bauern jedenfalls zurückgestoßen in jene feudalistische Herrschaftsstruktur, gegen die sie aufbegehrt hatten. Dennoch war nach dem Bauernkrieg im Hegau weder das Gemeindeprinzip noch ein vitales Gemeindebewusstsein ausgerottet, und selbst die rebellische und widerständige Ader der Hegauer war nicht völlig versiegt. Dieser Versuch einer Revolution war insofern nicht vergebens gewesen, als in der Folge im Herrschaftsvertrag der Herren mit den Untertanen ein Austarierungsprozess einsetzte, in dem die vielfältigen und territorial weit gestreuten Konflikte zwischen Herrschaften und ihren Untertanen in einem Prozess der »Verrechtlichung« ausgehandelt wurden. Das heißt die Herren hatten verstanden: Sie hatten aus der »Revolution des Gemeinen Mannes« gelernt, und die Untertanen erhielten im Rahmen des Reichsrechtes die Strukturen (Reichskammergericht), mit deren Hilfe sie sich gegen Unrecht wehren konnten.[258] Allerdings hat dieser gesellschaftliche Kompromiss die feudalen Strukturen, die die Bauern 1525 gerne beseitigt hätten, für weitere 300 Jahre zementiert.

Zum Schluss sollen in einer Art Ausblick die Nachwehen des Bauernkriegs im Hegau im 16. Jahrhundert, aber auch einige Beispiele für die Verrechtlichung der Konflikte vorgestellt werden.

Als am 11. Februar 1527 die Bauern im Thurgau Sturm läuteten, sollen ihnen etliche Bauern vom Bodensee und *aus der Höri* zugelaufen sein, um mit ihnen zu konspirieren.[259] Das heißt, in den am nächsten zur Schweiz gelegenen Orten, insbesondere auf der Höri, schien die Unzufriedenheit auch nach der »Befriedung« des Landes nicht beseitigt gewesen zu sein. Und gerade hier loderte die Flamme der Empörung neun Jahre nach dem Ende des Bauernkriegs ein weiteres Mal auf. Als es Herzog Ulrich von Württemberg im Jahr 1534 endgültig gelang, sein Herzogtum wieder zu erobern, soll in Bohlingen eine Bauernversammlung abgehalten worden sein. Ein Rädelsführer namens Prügl habe die Bauern erfolglos zur Rebellion angestachelt. Prügl sei daraufhin in den Thurgau geflüchtet und dort gestorben. Der Statthalter der vorderösterreichischen Lande und der Bischof von Konstanz drängten damals den konstanzischen Hofmeister Hans von Friedingen zur Bestrafung der Rädelsführer und Gefangennahme aller Bauern, die bei der Gemeindeversammlung gewesen waren.[260] Deutlich ist bei diesem Vorfall die Nervosität der Obrigkeiten zu spüren: Zu tief saß ihnen noch der Schock über den Bauernkrieg in den Gliedern.

Dieses Ereignis atmete durch seine zeitliche Nähe noch spürbar die Atmosphäre des Bauernkriegs. Die folgenden Beispiele aus der Gemeinde Hilzingen liegen zwar Jahrzehnte später, aber auch hier schwingt im Hintergrund die Erinnerung an den Bauernkrieg immer noch spürbar mit. Gerade das Dorf Hilzingen ist ein hervorragendes Beispiel dafür, dass innerhalb des feudalen Systems auch nach dem Bauernkrieg das kommunale Prinzip kontinuierlich wirksam blieb und sein Recht forderte.

Gut 30 Jahre nach dem Bauernkrieg begann in Hilzingen im Jahr 1556 ein Prozess um die Definition der Herrschafts- und Gemeindebefugnisse zwischen den Ortsherren von Schellenberg und Zimmern und der Gemeinde Hilzingen, der 13 Jahre später 1569 in die Niederschrift einer umfangreichen Dorfordnung mündete. Doch bis dahin gab es heftige Auseinandersetzungen. Supplikationen der Gemeinde an die Regierung in Innsbruck wechselten sich ab mit Schreiben Gebhards von Schellenberg und Gutachten der hegauischen Ritterschaft. Schellenberg erscheint in diesen Quellen im Gewand eines zur Willkür neigenden Despoten: Er maßte sich an, sein Vieh auf die Gemeindeweide zu treiben, und er hatte offenbar die Gewohnheit, Bauern von ihrer Arbeit weg zu Frondiensten zu zwingen, was die Hilzinger nicht hinnehmen wollten.

Die Regierung schlug einen Vergleich zwischen Herrschaft und Gemeinde vor. Auf die Vorlage einer entsprechenden Dorfordnung seitens der Herren reagierten die Hilzinger mit Einwänden. Die Ortsherren zeigten sich sehr verärgert über die *Freiheitswünsche ihrer ungehorsamen bauren*, denen sie immer wieder den Bauernkrieg vorhielten. Auch nach der endgültigen Annahme der Dorfordnung gab es noch Anlass zu Reibereien der Untertanen mit der Herrschaft. Im Jahr 1576 kam es zur offenen Empörung wegen der Frage des Eckerichs, also der herbstlichen Schweinemast in den Wäldern, und 1577 weigerte sich ein Hans Baumann, seinem Herrn Gebhard von Schellenberg zu huldigen. Er verbrachte mehrere Monate im Gefängnis.[261]

Noch unter den Ortsherren des 17. und 18. Jahrhunderts wusste sich die Gemeinde Hilzingen selbstbewusst für ihre Interessen einzusetzen. Diese Tradition bäuerlichen Widerstands und Gemeindeselbstbewusstseins belegt, dass in der Gemeinde Hilzingen trotz ihrer zurückhaltenden Beteiligung am Bauernkrieg ein virulentes Widerstandspotential überlebt hatte.

Ausschnitt der Karte von Tibian um 1603.

WALD
PFULLENDORF
IN DEM MADRAT
NELLENBURG
STOCKACH
HOE GOW
AVF DEN EGGEN
VBERLINGEN
BODMEN
ACH
RATOLFCELL
REICHENOW
ENGEN
STEIN
DIESSENHOFEN
Strowangen.
Steißlingen.
Mulhausen.
Friedingen.
Beringen.
Singen.
Bollingen.
Wagenhausen.
Randeck.
Ramsen.
Tiffingen.
Burgberg
Marckelfingen
Welschingen
Stoffeln.

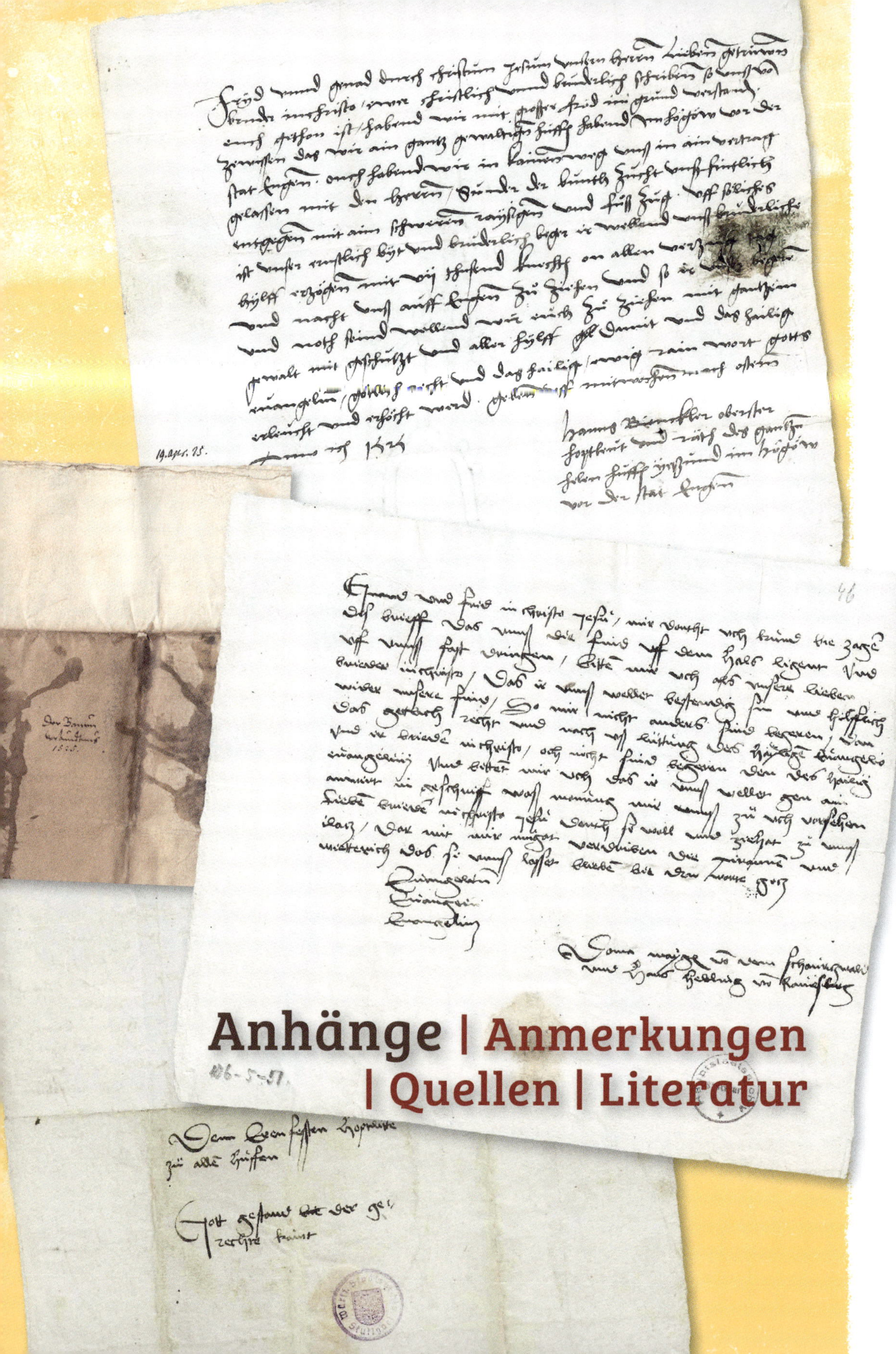

Anhänge | Anmerkungen | Quellen | Literatur

Abkürzungsverzeichnis

EA	Eidgenössische Abschiede
FDA	Freiburger Diözesanarchiv
FUB	Fürstenbergisches Urkundenbuch
GLAK	Generallandesarchiv Karlsruhe
HStASt	Hauptstaatsarchiv Stuttgart
MGH	Monumenta Germaniae Historica
StAA	Stadtarchiv Augsburg
SVGB	Schriften des Vereins für die Geschichte des Bodensees
SVGBaar	Schriften des Vereins für die Geschichte der Baar
TLAI	Tiroler Landesarchiv Innsbruck
VLAB	Vorarlberger Landesarchiv Bregenz
VSWG	Vierteljahreshefte für Sozial- und Wirtschaftsgeschichte
WVjh.	Württembergische Vierteljahreshefte
ZAA	Zeitschrift für Agrargeschichte und Agrarsoziologie
ZGO	Zeitschrift für die Geschichte des Oberrheins
ZWLG	Zeitschrift für Württembergische Landesgeschichte

Archivalische Quellen

Freiherrlich von Hornstein'sches Archiv Hilzingen-Binningen

Akten Nr. 307 Bauernunruhen in der Herrschaft Hohenstoffeln 1525

Gräflich Douglas'sches Archiv Schloß Langenstein

Urkunden LU 198 (H) und LU 235 (L)

Generallandesarchiv Karlsruhe

Abt. 5/150 Nr. 3004 (Vertrag von Hilzingen 5. Juli 1525)
Abt. 5/459 Nr. 11926 (Vertrag von Hilzingen 5. Juli 1525)
Abt. 5/486 Nr. 12743 (Vertrag von Hilzingen 25. Juli 1525)
Abt. 44/Urk. Nr. 8849 (Schellenberg)
Abt. 67/734 Kopialbuch Nellenburg 1523-1530
Abt. 74/4542-4560 Bauernkrieg am Bodensee
Abt. 225/119 Korrespondenz Überlingen mit Esslingen 1520-1529
Abt. 229/10653 Bauernkrieg in Bohlingen 1525
Abt. 229/79759 Stift Öhningen

Hauptstaatsarchiv Stuttgart

Abt. B 19 Kopialbücher Hohenberg (Schwabenbücher) Liber 1
Abt. H 54 Bü 2 Berichte des Obervogts Balingen
Bü 6 Tuttlinger Akten
Bü 9 Berichte Rudolfs von Ehingen
Bü 12 Berichte Georg Truchseß von Waldburg
Bü 13 Tuttlinger Akten
Bü 14, 15, 16, 18, 41, 48, 49, 51

Stadtarchiv Singen Dep. Freiherrlich von Reischach'sches Archiv Singen-Schlatt unter Krähen

A 60 Akten der Ritterschaft 1521-1540, darunter Korrespondenz über den Bauernkrieg 1524/25

Tiroler Landesarchiv Innsbruck

Oberösterreichische Kammer-Kopialbücher

Bd. 93 Bekennen 1524

Bd. 95 Geschäft von Hof 1525

Bd. 96 Missiven 1525

Bd. 97 Bekennen 1525

Oberösterreichische Hofregistratur

Reihe A Fasz. 12 Abt. IV Pos. 30-34

Vorarlberger Landesarchiv Bregenz

Bestand Hohenemser Archiv

Stadtarchiv Villingen Schwenningen

Best. 2 Nr. Y 2 (Urfehde Bartholome Staiger aus Klengen)

Gedruckte Quellen

Akten des Archivs von Reischach in Schlatt. Bearbeitet von Helmut **Maurer**. In: Hegau 1967, Register im Anhang zu Hegau 1968.

Anshelm, Valerius, Berner Chronik, hrsg. von Emil Bloesch. 6 Bde. Bern 1884-1901 (insbes. Bd. 5).

Die **Bände und Akten des Freiherrlich von Hornsteinschen Archivs** im Schloß zu Binningen. Bearbeitet von Helmut **Maurer.** In: Hegau 1959, Anhang.

Baumann, Franz Ludwig (Hg.), Quellen zur Geschichte des Bauernkriegs in Oberschwaben. Tübingen 1876.

Baumann, Franz Ludwig (Hg.), Akten zur Geschichte des Deutschen Bauernkrieges. Freiburg 1877.

Emser Chronik des Johann Georg Schlehen von Rottweyl 1616. Faksimile-Nachdruck Lindau 1980.

Flugschriften der Bauernkriegszeit. Hg. v. der Akademie der Wissenschaften der DDR. Köln/Wien [2]1978.

Franz, Günther (Hg.), Quellen zur Geschichte des Bauernkrieges. 2 Bde. Darmstadt 1963.

Göpfert, Dieter, Bauernkrieg am Bodensee und Oberrhein 1524/25. Mit einer Wiedergabe der Bodmaner Chronik. Freiburg 1980.

Greiff, B. (Hg.), Was Kayser Carolus dem Vten die Römisch Künglich Wal cost im 1520 Jar. In: Jahresbericht des Hist. Kreis-Vereins Schwaben und Neuburg 34 (1869), S. 9-44.

Hartfelder, Karl, Urkundliche Beiträge zur Geschichte des Bauernkriegs im Breisgau. In: ZGO 34 (1882), S. 393-466.

Hartfelder, Karl, Akten zur Geschichte des Bauernkriegs in Südwestdeutschland. In: ZGO 39 (1885), S. 376-430.

Johannes **Kesslers Sabbata,** hg. von Ernst Goetzinger. In: Mittheilungen zur vaterländischen Geschichte V-X (1866-1868).

Kuhn-Oechsle, Hildegard und Elmar **Kuhn** (Hgg.), Der Seehaufen im Bauernkrieg. Eine Quellensammlung. 2 Bde. Friedrichshafen 1982.

Maurer, Hans-Martin (Hg.), Der Bauernkrieg im deutschen Südwesten. Dokumente - Berichte - Flugschriften - Bilder. Ausstellungskatalog Hauptstaatsarchiv Stuttgart 1975.

Mone, Franz Josef, Quellensammlung zur badischen Landesgeschichte, Bd. 2. Karlsruhe 1854 (darin S. 17 ff. Anonyme Chronik zum Bauernkrieg, S. 42–56 Chronik des Andreas Letsch, S. 118–133 Bauernkrieg am Bodensee).

Roder, Christian (Hg.), Heinrich Hugs **Villinger Chronik** von 1495 bis 1533 (Bibliothek des Litterarischen Vereins Stuttgart 164). Stuttgart 1883.

Schib, Karl (Hg.), Hans **Stockars Jerusalemfahrt 1519 und Chronik** 1520–1529 (Quellen zur Schweizer Geschichte Bd. 4). Basel 1949.

Schreiber, Heinrich, Der deutsche Bauernkrieg (Urkundenbuch der Stadt Freiburg i.B. NF I/III). Freiburg 1863–1866.

Strickler, Johann (Bearb.), **Actensammlung** zur Schweizerischen Reformationsgeschichte in den Jahren 1521–1532. 5 Bde 1878–1884 (bes. Bd. 1).

Vogt, Wilhelm (Hg.), Die **Correspondenz** des schwäbischen Bundeshauptmannes Ulrich Artzt von Augsburg aus den Jahren 1524–1527. Ein Beitrag zur Geschichte des Schwäbischen Bundes und des Bauernkrieges. In: Zeitschrift des Historischen Vereins für Schwaben und Neuburg 6 (1879) S. 281–404; 7 (1880) S. 233–380; 9 (1882) S. 1–62; 10 (1883) S. 1–298.

Welt im Aufbruch. Augsburg zwischen Renaissance und Barock. Ausstellungskatalog, 2 Bde. Augsburg 1980.

Zimmerische Chronik. Nach der von Karl Barack besorgten zweiten Ausgabe hrsg. von Paul Herrmann. 4 Bde. Meersburg/Leipzig o.J [1932] (bes. Bd. 2 S. 522–533 und 624–630).

Literatur

Adam, Thomas, Joß Fritz, das verborgene Feuer der Revolution. Bundschuhbewegung und Bauernkrieg am Oberrhein im frühen 16. Jahrhundert. Freiburg [3]2013.

Abel, Wilhelm, Geschichte der deutschen Landwirtschaft vom frühen Mittelalter bis zum 19. Jahrhundert (Deutsche Agrargeschichte 2). Stuttgart [2]1967.

Albert, Peter, Geschichte der Stadt Radolfzell. Radolfzell 1896.

Angermeier, Ferdinand, Die Vorstellung des gemeinen Mannes von Staat und Reich im Bauernkrieg. In: VSWG 53 (1966) S. 329–343.

Bader, Josef, Meine Fahrten und Wanderungen im Heimatlande. Baders Badenia Bd. 1 (Freiburg 1853), S. 263–276.

Bader, Karl Siegfried, Dorfpatriziate. In: ZGO 101 (1953), S.269–274.

Bader, Karl Siegfried, Dorfgenossenschaft und Dorfgemeinde (Studien zur Rechtsgeschichte des mittelalterlichen Dorfes, 2. Teil). Köln/Graz 1962.

Baier, Hermann, Französische Werbungen im Hegau (1536–1558). In: ZGO NF 35 (1920), S. 81–102.

Balzer, Eugen, Die Freiherren von Schellenberg in der Baar. Hüfingen 1904.

Barth, Jakob, Geschichte der Stadt Stockach im Hegau. Stockach 1894.

Der **Bauernkrieg in Oberschwaben.** In Verbindung mit Peter **Blickle** hg. von Elmar L. **Kuhn.** Tübingen 2000.

Beger, Lina, Studien zur Geschichte des Bauernkrieges nach Urkunden des Generallandesarchives zu Karlsruhe I. Die Bewegung in der Bodenseegegend (Forschungen zur deutschen Geschichte 21). Göttingen 1881, S. 575–593.

Beger, Lina, Studien zur Geschichte des Bauernkrieges nach Urkunden des Generallandesarchives zu Karlsruhe II. Überlingen im Bauernkriege (Forschungen zur deutschen Geschichte 22). Göttingen 1882, S. 41–130.

Berner, Herbert, Der Bauernkrieg 1524/25. In: **Ders.** (Hg.), Singen. Dorf und Herrschaft. Singener Stadtgeschichte Bd. 2. Konstanz 1990, S. 176–181.

Berner, Herbert, Die Landgrafschaft Nellenburg. In: **Ders.,** Das Hegöw. Ausgewählte Aufsätze. Festgabe zu seinem 70. Geburtstag, hg. v. Franz **Götz**. Sigmaringen 1991, S. 68–82.

Berner, Herbert, Der Hegau. Landschaft zwischen Rhein, Donau und Bodensee. In: **Ders.,**

Das Hegöw. Ausgewählte Aufsätze. Festgabe zu seinem 70. Geburtstag, hg. v. Franz **Götz.** Sigmaringen 1991, S. 83–93.

Berner, Herbert, Schaffhausen und der Hegau. In: **Ders.,** Das Hegöw. Ausgewählte Aufsätze. Festgabe zu seinem 70. Geburtstag, hg. v. Franz **Götz.** Sigmaringen 1991, S. 94–117.

Bernhardt, Walther, Die Zentralbehörden des Herzogtums Württemberg und ihre Beamten 1520–1629. 2 Bde. Stuttgart 1972.

Bierbrauer, Peter, Methodenfragen der gegenwärtigen Bauernkriegsforschung. In: **Buszello/Blickle/Endres** (Hgg.), Der deutsche Bauernkrieg. Paderborn/München/Wien/Zürich 21991, S. 23–37.

Bierbrauer, Peter, Die Reformation in den Schaffhauser Gemeinden Hallau und Thayngen. In: **Blickle** (Hg.), Zugänge zur bäuerlichen Reformation. Zürich 1987, S. 21–53.

Bittmann, Markus, Die Familie von Klingenberg und Singen. In: **Berner,** Herbert (Hg.), Singen. Dorf und Herrschaft. Singener Stadtgeschichte Bd. 2. Konstanz 1990, S. 104–126.

Bittmann, Markus, Kreditwesen und Finanzierungsmethoden. Studien zu den wirtschaftlichen Verhältnissen des Adels im westlichen Bodenseeraum 1300–1500 (VSWG Beiheft 99). Stuttgart 1991.

Blickle, Peter, Bäuerliche Erhebungen im spätmittelalterlichen deutschen Reich. In: ZAA 27 (1979), S. 208–231.

Blickle, Peter, Deutsche Untertanen. Ein Widerspruch. München 1981.

Blickle, Peter, Nochmals zur Entstehung der Zwölf Artikel im Bauernkrieg. In: Bauer, Reich und Reformation. Festschrift für Günther **Franz** zum 80. Geburtstag. Stuttgart 1982, S. 287–308.

Blickle, Peter (Hg.), Der deutsche Bauernkrieg von 1525 (Wege der Forschung 460). Darmstadt 1985.

Blickle, Peter, Gemeindereformation. Die Menschen des 16. Jahrhunderts auf dem Weg zum Heil. München 1985.

Blickle, Peter (und Arbeitsgruppe), Zürichs Anteil am deutschen Bauernkrieg. Die Vorstellung göttlichen Rechts im Klettgau. In: ZGO 133 (1985) S. 81–102.

Blickle, Peter (Hg.), Zugänge zur bäuerlichen Reformation (Bauer und Reformation Bd. 1). Zürich 1987.

Blickle, Peter, Die Revolution von 1525. München 42012.

Blickle, Peter, Bauernkrieg in Oberschwaben. Ein Zentrum der Revolution des Gemeinen Mannes. In: Der Bauernkrieg in Oberschwaben. In Verbindung mit Peter **Blickle** hg. von Elmar L. **Kuhn.** Tübingen 2000, S. 17–36.

Blickle, Peter, Kommunalismus. Skizzen einer gesellschaftlichen Organisationsform, 2 Bde. München 2000.

Blickle, Peter (Hg.), Bundschuh, Untergrombach 1502, das unruhige Reich und die Revolutionierbarkeit Europas. Stuttgart 2004.

Blickle, Peter: Der Bauernjörg. Feldherr im Bauernkrieg. Georg Truchsess von Waldburg 1488–1531. München 2015.

Blickle, Peter/Johannes **Kunisch** (Hgg.), Kommunalisierung und Christianisierung. Voraussetzungen und Folgen der Reformation 1400–1600 (Zeitschrift für Historische Forschung Beiheft 9). Berlin 1989.

Bock, Ernst, Der Schwäbische Bund und seine Verfassungen 1488–1535. Ein Beitrag zur Geschichte der Zeit der Reichsreform. Breslau 1927 (ND Aalen 1968).

Bodman, Johann Leopold von, Geschichte der Freiherren von Bodman. 1894.

Bohl, Peter, Quellen zur Bevölkerungsgeschichte des ländlichen Raumes am Bodensee im 16. Jahrhundert. In: Kurt **Andermann** und Hermann **Ehmer** (Hgg.), Bevölkerungsstatistik an der Wende vom Mittelalter zur Neuzeit. Quellen und methodische Probleme im überregionalen Vergleich (Oberrheinische Studien 8). Sigmaringen 1990, S. 47–63.

Bossert, Gustav, Der Hohenberger Obervogt C. Mor im Bauernkrieg. In: WVjh. 8 (1885) S. 292–297.

Brady, Thomas A., Turning Swiss. Cities and Empire 1450–1550. Cambridge 1985.

Brendle, Franz, Herzog Ulrich und die habsburgische Statthalterregierung. Vortrag Tübingen vom 14. Juni 2023.

Brosig, Reinhard, Die Pest als Krisenzeit. Die Bevölkerung des Hegaus im Dreißigjährigen Krieg. In: Frank **Göttmann** (Hg.), Vermischtes zur neueren Sozial-, Bevölkerungs- und Wirtschaftsgeschichte des Bodenseeraumes. Konstanz 1990, S. 46–74.

Bumiller, Casimir, Bauern und Handwerker im alten Singen. Ein Versuch über das Leben auf dem Dorf. In: Alfred G. **Frei** (hg.), Habermus und Suppenwürze. Singens Weg vom Bauerndorf zur Industriestadt. Konstanz 1987, S. 65–109.

Bumiller, Casimir, Studien zur Sozialgeschichte der Grafschaft Zollern im Spätmittelalter (Arbeiten zur Landeskunde Hohenzollerns 14). Sigmaringen 1990.

Bumiller, Casimir, Ein Dorf tritt ins Licht der Geschichte - Immenstaad im Mittelalter. In: Immenstaad - Geschichte einer Seegemeinde. Konstanz 1994, S. 41–70.

Bumiller, Casimir, Konrad und Ulrich von Jungingen. Ein Beitrag zur regionalen Herkunft und historischen Bedeutung der beiden Deutschordenshochmeister. In: Konrad und Ulrich von Jungingen. Beiträge zur Biographie der beiden Deutschordenshochmeister. Horb a.N. 1995, S. 4–40.

Bumiller, Casimir, Sernatingen im Bauernkrieg 1525 und der Ketzereiprozeß gegen den Frühmesser Johannes Hüglin. In: Ludwigshafen am Bodensee. Bildband zur 850-Jahr-Feier, hg. von der Gemeinde Bodman-Ludwigshafen. Stockach 1996, S. 61–82.

Bumiller, Casimir, Hohentwiel. Die Geschichte einer Burg zwischen Festungsalltag und großer Politik. Konstanz [2]1997.

Bumiller, Casimir, Der Bauernkrieg im Hegau 1524/25. Rekonstruktion einer revolutionären Bewegung. In: Hilzingen. Geschichte und Geschichten, Bd. 1. Konstanz-Hilzingen 1998, S. 251–431.

Bumiller, Casimir, Zur Spaltung revolutionärer Bewegungen in »Gemäßigte« und »Radikale«. In: Gruppenfantasien und Gewalt (Jahrbuch für psychohistorische Forschung 1). Heidelberg 2000, S. 47–59.

Bumiller, Casimir, Art. Hewen, in: Residenzenforschung. Höfe und Residenzen im spätmittelalterlichen Reich. Grafen und Herren. Hg. von Werner **Paravicini,** bearb. von Jan **Hirschbiegel,** Anna Paulina **Orlowska** und Jörg **Wettlaufer.** Teilband 1 Ostfildern 2012, S. 597–601.

Bumiller, Casimir, 3. Mai 1525 – ein Tag in der Geschichte des Klosters Tennenbach. Zur Rekonstruktion der Bauernkriegsereignisse im Breisgau. In: 850 Jahre Zisterzienserkloster Tennenbach. Aspekte seiner Geschichte von der Gründung (1161) bis zur Säkularisation (1806). Hg. von Werner **Rösener,** Heinz **Krieg** und Hans-Jürgen **Günther.** Freiburg/München 2014, S. 193–221.

Bumiller, Casimir, Der Bauernkrieg auf der Baar 1524/25. In: Geschichte der Stadt Villingen-Schwenningen, Bd.1: Mittelalter und Vormoderne, hg. im Auftrag der Stadt Villingen-Schwenningen von Casimir **Bumiller.** Villingen-Schwenningen 2021, S. 220–249.

Bumiller, Casimir, Die »Christliche Bruderschaft« im Bauernkrieg 1525 - Kommunikation und interregionale Strukturen (erscheint 2025 im Tagungsband Bad Waldsee).

Buszello, Horst, Der deutsche Bauernkrieg als politische Bewegung mit besonderer Berücksichtigung der anonymen Flugschriften an die Versammlung gemayner Pawerschafft (Studien zur europäischen Geschichte 8). Berlin 1969.

Buszello, Horst, Oberrheinlande, in: **Buszello,** Horst/Peter **Blickle**/Rudolf **Endres** (Hgg.), Der deutsche Bauernkrieg. Paderborn/München/Wien/Zürich [3]1995, S. 61–96.

Buszello, Horst, Deutungsmuster des Bauernkriegs, in: **Buszello,** Horst/Peter **Blickle**/Rudolf **Endres** (Hgg.), Der deutsche Bauernkrieg. Paderborn/München/Wien/Zürich [3]1995, S. 11–22.

Buszello, Horst, Legitimation, Verlaufsformen und Ziele, in: **Buszello,** Horst/Peter **Blickle**/

Rudolf **Endres** (Hgg.), Der deutsche Bauernkrieg. Paderborn/München/Wien/Zürich [3]1995, S. 281–321.

Buszello, Horst: Müller (genannt von Bulgenbach), Hans. In: Neue Deutsche Biographie, Bd. 18 (1997), S. 397 f.

Buszello, Horst, Die Christliche Vereinigung und ihre Bundesordnung. In: Der Bauernkrieg in Oberschwaben. In Verbindung mit Peter **Blickle** hg. von Elmar L. **Kuhn.** Tübingen 2000, S. 141–173.

Buszello, Horst, »Freiburger Bundesordnung«, »Artikelbrief« und »Christliche Bruderschaft«: der Bauernkrieg des Jahres 1525 im Schwarzwald und Breisgau. In: Schauinsland 131 (2012), S. 51–86.

Buszello, Horst, Joß Fritz und der Bundschuh zu Lehen 1513. Obrigkeitliche Inszenierung und geschichtswissenschaftliche Rekonstruktion. In: Schauinsland 132 (2013), S. 41–79.

Buszello, Horst, Joß Fritz und Else Schmidin. Widerstand gegen die Obrigkeit. In: Auf Jahr und Tag. Leben im mittelalterlichen Freiburg. Hg. von Heinz **Krieg,** R. Johanna **Regnath,** Hans-Peter **Widmann** und Stephanie **Zumbrink.** Freiburg/Berlin/Wien 2017, S. 221–240.

Carl, Horst, Der Schwäbische Bund 1488–1534. Landfrieden und Genossenschaft im Übergang vom Spätmittelalter zur Reformation (Schriften zur südwestdeutschen Landeskunde Bd. 25). Leinfelden 2000.

Carl, Horst, Der Schwäbische Bund. In: Der Bauernkrieg in Oberschwaben. In Verbindung mit Peter **Blickle** hg. von Elmar L. **Kuhn.** Tübingen 2000, S. 421–443.

Carl, Horst, Der Gegner – Der Schwäbische Bund im Bauernkrieg. Vortrag Tübingen vom 17. Mai 2023.

Cohn, Norman, Das neue irdische Paradies. Revolutionärer Millenarismus und mystischer Anarchismus im mittelalterlichen Europa. Reinbek 1988.

Cordes, Albrecht, Stuben und Stubengesellschaften. Zur dörflichen und kleinstädtischen Verfassungsgeschichte am Oberrhein und in der Nordschweiz. Stuttgart/Jena/New York 1993.

Cornelius, C.A., Studien zur Geschichte des Bauernkriegs. In: Akademie der Wissenschaften München, Historische Classe 9 (1862) 143–204.

Dobler, Eberhard, Der Staufen - eine Zähringerburg im Hegau. In: Hegau 23/24 (1967), S. 27–36.

Dobler, Eberhard, Burg und Herrschaft Hohenkrähen im Hegau. Sigmaringen 1986.

Dobras, Wolfgang, Konstanz zur Zeit der Reformation. In: **Burkhardt,** Martin/Wolfgang **Dobras**/Wolfgang **Zimmermann,** Konstanz in der frühen Neuzeit. Reformation. Verlust der Reichsfreiheit. Österreichische Zeit. Konstanz 1991, S. 11–146.

Dobras, Wolfgang, Bürger als Krieger. Zur Reisläuferproblematik in der Reichsstadt Konstanz während der Reformationszeit 1519–1548. In: **Göttmann,** Frank (Hg.), Vermischtes zur neueren Sozial-, Bevölkerungs- und Wirtschaftsgeschichte des Bodenseeraums: Horst Rabe zum Sechzigsten (Hegau Bibliothek 72). Konstanz 1990, S. 232–264.

Dürrenmatt, Peter, Schweizer Geschichte. Zürich 1963.

Duffner, Wolfgang, »Ein Bauernführer, den alle Menschen forchtend«. Hans Müller von Bulgenbach. In: Schwarzwälder Bote. Beilage 6 vom 19./20. Februar 1983.

Duncker, Max, Balingen und Umgebung im Bauernkrieg 1525. In: Reutlinger Geschichtsblätter 19 (1908) S. 19–30, 33–48, 65–73.

Elben, Arnold, Vorderösterreich und seine Schutzgebiete im Jahre 1524. Ein Beitrag zur Geschichte des Bauernkrieges. Stuttgart 1898.

Elliger, Walter, Thomas Müntzer. Leben und Werk. Göttingen 1975.

End, Gotthard, Die Burgen der Höri und ihre Besitzer. Schaffhausen 1940.

Feyler, Anna, Die Beziehungen des Hauses Württemberg zur schweizerischen Eidgenossenschaft in der ersten Hälfte des XIV. Jahrhunderts. Diss. Zürich 1905.

Fleischhauer, Guido, Haushaltsstruktur und Familiengröße in Steißlingen während des

Dreißigjährigen Krieges. In: Frank **Göttmann** (Hg.), Vermischtes zur neueren Sozial, Bevölkerungs- und Wirtschaftsgeschichte des Bodenseeraumes. Konstanz 1990, S. 1-15.

Forster, Paul, Steißlingen. Vergangenheit und Gegenwart. Singen 1988.

Franz, Günther, Der Deutsche Bauernkrieg. Darmstadt [12]1984.

Franz, Günther, Die Führer im Bauernkrieg. In: **Ders.** (Hg.), Bauernschaft und Bauernstand 1500-1970 (Büdinger Vorträge; Deutsche Führungsschichten in der Neuzeit Bd. 8). Limburg 1975, S. 1-15.

Franz, Hugo, Studien über den militärischen Charakter des Bauernkrieges in Oberschwaben und im Allgäu. Diss. Gießen 1924.

Frasch, Werner, Ein Mann namens Ulrich. Württembergs verehrter und gehaßter Herzog in seiner Zeit. Stuttgart 1991.

Frauenfelder, Reinhard, Beiträge zur Kirchengeschichte von Hilzingen. In: Hegau 15/16 (1970/71), S. 139-158.

Frey, Karl, Wollmatingen. Beiträge zur Rechts- und Wirtschaftsgeschichte eines alamannischen Dorfes (Deutschrechtliche Beiträge V, 2, hg. v. Konrad Beyerle). Heidelberg 1910.

Fuchs, Walther Peter, Das Zeitalter der Reformation. In: Gebhardt, Handbuch der deutschen Geschichte, hg. von H. **Grundmann,** Bd. 2, [9]1970, S. 1-117.

Fuhrmann, Rosi, Die Kirche im Dorf. Kommunale Initiativen zur Organisation von Seelsorge vor der Reformation. In: **Blickle,** Peter (Hg.), Zugänge zur bäuerlichen Reformation. Zürich 1987, S. 147-186.

Fuhrmann, Rosi, Dorfgemeinde und Pfründstiftung vor der Reformation. Kommunale Selbstbestimmungschancen zwischen Religion und Recht. In: **Blickle/Kunisch** (Hgg.), Kommunalisierung und Christianisierung. Berlin 1989, S. 77-112.

Garlepp, Hans-Hermann, Der Bauernkrieg von 1525 um Biberach an der Riß. Eine wirtschafts- und sozialgeschichtliche Betrachtung der aufständischen Bauern (Schriften zur europäischen Sozial- und Verfassungsgeschichte 5). Frankfurt a.M./Bern 1987.

Geertz, Clifford, Dichte Beschreibung. Beiträge zum Verstehen kultureller Systeme. Frankfurt a.M. 1983.

Glatz, Carl Jordan, Zur Geschichte Hugos von Landenberg, Bischofs von Konstanz. In: FDA 9 (1875) S. 101-140.

Goetz, Georg, Niedere Gerichtsherrschaft und Grafengewalt im badischen Linzgau während des ausgehenden Mittelalters. Breslau 1913.

Göttmann, Frank (Hg.), Vermischtes zur neueren Sozial-, Bevölkerungs- und Wirtschaftsgeschichte des Bodenseeraumes: Horst Rabe zum Sechzigsten (Hegau-Bibliothek 72). Konstanz 1990.

Götz, Franz, Öhningen im Bauernkrieg. In: **Berner,** Herbert (Hg.), Dorf und Stift Öhningen. Singen 1966, S. 118-121.

Götz, Franz, Geschichte der Stadt Radolfzell (Hegau-Bibliothek 12). Konstanz 1967.

Götz, Franz, Kirchen und Pfarreien im Dorf Singen. In: **Berner,** Herbert (Hg.), Singen. Dorf und Herrschaft. Singener Stadtgeschichte Bd. 2, S. 81-100.

Götz, Franz und Anneliese **Müller,** Bohlinger Herrschafts-, Rechts- und Besitzverhältnisse vom Mittelalter bis ins 19. Jahrhundert. In: Herbert **Berner** (Hg.), Beiträge zur Geschichte von Bohlingen. Radolfzell 1973, S. 123-177.

Greenblatt, Stephen, Bauernmorden: Status, Genre und Rebellion. In: **Ders.,** Schmutzige Riten. Betrachtungen zwischen Weltbildern. Berlin 1991, S. 55-87.

Grube, Walther, Der Stuttgarter Landtag 1457-1957. Von den Landständen zum demokratischen Parlament. Stuttgart 1957.

Gysel, Irene und Barbara **Helbling** (Hg.), Zürichs letzte Äbtissin Katharina von Zimmern 1478-1547. Zürich [4]2003.

Häberlein, Mark, Die Fugger. Geschichte einer Augsburger Familie (1367–1650). Stuttgart 2006.

Hartfelder, Karl, Zur Geschichte des Bauernkriegs in Südwestdeutschland. Stuttgart 1884.

Haupt, Hermann, Ein oberrheinischer Revolutionär aus dem Zeitalter Kaiser Maximilians I. Mittheilungen aus einer Kirchlich-politischen Reformschrift des ersten Decenniums des 16. Jahrhunderts. In: Westdteutsche ZG Kunst Erg. H. 8 (Trier 1893), S. 77-228.

Helmrath, Johannes (Hg.): Maximilians Welt: Kaiser Maximilian I. im Spannungsfeld zwischen Innovation und Tradition. Göttingen 2018.

Heim, Peter, Die Deutschordenskommende Beuggen und die Anfänge der Ballei Elsaß-Burgund. Von der Entstehung bis zur Reformationszeit. Bonn-Bad Godesberg 1977.

Herrmann, Klaus, Auf Spurensuche. Der Bauernkrieg in Südwestdeutschland. Leinfelden-Echterdingen 1991.

Herzog, Paul, Die Bauernunruhen im Schaffhauser Gebiet 1524/25. Diss. Fribourg 1964 (Aarau 1965).

Heyd, Ludwig Friedrich, Ulrich Herzog zu Württemberg. Ein Beitrag zur Geschichte Württembergs und des deutschen Reichs im Zeitalter der Reformation. 3 Bde. Stuttgart 1841-1844.

Hoessler, Max A., Zur Entstehungsgeschichte des Bauernkrieges in Südwestdeutschland mit besonderer Berücksichtigung der Landgrafschaften Stühlingen und Fürstenberg. Diss. phil. Leipzig 1895.

Holtz, Sabine, Das »göttliche Recht«. Motivation und Legitimation des Bauernkriegs 1525. Vortrag Tübingen vom 3. Mai 2023.

Holzherr, Carl, Geschichte der Reichsfreiherren von Ehingen. Stuttgart 1884.

Hornstein, Karl Freiherr von, Zur Geschichte der Burgen zu Stoffeln. In: Hegau 4 (1959), S. 1-5.

Hoyer, Siegfried, Das Militärwesen im deutschen Bauernkrieg. Berlin 1975.

Huth, Volkhard, Der »Oberrheinische Revolutionär«. Freigelegte Lebensspuren und Wirkungsfelder eines »theokratischen Terroristen« im Umfeld Kaiser Maximilians I. In: ZGO 157 (2009), S. 79–100.

Huth, Volkhard, Dr. Jacob Merswin/Straßburg, Walter Gallus/Rufach, Daniel Schwegler/Basel und ihr kommunikatives Umfeld. »Entdeckung des Selbst« und revolutionäre Gesellschaftsdeutung. In: Person und Milieu. Individualbewusstsein? Persönliches Profil und soziales Umfeld. Hg. von Angelika **Westermann** und Stefanie **Welser.** Husum 2013, S. 151-180.

Jänichen, Hans, Zur Geschichte des Landgerichts im Hegau und im Madach. In: Hegau 13 (1968) S. 7-24.

Jehle, Edmund, Steißlingen. Aus der Geschichte der Pfarrei und des Dorfes. Singen 1956.

Kamber, Peter, Reformation als bäuerliche Revolution. Bildersturm, Klosterbesetzungen und Kampf gegen die Leibeigenschaft in Zürich zur Zeit der Reformation (1522-1525). Diss. Zürich (masch.) 1991.

Kamber, Peter, Die Nordostschweiz. In: Der Bauernkrieg in Oberschwaben. In Verbindung mit Peter **Blickle** hg. von Elmar L. **Kuhn.** Tübingen 2000, S. 387-409.

Karg, August, Historisch-topographisches über Dorf und Pfarrgemeinde Steißlingen im Hegau. In: FDA 5 (1870) S. 207-246.

Kellenbenz, Hermann, Augsburger Wirtschaft 1530-1620. In: Welt im Umbruch. Augsburg zwischen Renaissance und Barock. Ausstellungskatalog Augsburg 1980, S. 50-71.

Kobelt-Groch, Marion, Aufsässige Töchter Gottes. Frauen im Bauernkrieg und in den Täuferbewegungen. Frankfurt/New York 1993.

Köhler, Christopher, »Armer Konrad« und Bauernkrieg. Darstellung und Wahrnehmung der Aufständischen im Quellenvergleich. In: ZWLG 78 (2019), S. 143-166.

Köhn, Rolf, Einkommensquellen des Adels im ausgehenden Mittelalter, illustriert an südwestdeutschen Beispielen. In: SVGB 103 (1985) S. 33-62.

Köhn, Rolf, Der Hegauer Bundschuh (Oktober 1460) - ein Aufstandsversuch in der Herrschaft Hewen gegen die Grafen von Lupfen. In: ZGO 138 (1990) 99-142.

Koppenhöfer, Günter, Hans Müller aus Bulgenbach. Eine Erzählung aus dem Bauernkrieg

1524/25. Konstanz 1993.

Kopplin, Monika, Malerei. In: Die Renaissance im deutschen Südwesten, Bd. 1, S. 149-

Kreutzer, Thomas, Verblichener Glanz. Adel und Reform in der Abtei Reichenau im Spätmittelalter. Stuttgart 2008.

Kreuz und Schwert. Der Deutsche Orden in Südwestdeutschland, in der Schweiz und im Elsaß (Ausstellungskatalog). Mainau 1991.

Krezdorn, Siegfried, Die letzten Grafen von Nellenburg. In: Hegau 29/39 (1972/73), S. 7-56.

Kuhn, Elmar, Der Bauernkrieg am See. In: »Seegründe«. Beiträge zur Geschichte des Bodenseeraumes. Weingarten 1984.

Kuhn, Elmar L., Bauernkrieg in Oberschwaben. Organisation, Ziele und Akteure. Vortrag auf der Tagung in Bad Waldsee vom Mai 2024.

Kulenkampff, Angela, Die Grafen von Nellenburg in den Diensten Habsburgs. In: Hegau 15/16 (1970/71), S. 113-129.

Die **Kunstkammer.** Die Schätze der Habsburger. Hg. von Sabine Haag und Franz Kirchweger. Kunsthistorisches Museum Wien. Wien 2012.

Kurze, Dietrich, Johannes Lichtenberger († 1503). Eine Studie zur Geschichte der Prophetie und Astrologie. (Historische Studien Heft 379). Lübeck/Hamburg 1960.

Kurze, Dietrich, Pfarrerwahlen im Mittelalter. Ein Beitrag zur Geschichte der Gemeinde und des Niederkirchenwesens. Köln/Graz 1966.

Der **Landkreis Konstanz.** 4 Bde. Sigmaringen 1968-1984.

Lauterbach, Klaus H., Der »Oberrheinische Revolutionär« und Mathias Wurm von Geudertheim. In: DA 45 (1989) S. 109-171.

Lauterbach Klaus H. (Hg.), Der Oberrheinische Revolutionär (Das buchli der hundert capiteln mit xxxx statuten). MGH, Scriptores 10, Staatsschriften des späteren Mittelalters 7. Stuttgart 2009.

Lötscher, Valentin, Der deutsche Bauernkrieg in der Darstellung und im Urteil der zeitgenössischen Schweizer. Basel 1943.

Lütge, Friedrich, Geschichte der deutschen Agrarverfassung vom frühen Mittelalter bis zum 19. Jahrhundert (Deutsche Agrargeschichte 3). Stuttgart [2]1967.

Lutz, Uwe, Die Herrschaftsverhältnisse in der Landgrafschaft Baar an der Wende vom 15. zum 16. Jahrhundert (Veröffentlichungen des Alemannischen Instituts 46). Bühl 1979.

Maegraith, Janine, Wo waren die Frauen im Bauernkrieg? Eine Spurensuche nach der »gemeinen« und aufständischen Frau in Tirol und Südwestdeutschland. Vortrag auf der Tagung Bad Waldsee vom Mai 2024.

Mahler, Andreas, Das Schneckenhüsli-Sammeln für die Gräfin Clementia. Der Anlass für den Ausbruch des Bauernkrieges im Juni 1524 in Stühlingen. Stühlingen 2024.

Manns, Peter, Der Bauernkrieg in den zimmerischen Landen. Programm des Gymnasiums Hechingen 1893.

Mau, Hermann, Die Rittergesellschaften mit St. Jörgenschild in Schwaben. Ein Beitrag zur Geschichte der deutschen Einungsbewegung im 15. Jahrhundert. Stuttgart 1941.

Maurer, Hans-Martin, Bauernkrieg 1524/25. Heereszüge der Aufständischen und des Schwäbischen Bundes. In: Historischer Atlas von Baden-Württemberg, Beiwort zur Karte VI.11. Stuttgart 1979.

Maurer, Hans-Martin, Der Bauernkrieg als Massenerhebung. Dynamik einer revolutionären Bewegung. In: Kommission für geschichtliche Landeskunde in Baden-Württemberg (Hg.), Bausteine zur geschichtlichen Landeskunde von Baden-Württemberg. Stuttgart 1979, S. 225-295.

Maurer, Helmut, Schweizer und Schwaben. Ihre Begegnung und ihr Auseinanderleben am Bodensee im Spätmittelalter (Konstanzer Universitätsreden 136). Konstanz 1983.

Maurer, Justus, Prediger im Bauernkrieg (Calwer Theologische Monographien 5). Stuttgart 1979.

MAXIMILIANVS. Die Kunst des Kaisers. Hg. von **Maderspacher,** Lukas/Erwin **Pokorny** in Kooperation mit dem Südtiroler Landesmuseum für Kultur- und Landesgeschichte Schloss Tirol, München 2019.

Mayenburg, David von, Verhandeln, Artikulieren, Prozessieren. Rechtliche Konfliktlösung als Alternative zur Gewalt? Vortrag auf der Tagung Bad Waldsee vom Mai 2024.

Meyer, Fredy, Adel und Herrschaft am Bodensee. Geschichte einer Landschaft. Stockach 1987.

Mone, Friedrich Joseph, Fruchthandel, Arbeitslöhne und Viehzucht am Bodensee 1433-1443. In: ZGO 6 (1855) S. 395-403.

Moser, Eva, Die Kunst in Oberschwaben um 1500. In: Der Bauernkrieg in Oberschwaben. In Verbindung mit Peter **Blickle** hg. von Elmar L. **Kuhn.** Tübingen 2000, S. 479-512.

Moser, Eva/Uwe **Degreif,** Kunst in Oberschwaben. Von den Pfahlbauten bis heute. Stuttgart 2018.

Muchow, Ludwig, Zur Geschichte Überlingens im Bauernkrieg. In: SVGB 18 (1889) 47-86.

Müller, Karl und Gernot **Peikert,** Die Rolle der Glocken im Bauernkrieg 1524/25. In: Hegau 71 (2014), S. 49-64.

Müller, Thomas T., Der Deutsche Bauernkrieg. Ereignis, Rezeption und Desiderate. In: Blätter für deutsche Landesgeschichte 157 (2021), S. 201-218.

Müller-Ettikon, Emil, Der Bauernkrieg von 1524/25. In: **Schmidt,** Franz (Hg.), Der Klettgau. Bretten 1971, S. 179-199.

Nabholz, Hans, Die Bauernunruhen in der Ostschweiz 1524/25. Diss. Zürich 1898.

Nabholz, Hans, Zur Frage nach den Ursachen des Bauernkrieges 1525. In: **Ders.,** Ausgewählte Aufsätze zur Wirtschaftsgeschichte. Zürich 1954, S. 144-167.

Niederhäuser, Peter (Hg.), Der Konstanzer Bischof Hugo von Hohenlandenberg. Ein feiner Fürst in einer rauen Zeit. Zürich 2011.

Niederhäuser, Peter, Alltag in der Abtei. Die letzte Äbtissin Katharina von Zimmern. In: Peter **Niederhäuser** und Dölf **Wild** (Hg.), Das Fraumünster in Zürich. Von der Königsabtei zur Stadtkirche. Zürich 2012, S. 121-154.

Nipperdey, Thomas, Peter **Melcher,** Bauernkrieg. In: Rainer Wohlfeil (Hg.), Reformation oder frühbürgerliche Revolution. München 1972, S. 287-306 [dasselbe in **Blickle,** Peter (Hg.), Der deutsche Bauernkrieg von 1525 (Wege der Forschung CDLX). Darmstadt 1985, S. 78-109].

Öhler, Heinrich, Der Aufstand des Armen Konrad im Jahr 1514. In: WVjh. 38 (1932), S. 401-486.

Oka, Hiroto, Südlicher Schwarzwald und Hochrhein. In: Der Bauernkrieg in Oberschwaben. In Verbindung mit Peter **Blickle** hg. von Elmar L. **Kuhn.** Tübingen 2000, S. 363-386.

Ottmar, Johann, Der Bauernaufstand von 1525 zwischen Nordschwarzwald und oberem Neckar (Glatter Schriften 2). Sulz a.N. 1982.

Ottmar, Johann, Der Bauernaufstand von 1525 zwischen Nordschwarzwald und oberem Neckar. In: Franz **Quarthal** (Hg.), Zwischen Schwarzwald und Schwäbischer Alb. Das Land am oberen Neckar (Veröffentlichungen des Alemannischen Instituts Freiburg 52). Sigmaringen 1984, S. 177-219.

Peuckert, Will-Erich, Die große Wende. Das apokalyptische Saeculum und Luther. Hamburg 1948 [Neuausgabe Darmstadt 1966].

von Pölnitz, Götz, Jakob Fugger. 4 Bde. Tübingen 1949-1951.

Rabe, Horst, Deutsche Geschichte 1500-1600. Das Jahrhundert der Glaubensspaltung. München 1991.

Ranke, Leopold von, Deutsche Geschichte im Zeitalter der Reformation, Bd. 2, Köln 1957.

Rau, Reinhold, Zum Tübinger Vertrag 1514. In: ZWLG 9 (1949/50), S. 147-174.

Rech, Ferdinand, Bräunlingen in Kriegszeiten. In: SVGBaar 12 (1909) S. 81-176.

Reich, Luzian, Geschichte der Stadt Hüfingen. In: Baders Badenia 3. Folge 2 (1862) 495-548.

Reichlin-Meldegg, Hermann von, Geschichte der Familie Reichlin von Meldegg. Regensburg 1881.

Revellio, Paul, Villingen im Bauernkrieg. In: **Ders.,** Beiträge zur Geschichte der Stadt Villingen. Villingen 1964, S. 263–278.

Riegel, Nikolaus, Der Högauer Bauernkrieg (1525). In: SVGB 5 (1876) S. 44–61.

Rhomberg, Joseph, Archivalien aus Orten des Amtsbezirks Konstanz. In: ZGO 48 (1894), S. m34–m41.

Roder, Christian, Villingen und der obere Schwarzwald im Bauernkrieg. In: ZGO 70 (1916) S. 321–416.

Rösener, Werner, Bauern im Mittelalter. München 1985.

Rösener, Werner, Grundherrschaften des Hochadels in Südwestdeutschland im Spätmittelalter. In: Hans **Patze** (Hg.), Die Grundherrschaft im späten Mittelalter II (VuF Bd. 27, Sigmaringen 1983), S. 87–176.

Romano, Ruggiero und Alberto **Tenenti,** Die Grundlegung der modernen Welt. Spätmittelalter, Renaissance, Reformation. Frankfurt a.M. 1967.

Roper, Lyndal, Luther. Der Mensch Martin Luther. Die Biographie. Frankfurt 2016.

Rosenkranz, Albert, Der Bundschuh. Die Erhebungen des Bauernstandes in den Jahren 1493–1517 (Schriften des Wissenschaftlichen Instituts der Elsaß-Lothringer im Reich 12). 2 Bde. Heidelberg 1927.

Roth von Schreckenstein, Karl H., Der sogenannte Hegauer Vertrag zwischen der Landgrafschaft Nellenburg, dem Deutschorden und der Reichsritterschaft. In: ZGO 34 (1882) S. 1–30.

Roth von Schreckenstein, Karl H., Materialien zur Geschichte der Landgrafschaft Nellenburg. I. Französische Werbungen im Hegau 1524–1530. In: ZGO 34 (1882) S. 196–223.

Roth von Schreckenstein, Karl H., Materialien zur Geschichte der Landgrafschaft Nellenburg. II. Der auf dem Reichstag zu Lindau 1497 zwischen der Landgrafschaft Nellenburg und den Hegauern abgeschlossene Vertrag. In: ZGO 36 (1884) S. 49–62.

Rudolf, Hans Ulrich, Ende und Ausgang – der Weingartener Vertrag und die Folgen. In: Der Bauernkrieg in Oberschwaben. In Verbindung mit Peter **Blickle** hg. von Elmar L. **Kuhn.** Tübingen 2000, S. 363–386.

Rückert, Peter, Strafverfolgung und Friedenssicherung nach dem Ende des Bauernkriegs: die Perspektive der Verlierer. Vortrag Tübingen vom 7. Juni 2023.

Rüpplin, A. Freiherr von, Zur Geschichte des Ortes und der Pfarrei Luwigshafen a.B. (Sernatingen). In: FDA 27 (1899), S. 199–232.

Runkel, Sebastian, Die Freiherren von Reischach. Essay (Hausarbeit Uni Konstanz). GRIN Verlag 2009.

Sabean, David W., Landbesitz und Gesellschaft am Vorabend des Bauernkriegs. Eine Studie der sozialen Verhältnisse im südlichen Oberschwaben in den Jahren vor 1525 (Quellen und Forschungen zur Agrargeschichte Bd. 26). Stuttgart 1972.

Schiff, Otto, Thomas Müntzer und die Bauernbewegung am Oberrhein. In: HZ 110 (1913) S. 67–90.

Schindler, Herbert/Toni **Schneiders,** Kunstlandschaft Bodensee. Ein Spiegel europäischer Kultur. Konstanz 1981.

Schmauder, Andreas: Württemberg im Aufstand. Der Arme Konrad. Ein Beitrag zum bäuerlichen und städtischen Widerstand im Alten Reich und zum Territorialisierungsprozeß im Herzogtum Württemberg an der Wende zur frühen Neuzeit. Leinfelden-Echterdingen 1998.

Schmidt, Heinrich Richard, Konfessionalisierung im 16. Jahrhundert. München 1992.

Schuler, Peter-Johannes, Ungehorsam - Widerstand - Revolte. Forschungen zu bäuerlichen Unruhen am Ende des Spätmittelalters und in der frühen Neuzeit. In: ZGO 132 (1984), S. 412–418.

Schulin, Ernst, Kaiser Karl V. Geschichte eines übergroßen Wirkungsbereiches. Stuttgart 1999.

Schulze, Winfried, Deutsche Geschichte im 16. Jahrhundert. Frankfurt 1987.

Schuster, Hans Joachim, Das Musterregister der Landgrafschaft Nellenburg von 1615. Eine Quelle zur Bevölkerung des Dorfes Singen vor dem Dreißigjährigen Krieg. In:

Herbert **Berner** Hg.), Singen. Dorf und Herrschaft. Singener Stadtgeschichte Bd. 2. Konstanz 1990, S. 223–230.

Scott, Tom, Reformation and Peasant's War in Waldshut and Environs. A Structural Analysis. In: Archiv für Reformationsgeschichte 69 (1978) S. 82–102 und 70 (1979) S. 140–169.

Scott, Tom, Freiburg and the Breisgau. Town-Country-Relations in the Age of Reformation and Peasant's War. Oxford 1986.

Scott, Tom, Joß Fritz und der Bundschuh, die Stadt und der Bauernkrieg. In: Geschichte der Stadt Freiburg Bd. 2, Stuttgart 1994, S. 28–52.

Scott, Tom, Ein Radikaler auf Reisen: Zum Aufenthalt Thomas Müntzers in Südwestdeutschland. In: Thomas Müntzer im Blick. Günter Vogler zum 90. Geburtstag. Hg. von Marion **Dammaschke** und Thomas T. **Müller.** Mühlhausen 2023, S. 71–82.

Seebaß, Gottfried, Artikelbrief, Bundesordnung und Verfassungsentwurf. Studien zu drei zentralen Dokumenten des südwestdeutschen Bauernkriegs (Abhandlungen der Heidelberger Akademie der Wissenschaften. Phil.-hist. Klasse, Jahrgang 1988, 1. Abhandlung). Heidelberg 1988.

Seith, Karl, Das Markgräflerland und die Markgräfler im Bauernkrieg des Jahres 1525. Karlsruhe 1926.

Sieber-Lehmann, Claudius/Thomas **Wilhelmi** (Hg.), In Helvetios – wider die Kuhschweizer: Fremd- und Feindbilder von den Schweizern in antieidgenössischen Texten aus der Zeit von 1386 bis 1532. Bern/Stuttgart/Wien 1998.

Smirin, Moisej M., Die Volksreformation des Thomas Müntzer und der große Bauernkrieg. Berlin [2]1956.

Smirin, Moisej M., Deutschland vor der Reformation. Berlin [2]1956.

Speck, Dieter, Die vorderösterreichischen Landstände: Entstehung, Entwicklung und Ausbildung bis 1595/1602 (Veröffentlichungen aus dem Archiv der Stadt Freiburg). 2 Bde. Freiburg 1994.

Steinmetz, Max, Die frühbürgerliche Revolution in Deutschland (1476–1535). Thesen zur Vorbereitung der wissenschaftlichen Konferenz in Wernigerode vom 20. bis 24. Januar 1960. In: **Wohlfeil,** Rainer (Hg.), Reformation oder frühbürgerliche Revolution? München 1972, S. 42–55.

Stemmer, Ferdinand, Orsingen. Geschichte eines Hegaudorfes. Singen 1977 (zum Bauernkrieg S. 20–22).

Sydow, Jürgen, Zum Problem kaiserlicher Schiedsverfahren unter Maximilian I. Der Tübinger Vertrag von 1514. Graz 1973.

Troßbach, Werner, Gemeinde und Allmende im deutschen Bauernkrieg. Annäherungen an die Denkweisen der Aufständischen. In: ZAA 40 (1992) S. 15–27.

Vacha, Brigitte (Hg.), Die Habsburger. Eine europäische Familiengeschichte. Wien 1992.

Veit, Jonas: Protest als Partizipationsform: Der »Arme Konrad« und der Tübinger Landtag von 1514. In: Landschaft, Land und Leute. Politische Partizipation in Württemberg 1457 bis 2007. Begleitbuch und Katalog zur Ausstellung des Landesarchivs Baden-Württemberg, Hauptstaatsarchiv Stuttgart und des Landtags von Baden-Württemberg, Redaktion Peter **Rückert.** Stuttgart 2007, S. 47–50.

Vochezer, Joseph, Geschichte des fürstlichen Hauses Waldburg in Schwaben. 3 Bde. Kempten und München 1898–1907.

Vogler, Günther, Die Gewalt soll gegeben werden dem gemeinen Volk. Der deutsche Bauernkrieg. Berlin 1975.

Vogler, Marx, Engels und die Konzeption einer frühbürgerlichen Revolution in Deutschland. In: **Wohlfeil,** Rainer (Hg.), Reformation oder frühbürgerliche Revolution? München 1972, S. 187–204.

Vogler, Günter, Schlösserartikel und weltlicher Bann im deutschen Bauernkrieg. In: Der deutsche Bauernkrieg 1524/25. Geschichte – Tradition – Lehren, hg. von Gerhard **Brendler** und Adolf **Laube.** Berlin 1977, S. 113–121.

Vogler, Günter, Thomas Müntzer. Berlin 1989.

Vogt, Wilhelm, Die bayrische Politik im Bauernkrieg und der Kanzler Dr. Leonhard von Eck, das Haupt des schwäbischen Bundes. Nördlingen 1883.

Vogt, Wilhelm, Die Bodenseebauern und ihr Hauptmann Junker Dietrich Hurlewagen im grossen Bauernkrieg. In: Bayerische Schulprogramme 1892 (Augsburg 1892) Nr. 3.

Vogt, Wilhelm, Der Bodenseer-Rappertsweiler Haufen im deutschen Bauernkrieg und sein Hauptmann Dietrich Hurlewagen. In: SVGB 21 (1892) S. 25-48.

Waas, Adolf, Die Bauern im Kampf um Gerechtigkeit 1300-1525. München 1964.

Walchner, Kasimir, Geschichte der Stadt Ratolphzell. Freiburg 1825.

Walchner, Kasimir, Chronik der Stadt Ratolphzell. Freiburg 1837.

Walchner, Kasimir, Johann **Bodent,** Biographie des Truchsessen Georg III. von Waldpurg, aus handschriftlichen Quellen bearbeitet und mit einem Anhang von Urkunden versehen. Constanz 1832.

Wallerstein, Immanuel, Das moderne Weltsystem. Die Anfänge kapitalistischer Landwirtschaft und die europäische Weltökonomie im 16. Jahrhundert. Frankfurt a.M. 1986.

Warburg, Aby, Heidnisch-antike Weissagung in Wort und Bild zu Luthers Zeiten. In: **Ders.,** Gesammelte Schriften 1. Die Erneuerung der Heidnischen Antike. Kulturwissenschaftliche Beiträge zur Geschichte der Renaissance. Leipzig/Berlin 1932, S. 489-656.

Weber, Edwin Ernst, Das nordwestliche Oberschwaben. In: Der Bauernkrieg in Oberschwaben. In Verbindung mit Peter **Blickle** hg. von Elmar L. **Kuhn.** Tübingen 2000, S. 315-350.

Weber Edwin Ernst, Lernerfahrungen aus der Katastrophe? Bäuerlicher Widerstand und bäuerliche Partizipation in Oberschwaben nach der Niederlage von 1525. Vortrag auf der Tagung Bad Waldsee vom März 2024.

Weber, Kilian, Stahringen - Homburg. Stahringen 1928.

Wehler, Hans-Ulrich (Hg.), Der Deutsche Bauernkrieg 1524-1526 (Geschichte und Gesellschaft, Sonderheft 1). Göttingen 1975.

Weißmann, Heinrich, Geschichte des Dorfes und der ehemaligen Herrschaft Bohlingen im Hegau. Freiburg 1915.

Welti, Ludwig, Merk Sittich und Wolf Dietrich von Ems. Die Wegbereiter zum Aufstieg des Hauses Hohenems (Schriften zur Vorarlberger Landeskunde 4). Dornbirn 1952.

Wenzel, Cornelia, Rezeption des Deutschen Bauernkriegs in der Kunst. Vortrag Tübingen vom 5. Juli 1023.

Wiesflecker, Hermann, Kaiser Maximilian I. Das Reich, Österreich und Europa an der Wende zur Neuzeit. 5 Bde. München 1971-1986.

Winzeler u.a., Geschichte von Thayngen. Hg. v. Männerverein Thayngen, Thayngen 1963.

Wohlfeil, Rainer (Hg.), Reformation oder frühbürgerliche Revolution? München 1972.

Wohlfeil, Rainer (Hg.), Der Bauernkrieg 1524/26. München 1975.

Wunder, Heide, Die bäuerliche Gemeinde in Deutschland. Göttingen 1986.

Zimmermann, Wilhelm, Allgemeine Geschichte des großen Bauernkrieges. 3 Bde. 1841-1843.

Zinsmaier, Paul, Geschichte des Zisterzienserklosters Salem. In: FDA 62 (1934) S. 1-22.

Zschelletzschky, Herbert, Die »drei gottlosen Maler«. Hans Sebald Beham, Barthel Beham und Georg Pencz. Historische Grundlagen und ikonologische Probleme ihrer Grafik zu Reformations- und Bauernkriegszeit. Leipzig 1975.

Zürn, Martin, Georg III. von Waldburg, der Bauernjörg. In: Der Bauernkrieg in Oberschwaben. In Verbindung mit Peter **Blickle** hg. von Elmar L. **Kuhn.** Tübingen 2000, S. 295-314.

Anmerkungen zur Einleitung

1 **Ranke,** Deutsche Geschichte im Zeitalter der Reformation 2, 1925, S. 165; **Engels,** Der deutsche Bauernkrieg. In: Marx-Engels Werke 7, 1960, S. 409; **Zimmermann,** Allgemeine Geschichte, 1. Teil, S. 5 f. Vgl. zur Forschungsgeschichte **Blickle,** Die Revolution von 1525, S. 279 ff, **Buszello,** Deutungsmuster des Bauernkriegs, und **Schulze,** Deutsche Geschichte im 16. Jahrhundert, S. 89 ff.; **Rabe,** Deutsche Geschichte.

2 **Blickle,** Die Revolution von 1525.

3 **Schreiber,** Der deutsche Bauernkrieg; **Vogt,** Correspondenz Artzt; **Baumann,** Akten; **Hartfelder,** Akten.

4 **Steinmetz,** Frühbürgerliche Revolution; **Vogler,** Marx, Engels und die Konzeption einer frühbürgerlichen Revolution.

5 **Waas,** Bauern im Kampf um Gerechtigkeit.

6 **Wehler** (Hg.), Der Deutsche Bauernkrieg; **Wohlfeil** (Hg.), Reformation oder frühbürgerliche Revolution?; **Ders.** (Hg.), Der Bauernkrieg; **Buszello/Blickle/Endres** (Hgg.), Der deutsche Bauernkrieg.

7 **Wohlfeil,** Der Bauernkrieg, insbes. S. 16 ff. Eine erhellende Bestandsaufnahme und Auseinandersetzung mit der marxistisch-leninistischen Forschung verdanken wir **Nipperdey,** Bauernkrieg (1966/1975).

8 **Buszello,** Der deutsche Bauernkrieg als politische Bewegung.

9 **Sabean,** Landbesitz und Gesellschaft.

10 **Franz,** Der deutsche Bauernkrieg, S. 104, 106 f, 110, 137, 140.

11 **Buszello,** Oberrheinlande.

12 **Blickle,** Die Revolution von 1525, bes. S. 92 ff.

13 **Herrmann,** Auf Spurensuche, S. 73 ff.

14 **GLAK** Abt. 67/734 Kopialbuch Nellenburg 1523–30, fol. 140v f. (25. Okt. 1526).

15 **Göpfert,** Bauernkrieg am Bodensee, Textwiedergabe S. 37–121, zum Verfasser S. 8. Den irreführenden Titel von Göpferts Arbeit beklagt schon **Schuler,** Ungehorsam – Widerstand – Revolte, S. 414.

16 **Walchner,** Geschichte der Stadt Ratolphzell; **Ders.,** Chronik der Stadt Ratolphzell; **Riegel,** Der Högauer Bauernkrieg; **Beger,** Studien zur Geschichte des Bauernkrieges; **Muchow,** Überlingen im Bauernkrieg; **Elben,** Vorderösterreich.

17 An Ortsgeschichten, die den Bauernkrieg behandeln, seien erwähnt: **Weißmann,** Bohlingen (1915); **Götz,** Öhningen (1966), **Götz/Müller,** Bohlingen (1973); **Karg,** Steißlingen (1870); **Jehle,** Steißlingen (1956); **Forster,** Steißlingen (1988); **Rüpplin,** Ludwigshafen (Sernatingen, 1899); **Stemmer,** Orsingen (1977).

18 **Barth,** Geschichte der Stadt Stockach, S. 80–101; **Dobler,** Hohenkrähen, S. 240 ff.; **Berner,** Der Bauernkrieg 1524/25. Berner fasste den Stand der Forschung in knapper Form zusammen, sein Beitrag hängt allerdings, ähnlich wie jener Barths zur Stockacher Geschichte, seltsam »in der Luft«, da er keinen Beleg für eine Teilnahme der Singener am Bauernkrieg beibringen konnte, ein Befund, der auch durch erneute Materialsichtung nicht wesentlich verbessert werden konnte.

Anmerkungen zu Globale und Regionale Voraussetzungen

19 **Geertz,** Dichte Beschreibung.

20 Im Übrigen schildert auch **Blickle,** Die Revolution von 1525, S. 76 ff. eindrücklich das Zusammenwirken der verschiedenen Faktoren. Ältere Ansätze bei **Hoessler,** Entstehungsgeschichte, und **Nabholz,** Ursachen.

21 **Bierbrauer,** Methodenfragen der Bauernkriegsforschung, bes. S. 34 ff.

21a **Bumiller,** Zur Spaltung revolutionärer Bewegungen; zur künftigen Auseinandersetzung Th. **Müller,** Der Deutsche Bauernkrieg.

22 Zum folgenden **Schulze,** Deutsche Geschichte, S. 53–66; **Helmrath,** Maximilians Welt; **Schulin,** Karl V.; **Schilling,** Karl V.; **Vacha,** Die Habsburger.

23 **Greiff,** Was Kayser Carolus dem Vten die römisch künglich Wal cost im 1520 Jar, S. 49.

24 Siehe Abb. der Kostenaufstellung in: **Welt im Umbruch,** Bd. 1, S. 138–140.

25 Zu den Augsburger Handelshäusern **Kellenbenz,** Augsburger Wirtschaft, zu Jakob Fugger siehe **Pölnitz,** Jakob Fugger, und **Häberlein,** Die Fugger.

26 Zum folgenden **Wallerstein,** Das moderne Weltsystem, und **Schulze,** Deutsche Geschichte, S. 34–53.

27 **Romano/Tenenti** (nach Chaunu), S. 317.

28 Siehe Karten bei **Kellenbenz,** Augsburger Wirtschaft, S. 57 ff.

29 **Frey,** Wollmatingen. S. 299 f.; zum Hilzinger Hanfzehnten, der bis 1425 einem Überlinger Bürger, dann bis 1515 dem Kloster Stein zustand, **GLAK** 5/232.

30 **Franz,** Die Führer im Bauernkrieg, S. 1–15.

31 **Waas,** Der Kampf der Bauern, S. 23 ff.; **Lütge,** Deutsche Sozial- und Wirtschaftsgeschichte, S. 220; vgl. **Blickle,** Die Revolution von 1525, S. 282 f.

32 **Sabean,** Landbesitz und Gesellschaft.

33 **Schulze,** Deutsche Geschichte, S. 23.

34 Die **Zimmerische Chronik** schreibt, zu den Beschwerden der Bauern im Raum Meßkirch im Jahr 1525 habe gehört, *daß sie mit Söldnern oder Tagelöhnern in den Dörfern übersetzt, die ihnen mit Abnutzung der Weiden zu überlegen, daß sie ihre Nahrung und Unterhalt von ihren Gütern nicht inmaßen wie von Alters her haben könnten;* zitiert nach **Manns,** Bauernkrieg in der Herrschaft Zimmern, S. 12. In Hilzingen haben wir erst deutlich später, in der Gerichtsordnung von 1610, einen Beleg dafür, *dass der Fleckhen mit Leuthen vbersetzt* sei; **GLAK** 229/43542.

35 **Bumiller,** Studien zur Sozialgeschichte der Grafschaft Zollern, S. 139 ff. und 222 ff.

36 **Bader,** Dörfliches Patriziat.

37 **Garlepp,** Biberach, S. 136.

38 **Schulze,** Deutsche Geschichte, S. 117–121.

39 **TLAI,** Oö Hofregistratur Reihe A Fasz. 12 Abt. IV Pos. 31/32.

40 **Beger,** Studien II, S. 57 und 66.

41 Zum Folgenden siehe **Schulze,** Deutsche Geschichte, S. 121–127.

42 **Blickle,** Die Revolution von 1525, S. 90.

43 **Wiesflecker,** Kaiser Maximilian I., Bd. 5, S. 370 ff.; vgl. Kat. **MAXIMILIANVS.** Die Kunst des Kaisers.

44 Zur Kunstgeschichte des Bodenseeraums in der Spätgotik und Renaissance **Kopplin,** Malerei; **Schindler,** Kunstlandschaft Bodensee, S. 30 ff.; Der **Landkreis Konstanz,** S. 467–481; **Moser,** Kunst in Oberschwaben; **Moser/Degreif,** Kunst in Oberschwaben, S. 59–82; **Wenzel,** Rezeption.

45 **Zschelletzschky,** Die »drei gottlosen Maler«.

46 **Greenblatt,** Bauernmorden.

47 **Fuhrmann,** Dorfgemeinde und Pfründstiftung; **Dies.,** Die Kirche im Dorf; **Kamber,** Reformation als bäuerliche Revolution, Kapitel 1.

48 **Bumiller,** Immenstaad im Mittelalter; grundlegend **Kurze,** Pfarrerwahlen im Mittelalter, insbes. S, 276 ff.

49 Nach dem Abdruck bei **Blickle,** Die Revolution von 1525, S. 322.

50 **Blickle,** Gemeindereformation; **Blickle,** Zugänge zur bäuerlichen Reformation.

51 Zum Folgenden **Schulze,** Deutsche Geschichte, S. 73 ff. und 103 ff.; **Buszello,** Legitimation, S. 291 ff.; **Adam,** Joß Fritz, S. 270–272; **Roper,** Luther, S. 334–351.

52 **Maurer,** Prediger im Bauernkrieg, S. 241; vgl. **Buszello,** Deutungsmuster des Bauernkriegs, S. 11.

53 Zu Zwinglis Gehorsamslehre **Kamber,** Reformation als bäuerliche Revolution, S. 80 ff.

54 Ermahnung zum Frieden auf die Zwölf Artikel der Bauerschaft in Schwaben (1525), in: Luthers Werke (Weimarer Ausgabe), Bd. 18, S. 293.

55 **Smirin,** Volksreformation; **Schiff,** Thomas Münzer; **Elben,** Vorderösterreich, S. 106 f.; **Blickle,** Die Revolution von 1525, S. 228 ff.; **Vogler,** Thomas Müntzer.

56 Zu Hubmaier siehe **Maurer,** Prediger im Bauernkrieg, S. 329 ff.; **Scott,** Reformation and Peasant's War in Waldshut; **Müller-Ettikon,** Der Bauernkrieg von 1524/25.

57 Zitiert nach **Schiff,** Thomas Müntzer, S. 78 mit Anm. 2; vgl. **Smirin,** Die Volksreformation des Thomas Müntzer, S. 390 und **Herzog,** Bauernunruhen, S. 39 ff.

58 Zum möglichen Einfluss Müntzers auf die schwärmerisch-asketische Bewegung in Meßkirch (vgl. **Zimmerische Chronik,** II, S. 524) siehe **Manns,** Bauernkrieg in der Herrschaft Zimmern, S. 11; zum geringen Einfluss Müntzers auf den Klettgau **Oka,** Südlicher Schwarzwald und Hochrhein, S. 374. Siehe neuerdings **Scott,** Ein Radikaler auf Reisen.

59 **Peuckert,** Die große Wende.

60 **Cohn,** Das neue irdische Paradies, S. 117 ff.

61 **Lauterbach,** Der »Oberrheinische Revolutionär«; **Lauterbach,** Der Oberrheinische Revolutionär; **Huth,** Der »Oberrheinische Revolutionär«; **Huth,** Dr. Jacob Merswin; **Kurze,** Johannes Lichtenberger.

62 **Cohn,** Das neue irdische Paradies, S. 259 ff.; **Blickle,** Die Revolution von 1525, S. 228 ff.

63 **Warburg,** Heidnisch-antike Weissagung.

64 **Franz,** Der deutsche Bauernkrieg, S. 92; **Schulze,** Deutsche Geschichte, S. 77; vgl. auch **Zimmerische Chronik** II, S. 532, **Kessler,** Sabbata, S. 249 f. und **Anshelm,** Berner Chronik 5, S. 40: ... *wan diss jars* [1524] *Hornung sind erschinen 18 conjunctionen, gross, klein und mitel, derglichen kum ie gedacht, daruss die sternensäher der welt grusam und gross änderungen vorsagten, insunders von wasser, so der mertail der conjunctionen, und uff 13. tag diss monats alle planeten, on der mon, im zeichen der vischen gefunden wurden. Aber es kam in Tütschen landen mer plůt- denn wassergůssin hernach...*

65 Zitiert nach **Schulze,** Deutsche Geschichte, S. 78; vgl. Abb. in: **Kunstkammer,** S. 84.

66 **Roder, Villinger Chronik,** S. 96; dieselbe Nachricht in der Chronik des Andreas Letsch: **Mone,** Quellensammlung 2, S. 45 f. Vgl. **Elben,** Vorderösterreich, S. 12 f.

67 **TLAI,** Oö Hofregistratur, Reihe A Fasz. 12, Abt. IV Pos. 30, Teil 4 (14. Juli 1524).

68 **Schib, Stockars Jerusalemfahrt,** S. 97 f.: *Uff mitwuchen aim 6. tag hiewmonatt* [Juli] *um die drüyg nach mitdag erhub sich ain gros, grussamklich und wunderbarlich wetter an dem himel mit aim grosen starken bluast und wind und mit aim grosen, erschrockenen hagel, der wert bis uff die 4 stund, und fielend stian* [Steine, Hagelkörner] *wie die henenyger* [Hühnereier] *und gresser... und erschlug der hagel das korn und den win und die hüser und fenster zu fetzen in grund.* Das Unwetter mit Hagelschlag vom 6. Juli berichtet auch Andreas Letsch: **Mone,** Quellensammlung 2, S. 47. *Das grusam weter in das Hegew und gen Stain und Dießenhoffen und 4 mill gringsumb* vom 20. Juli 1524 bestätigt **Roder, Villinger Chronik,** S. 98.

69 Siehe zum Folgenden im Wesentlichen **Berner,** Der Hegau; **Ders.,** Landgrafschaft Nellenburg; **Meyer,** Adel und Herrschaft, S. 7–13.

70 **Jänichen,** Geschichte des Landgerichts im Hegau.

71 Zur Friedinger Fehde siehe **Dobler,** Hohenkrähen, S. 185–196.

72 Zum Verhältnis Österreich-Württemberg **Bumiller,** Hohentwiel, S. 95–100.

73 **FUB VI,** 187, 2.

74 **Kindler von Knobloch,** Badisches Geschlechterbuch 2, S. 421 ff.; **Roth von Schreckenstein,** Materialien I, S. 198 f.; **Barth,** Geschichte der Stadt Stockach, S. 77 ff.

75 **TLAI,** Oö Kammer, Kopialbücher Bd. 93 (Bekennen 1524), fol. 75. *Er soll auch unsere Leute und Untertanen bei ihren Freiheiten, alten Gebräuchen und guten Gewohnheiten bleiben lassen und sie darum, ohne unseren besonderen Befehl, in keiner Weise bedrängen oder belasten. Auch soll er unsere Zinsen, Renten, Nutzen und Gülten, seien es Pfennigzinsen, Steuergeld, Zollgeld, Achtgeld, Strafgelder, Bußen, Steuern nach einem Todesfall, Wein, Getreide, Fisch, auch Fastnachthennen, Zinshühner und andere uns zustehende Nutzungen, nichts, was uns in unserem Amt Stockach und der Herrschaft Tengen zusteht, ausgenommen, fleißig einziehen...*

76 **TLAI** Oö Kammer-Kopialbücher Bd. 96 Missiven 1525, fol. 129v (22. März 1525).

77 **Berner,** Der Hegau, S. 85; **Dobras,** Konstanz zur Zeit der Reformation, S. 26–32; **Glatz,** Zur Geschichte Hugos von Landenberg; **Niederhäuser,** Der Konstanzer Bischof Hugo von Hohenlandenberg. – **Karg,** Steißlingen, S. 223 ff.; **Jehle,** Steißlingen, S. 15 ff.; **Müller/Götz,** Bohlingen, S. 189.

78 **Frey,** Wollmatingen, S. 268; **Götz,** Kirchen und Pfarreien im Dorf Singen, S. 82. Vgl. zur Wirtschaftsgeschichte der Reichenau **Kreutzer,** Verblichener Glanz.

79 **Frauenfelder,** Kirchengeschichte von Hilzingen, S. 142 f.

80 **Berner,** Der Hegau, S. 89; **Bumiller,** Konrad und Ulrich von Jungingen, insbes. S. 10–18, dort weitere Literatur zum Deutschen Orden.

81 **Kamber,** Reformation als bäuerliche Revolution.

82 **Herzog,** Bauernunruhen, S. 115 ff.; **Bierbrauer,** Die Reformation in den Schaffhauser Gemeinden Hallau und Thayngen. Vgl. auch **Franz,** Bauernkrieg, S. 96 f.

83 **EA** Nr. 218.

84 **Kamber,** Reformation als bäuerliche Revolution, S. 206 ff.

85 **Bierbrauer,** Die Reformation in den Schaffhauser Gemeinden Hallau und Thayngen.

86 **TLAI,** Oö Hofregistratur Reihe A Fasz. 12 Abt. IV, Pos. 30 Teil 4, 19. Dez. 1523 und 14. Juli 1524. ... *die Fürsten seyen Jetzund grösser turannen dann die Keyser Nero, Decius vnd Diocletianus gewesen. Die Ritter und Edelleute seien wietterich vnnd Blutshund, durnend* [türmen], *vachend vnd bleckend* [legen in den Block] *die armen Lút wider alle recht vnnd sey kein gotzforcht, gelob* [Glaube] *vnd gerechtigkeit noch bescheid In Inen...*

87 **Dobras,** Konstanz zur Zeit der Reformation S. 39–57, das Zitat S. 39.

88 **Enderle,** Konfessionsbildung, S. 22–58.

89 **Zimmerische Chronik II,** S. 523 f., 527 und 530; vgl. **Manns,** Bauernkrieg in der Herrschaft Zimmern, S. 11 f., und **E.E. Weber,** Das nordwestliche Oberschwaben.

90 **Kessler,** Sabbata, 2. Teil 4. Buch S. 106–114; **Walchner,** Hüglin; **S. Maurer,** Prediger im Bauernkrieg, S. 328; **Bumiller,** Sernatingen im Bauernkrieg.

91 Wie Anm. 83. *Vnder dem gemeinen Volck* [herrscht] *eine grosse widerwertigkeit... Etlich sagen, sy habens* [den Schaden] *von dem uncristenlichen Wesen Luterischer sect, So vermeinend die, so deren anhangend, es sig ein straff, so gott vber die, welche Inen nit anhangig sein, verhengt...*

92 **Freiherrlich von Hornsteinsches Archiv Binningen,** Akten Nr. 307 Nr. 4. Dieser habe gesagt, *wie er gern wissen woͤlt, wan ain mentsch sturb, Wo syn Seel hynnkom. Wan man ouch aim* [einem] *maͤntschen das Sacrament der Hailigen ölung anstrych, waͤr es aͤben ain ding, als wan man aim, mit vrloub antzuzaigen, kuͤkaut* [Kuhkot, Kuhdreck] *oder karren salb anstrich...*

93 **Kulenkampf,** Grafen von Nellenburg, S. 122; vgl. **Bittmann,** Kreditwirtschaft und Finanzierungsmethoden, S. 65 f.; **Krezdorn,** Die letzten Grafen.

94 Zu diesem komplexen Thema siehe **Rösener,** Grundherrschaften des Hochadels, S. 139 ff. und **Ders.,** Bauern im Mittelalter, S. 255 ff.; zu den Einkommensverhältnissen des hegauischen Adels **Köhn,** Einkommensquellen des Adels, und **Bittmann,** Kreditwirtschaft und Finanzierungsmethoden.

95 **Bumiller,** Konrad und Ulrich von Jungingen, S. 25 f.

96 **Bittmann,** Kreditwirtschaft und Finanzierungsmethoden, S. 64–95.

97 **Köhn,** Der Hegauer Bundschuh, S. 107 ff.

98 **Roth von Schreckenstein,** Materialien II., S. 50.

99 **Bumiller,** Hohentwiel, S. 95–100.

100 **Mau,** Die Rittergesellschaften mit St. Jörgenschild.

101 **Bumiller,** Hohentwiel, S. 78 ff. und **Bittmann,** Kreditwirtschaft und Finanzierungsmethoden, S. 96 ff, jeweils mit weiteren Beispielen.

102 Zu den Herren von Homburg vgl. **Kindler von Knobloch I,** S. 98 ff.; **Bittmann,** Kreditwirtschaft und Finanzierungsmethoden, S. 145 ff.; **Kreutzer,** Verblichener Glanz (Register).

103 Zu den Klingenbergern **Bumiller,** Hohentwiel, 65–93 und 103 f.; **Bittmann,** Die Familie Klingenberg und Singen, und **Ders.,** Kreditwirtschaft und Finanzierungsmethoden, S. 32 f., 140 f., 210 ff. und 255 ff.; **Kreutzer,** Verblichener Glanz (Register).

104 Todesnachricht Laubenbergs vom 17. Aug. 1525 **TLAI,** Oö Kammer-Kopialbücher Bd. 96 Missiven, fol. 176r; vgl. **Kindler von Knobloch,** Oberbadisches Geschlechterbuch 2, S. 465 ff.; zu Meldegg siehe **Reichlin-Meldegg,** Geschichte der Familie Reichlin von Meldegg, S. 36 ff. und **Dobler,** Hohenkrähen, S. 240 und 257 f.; Dienstbrief für Hans von Ems vom 27. Nov. 1524 **TLAI** Oö Kammer-Kopialbücher Bd. 93 Bekennen, fol. 101.

105 **Roth von Schreckenstein,** Materialien I, S. 201 und 206.

106 **H. Maurer,** Schwaben und Schweizer, S. 42 f.

107 Liste der Komture in: **Kreuz und Schwert.** S. 268.

108 Zu Friedingen, von Nikolaus M. Deutsch 1516/19 in einem Totentanz-Zyklus porträtiert, **Dobler,** Hohenkrähen, S. 241 und 285, zu Reischach unten ausführlicher.

109 Grundlegend zum Material und zur Problematik, aber ohne konkrete Ergebnisse **Bohl,** Quellen zur Bevölkerungsgeschichte.

110 **Bohl,** Quellen zur Bevölkerungsgeschichte, S. 59 f.

111 **Sabean,** Landbesitz, S. 46 ff.; **Bohl,** Quellen zur Bevölkerungsgeschichte, S. 54.

112 **Roth von Schreckenstein,** Materialien I; **Baier,** Französische Werbungen im Hegau; **Barth,** Geschichte der Stadt Stockach, S. 78 f.; vgl. auch **Dobras,** Bürger als Krieger.

113 **Roth von Schreckenstein,** Materialien I, S. 209 f.; vgl. **Götz,** Öhningen im Bauernkrieg, S. 116 f.

114 **Roth von Schreckenstein,** Materialien I, S. 214; vgl. auch **Dobras,** Bürger als Krieger, S. 246 zu 1536.

115 **Barth,** Geschichte der Stadt Stockach, S. 78 f.

116 **Fleischhauer,** Haushaltsstruktur und Familiengröße in Steißlingen; **Bohl,** Quellen zur Bevölkerungsgeschichte, S. 60; vgl. **Brosig,** Pest als Krisenzeit.

117 **Schuster,** Musterregister, S. 226; **Bumiller,** Bauern und Handwerker, S. 83. Dass die Bevölkerung Singens zwischen 1555 und 1615 nicht angewachsen zu sein scheint, liegt vielleicht daran, dass ein mögliches Wachstum durch die Pest von 1611 wieder zurückgenommen wurde.

118 **GLAK** 66/10344; 66/11699; 95/741.

119 **HStASt** H 54 Bü 16; vgl. **Dobler,** Hohenkrähen, S. 240.

120 **Bohl,** Quellen zur Bevölkerungsgeschichte, S. 50 f., schreibt, dass im benachbarten und ähnlich strukturierten Salemer Gebiet Ende des 16. Jahrhunderts nur wenige Orte über 200 Einwohner hatten.

121 Die nicht eigens nachgewiesenen Zahlen und Schätzwerte sind gewonnen aus den Gemeindebeschreibungen (u. a. von **A. Müller**) in: **Der Landkreis Konstanz,** Bd. III und IV. – Ende des 18. Jahrhunderts lebten in der Landgrafschaft Nellenburg zwischen 15 000 und 25 000 Einwohner, was unsere Schätzung für das 16. Jahrhundert nur unzureichend bestätigt: **Berner,** Die Landgrafschaft Nellenburg, S. 70 und **Ders.,** Der Hegau, S. 91. Besser passt die Angabe von **Jänichen** in: **Der Landkreis Konstanz,** Bd. I, S. 335, wonach um 1700 circa 20 000 Menschen im Hegau gelebt hätten. Eine Unterstützung unserer Schätzung liefert auch **H.-M. Maurer,** Der Bauernkrieg als Massenerhebung, S. 258, der für Südwestdeutschland (etwa in den Grenzen des heutigen Baden-Württemberg) um 1525 eine Bevölkerungszahl von maximal 800 000 Einwohnern errechnet. Der Hegau bildet mit seinen circa 900 qkm ungefähr den 40. Teil der Fläche Baden-Württembergs (circa 35 750 qkm). Der 40. Teil einer Gesamtbevölkerung von maximal 800 000 Einwohnern läge demnach bei maximal 20 000 Bewohnern.

122 Die Daten und Zitate beruhen auf der Beschwerdschrift vom 22. Nov. 1524; **GLAK** H 54 Bü 16, vgl. Edition bei **Franz,** Quellen, S. 97 f.

123 **Karg,** Steißlingen; **Jehle,** Steißlingen; **Forster,** Steißlingen.

124 **Bader,** Dorfgenossenschaft und Dorfgemeinde; **Wunder,** Die bäuerliche Gemeinde; **Blickle,** Deutsche Untertanen; zur Theoriebildung **Blickle,** Kommunalismus

125 **Frey,** Wollmatingen, S. 20, 26, 31 und 64 ff.

126 Die meisten Daten nach den Gemeindebeschreibungen von **A. Müller** in: **Der Landkreis Konstanz,** Bd. III und IV. Zusätzliche Belege bei **Bader,** Dorfgenossenschaft und Dorfgemeinde, S. 190, 209, 210, 218, 338, 419, 421, 431, 451. Zu Bohlingen siehe ferner **Müller/Götz,** Bohlinger Herrschafts-, Rechts- und Besitzverhältnisse, S. 140 ff, zu Singen **Bumiller,** Bauern und Handwerker, 93 ff., zu Mühlhausen **Dobler,** Hohenkrähen, S. 186 f.

127 Zu den Hilzinger Gemeindebelegen siehe **Bittmann,** Kreditwirtschaft und Finanzierungsmethoden, S. 110, Anm. 63; **GLAK** 1/52 (1340) und 1/56 (1468).

128 **Bumiller,** Immenstaad im Mittelalter, S. 53-59.

129 **Müller/Götz,** Bohlinger Herrschafts-, Rechts- und Besitzverhältnisse, S. 142; **Cordes,** Stuben und Stubengesellschaften, S. 239. Doch nicht nur in Bohlingen und Wollmatingen hat es vor 1525 Rathäuser gegeben, sondern sicherlich im gesamten reichenauischen Gebiet, wenn es nach dem Bauernkrieg im Hilzinger Vertrag vom 25. Juli 1525 heißt, alle Rathäuser in den reichenauischen Dörfern sollen abgebrochen werden: **GLAK** 5/486 Nr. 12743.

130 **Götz,** Kirchen und Pfarreien im Dorf Singen, S. 84.

131 **Frauenfelder,** Kirchengeschichte von Hilzingen, S. 145 f.

132 **Der Landkreis Konstanz,** Bd. IV, S. 509.

133 **Kurze,** Pfarrerwahlen im Mittelalter, S. 277, Anm. 31; vgl. **Rhomberg,** Archivalien, S. m37 und m42.

134 **Bader,** Dorfgenossenschaft und Dorfgemeinde, S. 209.

135 **Jänichen,** Geschichte des Landgerichts im Hegau.

136 **Bumiller,** Bauern und Handwerker, S. 94 f.

137 **GLAK** Urk. 1 Nr. 1008 und 1025.

138 **GLAK** Urk. 1 Nr. 1009.

139 **Zimmerische Chronik II,** S. 487 f. zu Hans Metzger (denkbar, dass der zimmerische Vogt Hans Metzger identisch ist mit dem Obermetzger Hans Lang, der damals für die Klingenberger schlachtete) und S. 354 zu den Hilzinger Kirchweihen.

140 **Bittmann,** Kreditwirtschaft und Finanzierungsmethoden, S. 110, Anm. 63.

141 **HStASt** H 54 Bü 16.

142 **Brady,** Turning Swiss, S. 67 ff. Bradys Werk ist grundlegend für den Zusammenhang. Zur Ausbreitung der Eidgenossenschaft siehe z.B. **Dürrenmatt,** Schweizer Geschichte, S. 13-158.

143 **Köhn,** Der Hegauer Bundschuh, die Zitate dort S. 140 f.; vgl. **Dobler,** Hohenkrähen, S. 172 ff., und **Smirin,** Deutschland vor der Reformation, S. 213 ff.

144 Eingehend zur Herrschaft Hewen unter den Grafen von Lupfen **Rösener,** Grundherrschaften des Hochadels, S. 104-112, 152-155 und 166, und **Bumiller,** Art. Hewen.

145 **Bumiller,** Hohentwiel, S. 71 ff.

146 **H. Maurer,** Schwaben und Schweizer.

147 **Bock,** der Schwäbische Bund; **Brady,** Turning Swiss, S. 49 ff.; **Carl,** Der Schwäbische Bund 1488–1534; **Carl,** Der Schwäbische Bund, und **Carl,** Der Gegner.

148 **Anshelm,** Berner Chronik 2, S. 98 ff, dort das Zitat zum Hilzinger Wirtshaus S. 128. Nach der **Zimmerischen Chronik III,** S. 23, scheint nur der zimmerische Teil von Burg Staufen abgebrannt zu sein. - Zum weiteren Hintergrund siehe **H. Maurer,** Schwaben und Schweizer, S. 31 und 38 f.; **Bumiller,** Hohentwiel, S. 76 f.; **Sieber-Lehmann/Wilhelmi,** In Helvetios – wider die Kuhschweizer; **Brady,** Turning Swiss, S. 57-72; **Smirin,** Deutschland vor der Reformation, S. 274-312.

149 **Blickle,** Bäuerliche Erhebungen, S. 211; **Bierbrauer,** Bäuerliche Revolten, S. 62 ff.; vgl. **Franz,** Bauernkrieg, S. 1-79. und **Rösener,** Bauern im Mittelalter, S. 240-254.

150 **Öhler,** Der Aufstand des Armen Konrad; **Rau,** Zum Tübinger Vertrag; **Köhler,** Armer Konrad; **Sydow,** Der Tübinger Vertrag; **Grube,** Landtag; **Veit,** Protest als Partizipationsform; **Schmauder,** Württemberg im Aufstand.

151 **Rosenkranz,** Der Bundschuh; **Franz,** Bauernkrieg, S. 56–79; **Smirin,** Deutschland vor der Reformation, S. 313–373; **Scott,** Freiburg and the Breisgau; **Scott,** Joß Fritz und der Bundschuh; **Buszello,** Joß Fritz und der Bundschuh, **Buszello,** Joß Fritz und Else Schmidin; neuerdings grundlegend: **Adam,** Joß Fritz.

152 **EA** Bd. 4 S. 258; vgl. **Köhn,** Der Hegauer Bundschuh, S. 121 und **EA** Bd. 1, S. 184. Die Reaktion Hans Jakobs von Landau an die Innsbrucker Regierung von Anfang Dezember 1522 in **TLAI,** Oö Hofregistratur, Reihe A Fasz. 12, Abt. IV Pos. 33.

153 Die Anwesenheit des Jos Fritz im Stühlingischen überliefert vereinzelt eine anonyme Chronik: **Mone,** Quellensammlung 2, S. 17. Der Chronist stammte wie Fritz selbst aus dem Speyerischen, wo er sich gut auskennt; wie sicher dagegen seine Nachricht über den Revolutionär im Schwarzwald ist, bleibt dahingestellt. Die Richtigkeit der Notiz akzeptieren **Jansen,** Geschichte des deutschen Volkes 2, S. 463 f. und nach ihm **Rüpplin,** Sernatingen, S. 160 f., ferner **Franz,** Bauernkrieg, S. 79. Berechtigte Zweifel an der Nachricht äußert **Elben,** Vorderösterreich, S. 73 Anm. 4. Vgl. **Buszello,** Joß Fritz und Else Schmidin, S. 237 ff., und **Adam,** Joß Fritz, S. 261 ff.

Anmerkungen zu Das Drama des Bauernkriegs

1 Die Geschichte von den Schneckenhäuschen überliefern **Anshelm,** Berner Chronik 5, S. 100, **Roder, Villinger Chronik,** S. 98 Anm. und **Zimmerische Chronik II,** S. 523, was auf ihre Verbreitung im ganzen südwestdeutschen Raum verweist. Während noch **Franz,** Bauernkrieg, S. 100 meint, »daß an ihrer Wahrheit kaum zu zweifeln ist«, erhob schon **Barth,** Geschichte der Stadt Stockach, S. 81 berechtigte Bedenken; vgl. **Herrmann,** Auf Spurensuche, S. 78, und neuerdings **Mahler,** Schneckenhüsli-Sammeln.

2 **Speck,** Die vorderösterreichischen Landstände, S. 145 f. und 179 f.

3 **Elben,** Vorderösterreich, S. 38 ff.; **Oka,** Südlicher Schwarzwald und Hochrhein.

4 **Elben,** Vorderösterreich, S. 24.

5 **Baumann,** Akten, Nr. 4; **Schreiber,** Bauernkrieg, Nr. 3, 4 und 7. Vgl. **Beger,** Studien I, S. 575, Anm. 2.

6 **Schreiber,** Bauernkrieg, Nr. 52, Zitat S. 83, der Begriff *Baurnkrieg* S. 82; vgl. **Elben,** Vorderösterreich, S. 72.

7 **Feyler,** Beziehungen des Hauses Württemberg, S. 212.

8 **Schreiber,** Bauernkrieg, Nr. 52.

9 **Beger,** Studien II, S. 46 f.

10 **Beger,** Studien I., S. 580 mit Anm. 5, S. 581 mit Anm. 3; **Elben,** Vorderösterreich, S. 75 mit Anm. 1.

11 **Beger,** Studien I., S. 581.

12 **GLAK** 74/4560 Nr. 2. *Die bůren sind vff nest* [letzten] *sůntag in der nacht im Hegew zů samen gelůfen zů Hiltzingen vnd zů samen geschworn… eß ist in diser stund kundtschaft kůmen, das die bůren genn twiel* [Hohentwiel] *geschickt habend vnd sich mercken lasen vnd gesagt, sy habend gůten beschaid von twil.*

13 **GLAK** 74/4560 Nr. 13. … *das vnsere veind* [der Adel], *so vnns zum tail nach Er, lib vnd gutt gestelt, Ir leger gen Húltzingen vnd Singen schlahen welten, das dan die* [Bauern] *von Húltzingen nit gestatten wellen, Sunder den Sturm angeschlagen, daruff ettlich der Iren zů den vnnsern gen Dwiell geschickt, Inen sollichs angezaigt vnd daruff gebetten, nachdem sy sich alweg gůttwillig, nachpurlich vnd woll gegen vnns, ouch den vnnsern gehalten, ob Inen söllichs dan von notten sein wolt, das dan die vnnsern Inen vergunnen wellen, sich an den Berg zu legen. Nach dem vnns dan von den vnnsern alweg geriempt vnd angezaigt, wie so gar freuntlich, nachpurlich vnd woll sich Benantte von Húltzingen gegen den vnnsern erzegen vnd halten, haben wir In sollichem vall Beuellchen* [befohlen], *Inen sollichs zů Bewilgen, ouch sy nach Ewerm vermugen am Berg zů schützen vnd schirmen.*

14 **Beger,** Studien II., S. 49 Anm. 1.

15 **EA** 4 Nr. 218, S. 509 f.

16 **HStASt** H 54 Bü 48. … *als dann kurz verschinen tag in ainem dorff, Hiltzingen genannt, die kirchweih gewesen, darumb aus vilfeltigen angelanngten kundtschafften, fürsorg gehebt, es möchte ettlicher annder Pawern daselbst ain Zusamenkunnfft geschehen, deshalben die Grauen* [Grafen], *Herrn vnnd vom Adel solher orten allen Iren vnndterthanen bey Ehren vnd Aiden beuolhen auf dhain* [keine] *kirchweihin Zu Ziehen, aber vber solh beuelh* [Befehl] *ettlich bis in die Achthunndert derselben pawrn an dem Sonntag der Kirchweih in der nacht durch ansleg* [Anschlag] *der Sturm[glocken] Zusamen geen Hiltzingen sein khumen vnnd sich daselbst noch teglich sterckhen. […] das Hertzog Ulrich von Wirtemberg vnnd die sein[en] mit höchstem vleiß vnnd on vnderlas handlen, practicirn vnnd arbaitten, solh Pawrn vnnd ander zulauffend Pofel* [Pöbel] *Inen Zu Anhang Zu bewegen, wie dann Jüngstlich bey acht pferdten von Hohentwiel Zu denselben Pawrn, so gen Hiltzingen ankhumen, abgeriten vnd allerley Conspiration mit Inen gemacht, der Zuversicht, in Hilff derselben aller ain Pundtschuech* [Bundschuh] *zumachen, vnnser nechst Stet vnd Fleckhen anzugriffen vnnd zu beschedigen vnnd volgends sich villeicht in das Fürstenthumb Wirtemberg… Zudringen.*

17 **Riegel,** Der Högauer Bauernkrieg, S. 46.

18 **Beger,** Studien II, S. 47.

19 **Walchner/Bodent,** Biographie des Truchsessen, S. 46, erwähnen hier schon Hans Murer, ebenso **Barth,** Geschichte der Stadt Stockach, S. 85; vgl. aber **Elben,** Vorderösterreich, S. 73 mit Anm. 4.

20 Eine Zahl von *bis in tusend* aufrührerischen Bauern in Hilzingen nennt ein Schreiben der Stadt Freiburg vom 7. Oktober: **Schreiber,** Bauernkrieg Nr. 69.

21 **Dobler,** Hohenkrähen, S. 240 f.

22 **Siehe** zum folgenden **Göpfert,** Bodmaner Chronik, S. 45 ff., **Beger,** Studien II., S. 46 ff.; **Muchow,** Überlingen im Bauernkrieg, S. 59 ff. und **Elben,** Vorderösterreich, S. 75 ff.

23 **Roder, Villinger Chronik,** S. 100; **Oka,** Südlicher Schwarzwald, S. 379 ff.

24 **Göpfert,** Bodmaner Chronik, S. 93 ff.

25 **Beger,** Studien II., S. 44 f. Zur Haltung Überlingens im Bauernkrieg insgesamt **Enderle,** Konfessionsbildung, S. 170 ff., zu den handelnden Personen ebd. S. 427, 428, 430 und 431.

26 Die Hauptquelle für diese Vorgänge ist ein Brief Freiburgers vom Tag darauf, 9. Okt. 1524, abgedruckt bei **Beger,** Studien II., S. 48 ff.

27 **Kesslers Sabbata,** 1. Theil, S. 320 f.

28 **Beger,** Studien II., S. 49.

29 **Stadtarchiv Singen** Dep. Freiherrlich von Reischach'sches Archiv, A 60. Das Schriftstück bildet eine Einheit mit einer Abschrift des Riedheimer Anlasses und dürfte deshalb in das Umfeld der Verhandlungen gehören. Für die Übermittlung dieses Materials danke ich herzlich Herrn Dr. Franz Götz (†), Singen. – Eine weitere Bestätigung der Hagelschäden vom Sommer 1524 findet sich in den später zu behandelnden Beschwerdeschriften der Gemeinden Weiterdingen, Binningen und Bietingen, wo die Untertanen einen Nachlaß ihrer Abgaben auf den erfolgten Hagelschlag forderten: **Freiherrlich von Hornsteinsches Archiv Binningen,** Akten A 307 Nr. 3/4.

30 **Beger,** Studien II., S. 49 f.

31 **Beger,** Studien II., S. 48; vgl. **Elben,** Vorderösterreich, S. 77 f.; **Muchow,** Überlingen im Bauernkrieg, S. 61.

32 **Göpfert,** Bodmaner Chronik, S. 95 ff.

33 Wie Anm. 29.
Kopy Vertrag zwyschendt den heren vnd vom adel vnd irn püren. Zu wissen: Nachdem die wolgeboren auch Edlen gestrengen vnnd vesten Heren, Grauen [Grafen] *vnnd vom adel Im Hegow an ainem vnnd der gepürsamen* [Bauernschaften] *Im Hegow, So den Selben grauen, Heren vnnd vom adel zugehörig vnnd verwant Sindt anderstails, von wegen etlicher vffrür vnd Empörungen vß ethlichen vrsachen Enstanden spenn vnd irrung hallten, das Demnach die Edlen, vesten, fürsichtigen, ersamen vnd wysen Hans von Frydingen, Hofmaister zu Costantz, Haug Wernher von Ehingen, Vogt zu Balingen, auch Hans Friburger, Burgermaister, Caspar Dornsperger vnd Caspar Menißhoffer, des ratz zu Vberlingen,*

Sölich spenn nachuolgender gestaltt Zu Rechtlichem vstrag verainlaßt habenn.

Erstlich das die selbig paurschafft Sampt vnd sünders gemeltten Iren Grauen, Herren vnnd vom adell hinfür gehorsame bewyssent vnnd thůn Söllen, wie von altter herkommen ist, vnnd ob aber deßhalb die gemeltte paursame dar In beschwertt zů Sin vermainen, So soll sölichs zů Stockach mit landtgericht Erkandtt werden wie her nachuolgtt.

Zum Andren: ob die pürschafft zu denn grauen, Herren vnd vom adel, warumb das wer, ainig vordrung [Forderung] *oder* [An]*sprüch hetten oder zu haben vermainten, das sy dieselben gegen Inen vor frygen* [freiem] *landtgerich(t) Zu Stockach rechtlich ersuchen mögendt. Zu glichem wyß, ob die grauen, Herren vnd vom adell iemands anderer zu der paurschaften Sampt oder Sonnders spruch zehaben vermainten, das sy des auch gegen niemands dan vor gemeltten landtgerich zu Stockach mit recht vßtragen, vnd was als da erkent wirt, daby sollent sy zů allen taillen fürter one alles wyter wegeren, aufziechen vnnd appellieren blieben, auch dem nachkommen vnnd geleben.*

Zum dritten: Damit die paurschafft Sölichs recht dester statlicher vnd baß besuchen mögen, So Sol Inen hierüff von fürstlicher Durchlüchtikait von Osterich, vnßers gnedigisten Herren vogt zů Nellenburg, Her Hans Jacoben von Lundow, Ritter, an statt Ir Durchlüchtikaitt auch des loblichen Hauß Osterich vnnd von oberkait wegenn ain verschriben fry sicherhaitt vnnd gelayt zů Solichem rechten gegebenn vnd zugesagt sein vnnd durch mencklich [jedermann] *vesticklich an Im gehaltten, auch von kainem taill One Erkantnüs rechtenß nichtys täglichs fürgenümen werden als dan baidt parthien das getrülich zehaltten leben vnd nachtüne by irn handgelobtten* [Handgelübden] *trüwen an aidtstatt gemeltten Heren vnderthedinger* [Vermittler] *zugesagt vnnd versprochenn alles getrülich vnnd ungeuärlich. Vnd das zu vrkundt So habendt die selbigen Heren vnderthedinger Ire aigne Insigell, doch Inen vnnd irn erbenn vnschedlich, hiefür gedruckt. Geben Am mentag nach Sannt Franciscus tag nach cristi vnssers Heren geburt fünfftzehenhundert vnnd Im vier vnnd zwantzigisten Jar* [10. Oktober 1524].

34 **Muchow,** Überlingen im Bauernkrieg, S. 61 f.

35 **Roder, Villinger Chronik,** S. 101; **Oka,** Südlicher Schwarzwald, S. 371–373.

36 **HStASt** H 54 Bü 16, ediert bei Franz, Quellen, S. 97 f.

37 **Baumann,** Quellen (Schreiber des Truchsessen), S. 531.

38 **GLAK** 74/4560 Nr. 18.

39 **Baumann,** Akten, Nr. 35.

40 Vgl. zum folgenden **Elben,** Vorderösterreich, S. 116 ff.

41 **Freiherrlich von Hornsteinsches Archiv Binningen,** Akten 307 Nr. 1.

42 **Vogt,** Correspondenz Artzt, S. 297.

43 **HStASt** H 54 Bü 9, 16 und Bü 15, 9. Zur Erhebung im Klettgau siehe **Elben,** Vorderösterreich, S. 101 ff. und **Müller-Ettikon,** Der Bauernkrieg von 1524/25.

44 **HStASt** H 54 Bü 6, 4.

45 **Elben,** Vorderösterreich, S. 117. Zum Zug der Schwarzwälder auf die Baar **Oka,** Südlicher Schwarzwald, S. 379 ff., und **Bumiller,** Bauernkrieg auf der Baar, S. 226–230.

46 **Franz,** Bauernkrieg, S. 110.

47 Der adlige Chronist Froben Christoph von Zimmern (1519–1567) macht sich in den Schwänken und Anekdoten seiner Zimmerischen Chronik über die Tölpelhaftigkeit der Bauern gerne lustig.

48 **Baumann,** Akten, Nr. 52; vgl. **Beger,** Studien II, S. 53.

49 **Freiherrlich von Hornsteinsches Archiv Binningen,** Akten 307 Nr. 3 und 4. *Aber diß ir beger zaigt an ir* [der Bauern] *Hoffart vnd (daß) sy selbs gern Heren weren. Und an anderer Stelle: ... daß wir dardurch* [durch der Bauern Forderungen] *... von gebürlicher Hußhaltung komen müßten, dardurch Wir knächt vnd sy Heren weren.*

50 Z.B. **HStASt** H 54 Bü 48, 44; H 54 Bü 6, 2 ist viel von Postsendungen die Rede; H 54 Bü 6, 6 bittet Homburg wegen der vielen Arbeit um ein Pferd und zwei Amtsknechte (24. Dez. 24); H 54 Bü 49, 2 klagt der Tuttlinger Kanzleischreiber über das viele Geschäft mit der Post wegen der Unruhen (1. Febr. 25); H 54 Bü 48, 41 wird das sechsfache *Cito* durch den Zusatz *Vast ylennds tag vnnd Nacht* noch gesteigert (Homburg 26. Jan. 1525).

51 **Muchow,** Überlingen im Bauernkrieg, S. 61 f.

52 **Elben,** Vorderösterreich, S. 81 ff.

53 **Baumann,** Akten, Nr. 18.

54 **Elben,** Vorderösterreich, S. 94.

55 **Baumann,** Akten, Nr 34.

56 **Schreiber,** Bauernkrieg, Nr. 102: *Ich raut, wend* [wollen] *die Purn nit Frid geben, daß wir mit ihnen druff hauend, mit Todschlag, Raub und Prand, so wissen wir, daß wir im Krieg sind. Also uff dem Kropff sitzen, ist nit gut, es haut kain Not; man fachs an minen Dorffern an.* Schellenberg wusste aber auch: *... der Krieg gaut im Seckel* [Geldbeutel] *an.* Zu Hans von Schellenberg siehe **Balzer,** Freiherren von Schellenberg, S. 37 ff.

57 Zu den Vorgängen auf der Baar **Roder,** Villingen und der obere Schwarzwald im Bauernkrieg; **Elben,** Vorderösterreich, S. 120 ff. und S. 138 ff.; **Revellio,** Villingen im Bauernkrieg; **Bumiller,** Bauernkrieg auf der Baar, S. 228 ff.

58 **Muchow,** Überlingen im Bauernkrieg, S. 57; **Beger,** Studien II, S. 52; **Enderle,** Konfessionsbildung, S. 170 ff.

59 **Stadtarchiv Singen,** Dep. Freiherrlich von Reischach'sches Archiv, A 60: *... nuntz anders ist denn ain růtt* [Rute, Strafe] *von gott angerichtt. Wir habend alle land hülffen verderben, vnd noch so habend och fil pfanttherren vnnd ander Zur Zitt Ellendklich mitt irrenn armen lütten geleptt, wie dü waist. So habend och Ettlich vom adell, wie wir offt gesechenn, Irre Bürenn lang selbs von den Brünen gefürtt* [gemeint ist: in den Krieg geführt]. *[...] Sich* [sieh] *nun das mall an, wie Fil habend wir... wittwen vnd waisen gemacht, vnd ist noch kain Ennd. Wie kend vnns doch gott all vnsser Büberig* [Büberei] *der maussen vertzogenn* [verzeihen]. *So zaig mir ain laster das wir vom adell nitt Zwiffach* [zweifach] *ain vnns... habend.* Am Ende hält der Komtur seinem Bruder den zweifelhaften Trost bereit: *Darum, lieber Brüder, bis* [sei] *Frelich vnd ir alle, vnnd wie es gott gefellt, so lannd vns och gefallen laussen...*

60 Zu Ludwig von Reischach siehe **Kindler von Knobloch,** Oberbadisches Geschlechterbuch 3, S. 479 und **Heim,** Deutschordenskommende Beuggen, S. 92 f., 152 ff. und 187 f. Zu den Herren von Reischach **Runkel,** Freiherren von Reischach. Die Erforschung dieser bedeutenden Adelsfamilie bleibt ein dringendes Desiderat.

61 **Zimmerische Chronik II,** S. 107-109; **Kindler von Knobloch,** Oberbadisches Geschlechterbuch 3, S. 457. Zu Katharina von Zimmern **Gysel/Helbling,** Zürichs letzte Äbtissin, und **Niederhäuser,** Alltag in der Abtei.

62 Die Hauptquellen zu den Stockacher Verhandlungen bietet **Baumann,** Akten, Nr. 46, 49-57, 63-64, 69, 76. Am ausführlichsten behandeln diese Vorgänge **Beger,** Studien II, S. 50-65 und **Elben,** Vorderösterreich, S. 141-148. Vgl. auch **Muchow,** Überlingen im Bauernkrieg, S. 62 ff., **Franz,** Bauernkrieg, S. 111 und **Buszello,** Oberrheinlande, S. 68. Neuerdings **von Mayenburg,** Verhandeln, Artikulieren, Prozessieren.

63 Zu diesen beiden Adligen siehe **Holzherr,** Reichsfreiherren von Ehingen, S. 48 ff. und 65 ff., zu Rudolf von Ehingen außerdem **Bernhardt,** Zentralbehörden, S. 246 ff.

64 **HStASt** H 54 Bü 48, 31.

65 **Schreiber,** Urkunden I, S. 128 ff. Vgl. **Beger,** Studien I, S. 53 und 57.

66 Jahresbeginn können wir hier durchaus im zeitgenössischen Sinn auffassen, wonach das neue Jahr mit Weihnachten begann. Deshalb ist beispielsweise das Schreiben der österreichischen Kommissäre aus Stockach an Wilhelm Guss vom 26. Dez. bereits mit der Jahreszahl [15]25 (!) versehen.

67 **Vogt,** Correspondenz Artzt, Nr. 13.

68 **Gräflich Douglas'sches Archiv,** Schloß Langenstein, LU 198 (H). Diese Notiz verdanke ich einem freundlichen Schreiben von Herrn Dieter Möhrle (†), Steißlingen, vom 14. Sept. 1995.

69 Dem wir wohl das Protokoll vom 18. Jan. 1525, **HStASt** H 54 Bü 48, verdanken.

70 Es ist aber zu beachten, daß auch die bürgerlichen Angehörigen des Gerichts nicht namentlich aufgeführt sind. Offensichtlich betrachteten die Adligen nur sich selbst als nennenswert, was ihre Mentalität kennzeichnet.

71 Hauptquelle ist ein Schreiben Wolf Dietrichs von Homburg vom 18. Jan. 1525:

HStASt Bü 6, 19.

72 **Roth von Schreckenstein,** Materialien II, S. 54; vgl. **Beger,** Studien II, S. 61 ff. und **Elben,** Vorderösterreich, S. 145 f. mit Anm. 2.

73 Der Vertrag war laut **Baumann,** Quellen (Schreiber des Truchsessen), S. 532, sogar verlesen worden.

74 **HStASt** H 54 Bü 48, 31.

75 **Ebd.:** *Ir maynung* [sei] *nie gewesen, ... die graffen vnndt vom adel Irs Innhabens vnnd possession der diennsten, Vällen, Zins, Gülten oder annderm, von alter gehapt, durch den abgeredten anlas* [von Riedheim] *Zu entsetzen.*

76 **Ebd.:** *einhelliges vrtail: ... das die purn Irn Graffen vnnd vom Adel furterhin alle gehorsami beweißen, geben vnnd thun sollen, wie von allter her Mit Erstattung vnnd* [Ver] *Richtung vngetaner* [nicht geleisteter] *diennstbarkaiten, Auch bezalung verfallner Zinsen, Väll vnnd annderm. Vnnd ob aber die Purschafft etwas beschwerden hetten, sollen sie die gegen Irn Hern vnnd obern vor disem sinen Lanndtgericht suchen vff den 16. tag Februari*

77 **HStASt** H 54 Bü 48 (Brief Wolf Dietrichs von Homburg vom 26. Jan. 1525).

78 **Dobler,** Hohenkrähen, S. 259 f.

79 Die Beschwerdeschriften lassen sich nicht ihrem Wortlaut nach, aber doch nach Stichworten weitgehend rekonstruieren. Die Bietinger Gravamina umfaßten demnach folgende 15 Artikel:

1. und 2. möglicherweise die verbotene Gemeindeversammlung im Umfeld der Hilzinger Kirchweih betr.
3. Frondienste
4. und 5. Steuer, Vogtrecht, Tagwan
6. Vogtrecht, Steuer u.a. von nicht stoffelnschen Gütern
7. Fall und Laß
8. Gebote der Herrschaft
9. Fastnachthühner
10. Dienste von Schupposen
11. Gerichtssatz
12. Vogtgarben, die *uß altem bruch* (so von Stoffeln) den Vögten zustehen.
13. Gefängnisstrafen
14. Verfügungsrecht über die Allmand
15. Einzug des Ehrschatzes.

Die Binninger und Weiterdinger Gravamina enthielten folgende 20 Artikel:

1. bis 5. unbekannt, da sie unbeantwortet blieben
6. Gebot und Strafen
7. Strafen und Strafgelder
8. Ein konkreter Fall von Gefängnisstrafe
9. Fälle
10. unbekannt
11. Gebot in Hölzern
12. Vogtrecht
13. Zwing und Bann
14. Ein Fall von *Zins auf den Fall* nehmen
15. Forderung: Nachlaß der Abgaben im Fall von Hagelschlag
16. Allmandrechte im Binninger Ried
17. Die sog. *Rietgarben* betr.
18. Versetzen von Erbgütern
19. Kleinzehnten
20. Forderung nach Holz für Pfluggeschirr aus herrschaftlichen Wäldern.

Beiden Beschwerdeschriften ist wie schon bei der Mühlhauser Beschwerdeschrift die sehr enge sachliche Begrenzung und lokale Geltung der Forderungen gemeinsam.

80 **Freiherrlich von Hornsteinsches Archiv Binningen,** Akten 307, Nr. 3 und 4.

81 **HStASt** H 54 Bü 6, 16.

82 **Roder, Villinger Chronik,** S. 108.

83 **HStASt** H 54 Bü 6, 24. Schon in einem Brief vom 26. Jan. 1525 schrieb Homburg, *wie die gemellten Purn Im Hegow solliche Vrtail kains wegs annemen noch deren geleben wöllen;* **HStASt** H 54 Bü 48. Die Abweisung muß also vor dem 26. Januar erfolgt sein.

84 **HStASt** H 54 Bü 6, 24 (Brief Wolf Dietrichs von Homburg vom 29. Jan. 1525).

85 **HStASt** H 54 Bü 6, 24 und Bü 48 (Briefe Homburgs vom 29. und 26. Jan. 1525). *Die Purn im Hegow vnd was Ringsweise vmb Hilltzingen gelegen, Ligen all Zu Hilltzingen by ainander, haben sich daselbst vergraben vnd haben all ir früchten vnnd deren ain grosse anZall gen Stain Im Thurgow geflöchnet vnd an andere ert* [Orte]. Und an anderer Stelle schreibt er: *Also schicken sich die Purn gemainlich Im Hegow Zu ainem Krieg, Graben sich Zu Hilltzingen gantz yn vnnd flöchennd all Ir farennd Hab gen Enngen, Schaffhußen vnnd andere ort.*

86 Zur Rezeption des »göttlichen Rechts« **Müller-Ettikon,** Bauernkrieg; Cornelius, Studien; **Blickle,** Zürichs Anteil am deutschen Bauernkrieg; **Buszello,** Legitimation, S. 281–291; neuerdings **Holtz,** Das »göttliche Recht«.

87 **Schreiber** 1, S. 140 Nr. 102. Vgl. **Roder, Villinger Chronik,** S. 103 ff.

88 **Ebd.** S. 109.

89 **HStASt** H 54 Bü 12, 5.

90 **Baumann,** Akten, S. 100 Nr. 88.

91 **Baumann,** Akten, S. 108 f. Nr. 96. Ferdinands Schreiben datiert allerdings vom 11. Febr., da war die Aktion schon vorüber. Vgl. **Blickle,** Bauernjörg, S. 100 ff., und **Bumiller,** Bauernkrieg auf der Baar, S. 233 f.

92 **HStASt** H 54 Bü 13, 2. Vgl. **Dobler,** Hohenkrähen, S. 240. Dies ist übrigens eine der wenigen Begebenheiten, wo von den Frauen aufständischer Bauern die Rede ist. Ihre Rolle scheint eher passiv gewesen zu sein. Doch würden die Männer kaum im Feldlager gestanden haben, wenn sie von ihren Frauen nicht ideell und materiell unterstützt worden wären. Es ist wenig, was wir über Frauen im Bauernkrieg wissen, vgl. **Kobel-Groch,** Aufsässige Töchter Gottes, S. 63: »... was über das weibliche Geschlecht [im Bauernkrieg] überliefert ist, erweist sich aufgrund zeitgenössischer Ignoranz letztlich als derartig dürftig, daß daraus nur ein begrenzt vollkommenes Bild entstehen kann. Was den Quellen zu entnehmen ist, reicht jedoch aus, die bislang herrschende Vorstellung vom ‚Bauernkrieg' als einem rein männlichen Ereignis zu widerlegen.« Vgl. künftig **Maegraith,** Wo waren die Frauen im Bauernkrieg?

93 So Georg Truchseß am 9. Febr. 1525, **HStASt** H 54 Bü 12, 5.

94 **H.-M. Maurer,** Der Bauernkrieg als Massenerhebung, S. 268 ff.; **Hoyer,** Militärwesen.

95 Nach **Wiesflecker,** Kaiser Maximilian I., Bd. 4 S. 152 f. wurden auf »den Schlachtfeldern Italiens... die Bauernführer und Rebellen der kommenden... Jahrzehnte erweckt. Wie man im Felde der Blutfahne des Reiches folgte, so in der Heimat dem Banner des Bundschuhs oder des armen Konrads«. Zu Hans Müller von Bulgenbach siehe **Buszello,** Müller (genannt von Bulgenbach); **Oka,** Südlicher Schwarzwald und Hochrhein, S. 368 und öfters; populäre Titel: **Duffner,** Hans Müller; **Koppenhöfer,** Hans Müller.

96 **HStASt** H 54 Bü 13, 1.

97 **Beger,** Studien, S. 70 f. und 73. **Baumann,** Akten, S. 117 Nr. 105; GLAK 67/734, foll. 125v und 127v; nach **TLAI** Bd. 96 wird am 22. März 1525 Peter Öfner in das Verhandlungsgremium berufen.

98 Hier zitiert nach **Ulbrich,** Oberschwaben, S. 104. Vgl. ebd. S. 104 f. zur möglichen Brückenfunktion des Hegaus zwischen dem Schwarzwald und Oberschwaben.

99 **Cornelius,** Studien; **Vogt,** Die Bodenseebauern; **Ulbrich,** Oberschwaben, S. 100–109; **Kuhn,** Seebauern; **Blickle,** Die Revolution von 1525, S. 152 ff.; **Blickle,** Der Bauernkrieg in Oberschwaben; **Kuhn,** Bauernkrieg in Oberschwaben.

100 **Blickle,** Nochmals Zwölf Artikel; **Ders.,** Die Revolution von 1525, S. 24 ff. und S. 199. Dagegen **Seebaß,** Artikelbrief, Bundesordnung und Verfassungsentwurf, und **Buszello,** »Freiburger Bundesordnung«.

101 **Stadtarchiv Augsburg,** Literaliensammlung zum 7. März 1525; Text bei **Artzt,** Correspondenz, S. 359. Vgl. **Buszello,** »Freiburger Bundesordnung«, S. 71, und künftig

Bumiller, »Christliche Bruderschaft«.
Zewissen, das wir Hans Bienckler oberster hoptman und räth des ganzen helen hufen yetzund im Hegöw gantzen vollkomen gewalt geben habend Hanßen Helbling von Memmingen, knecht anzunemend in unser christlich bruderschaft got und dem herrn zu lob und eer, erleuchtung des hailigen evangelion und gotlichem recht.

102 Diese Tatsache könnte vermuten lassen, daß die »Christliche Bruderschaft« im Hegau damals bereits eine Art Steuerhoheit beanspruchte und von den angeschlossenen Gemeinden eine Umlage einforderte.

103 Grundlegend **Heyd,** Ulrich Herzog von Württemberg, Bd. 2; **Feyler,** Beziehungen des Hauses Württemberg; **Brendle,** Herzog Ulrich.

104 **GLA** 67/734 fol. 47 und 74/4560 Nr. 1. Vgl. **Beger,** Studien I, S. 577 ff. und 589 ff.

105 **HStASt** H 54 Bü 48, 44; **Baumann,** Akten, Nr. 75; **Vogt,** Correspondenz Artzt, Nr. 18.

106 **HStASt** H 54 Bü 49, 1.

107 **HStASt** H 54 Bü 48, 44. Der Hauptmann Jäcklin von Brackenheim hört sich eher nach einem Württemberger an

108 **Strickler,** Actensammlung, Nr. 922.

109 **GLAK** 74/4560 Nr. 23.

110 **HStASt** H54 Bü 9, 3.

111 **HStASt** H 54 Bü 49, 3.

112 **HStASt** H 54 Bü 48, 44; **Schreiber,** Bauernkrieg, Nr. 149; vgl. zum Folgenden auch **Blickle,** Bauernjörg, S. 109–127.

113 **Duncker,** Balingen, S. 28. Die Zahl 5 000 ist überliefert bei **Schib, Stockars Jerusalemfahrt,** S. 107.

114 **Baumann,** Akten, Nr. 110.

115 **Schib,** Stockars Jerusalemfahrt, S. 107 ff.

116 Es sei denn, er habe diese nicht eigens angesprochen, da ihre Anwesenheit ohnehin selbstverständlich war, oder dass diese einen anderen Sammelort hatten.

117 Es wird nicht klar, auf welchen zurückliegenden Vorfall die Bauern ansprachen.

118 Quellen: **Schib, Stockars Jerusalemfahrt,** S. 107 ff.; **Baumann,** Quellen (Schreiber des Truchsessen), S. 534 ff.; Literatur: **Stälin,** Wirtembergische Geschichte IV, S. 261 ff.; **Duncker,** Balingen, S. 27 ff.

119 **Baumann,** Akten, Nr. 128; **Baumann,** Quellen (Schreiber des Truchsessen), S. 535.

120 **Baumann,** Akten, Nr. 113; **Vogt,** Correspondenz Artzt, Nr. 71, 73, 77, 78, 79, 81, 86 und 93; **Schreiber,** Bauernkrieg, Nr. 156.

121 **Schreiber,** Bauernkrieg, Nr. 157.

122 **Schib, Stockars Jerusalemfahrt,** S. 108.

123 **Vogt,** Correspondenz Artzt, Nr. 103, 104, 117, 119, 124; **Schreiber,** Bauernkrieg, Nr. 159.

124 **Blickle,** Bauernjörg, S. 123 f.

125 Bericht der Stadt Villingen an Freiburg; **Schreiber,** Bauernkrieg, Nr. 157. Vgl. **Bumiller,** Bauernkrieg auf der Baar, S. 234 f.

126 **Schib, Stockars Jerusalemfahrt,** S. 107.

127 **Strickler,** Actensammlung, Nr. 1012, 1014, 1018, 1027 und 1036.

128 **GLAK** 67/734 Kopialbuch Nellenburg, fol. 113 r.
Vnns ist an hewt in diser stund durch vnnseren diener ainen, so aus dem veld von der slacht vor Bavia postiert [worden ist]..., *warhafftigclich* [berichtet worden, dass] *auf des Kunigs von Franckhreichs seitten von grossen treffenlichen vnd namhafften Herren vnd personen gefangen vnd tod beliben sein... Daraus habt Ir Zuvernemen, mit was grossen gnaden Sig, glückh vnd Wolfart der Almechtig got vnnsern lieben Herrn vnd brueder Kayser Karln vnd vnns versehen vnd gemelten Kúnig sambt aller seiner Macht auf daz Hawbt erlegt vnd sein selbs sambt andern treffenlichen personen in vnnsers Herrn vnd brueders gewalt gestelt hat, daz haben wir Euch gnediger Maynung, damit Ir solchs ain wissen habt Vnd Ir Euch sambt vnns Zuerfreyen, Auch daz gmain Stennden vnnser Land-*

schafft vnnsers Fürstenthumbs Wirtenberg antzuzaigen Vnd in diesen obligen mit des Hertzog von Wirtenberg fürnemen Zugetrösten Vnd Zu dest mererm Widerstand Zubewegen wist, nit verhalten wellen.

129 **GLAK** 74/4560 Nr. 8; **Vogt,** Correspondenz Artzt, Nr. 18.

130 Bereits um den 22. März fanden in vielen Teilen Württembergs Konspirationen statt: **Vogt,** Correspondenz Artzt, Nr. 136; zum Bauernkrieg in Württemberg siehe **Ulbrich,** Oberschwaben, S. 123 ff.

131 **HStASt** H 54 Bü 50, 9.

132 **Schreiber,** Bauernkrieg, Nr. 191. Vgl. auch **Roder, Villinger Chronik,** S. 114, die ebenfalls bestätigt, daß *er in der puren brůderschaft was.*

133 **Vogt,** Correspondenz Artzt, Nr. 269; HStASt H 54 Bü 2, 23.

134 **Beger,** Studien II, S. 73; **Baumann,** Akten, Nr. 139. Hinweise auf diesen Rechtstag finden sich in **GLAK** 67/734 foll. 125v und 127v; **TLAI** Bd. 96 22. März 1525.

135 **HStASt** H 54 Bü 49, 22.

136 Hauptquelle **Mone,** Quellensammlung, S. 122–124.

137 Hauptquelle **Baumann,** Quellen (Schreiber des Truchsessen), S. 546 ff. Vgl. **Vochezer,** Geschichte des Hauses Waldburg, und **Ulbrich,** Oberschwaben, S. 119 ff.; **Blickle,** Bauernjörg, S. 159 ff.

138 **Schreiber,** Bauernkrieg, Nr. 170; vgl. **HStASt** H 54 Bü 2, 21.

139 **Roder, Villinger Chronik,** S. 111; vgl. **HStASt** H 54 Bü 50, 9 Bericht Villingens an die Regenten in Stuttgart: *Item uff den balmtag* [Palmsonntag 9. April] *was ein huff puren zůsamen kumen, wol uff 1 500, komend gen Leffingen und Bondorff und hattend irn profossen, ire hoptlutt und iere empter alle und ließend den sturm allenthalb gon und den zirnheld und zugend zůsamend; bis uff zinstag nach dem balmtag* [11. April] *ward iren 4 tussend puren. Item von dem huffen uß dem Hegow, der uff Loffingen was zogen, was ir obraster hoptman Hanss Benckler und Hans Miller obrasst hoptman vom Schwartzwalld und uß der Bar.*

140 **H.-M. Maurer,** Bauernkrieg als Massenerhebung, S. 264.

141 **Elliger,** Thomas Müntzer, S. 651 ff.; vgl. **Buszello,** Oberrheinlande, S. 74 f.

142 **Schreiber,** Bauernkrieg, Nr. 181.

143 **Franz,** Der deutsche Bauernkrieg, S. 137 f.

144 **Roder, Villinger Chronik,** S. 112 f. ist Hauptquelle für die Vorgänge; vgl. **HStASt** H 54 Bü 50, 14 und **Schreiber,** Bauernkrieg, Nr. 221 und 226: *nach irm bruch, den sie hattend...: sofer sy nit mit willen wolten zů in, so můßte es mit brand und mit thodschlachen zůgon.*

145 **Schreiber,** Bauernkrieg, Nr. 184; **HStASt** H 54 Bü 50, 26.

146 **HStASt** H 54 Bü 50, 30. Das Hilfsgesuch wurde von den Heilbronnern an die Württemberger weitergeleitet, weil diese den Hegauern näher stünden; vgl. **Bauernkrieg 1525** (Ausstellungskatalog), S. 99 f.
Fryd vnnd gnad durch christum Jesum Vnsern Herrn. Lieben getrewen brüder in christo, ewer christlich vnnd brüderlich schreiben, so vnß von euch gethon ist, habend wir mit grosser fröd im grund verstanden. Zewissen das wir ain gantz gewaltigen Huffen habend im Hegöw vor der stat Engen. Ouch habend wir in kainenweg vnß in ain vertrag gelassen mit den Herren, Sunder der [Schwäbische] *bunth Zücht vnß fintlich entgegen mit aim schweren raysigen vnd Fuß Zug. Vff söliches ist vnser ernstlich byt vnd brüderlich beger, ir wellend vns brüderliche Hylff erzögen, mit vii* [sieben] *thusend knechten on allen verzug tag vnd nacht vnß auff Engen Zu Ziehen. Vnd so ir unser begeren vnd noth seind, wellend wir euch Zu Ziehen mit gantzem gewalt, mit geschützt vnd aller Hylff, damit vns das hailig evangelium, götlich recht vnd das hailig ewig rain wort gotts erleucht vnd erhöcht werd. Geben vff mitwochen nach Ostern Anno 1525.*

Hanns Bienckler, oberster,
Hoptleut vnd räth des gantzen
helen Huffen, yetzund im Hegöw
vor der stat Engen.

147 **Strickler,** Actensammlung, Nr. 1054; wörtlicher Abdruck bei **Kamber,** Reformation als bäuerliche Revolution, S. 316 f.

148 **Baumann,** Quellen (Schreiber des Truchsessen), S. 566. Vgl. **Vogt,** Seebauern, S. 19 und **Ulbrich,** Oberschwaben, S. 120; **Blickle,** Bauernjörg, S. 175 ff. Zur Bedeutung des Weingartener Vertrags **Rudolf,** Ende und Ausgang.

149 **Schreiber,** Bauernkrieg, Nr. 191.

150 **HStASt** H 54 Bü 6, 28; **Schreiber,** Bauernkrieg, Nr. 193.

151 **H.-M. Maurer,** Bauernkrieg 1524/25 (Beiheft Historischer Atlas Baden-Württemberg), S. 4 und 7; **Franz,** Der deutsche Bauernkrieg, S. 137 f.; **Bumiller,** »Christliche Bruderschaft«.

152 **Schreiber,** Bauernkrieg, Nr. 200; dasselbe bei **Strickler,** Actensammlung, Nr. 1063. *Derhalben uns Gott und die Natur alle mögliche Hilff zu Erholung des unsern anzunemen und zu suchen zugibt, … haben wir uß sollichen und vil bewegenden Ursachen und Handlungen, so an uns gelangt, uns mit der versammlung der Paurschaft, so jetzt im Hegow und Schwarzwaldt byeinander sind, uff ihr Bewilligung und Zusagen, das sie uns zu Recht, auch unserem Land und Luten mit allem ihrem Vermögen Lybs und Guts verhelffen wöllen, in Verstandt begeben…*

153 **Vogt,** Correspondenz Artzt, Nr. 269 und 286. Vgl. **Beger,** Studien II, S. 96. Die Hauptquelle für diesen Zeitabschnitt ist **Baumann,** Quellen (Schreiber des Truchsessen), S. 569–574; vgl. zum Folgenden **Blickle,** Bauernjörg, S. 192 ff.
Es sei zu besorgen, so wir [den Hegauern] *den ruggen kören und sie hinder uns lassen solten, das sie Radolfzell in Underseu, darinnen vyl guter leut sind und ein mercklich gut geschutz mit bulfer kuglen und aller munic[i]on ligt,… derglich Stockach, Nellenburg und andre heuser im Hegau und demnach die uberigen vier stett am R[h]ein, auch das gantz Brisgau an sich bringen… wäre unser rat auch gutbeduncken, das die kaineswegs hinder uns gelassen, sonder am furziehen gegen inen gehandelt werden sollte.*

154 **Beger,** Studien II, S. 96.

155 **EA** Nr. 263 S. 628. Tatsächlich hat die Stadt Zürich, die von Schaffhausen verständigt wurde, versucht, zwischen den Parteien zu vermitteln, vgl. **Strickler,** Actensammlung, Nr. 1067 und 1068.

156 **EA** Nr. 263 S. 628.

157 Es könnte auch sein, daß der Vertrag das Ergebnis jenes Rechtstages vom 3. April war, von dem wir nicht genau wissen, ob er stattfand oder nicht. Seine Existenz wäre dann ein Indiz dafür, daß er entgegen der oben geäußerten Vermutung doch zustande gekommen war.

158 **Baumann,** Quellen (Schreiber des Truchsessen), S. 572–574 (hier das Zitat).

159 **Vogt,** Correspondenz Artzt, Nr. 330, ähnlich noch am 5. Mai in Hirschau, ebd. Nr. 348: *… wa eur hitzig schryben nit gewesen und ich allain zwen tag lenger im Hegau bleiben mögen, han ich kain zweifel die purn vom Swartzwald und uß dem Hegau hetten sich lassen vertragen oder weren in ander wege abgestellt.*

160 **Baumann,** Akten, Nr. 251; **Vogt,** Correspondenz Artzt, Nr. 362; Roder, Villinger Chronik, S. 113 f. Vgl. **Duncker,** Balingen, S. 35, **Bumiller,** Bauernkrieg auf der Baar, S. 238, und **Bumiller,** »Christliche Bruderschaft«.

161 **Bossert,** Obervogt C. Mor; **Duncker,** Balingen, S. 69 f.; **Franz,** Bauernführer, S. 8; **Ottmar,** Bauernaufstand, S. 84–92.

162 **HStASt** H 54 Bü 51, 32; Abdruck in **H.-M. Maurer,** Bauernkrieg 1525 (Ausstellungskatalog), S. 82:
*Gnaud vnd frid in Christo Yesu. Mir donth*t [tun] *vch kund bie zaiger* [Bote] *dis brieff, das vnnß die find vff dem Hals ligent Vnd vff vnnß fast* [hart] *dringen. Bitten mir vch als unsern lieben brieder in christo, das ir vnnß wellet be[i]stendig sin vnd hilflich wider vnsere find, So mir nicht anders sind begeren[d], dan das getlich recht vnd nach vß lüttung* [Auslegung] *des hayligen Evangelio vnnd ir brieder in christo och nicht sind begeren[d] den des hailigen Evangeliums. Vnd bittet mir vch, das ir vnnß wellet gen* [geben] *ain antwurt in geschrifft, was mainung mir vnnß zu vch versehen. Lieben brieder in christo Yesu, donth so woll vnd ziehet zu vnnß daß darmit mir müget verdriben die Tirannen vnd wieterich, das sie vnnß lassen blieben bie dem worte gotz.*

Evangelium
Evangelium
Evangelium *Doma Mayger von dem Schwartzwald vnd Hans Hebling von Romesberg.*

163 **Duncker,** Balingen, S. 70, lässt Helbling im Anschluß an **Bossert,** Obervogt C. Mor, anscheinend noch bis in den Juni 1525 agieren, das liegt m. E. aber an dem chronologisch recht unklaren Bericht des Obervogts Mor.

164 **Mone,** Quellen (Bauernkrieg am Bodensee), S. 126: *In der zytt hatt sich widerum ufferhept der hertzog Ulrich von Wirttenberg, der vertriben vom bundt, mit sampt ettlichen puren uß dem Hegew, welcher puren hoptman ist gesin ainer genant der Benckler von Kalchhofen... und hatt derselbig hertzog... mit disen puren widerum versůchen, sin land zů erobern...*

165 **Ebd.** S. 129.

166 **Beger,** Studien II, S. 113 f. Originale im **GLAK** 74/4556 Nr. 8 und 9, 12 und 13.

167 Das einzige ernsthafte Indiz, das für einen lebenden Hans Bienckler Ende Mai 1525 spricht, ist die Urfehde eines gewissen Hans Schmid aus Herdwangen, der am 27. Mai zu den Meuterern von Sernatingen zählte. Er habe an diesem Tag ausgerufen: *Ich habe ain spieß, der werde kaine pauren stechen, dann ich habe brueder und freundt, die pauerleuth seyen, wider dieselben welle ich nit sein... unnd wider den bengkler, der den jetzo auch ein hauptmann des Högenischen hauffen sein solle, werde ich sonnderlich nit ziehen, dann er sei mir verwandt...* Zitiert nach **Zeck,** Herdwanger und Schönacher Bauern, S. 100; vgl. **Beger,** Studien II, S. 117 f. Da hier auf Bienckler aber auch nur vom Hörensagen Bezug genommen ist, kommt auch dieser Quelle keine Beweiskraft für seine Existenz zu.

168 **Vogt,** Correspondenz Artzt, Nr. 376 (Bericht von Georg Truchseß); **Schreiber,** Bauernkrieg, Nr. 226 (Bericht Hans Walther von Laubenberg); **GLAK** 74/4548 Nr. 13a und **GLAK** 225/119 (Bericht Bürgermeister Hans Freiburger von Überlingen); vgl. dazu **Blickle,** Bauernjörg, S. 199 ff.

169 **Beger,** Studien II, S. 101; **Schreiber,** Bauernkrieg, Nr. 183; **Bumiller,** Sernatingen im Bauernkrieg, S. 70–78, bes. S. 75; **Zeck,** Herdwanger und Schönacher Bauern, S. 94, Quelle 1.

170 **Zeck,** Herdwanger und Schönacher Bauern, S. 94 f.; **Bumiller,** Sernatingen im Bauernkrieg, S. 75.

171 **Strickler,** Actensammlung, Nr. 1061. **Götz,** Öhningen im Bauernkrieg, nennt diese Quelle nicht.

172 **Götz,** Öhningen im Bauernkrieg. **Weißmann,** Geschichte des Dorfes Bohlingen, S. 82 und S. 276–279, behauptet, dass die Bohlinger und Gaienhofener bereits auf der Hilzinger Kirchweih vom 2. Okt. 1524 waren.

173 **GLA** 229/10653.

174 **Strickler,** Actensammlung, Nr. 1094.

175 **HStASt** H 54 Bü 6, 31.

176 **Mone,** Quellen (Bauernkrieg am Bodensee), S. 129, dort auch die Anmerkungen von Mone; **Baumann,** Akten, Nr. 317, **Vogt,** Correspondenz Artzt, Nr. 414; **Beger,** Studien II, S. 101 f. und 115.

177 **HStASt** H 54 Bü 18, 16.
Dem gnädigenn Herrn Sebastian von Stetten Comenthur Zu Maynow, Vnserm günstigen Vnd gnädigen Herrn.
Frid vnd gnad durch Christum Jesum vnsern Herrn. Gnädiger her Comenthur Zu Maynow, Euch sy Zu wissen das vch ain gantze Landthschafft bruderlich vnd nachpurlich pitt vnd ersucht, Ir wöllen vch mit vns In vnser Christenlich bruderschafft vnd veraynigung gůtwilligklich Inlaussen vnd fruntlichs willens begeben, damit gemayner Christenlicher Nutz vnd brüderliche Liebe widerumb vffgericht, erbawen vnd gemört werde. Wo Ir das thund, beschicht daran der wyl gotz In erfullung seines gepottes von Bruderlicher Liebhabung [hier fehlt in der Abschrift ein Satzteil; singgemäß muss es heißen: So Ihr Euch in unsere Bruderschaft begeben werdet, wollen wir...] *ouch vch vnd vwer Huß schitzen vnnd schirmen vnschedlich an leyb vnd gut. Wo aber Ir solchs würden abschlahenn, das wir doch kains wegs gegen vch verstehen, thund wir vch in den weltlichen Bann vnd er-*

kennen vch hieby darein In Krafft des brieffs so ver vnd lanng bis Ir Vwers fürnemens abstandenn vnd vch In dise Cristenliche Veraynung gůnstigs willens ergeben.

178 Vgl. **Roder, Villinger Chronik,** S. 117–119; **Schreiber,** Bauernkrieg, Nr. 217; Flugschriften der Bauernkriegszeit, S. 110 und 582; **Bumiller,** Bauernkrieg auf der Baar, S. 238 ff.; **Bumiller,** »Christliche Bruderschaft«.

179 Vgl. **Blickle,** Die Revolution von 1525, S. 199; **Vogler,** Schlösserartikel; **Buszello,** Legitimation, S. 300; **Buszello,** »Freiburger Bundesordnung«, S. 60–69; **Bumiller,** 3. Mai 1525, S. 194–198; neuerdings **Bumiller,** »Christliche Bruderschaft«.

180 Es sei allerdings darauf hingewiesen, daß nach **EA** Nr. 283 Gesandte eines *Mayer'schen Haufens* im Hegau am 20. Juni 1525 vor der Tagsatzung in Schaffhausen erschienen sein sollen. Vermutlich handelt es sich aber auch hier um ein Versehen oder um einen Lesefehler, da in den Beilagen nur von Heinrich Maler die Rede ist, nicht von einem Mayer.

181 Oberst Hans Murer *von Schlatt* ist erwähnt bei **Schreiber,** Bauernkrieg, Nr. 247 zum 20. Mai (dasselbe bei Strickler, Actensammlung, Nr. 1104), Hans Murer *von Mühlhausen* bei **Vogt,** Correspondenz Artzt, Nr. 428 zum 26. Mai, **GLAK** 74/4548 Nr. 26 zum 24. Mai, Nr. 38 und 41 zum 26. Mai; **Walchner,** Geschichte der Stadt Ratolphzell, S. 290–293. Vgl. **Beger,** Studien II, S. 105 ff. Warum Hans Murer einmal »von Schlatt«, sonst aber »von Mühlhausen« genannt wird, bleibt unklar. Vielleicht war er in dem einen Dorf geboren, lebte aber in dem anderen. An der Identität beider Personennamen dürfte kein Zweifel bestehen.

182 **Mone,** Quellen (Bauernkrieg am Bodensee), S. 129 mit Anmerkungen, nach Mone auch **Bodman,** Geschichte der Freiherren von Bodman, S. 287 f.

183 **GLAK** 74/4548 Nr. 15. und 24.

184 **Mone,** Bauernkrieg am Bodensee, S. 129 Anm.

185 **Beger,** Studien II, S. 108.

186 **Beger,** Studien II, S. 115 und 117.

187 **Schreiber,** Bauernkrieg, Nr. 247; dasselbe bei Strickler, Actensammlung, Nr. 1104 (Oberst Hans Murer ähnlich in einem Schreiben vom 26. Mai an Oberst Kessenring von Überlingen, **Vogt,** Correspondenz Artzt, Nr. 428). Schreiber löst den Ort mit der verbrannten Mühle als »Stühlingen« auf. Dies ist aber offensichtlich verlesen für *Stüßlingen*, die zeitgenössische Schreibweise von Steißlingen. Diese Mühle, die sog. Hardmühle, war aber wohl die Heimat des späteren Bauernkriegführers Heinrich Maler aus Steißlingen. Die Vorgänge vom 5. Mai 1525 werfen also vielleicht ein Licht auf Malers zusätzliche Motivation für seine radikale Rolle im Krieg. Maler war vermutlich der Hauptmann des »Verlorenen Haufens«, in dessen Verantwortung der Überfall auf Bodman fiel. Zu Steißlingen im Bauernkrieg siehe die unzureichende Behandlung bei **Karg,** Historisch-topographisches, S. 231 f., **Jehle,** Steißlingen, S. 21 und **Forster,** Steißlingen, S. 160–162.

188 **Göpfert,** Bodmaner Chronik, S. 115.

189 **Mone,** Quellen (Bauernkrieg am Bodensee), S. 131.

190 **Vogt,** Correspondenz Artzt, Nr. 454.

191 Siehe hauptsächlich **Beger,** Studien II, S. 105 ff.; **Göpfert,** Bodmaner Chronik, S. 71; **Walchner,** Geschichte der Stadt Radolfzell, S. 290–293.

192 **GLAK** 74/4548 Nr. 38 und 41; **Franz,** Der deutsche Bauernkrieg, S. 332 und Abb. 18a. Nach einem freundlichen Hinweis von Prof. Stefan Sonderegger, St. Gallen, handelt es sich eher um ein sprechendes Wappen, das ein Maurergeschirr darstellt und auf den Familiennamen des Hauptmanns anspielt.

193 **Beger,** Studien II, S. 106 und 108.

194 **Vogt,** Correspondenz Artzt, Nr. 441 und 454.

195 **Beger,** Studien II, S. 110 ff.; **Mone,** Quellen (Bauernkrieg am Bodensee), S. 130 f.; **Zimmerische Chronik II,** S. 529 f.; **Göpfert,** Bodmaner Chronik, S. 73 ff. Vgl. die Urfehde des Hans Schmid aus Herdwangen bei **Zeck,** Herdwanger und Schönacher Bauern, S. 100.

196 Die Akte **GLAK** 74/4552 enthält eine Liste von 177 Personen, die von Überlingen

bestraft wurden. Annähernd 100 Männern, darunter acht aus Sernatingen selbst, war die Flucht gelungen.

197 **Vogt,** Correspondenz Artzt, Nr. 432.

198 **Beger,** Studien II, S. 116 f.; **Mone,** Quellen (Bauernkrieg am Bodensee), S. 131 Anm.; das ausführliche Original liegt im **GLAK** 74/4549 Nr. 4. Beger liest Pfaff Hans von Hottingen, während Mone – nach der Autopsie der Quelle richtig – Hattingen hat. Hottingen bei Rickenbach im Hotzenwald erscheint zwar nicht grundsätzlich unmöglich als Herkunftsort dieses Pfarrers, nach Lage der Dinge wird man eher an das nahegelegene Hattingen denken, wo die Bauern seit Ende März abgefallen waren.

199 **Schreiber,** Bauernkrieg, Nr. 301.

200 **Schreiber,** Bauernkrieg, Nr. 247.

201 **Roder, Villinger Chronik,** S. 105; **H.-M. Maurer,** Der Bauernkrieg als Massenerhebung, S. 264.

202 **Roder, Villinger Chronik,** S. 121.

203 **Schreiber,** Bauernkrieg, Nr. 315 und 316; vgl **EA** Nr. 283.
Dieweil unser Fürnemen allein ist, das heilig Evangelium durch die Gnad Gottes zu erhöhen, dasselbig zu predigen pur, klar, on allen menschlichen Sinn und Zusatz, dass das heilig göttlich Recht mit Hilf des newen und alten Testaments erleucht und eröffnet werd, wider welches wir, als die unterworfne von Gott eingesetzte Gewalt, unser Obrigkeit geistlicher (als wir sie nennend) oder weltlicher, in kein Weg Abbruch zu thund begerend, ouch unsers Fürnemens nach Lut unsers Artikels-Briefes, nicht und nie gewesen von Anfang. […] ... verhandeln, *diweil all unser, zu großem Theil Widerwertigen da liegend, welche wir in sölicher Gestalt belagert haben an vier Orten, daß niemantz zu oder von ihnen gelaßen wird. Darumb ist ewer Bott nicht gen Zell gelaßen.*

204 Nach **GLAK** 229/79759 fol. 16 hatten die *drey rebellische dörffer Öhningen, Bollingen und Gayenhoffen... die Statt Radolfzell Zu belagern Vnderstanden.* Ulrich von Habsberg vertrug sich am 24. Juli mit seinen Klettgauer Untertanen, *die mit der Bruderschaft vor Zell gezogen* waren (**TLAI** Oö Hofregistratur Reihe A Fasz. 12 Abt. IV Pos. 30a). Der Schaffhauser Hans Stockar berichtet von 1 000 Bauern aus dem Klettgau und dem Schwarzwald, die an Schaffhausen vorbei nach Zell zogen; **Schib, Stockars Jerusalemfahrt,** S. 114. Nach **Roder, Villinger Chronik,** S. 121 lagen zumindest um den 8. Mai neben Klettgauern auch Baarbauern vor Zell.

205 Zu seiner Biographie siehe **Welti,** Merk Sittich und Wolf Dietrich von Ems.

206 **Roder, Villinger Chronik,** S. 122.

207 **Roder, Villinger Chronik,** S, 117–119 (Artikelbrief), S. 123–133 zu den Vorgängen auf der Baar. Vgl. **Reich,** Geschichte der Stadt Hüfingen, S. 519–524; **Roder,** Villingen und der obere Schwarzwald, **Revellio,** Villingen im Bauernkrieg; **Bumiller,** Bauernkrieg auf der Baar.

208 Urfehde Staigers im Stadtarchiv Villingen-Schwenningen Best. 2 Nr. Y 2; vgl. **Bumiller,** Bauernkrieg auf der Baar, S. 241 f.

209 **Schreiber,** Bauernkrieg, Nr. 343.

210 **Schreiber,** Bauernkrieg, Nr. 345.

211 **EA** Nr. 283, ein ähnliches Schreiben erreichte bereits am 10. Juni Schaffhausen, vgl. **Kamber,** Reformation als bäuerliche Revolution, S. 318.

212 **Strickler,** Actensammlung, Nr. 1154.

213 **EA** Nr. 271. Zur Wahrnehmung des Bauernkriegs bei den Eidgenossen siehe **Lötscher,** Der deutsche Bauernkrieg.

214 **Strickler,** Actensammlung, Nr. 1094; **Kamber,** Reformation als bäuerliche Revolution, S. 317 f. Vgl. zu den Vermittlungsbemühungen der Eidgenossen auch **Herzog,** Bauernunruhen, S. 74 ff.

215 **Schreiber,** Bauernkrieg, Nr. 349 und 350.

216 **Strickler,** Actensammlung, Nr. 1159.

217 **Roder, Villinger Chronik,** S. 136 nennt 10 000 Bauern, zur Zahl 14 000 siehe nächste Anmerkung.

218 **Vogt,** Correspondenz Artzt, Nr. 547; **Göpfert,** Bodmaner Chronik, S. 83.

219 **Schreiber,** Bauernkrieg, Nr. 362 und 363.

220 Regenten war der Titel der österreichischen Räte in Stuttgart. Es gibt aber keinen Hinweis darauf, dass sich einzelne von ihnen in Stockach befunden hätten.

221 **Strickler,** Actensammlung, Nr. 287.

222 **Walchner,** Geschichte der Stadt Ratolphzell, S. 108, verlegt die Laffensteig entgegen der Villinger Chronik in die Gegend von Hilzingen. Da Walchner allerdings auch mit der Chronologie recht ungenau ist – er läßt den Krieg erst mit einem Gefecht am 16. Juli enden –, ist seiner Lokalisierung zu misstrauen. Laut Ernst **Schneider,** Flurnamen der Gemarkung Radolfzell, Böhringen, Überlingen a.R. (Hegau-Flurnamenband VII). Singen 1967, S. 80 liegt die Laffensteig tatsächlich bei Radolfzell.

223 **Roder, Villinger Chronik,** S. 136. Zum Ende des Hegauer Bauernkriegs siehe auch **Nabholz,** Bauernbewegung, S. 68 und **Franz,** Der deutsche Bauernkrieg, S. 140.

224 **Stumpf,** Schweizerchronik, S. 265 f.

225 **Roder, Villinger Chronik,** S. 142.

226 **Roder, Villinger Chronik,** S. 136; **Strickler,** Actensammlung, Nr. 1178 und 1182; **Schib,** Hans Stockars Chronik, S. 117; **Göpfert,** Bodmaner Chronik, S. 85; **Nabholz,** Die Bauernbewegung in der Ostschweiz, S. 68; **Herzog,** Bauernunruhen, S. 49 f.

227 **Roder, Villinger Chronik,** S. 137 f.; **Vogt,** Correspondenz Artzt, Nr. 590; **Baumann,** Akten Nr. 387.

228 **Baumann,** Akten, Nr. 386; **TLAI** Oö Hofregistratur Reihe A Fasz. 12 Abt. IV Pos. 30 Teil 4 (Christoph Fuchs am 14. Juli 1525); **Oka,** Südlicher Schwarzwald, S. 284. Hans Müller war kurz vorher noch, wohl um Hilfe zu organisieren, im Markgräflerland gewesen; **Seith,** Markgräflerland, S. 75 mit Anm. 346.

229 Hier im wörtlichen Sinn von lat. *banditus*, Verbannter zu verstehen.

230 **Schib, Stockars Jerusalemfahrt,** S. 118; **Herzog,** Bauernunruhen, S. 51; **Kamber,** Reformation als bäuerliche Revolution, S. 319.

231 **TLAI,** Oö Hofregistratur Reihe A Fasz. 12 Abt. 4 Pos. 30 Teil 4, Schreiben vom 14. und 29. Juli 1525.

232 **GLAK** 74/4551 9.9. und 25.9.1525; **Strickler,** Actensammlung, Nr. 1255.

233 **Strickler,** Actensammlung, Nr. 1284.

234 **EA** Nr. 328.

235 **Vogt,** Correspondenz Artzt, Nr. 731. Mittlerweile war der Funke des Aufruhrs auf Tirol übergesprungen.

236 **Vorarlberger Landesarchiv,** Bestand Hohenemser Archiv, Sign. 25,9 Bl. 4 und 5: Entwurf des Vertrags mit den Gemeinden Aach, Reichenau, Markelfingen, Allensbach, Wollmatingen o.D.; **GLAK** 74/4556 Nr. 2: Abschriften auf Papier, Empfänger nicht erkennbar, vom 4., 5., 6. und 7. Juli 1525; **GLAK** 67/734 (Kopialbuch Nellenburg), foll. 204r ff.; **GLAK** 5/459 Nr. 11926: Ausfertigung für die Gemeinde Öhningen, 5. Juli 1525; **GLAK** 5 /150 Nr. 3004: Ausfertigung für die Gemeinden der Höri, 5. Juli 1525; **GLAK** 5 /486 Nr. 12743: Ausfertigung für die Gemeinden der Reichenau, 25. Juli 1525. Der Vertrag ist ferner überliefert bei **Schreiber,** Bauernkrieg, Nr. 373; **Walchner,** Geschichte der Stadt Radolfzell, S. 293–301 (Ausfertigungen für die Höri und für die österreichischen Untertanen); **Stumpf,** Schweizerchronik, S. 266 f. (Ausfertigung für die österreichischen Untertanen); **Glatz,** Zur Geschichte Hugos von Landenberg, S. 139. Die wichtigsten Punkte des Vertrags überliefert **Roder Villinger Chronik,** S. 137 dem Inhalt nach. Zum Hintergrund **Rückert,** Strafverfolgung.

237 Die Wollmatinger hatten sich das erste Mal Anfang April dem Haufen Eitelhans Ziegelmüllers angeschlossen und waren um den 21. Mai mit den übrigen Bodangemeinden erneut abgefallen.

238 **GLAK** 67/734 fol. 140v f.

239 **TLAI,** Oö Hofregistratur Reihe A Fasz. 12 Abt. 4 Pos. 30 Teil 4, 14. Juli 1525.

240 Für andere Regionen, etwa das Überlinger Umland, den Breisgau und das Markgräf-

lerland, sind immerhin Listen der Rädelsführer überliefert, vgl. **Schreiber,** Bauernkrieg, Nr. 468 ff.

241 **GLAK** 229/10653. Dies waren aber offensichtlich nur die Rädelsführer. Die Schadenslisten zählen viele weitere Leute auf, die Holz gestohlen, Frondienste verweigert oder sich sonst widerspenstig erwiesen haben. Man wird sie alle als Teilnehmer am Bauernkrieg auffassen müssen. Eine Edition dieser wichtigen Bauernkriegsquelle erscheint dringend geboten, ist aber im Zusammenhang dieser Arbeit nicht zu leisten.

242 **Schreiber,** Bauernkrieg, Nr. 419; Strickler, Actensammlung, Nr. 1224 und 1306.

243 **GLAK** 74/4553 Nr. 8 und GLAK 74/4557 Nr. 1.

244 **Stemmer,** Orsingen, S. 20–22.

245 **TLAI,** Oö Hofregistratur Reihe A Fasz. 12 Abt. IV Pos. 33, 1. Juni 1526. Auch die Stühlinger Huldigung beruhte auf den Artikeln des Hilzinger Vertrags; vgl. **Oka,** Südlicher Schwarzwald und Hochrhein, S. 384.

246 **Walchner,** Geschichte der Stadt Ratolphzell, S. 306–314.

247 **GLAK** 67/734 fol. 133v; **Schreiber,** Bauernkrieg, Nr. 473.

248 **TLAI,** Oö Hofregistratur Reihe A Fasz. 12 Abt, IV Pos. 33 (17. Dez. 1526 und 8. Okt. 1528).

249 **Ebd.** Akte Brandschatzung in den Vorderen Landen 1531.

250 **Koppenhöfer,** Hans Müller aus Bulgenbach, vermittelt jenseits der romanhaften Ausgestaltung seines Lebens die äußeren Daten zutreffend.

251 **Roder, Villinger Chronik,** S. 150 f.

252 **Schib,** Stockars Jerusalemfahrt, S. 117.

253 **Bumiller,** Sernatingen im Bauernkrieg.

254 **Emser Chronik,** S. 35; von der Hilzinger Glocke, die Mark Sittich vom hegauischen Adel als *Beutepfennig* erhielt, berichtet auch **Roder, Villinger Chronik,** S. 137. Vgl. auch die kurze Lebensbeschreibung Mark Sittichs im Hohenemser Archiv (Vorarlberger Landesarchiv Bregenz, Sign. 30.7, Bl. 2v), wonach *Ime die Ritterschafft Inn dem Heege die grosse glockhenn Zu Hiltzingen, damit die Aufrurische Bauren Iren Sturm straich geleit haben, verErtt.* Vgl. **Müller/Peikert,** Die Rolle der Glocken.

255 **EA** Nr. 300.

256 **Kamber,** Reformation als bäuerliche Revolution, passim.

257 **Kamber,** ebd. S. 316 f.; **Blickle,** Die Revolution von 1525, S. 198–200; vgl. **Adam,** Joß Fritz, S. 242 f. zur realistischen Einschätzung der eidgenössischen Hilfe.

258 **E.E. Weber,** Lernerfahrungen.

259 **Vogt,** Correspondenz Artzt, Nr. 862.

260 **GLAK** 229/10653.

261 Umfangreiche Akten im **GLAK** 229/43540 I Änderung der Dorfordnung; 229/43540 II Dorfordnung 1569; 229/43541 Streit um Satzung und Ordnung 1556/63; 229/43542 Abschriften Hilzinger Offnung 1569; 229/43610 Verweigerte Huldigung 1577. Vgl. **Balzer,** Die Freiherren von Schellenberg, S. 40 f, 47 f. und 49–51; J. **Bader,** Fahrten und Wanderungen, S. 263 ff.

Bauernkrieg im Hegau 1524/25

Hauptkampagnen 2. April bis 25. Juli 1525

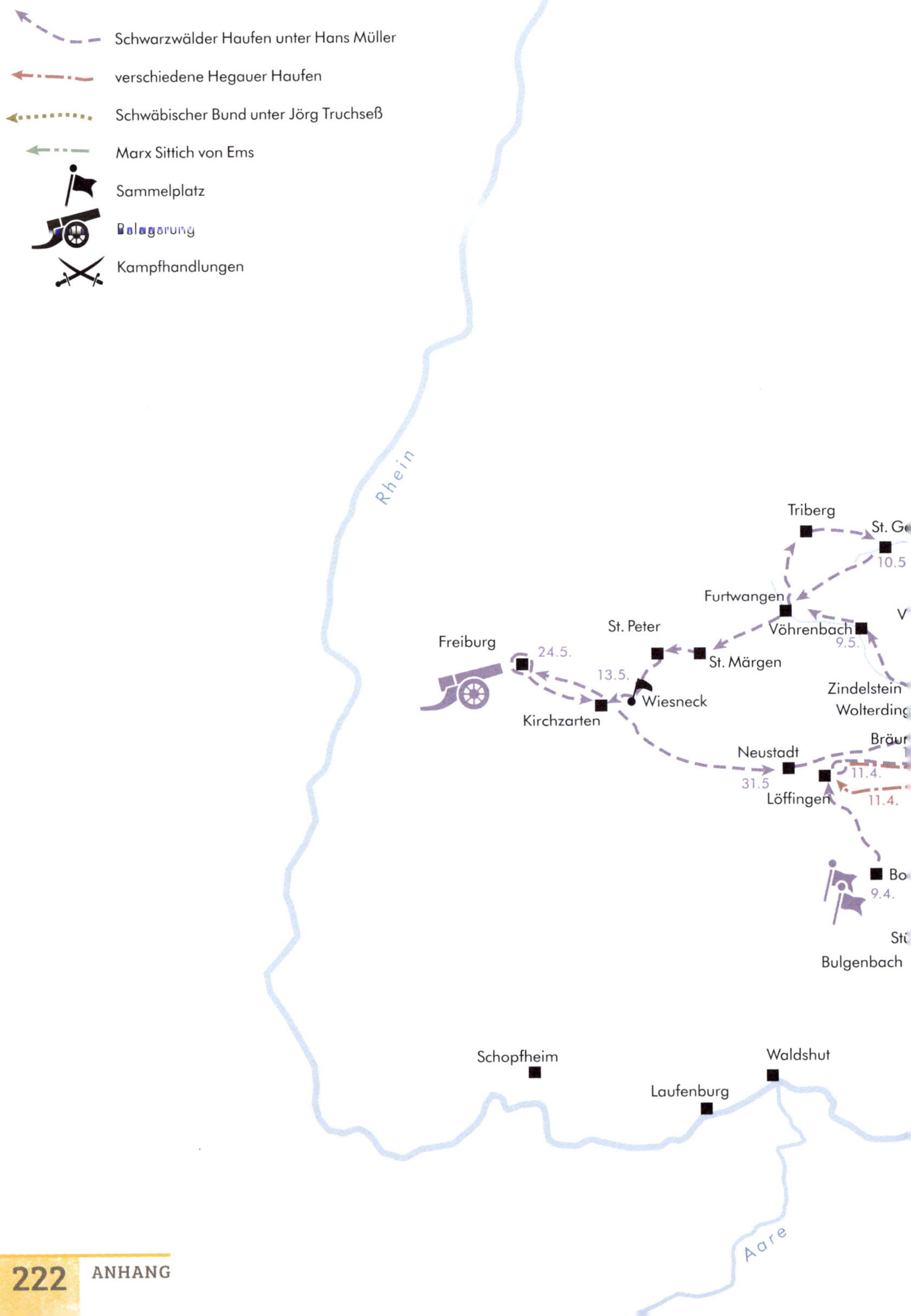

Rhein
Triberg
St. G
10.5
Furtwangen
V
St. Peter
Vöhrenbach
9.5.
Freiburg
24.5.
St. Märgen
13.5.
Zindelstein
Wiesneck
Wolterding
Kirchzarten
Bräu
Neustadt
11.4.
31.5
Löffingen
11.4.
Bo
9.4.
Stü
Bulgenbach
Schopfheim
Waldshut
Laufenburg
Aare

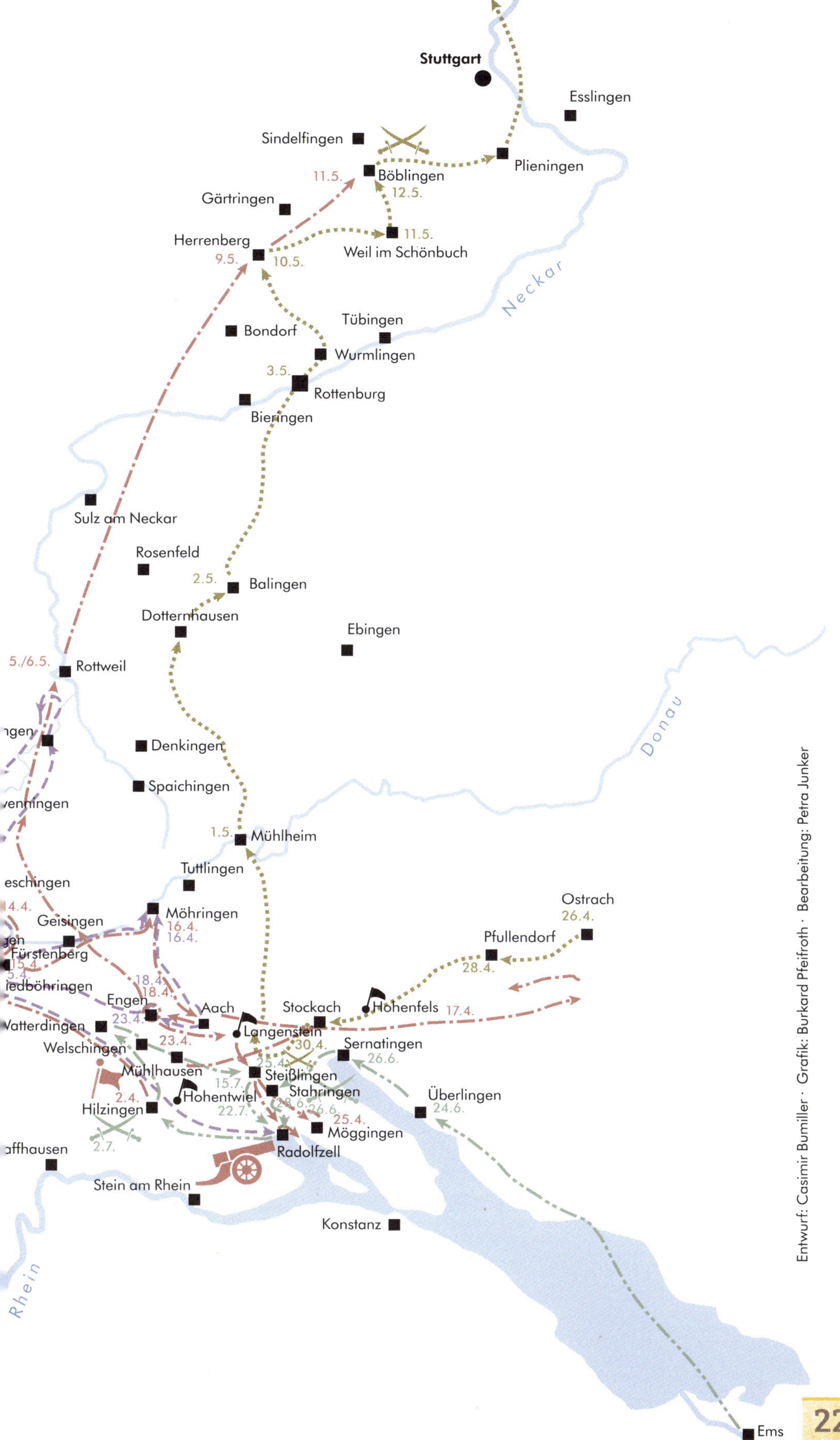

Stuttgart
Esslingen
Sindelfingen
Plieningen
11.5.
Böblingen
12.5.
Gärtringen
11.5.
Herrenberg
9.5.
10.5.
Weil im Schönbuch
Neckar
Tübingen
Bondorf
Wurmlingen
3.5.
Rottenburg
Bieringen
Sulz am Neckar
Rosenfeld
2.5.
Balingen
Dotternhausen
Ebingen
5./6.5.
Rottweil
Donau
Denkingen
Spaichingen
1.5.
Mühlheim
Tuttlingen
Möhringen
16.4.
16.4.
Geisingen
Fürstenberg
Ostrach
26.4.
Pfullendorf
28.4.
18.4.
18.4.
Engen
Aach
Stockach
Hohenfels
17.4.
23.4.
Langenstein
30.4.
Sernatingen
26.6.
Welschingen
23.4.
25.4.
Mühlhausen
Steißlingen
15.7.
Hohentwiel
Stahringen
Überlingen
24.6.
2.4.
22.7.
28.6.
26.6.
Hilzingen
25.4.
Möggingen
2.7.
Radolfzell
Stein am Rhein
Konstanz
Rhein
Ems
Entwurf: Casimir Bumiller · Grafik: Burkard Pfeifroth · Bearbeitung: Petra Junker

Dank für die großzügige Förderung
der Monografie gilt:

Kulturbüro
»500 Jahre Hilzinger Aufstand«

Besuchen Sie uns im Internet:
www.gmeiner-verlag.de

Im Ehnried 5, 88605 Meßkirch
Telefon 07575 / 2095-0
info@gmeiner-verlag.de

2. Auflage 2025

Korrektorat: Stefanie Stoltenberg
Layout & Gestaltung: Petra Junker
Umschlaggestaltung: Katrin Lahmer

mit Abbildungen von:
© Ruthardt Oehme, Joannes Georgius Tibinanus. Ein Beitrag zur Kartographie und Landesbeschreibung Südwestdeutschlands im 16. Jahrhundert. Remagen 1956.
© Albrecht Dürer, Kupferstich, um 1497, Kupferstich (Drei Bauern im Gespräch)
Koloration: Katrin Lahmer
© Foto Lauterwasser, Überlingen (Überlinger Kabinettscheibe)

Druck: Florjančič tisk d. o.o., Maribor
Printed in Slovenia
ISBN: 978-3-8392-0572-3